LES YEUX DE VENISE

Du même auteur

Le Divan d'Istanbul. Brève histoire de l'Empire ottoman, Paris, Payot, 2013

La Bataille des trois empires. Lépante, 1571, Paris, Flammarion, 2012 ; coll. « Champs histoire », 2014

Histoires des croisades, Paris, Flammarion, coll. « Champs histoire », 2010

Barbares. Immigrés, réfugiés et déportés dans l'Empire romain, Paris, Tallandier, 2009 ; « Texto », 2011

Poète à la barre, Monaco, Éditions du Rocher, 2007

Le Jour des barbares. Andrinople, 9 août 378, Paris, Flammarion, 2006 ; coll. « Champs histoire », 2010

Waterloo, Paris, Flammarion, 2005 ; coll. « Libres Champs », 2015

Charlemagne. Un père pour l'Europe, Paris, Payot & Rivages, coll. « Biographie Payot », 2004

Roman russe. Pour présager les tourments à venir, Paris, Gallimard, coll. « Du monde entier », 2002

La Belle Vie ou Les aventures de Mr Pyle, gentilhomme, Paris, Gallimard, coll. « Du monde entier », 1998

ALESSANDRO BARBERO

LES YEUX DE VENISE

roman

TRADUIT DE L'ITALIEN PAR
PÉRETTE-CÉCILE BUFFARIA ET ARISTEO TORDESILLAS

TALLANDIER

Titre original : *Gli occhi di Venezia*

2, rue Rotrou – 75006 Paris
www.tallandier.com

1*

Il y avait eu du soleil toute la journée, mais maintenant le vent de la lagune s'était rafraîchi et sur Venise le ciel se troublait. Matteo, droit sur l'échafaudage principal du palais en construction, essuya sa sueur de la manche trempée de sa chemise pour la énième fois : l'été, les journées de travail commençaient tôt et ne finissaient jamais. Il regarda le ciel pour évaluer le temps qui manquait avant que le soleil ne se couche ; aucune église n'avait encore sonné les vêpres, pas même celle des Frari qui, depuis quelque temps, pour on ne sait quelle manie du sonneur, les sonnait toujours avant les autres. Puis, il baissa le regard vers ses hommes au travail, en s'arrêtant avec calme sur chacun d'eux. Quiconque, étant là où il se trouvait, à vingt mètres de hauteur, aurait évité de regarder vers le bas, par crainte d'avoir le vertige, mais Matteo, qui était maçon depuis une vie entière, était tout autant à son aise sur des échafaudages que sur la terre ferme.

---

* Le lecteur qui achopperait sur des termes techniques ou étrangers qu'il ne connaîtrait pas pourra trouver une brève explication dans le glossaire à la fin de l'ouvrage.

En contrebas, à la hauteur du premier étage, trois manœuvres travaillaient rapidement en prenant des briques d'un panier presque vide ; en bas, sur le *campiello* désormais dans l'ombre, un garçon pieds nus mélangeait avec un bâton en bois de la chaux dans un bac, en attendant qu'on lui ordonne de l'apporter en haut, sur l'échafaudage. Matteo, gros, lourd, habitué à réfléchir avec calme à ses affaires et à ne pas se faire avoir, se demanda s'il n'aurait pas dû prendre un autre manœuvre, ou même deux : si son client voulait vraiment le travail fini d'ici l'année prochaine, il risquait de ne pas y arriver avec l'équipe dont il disposait maintenant. Mais le maçon n'avait pas compris si le sénateur Lippomano, en dépit de ses habits somptueux et du fier blason avec un lion rampant qu'il arborait, brodé sur le *felze* de sa gondole, avait assez d'argent liquide pour lui payer la totalité du travail : les difficultés qu'il avait faites avant de lui régler le dernier mois l'inquiétaient un peu. Il n'y a pas d'urgence à embaucher d'autres ouvriers, pensa Matteo, il y a largement le temps, lorsque l'on fait trop confiance aux patrons on est toujours perdant.

En descendant à l'étage inférieur de l'échafaudage, avec les planches qui vibraient dangereusement sous son poids, il ordonna à l'un des manœuvres d'aller en bas chercher un autre panier de briques, donna une tape sur l'épaule du dernier arrivé des trois manœuvres, qui était son fils Michele, puis descendit encore quelques marches et sauta directement dans la cour. Le palais prenait belle allure, et même l'architecte qui l'avait dessiné sur ordre du sénateur n'y aurait rien trouvé à redire ; certes, Matteo, dans sa vie, s'était toujours disputé avec les architectes : s'ils avaient pris une fois une brique dans la main, au lieu de rester toujours là, assis à leur table avec leur règle à section carrée et leur plume d'oie, ils n'auraient sûrement pas eu de telles exigences ! Dans son milieu, on racontait qu'autrefois, mais il y a de ça vraiment des lustres, les palais et les églises, c'étaient les contremaîtres qui les construisaient, sans s'embarrasser de tant de dessins et sans avoir besoin d'avoir étudié, et allez donc savoir pourquoi, les œuvres construites en ce temps-là, elles tiennent encore toutes debout ; mais, on le sait, le monde devient de plus en plus fou.

En soupirant, car au terme d'une journée de travail, même un colosse comme lui commençait à être fatigué, Matteo alla boire une goulée de vin à la bouteille que l'on avait mise au frais dans le seau du puits, précisément au centre du *campiello.* Le garçon qui remuait la chaux avait laissé tomber le baquet et maintenant il aidait le manœuvre à monter les briques soigneusement empilées dans le panier en osier. Matteo l'avait embauché une semaine avant, quand un autre garçon qui était dans l'équipe avait pris son congé : la paye était trop basse, disait-il, je trouverai mieux quelque part ailleurs, au pire, j'embarquerai. Le contremaître avait haussé les épaules : il savait comme lui qu'avec les payes d'aujourd'hui on peine à vivre, mais il devait bien nourrir sa famille, lui aussi. Un ducat par mois, c'est tout ce qu'il pouvait offrir, et, outre le manger, un endroit pour dormir à l'entrée de sa maison : mais, au moins, à manger, grâce à Dieu, il y en avait toujours en abondance, avec lui personne ne montait sur les échafaudages le ventre vide. Cependant, sans garçon, on ne pouvait pas travailler, et c'était une chance que soit passé par là cet Albanais perdu ; ils étaient nombreux dans la ville, ils travaillaient dur et il fallait les payer autant que les autres, mais celui-ci n'était guère plus âgé qu'un adolescent, tout juste arrivé à Venise, et seul, à ce qu'il semblait ; pourtant, il avait aussitôt plu à Matteo ainsi qu'à sa femme. Mais oui, garde-le, lui avait dit Zanetta. Ils s'étaient mis d'accord : nourri et logé jusqu'à la fin de l'année, et c'est tout, comme on fait avec les apprentis dans les *botteghe* ; et puis, si tu apprends le métier, la paye suivra. En espérant que Lippomano continue à payer chaque mois, car si ce n'est pas lui qui donne les *zecchini*, nous autres nous pouvons tous mourir de faim. Maintenant, le garçon était là, en train de monter, en tenant à grand-peine par l'anse le panier trop lourd. Il s'appelait Zorze. Il deviendra un bon maçon pensa Matteo en observant ses jambes maigrelettes qui, cependant, commençaient à s'épaissir au niveau des mollets.

Puis, tout d'un coup, le garçon mit un pied en porte-à-faux, le lourd panier se renversa sur lui, il tomba de l'échafaudage avec un cri déchirant ; une pluie de briques s'abattit sur lui, et, un instant après, il était immobile et désarticulé sur les pavés. « Vierge Marie » s'écrièrent-ils tous ; Matteo courut et en un instant il était agenouillé à côté de lui alors que Michele et l'autre maçon se précipitaient en bas, en faisant trembler l'échafaudage, et seul le dernier manœuvre, celui qui avait porté le panier avec Zorze, était resté figé, les mains sur sa bouche. On comprit tout de suite qu'il n'y avait rien à faire, le garçon s'était brisé les os en dedans, et plusieurs briques lui étaient tombées dessus, le frappant au thorax et à la tête ; il saignait sous ses cheveux aux reflets blonds, bougeait doucement la tête, et ses yeux roulaient, comme ceux d'un chat qui aurait été tué à coups de bâton. « Vierge Marie », répétait Matteo, et il ne savait pas comment le toucher avec ses trop grosses mains. Tout le monde se regardait.

« On l'emmène à la maison ? dit Michele, bouleversé.

– Bah, je ne sais pas », dit Matteo.

Comme toutes les fois que les choses se passaient mal pour lui, sa douleur intérieure était étouffée par une rage sourde. Pourquoi ça tombe toujours sur moi ? Saleté de travail, et saleté de vie…

« Désormais, c'est inutile, regarde », dit le dernier maçon, qui, entre-temps, était descendu lui aussi, pâle comme un linge.

Et ils virent tous que c'était vraiment peine perdue : les yeux du garçon s'étaient définitivement transformés en verre opaque, et son corps ne bougeait plus. Michele s'agenouilla, le toucha maladroitement au poignet, puis à la poitrine. On ne sentait plus rien.

« Il s'en est allé, le malheureux », et il se signa.

Tous les autres l'imitèrent.

« Que faisons-nous ? » demanda ensuite Michele.

Il n'avait pas encore vingt ans, et bien que son père l'eût déjà laissé se marier, il était encore habitué à lui obéir en tout. Cependant, cette fois-ci, même le contremaître semblait perdu.

« Le malheureux », répétait-il, les larmes aux yeux. À ce moment précis, la cloche de l'église des Frari se mit à sonner les vêpres, et Matteo se ressaisit. « En attendant, commençons par prévenir le patron. Et puis, emmenons-le à la maison. Il est tard désormais, on pensera demain à l'enterrer. »

Alors que Michele courait à la maison pour avertir les femmes, on envoya l'un des deux manœuvres chercher le sénateur Lippomano afin de l'informer du malheur qui était arrivé au chantier. Matteo retourna jusqu'au puits en titubant, reprit la bouteille et but une longue goulée ; puis il vit que le maçon qui était resté le regardait, recroquevillé sous les échafaudages, et il lui fit signe de venir et de boire lui aussi.

On n'avait pas besoin de ça, se disait-il ; et il lui semblait avoir le tournis plus que de raison. Diable, ce n'est quand même pas de ma faute, pensa-t-il. Je l'ai bien traité, moi.

Michele arriva aussitôt après, avec sa mère et sa femme : leur maison était à deux pas de là, sur un *campiello* identique à celui-ci, donnant sur le canal de la Giudecca. Les deux femmes s'agenouillèrent à côté du mort, pleurant à chaudes larmes. Même s'il n'était à la maison que depuis quelques jours, Zorze avait conquis tout le monde, blondinet qu'il était, et avec sa drôle de manière de parler ce dialecte vénitien à moitié appris qui sonnait si étrangement avec sa prononciation rude.

« C'est le destin ! » dit finalement Zanetta, après que toutes deux eurent crié fort pendant un moment, selon l'usage.

Et toutes deux commencèrent à songer aux aspects pratiques : dans ces cas-là, ce sont les femmes qui prennent en main la situation, malheur si l'on devait attendre les hommes. Michele, qui s'était serré contre sa femme Bianca et qui tremblait un peu, fut envoyé avec un manœuvre chercher un brancard, pour transporter le cadavre, et un bout de drap, pour le recouvrir. Puis Zanetta s'approcha de Matteo, regarda avec un soupir la bouteille vide abandonnée par terre à côté du seau et adressa un regard de reproche à son mari ; celui-ci, embêté, se nettoya la bouche du dos de la main.

« Comment cela est-il arrivé ? demanda la femme pour rompre le silence.

– Mais je n'en sais rien ! s'exclama le maçon. Il montait avec ses briques, avec Teta. Je ne sais pas, il a glissé. Et… »

La femme se tut. Elle seule savait que, à partir du jour où son fils avait commencé à monter sur les échafaudages avec son père, elle attendait chaque soir leur retour avec une inquiétude obscure, en se préparant chaque fois à voir à leur place se présenter à la porte un garçon que l'on aurait envoyé pour venir la chercher, car un malheur s'était produit. Tant que seul son mari partait travailler, elle n'avait jamais eu peur, qui sait pourquoi ; mais maintenant qu'il y allait avec son fils, elle tremblait. C'était le seul garçon qui restait : les deux autres, la peste de 1576 les avait emportés, cette peste dont tout le monde se souvenait avec effroi car elle avait englouti la moitié de Venise. Seul lui était resté le plus petit ; et puis elle n'en avait plus eu. Depuis… combien d'années s'étaient écoulées ? Douze, oui, douze : l'enfant était devenu adulte, et il accompagnait son père sur le chantier. Ah, la vie, songea Zanetta.

Un pas rapide la fit tressaillir. Un homme, vêtu de velours noir, et portant une chaîne en or resplendissante autour du cou, avait débouché sur le *campiello* depuis la *calle*, le Magnifico ser Girolamo Lippomano. Bianca, qui était plus près, lui faisait déjà une révérence gauche, et Zanetta s'empressa de l'imiter, alors que Matteo allait à sa rencontre et s'inclinait maladroitement. Le sénateur ignora les deux femmes, fit un geste sec au maçon, et se planta devant le cadavre du garçon qui était encore étendu au sol. Il fit une grimace, puis leva les yeux vers les échafaudages du palais en cours de construction. Girolamo Lippomano avait l'air d'être sur la cinquantaine, il avait un grand front dégarni et sillonné de rides, peu de cheveux, gris, coupés très courts, et une petite barbe soignée qui commençait à blanchir. Membre du Sénat pendant de longues années, plusieurs fois élu *Savio Grande*, et nommé depuis peu *Procuratore di San Marco*, Lippomano était l'un des diplomates les plus appréciés de la République ; ambassadeur à Turin, puis à

Naples, il avait ensuite assumé des charges de plus en plus prestigieuses, auprès du roi de Pologne, et même auprès du roi de France. Depuis ces cours, il envoyait des informations très secrètes, dont lui seul savait comment il réussissait à se les procurer. Ses pairs, qui gouvernaient Venise d'une main de fer et qui ne s'étonnaient de rien, avaient pour lui la plus haute estime. Après avoir longtemps inspecté l'édifice inachevé, ser Girolamo jeta de nouveau un regard au cadavre en faisant un pas en arrière et une autre grimace. Il ne lui était même pas venu à l'esprit d'enlever son béret ; cependant, il se signa, rapidement, puis il donna l'ordre à Matteo de s'approcher.

« Qui était-ce ? » demanda-t-il d'un ton brusque.

Matteo haussa les épaules.

« Un apprenti. Je venais de le trouver.

– Et d'où venait-il ?

– D'Albanie, disait-il. »

Lippomano fit une autre grimace.

« Il faudra lui trouver un prêtre de chez eux », dit Matteo.

Le sénateur le regarda froidement.

« À quoi ça sert ? Désormais il est mort, il ne doit plus se confesser. Emmène-le sous le portique du Palais ducal et laisse-le là, les croque-morts de la mairie l'enterreront. »

Matteo hésita. Il n'était pas habitué à contredire les patrons, mais cette fois-ci il ne parvint pas à se taire.

« Illustrissime, ça ne va pas, il faut qu'un de leurs prêtres le bénisse. Sinon cette âme ne reposera pas en paix. »

Lippomano le fixa avec une attention imprévue et puis il haussa les épaules.

« Fais comme tu voudras. Il suffit que tu ne viennes pas me demander des sous à moi. »

C'est à ce moment-là qu'arrivèrent Michele et le manœuvre avec le brancard. En voyant le sénateur, ils s'inclinèrent tous les deux, puis ils déposèrent le brancard à côté du mort et, le prenant par les aisselles et les genoux, ils le chargèrent. Il ne pesait pas très lourd. Le manœuvre avait un balluchon noué en bandoulière qui, déplié, se révéla être un vieux drap de maison dont ils recouvrirent le garçon en lui faisant le signe de croix sur le front.

« Où l'emmenez-vous ? demanda le sénateur.

– Je pensais l'emmener chez moi, dit Matteo.

– Très bien », répondit ser Girolamo avec détachement.

Matteo s'adressa aux autres :

« Allez, emmenez-le à la maison. J'arrive tout de suite. »

Les deux travailleurs soulevèrent le brancard et le hissèrent sur leurs épaules. Michele, Bianca et Zanetta s'inclinèrent encore, puis ils se mirent en chemin, derrière le mort. Lippomano attendit d'être resté seul avec Matteo, puis il sortit un mouchoir brodé de son gousset et essuya la sueur de son front dégarni. Le ciel s'était à demi couvert, mais il n'y avait pas de vent, et la chaleur était accablante. Matteo, en chemise et chaussures de toile, sans chaussettes, et son béret à la main, pensa que le sénateur devait avoir chaud. Tant pis pour lui, vu que les lois de la République sont tellement sévères et qu'elles sont à ce point à cheval sur le *decorum* des nobles : car ils ne peuvent sortir vêtus comme ils le souhaitent eux, mais toujours habillés en noir, et avec la pourpre s'ils sont magistrats dans l'exercice de leurs fonctions, puisque tous, jusqu'au dernier d'entre eux, représentent la *Serenissima*. Nous autres, en revanche, pensa Matteo, nous pouvons déambuler nu-pieds et couverts de haillons, cela indiffère tout le monde, y compris si nous crevons dans un coin de rue.

« Écoute, Matteo, j'ai quelque chose à te dire, dit Lippomano.

– Commandez.

– Dis-moi donc à quel point tu en es avec les travaux. »

Le ton sur lequel le sénateur lui avait posé cette question incita Matteo à rester sur ses gardes.

« Comme je vous l'avais dit, Excellence, commença-t-il prudemment. Il faudra un an et demi pour tout, mais d'ici les fêtes de la fin de l'année prochaine, je vous remets le travail fini. Si, par ailleurs, vous souhaitez que l'on finisse avant... »

Matteo s'interrompit, quelque chose lui disait que ce n'était vraiment pas là le moment de demander plus de sous au patron. Ser Girolamo, en effet, était en train de le fixer avec une expression désagréable. Il jouait avec la chaîne en or qu'il portait sur la poitrine. Il avait des doigts fins, des ongles soignés.

« Non, dit-il brusquement. Arrêtons là les travaux, plutôt. Je pars, je ne sais pas encore quand, dès cet hiver peut-être. Je serai absent deux ans au moins. Et je ne veux pas que le travail avance alors que je ne suis pas sur place. »

Matteo, qui, avant déjà, avait un peu le tournis, vacilla sous ce coup inattendu.

« Mais, Illustrissime, réussit-il à murmurer.

– Il n'y a pas de "mais" qui tienne, le coupa Lippomano, sur le ton de celui qui est habitué à commander et à ne pas être contredit. À ce stade, je ne comprends pas pourquoi ce chantier me coûte aussi cher, imaginons quand je ne pourrai pas l'avoir à l'œil... Je vous connais, vous autres. »

Matteo, mortifié, ne répondit pas.

« Alors, c'est entendu, conclut le sénateur. Tu viendras demain à la maison et nous ferons les comptes. Adieu, Matteo.

– À votre service, Excellence », balbutia le maçon.

Tandis que l'autre s'en allait, Matteo resta là, son béret à la main, si confus qu'il ne savait pas si c'était le matin ou le soir. Puis, il se souvint de la bouteille, et il regarda vers le puits, mais Zanetta, qui ne laissait jamais rien en désordre, devait l'avoir rapportée à la maison. Matteo cracha et, après avoir bien regardé autour de lui, il jura ; mais à voix basse. Les murs aussi avaient des oreilles, et le Saint-Office n'y repensait pas à deux fois avant de faire appeler un pauvre diable pour lui donner des coups de cordes s'il recevait une dénonciation anonyme à son sujet. Matteo se souvenait très bien que jadis il n'en allait pas ainsi ; quand il était jeune, les gens n'avaient pas aussi peur que maintenant, et personne ne trouvait qu'il y avait quelque chose de grave dans un juron qu'on aurait laissé échapper sans y penser ; mais les temps avaient changé, et pas vraiment en mieux. On n'a même plus la satisfaction de pouvoir jurer tranquille. Quelle saloperie de monde, pensa-t-il avec rancœur, alors qu'il s'acheminait vers sa maison.

Arrivé chez lui, il découvrit qu'on n'attendait que lui pour dîner. Il se lava les mains dans le seau, s'assit à table sur la seule bonne chaise, avec des accoudoirs ; Michele s'assit sur une autre chaise, à sa droite. Les manœuvres prirent place sur deux tabourets : par contrat ils dînaient avec eux et Matteo leur retenait leur repas sur leur paye. Zanetta et Bianca servirent la soupe, puis Zanetta s'installa sur le bord de la cheminée avec son assiette creuse sur les genoux, alors que Bianca continuait à traficoter en attisant le feu et en apportant un seau d'eau fraîche du puits ; finalement, elle prit elle aussi une assiette creuse, resta debout près de sa belle-mère et commença à manger. Matteo, ayant terminé sa première assiette de soupe, s'en fit verser une autre louchée, prit le gros pain durci, en coupa une tranche avec le couteau qu'il portait à la ceinture, et se mit à la tremper dans son assiette et à mâcher. Personne ne parlait. Le mort était posé par terre dans une des deux chambres à coucher, celle où dormaient les deux jeunes.

« Mais cette nuit, on le rapporte ici, n'est-ce pas ? » murmura Bianca, en indiquant de la tête la chambre d'à côté.

Ce mort dans la maison la troublait. Michele voulait répondre : « oui », mais, par habitude, il attendit que son père parle.

« Bien entendu », dit finalement Matteo, en mâchant.

Puis, sentant la rage qui lui serrait le ventre, il raconta la nouvelle que lui avait annoncée Lippomano.

Un malheur ne vient jamais seul, pensa Zanetta ; mais elle ne le dit pas.

« En voilà une bonne de nouvelle », dit-elle en revanche.

Tout le monde s'était arrêté de manger, et dans les yeux des manœuvres, on lisait clairement la crainte que cette soupe ne fût la dernière. À cette époque, à Venise, du travail, il n'y en avait pas tellement.

« Et comme ça, il dit qu'il part ? » demanda Michele, curieux.

Son père haussa les épaules, mais la mère intervint une nouvelle fois :

« Il va à nouveau partir comme ambassadeur sans doute. Tu ne t'en souviens peut-être pas, mais jadis il était toujours à l'étranger.

– Par contre, ça fait maintenant un bail qu'il n'est plus parti, intervint Matteo, sombre.

– Oui, et, même, il disait justement que, désormais, il en avait assez de voyager, rétorqua Zanetta, se souvenant de ses bavardages avec une domestique de chez Lippomano, une amie d'enfance qu'elle rencontrait parfois au marché aux poissons.

– Donne-moi un verre à boire », dit Matteo ; et aussitôt Bianca, qui s'était assise sur la marche à côté du feu, se leva, alla chercher la bouteille, et lui remplit son verre.

Matteo but, puis il posa ses coudes sur la table.

« Tout s'éclaire ; enfin... façon de parler, bouffa-t-il avec rancœur. Il a besoin de sous, ce type. Je l'avais déjà compris la dernière fois car j'ai beaucoup peiné pour les lui faire cracher. Si ça se trouve, il ne part même pas et c'est juste une excuse pour fermer le chantier.

– Et en attendant, il te laisse sur le carreau, sans travail, protesta Zanetta.

– Allez, des gens forts comme nous, ça trouve toujours du travail », s'exclama joyeusement Michele.

Bianca chercha son regard et le trouva.

Il lui sourit, et elle sentit se dénouer le nœud qui lui serrait la bouche et l'estomac. « Tu verras que d'une manière ou d'une autre, avec un gars comme moi, jamais tu ne mourras de faim », lui avait-il dit une fois, quand ils n'étaient pas encore mariés. Maintenant, de temps en temps, ils se le rappelaient réciproquement, en blaguant : surtout au lit lorsque les vieux ronflaient. Michele n'était qu'un jeune homme et il ne savait rien de la vie, mais comme elle aussi était une jeune fille, elle avait une confiance aveugle en lui. Matteo et Zanetta se cherchèrent eux aussi du regard, mais ils en avaient déjà vu beaucoup d'autres, et de confiance, dans ces regards, il y en avait bien peu.

La nuit tombait, et Bianca s'affaira autour du bougeoir. La flammèche de la chandelle, tremblant sur la table, leur donna à tous l'impression que le reste de la maison était encore plus sombre.

« Allons, nous, on fait la vaisselle, et on va tous dormir, soupira Zanetta en se levant de son coin. Vous autres, apportez ici ce malheureux. »

Pendant que les femmes rangeaient, les hommes enlevèrent la planche qui était sur les tréteaux, l'adossèrent au mur avec les chaises et les tabourets, et transportèrent dans la cuisine le brancard avec le mort, en le déposant sur le lit de paille où, jusqu'à la nuit précédente, le garçon avait dormi. Peu de temps après, les hommes, qui avaient leurs bonnes douze heures de travail dans le corps, dormaient comme des rocs. Zanetta et Bianca restèrent là pour veiller le garçon, car cela ne se fait pas de laisser un mort seul la première nuit ; la chandelle éclairait faiblement la pièce, et les deux femmes se turent, l'une à côté de l'autre, jusqu'à ce que Bianca ne soit vaincue par le sommeil et ne s'assoupisse. Et Zanetta resta seule à veiller pendant la nuit.

2

Ce matin-là, quand ils se réveillèrent, une brume grise pesait sur Venise. Les deux hommes émergèrent du lit, trempés de sueur, bien qu'ils eussent dormi nus, ou presque, sous les draps de lin, dernier reste du trousseau de Zanetta. Quand Michele sortit de la chambre, il jeta aussitôt un regard au mort qui gisait dans l'angle, couvert lui aussi de son drap rapiécé, et, machinalement, il renifla l'air : peut-être qu'on sentait déjà l'odeur ? Non, grâce à Dieu, mais il s'en fallait de peu avec cette chaleur. Dans la cuisine, les deux femmes, affairées et rougies, les yeux gonflés par la veillée, étaient en train de préparer la première soupe de la journée, un chiffon propre noué autour de leurs cheveux pour retenir la sueur quand elles s'approchaient du feu. Michele sortit pieds nus sur le *campiello* ; son père, torse nu, se lavait au puits.

« Va donc voir, toi, pour le faire enterrer, lui dit-il, quand il le vit arriver, en se poussant pour lui laisser le seau. Moi, je n'ai pas le temps. »

Michele plongea ses mains dans l'eau et se rinça le visage, en sentant avec plaisir les gouttes qui glissaient le long de son cou.

« D'accord, dit-il. Mais où est-ce que je dois aller ?

– Je dirais, à l'École des Albanais, si, même là, ils ne savent pas comment faire, je ne sais vraiment pas. Tu dois chercher l'église de San Maurizio. Je crois qu'elle est derrière San Marco, mais, demande à ta mère, elle sait mieux que moi. »

Cette église, Michele ne la connaissait pas, mais ce qu'était une École, ça, il le savait bien. Presque tout le monde était inscrit dans une École à Venise, y compris ses parents et lui : la leur était l'École la plus proche de chez eux, sous la protection de la glorieuse vierge sainte Agnès, même si les cérémonies se tenaient à l'église San Barnaba, deux ponts plus loin. Quand il avait eu seize ans, son père l'avait amené à l'église, il l'avait fait s'agenouiller devant l'autel de la sainte, il avait payé ses quarante sous de droit d'entrée et avait demandé qu'on inscrive son nom sur la *Marièġola*, comme on appelait le livre dans lequel étaient immatriculés tous les sociétaires de la confrérie. Car l'École, cela va sans dire, n'était certes pas un endroit où apprendre à lire et à écrire, comme il l'avait cru d'abord : il ne manquerait plus que ça, s'était esclaffé Matteo, comme si tout le monde devait perdre du temps avec ces choses-là ; les gens qui travaillent ont bien d'autres choses à penser. On s'inscrivait à l'École et on payait la cotisation annuelle, car, si on tombait malade, les confrères vous assistaient, si on perdait son emploi, ils vous faisaient la charité, et quand on mourait, c'est eux qui prenaient en charge l'enterrement. C'était important de savoir qu'on n'allait pas se retrouver sous terre comme un chien, mais qu'ils vous accompagneraient, les cierges allumés, et la bannière de l'École en tête de la procession. C'est ce que lui avait expliqué Matteo : lui, Michele, il n'était pas encore très enclin à se soucier de ce jour lointain, mais il avait obéi, comme il le faisait toujours, tout en songeant que les parents ont des préoccupations bien étranges.

Il rentra à la maison, où les deux femmes avaient repositionné la planche sur les tréteaux et servi la soupe. Bianca le regarda, satisfaite, alors qu'il commençait à manger : elle remplissait depuis peu ce rôle d'épouse, mais elle apprenait vite et cela lui plaisait de prendre soin de son homme. Peu de temps après, Matteo entra, il s'assit bruyamment, regarda son assiette et fit une grimace.

« Qu'est-ce qu'il y a ? demanda aussitôt Zanetta.

– Avec cette chaleur… Donne-moi un verre de vin, va. »

Zanetta fit la moue mais ne dit rien. Connaissant la faiblesse de son mari, quand elle s'était levée, elle avait déjà mis le vin à rafraîchir dans un seau d'eau ; elle alla le chercher et lui en servit un verre. Matteo le but d'un trait et puis, avec un soupir d'aise, il coupa une tranche de pain.

« Encore, va, car cette soupe-ci est la meilleure. »

Zanetta remplit de nouveau le verre, le maçon trempa le pain dans son vin et commença à le mâcher avec plaisir.

« Alors, qu'avez-vous décidé ? demanda la femme peu après ; et, quand son mari la regarda, étonné, elle indiqua le mort.

– Ah, Michele va chez les Albanais, là, ils sauront ce qu'il faut faire.

– Où est l'église de San Maurizio ? demanda le garçon à sa mère, en nettoyant son assiette avec son pain.

– C'est facile, depuis le pont du Rialto, tu vas à droite vers la Riva del Ferro et tu descends par la *calle* dei Fabbri, mais ne va pas jusqu'à la piazza San Marco, reste sur ta droite, et si, là, tu ne trouves pas, tu demandes.

– C'est bon, alors j'y vais », conclut Michele en se levant.

Il croisa le regard de sa femme et lui fit signe en esquissant un demi-sourire : allez, sors donc me dire au revoir comme il faut. Elle répondit à son sourire, laissa les fèves qu'elle était en train d'écosser, s'essuya les mains sur son tablier et le suivit. Entre la porte et le *campiello*, dans un coin où personne ne les voyait, ils s'embrassèrent furtivement sur la bouche.

« Je t'aime beaucoup », lui murmura-t-il à l'oreille.

Elle rit, contente, puis rentra sans perdre de temps pour que les deux vieux n'aillent pas s'imaginer des choses.

Michele partit d'un bon pas : le chemin était long jusqu'au pont du Rialto, qui était le seul pont sur le *Canal Grande.* S'il avait pris une barque pour se faire conduire de l'autre côté, il serait vite arrivé, mais cela ne lui passa même pas par la tête de gaspiller un sou de cette façon-là : en ces temps-là, seuls les riches prenaient le *traghetto*, et les passeurs se plaignaient de ne pas avoir de travail. C'étaient des années noires, si noires que personne n'avait le souvenir d'années semblables, si ce n'est peut-être au temps du doge Loredan, quand lui, Michele, venait de naître : sa mère lui avait raconté qu'on le surnommait le doge de la faim, et que, à sa mort, les gens étaient allés à ses obsèques jeter sur son cercueil les pains de millet dont ils étaient contraints de se nourrir ; ce pain qui n'était bon que pour les porcs et pas pour les humains.

Michele remonta jusqu'à l'église des Frari, puis il passa par le campo San Polo, où il se rendit compte qu'il était en train de transpirer et il ralentit le pas car une demi-heure en plus ou en moins cela ne changeait rien ; il était en bras de chemise et ne portait pas de chaussettes, mais la canicule était étouffante, si bien qu'il ôta même son petit béret et l'enfila dans sa ceinture. Autour de lui, les gens s'affairaient ;

il dépassait sans cesse une brouette ou un porteur chargé de sacs ; devant un four, des femmes qui faisaient la queue en attendant patiemment leur tour pour cuire leur pain : on était samedi et le dimanche tout le monde voulait manger du pain frais. Michele n'avait pas souvent l'occasion de s'éloigner de son quartier et même les appels d'offres auxquels son père répondait étaient presque toujours dans le coin ; des maçons, il n'y en avait que trop à Venise pour espérer trouver du travail là où on n'était pas connu ; ça l'amusait vraiment de découvrir des rues et des places nouvelles, mais à un certain moment, il se souvint de la raison pour laquelle il était en train de faire cette promenade et se signa.

Au Rialto, le marché était important et il était presque impossible de passer : Michele n'osait pas jouer des coudes entre des femmes qui négociaient, des mères de famille alourdies par les grossesses, des cuisinières au service de seigneurs, florissantes et bien nourries, et de temps en temps aussi, une jeune épouse ou une jeune servante portant une chemise dénouée sur la poitrine, les manches retroussées à cause de la chaleur. À celles-ci, par habitude, Michele jetait un coup d'œil complaisant : quand il n'était pas encore marié, dans ses moments de loisir, il se promenait le long des *calli* avec ses camarades ; et ils ne s'en tenaient pas à une simple œillade ! Les commentaires à voix haute fusaient, toujours dans l'espoir d'en trouver une consentante, et, toujours, déçus. Une fois, après qu'ils avaient bu, un dimanche soir, l'un d'eux avait proposé d'aller dans une certaine rue faire le guet pour une fille qui venait là se vendre tous les soirs et la convaincre de les laisser s'amuser, de gré ou de force. Michele avait hésité à y aller, puis il avait dit non, je n'y vais pas ; il avait eu honte toute la nuit d'être passé pour un lâche, mais ensuite, le lendemain, les autres lui avaient dit qu'il avait été plus malin qu'eux ; pas l'ombre d'une fille, mais en revanche la patrouille, et ils avaient risqué de se faire tous arrêter. Michele sourit à ce souvenir : il en avait encore un peu honte, même s'il ne savait plus bien de quoi ; maintenant, quoi qu'il en soit, c'était un homme marié et des bêtises puériles de ce genre, il n'en ferait plus jamais.

Le pont du Rialto était presque bloqué en raison des travaux : depuis quelques mois, ils avaient commencé à démolir l'ancienne structure en bois et on disait qu'ils allaient le reconstruire tout en marbre, mais en attendant, pour traverser le *Canal Grande*, il ne restait qu'une passerelle sur laquelle ne pouvait passer qu'une personne à la fois. La cohue était invraisemblable et les gens protestaient : que diable était-il besoin de refaire le vieux pont qui se portait très bien, et, de plus, en dépensant tous ces sous, et en suscitant tant de gêne pour ceux qui travaillaient ! De l'autre côté du pont, se frayer un chemin était tout aussi difficile ; il y avait des étals de maraîchers et de poissonniers et une cohue d'acheteurs, mais finalement Michele tourna dans la *calle* en pente où se trouvaient, les unes à la suite des autres, les boutiques des forgerons, et, là, il y avait moins de circulation, aussi put-il recommencer à marcher d'un bon pas. Il dut demander son chemin plusieurs fois, car il ne connaissait vraiment pas cette partie de la ville, et il s'y perdait, mais à la fin, il se trouva derrière un grand clocher penché et il déboucha sur le parvis désert du campo San Maurizio. Dans un coin, à côté de l'église, il y avait un édifice bas avec une petite porte, qui avait tout l'air de pouvoir être la maison de l'École. Michele s'approcha, empoigna le heurtoir de la porte et frappa.

L'aumônier vint directement lui ouvrir, c'était un de ces gros prêtres grecs, avec une barbe menaçante et une grande croix accrochée au cou. Michele expliqua en peu de mots l'affaire du jeune garçon mort. L'autre se gratta la tête, contrarié.

« Mais, il était inscrit à l'École, ce malheureux ? » finit-il par demander.

Michele haussa les épaules.

« Comment voulez-vous qu'il ait été inscrit, il venait d'arriver à Venise.

– Et comment tu as dit qu'il s'appelait ? insista le pope.

– Zorze. Je n'en sais pas plus », dit Michele, sur un ton d'excuse.

Le barbu poussa un profond soupir.

« Attends, on va voir. On n'est pas du tout obligé, tu sais. »

Il disparut à l'intérieur, puis sortit à nouveau, alla sous une maison et appela. Une fenêtre s'ouvrit, une femme s'y pencha et le pope lui parla dans sa langue. La femme s'éclipsa, et, peu après, un homme, d'un âge avancé, avec quelques rares cheveux gris, se montra à la fenêtre. Les deux hommes, l'un sur la place, et l'autre au premier étage, parlèrent un moment ; puis, le plus vieux se retira de la fenêtre et après un certain temps, qui parut plutôt long à Michele, il réapparut à la porte.

Ils le rejoignirent tous les deux.

« Raconte-lui un peu cette affaire », dit le pope.

Michele répéta son récit. L'ancien se gratta la tête exactement comme l'autre l'avait fait. Il n'était pas content lui non plus. D'ailleurs, songea Michele, il n'y avait vraiment pas de quoi l'être.

« Mais tu es certain qu'il était Albanais ? » dit ensuite le vieil homme.

Il avait un accent plus marqué que celui du pope, comme s'il ne parlait pas vraiment vénitien.

« Absolument certain », garantit Michele.

Les deux hommes se regardèrent et confabulèrent un peu dans leur langue, parfaitement indifférents au jeune homme qui était resté là et qui ne comprenait rien. Puis, le pope lui dit que, alors, d'accord, ça allait, ils se chargeraient des obsèques.

« Mais seulement par charité, c'est compris, hein ? On n'est pas obligé ; cela dit, pour les nôtres, quand on peut, on le fait volontiers. On enverra le croque-mort le chercher ce soir. »

Michele leur expliqua comment on pouvait trouver sa maison, une fois arrivés du côté de Sant'Agnese, et il repartit content : cette affaire-là au moins était une affaire réglée. Après tout, on est samedi, songea-t-il, demain on ne travaille pas, et cette nuit Bianca, délivrée du mort à la maison, ne sera pas aussi mélancolique qu'elle l'était hier.

Il fut si enthousiaste à cette idée qu'il ne se rendit pas compte qu'il s'était dirigé du mauvais côté. Quand il s'en aperçut, il était sur un *campo* inconnu ; il n'y avait personne à qui demander son chemin, il s'orienta donc à vue de nez, et s'enfila sous un portique qui selon lui devait le conduire vers Rialto. En revanche, à sa grande surprise, il déboucha peu après sur un lieu d'où l'on voyait San Marco. La curiosité le poussa vers la rive, où divers mâts pavoisés annonçaient la présence de quelque vaisseau, et il se fraya à grand-peine un chemin à travers la foule habituelle qui se pressait entre le Palais ducal et San Zaccaria. Parvenu à la rive, il vit que deux galères étaient amarrées non loin de là, dans un ondoiement d'oriflammes et de fanions bariolés ; on chargeait sur ces deux galères des caisses et des barils à l'aide de chaloupes. Michele s'arrêta pour les regarder un petit moment, les yeux écarquillés : elles étaient énormes et très belles, peintes à neuf, en rouge, avec des rames vermillon levées et appuyées sur les scaumes, comme les pattes de quelque bête fabuleuse. Deux rameurs en culotte de toile, la chemise rapiécée et le petit béret rouge de rigueur, se tenaient à côté de lui avec un baril, en attendant que leur tour vienne de charger. Michele, curieux, commença à leur parler :

« Vous partez où ? »

L'un des deux le regarda en clignant des yeux comme s'il ne comprenait pas ; blond comme il l'était, ce devait être un Esclavon.

« Et qui le sait ? répondit l'autre. À nous, ils ne nous le disent pas. Mais des bruits courent selon lesquels nous allons à Candia », ajouta-t-il en utilisant le nom que les Vénitiens donnent à la Crète.

Puis, il le regarda fixement et lui demanda à brûle-pourpoint :

« Mais, toi, par hasard, tu n'aurais pas envie d'embarquer ? »

Michele tressaillit.

« Moi, certainement pas ! dit-il. Ça doit pas être la belle vie », répliqua-t-il.

L'autre cracha.

« Autant ça que mourir de faim. On est payé, et, à ceux qui s'embarquent maintenant, le commandant de la galère donne cinq sequins en prime. Je parie que tu n'as jamais vu cinq sequins de ta vie.

– Vous avez besoin de gens ? demanda Michele, curieux.

– Eh ! On a toujours besoin de gens », dit l'autre.

Mais il n'ajouta rien et il continua à le dévisager. Il devait s'être mis dans la tête que, s'il l'avait accompagné chez le commandant, il aurait sans doute bien réussi à obtenir un sequin en prime.

« Et alors ? » insista-t-il, car Michele s'était remis à regarder la galère la plus proche, où les hommes faisaient rouler sur le pont les barils qui disparaissaient ensuite dans la soute.

« Et alors, quoi ? répliqua Michele.

– T'es sûr que ça ne t'intéresse pas ? Le commandant a disposé un guichet pour enrôler et il va le garder ouvert pendant une semaine, il nous manque plus de cinquante hommes.

– Moi, ça ne m'intéresse pas », fit Michele, sèchement.

Il s'était presque vexé qu'on pût le croire homme à se vendre en galère et à mener une vie d'esclave pour une paye de misère, lui qui était fils de maître maçon, inscrit dans une corporation.

« Comme tu voudras », dit l'autre, déçu ; puis, son compagnon lui donna un coup de coude et ils partirent, car la chaloupe les attendait.

Michele resta encore un peu à regarder, puis il se dit que son père l'attendait peut-être sur le chantier, et il repartit. La dernière fois qu'il l'avait envoyé faire une commission et qu'il n'était pas rentré avant le soir, Matteo lui avait donné assez de coups de ceinture pour qu'il s'en souvienne encore même si deux ou trois ans déjà s'étaient écoulés depuis lors.

Le maçon était parti de chez lui pour aller faire les comptes avec le patron. Depuis que l'ancienne Ca' Lippomano à Campo Santa Sofia avait brûlé dans un incendie, il y a de très, très nombreuses années, les cousins Lippomano vivaient chacun de leur côté, et d'ailleurs, la majorité d'entre eux étaient des gens d'église, évêques à Padoue ou à Vérone : ils n'avaient pas besoin d'un palais en ville. Ser Girolamo était le premier qui avait décidé d'en construire un, mais qui sait s'il n'avait pas eu les yeux plus gros que le ventre, songeait le maçon en ruminant de mauvaises pensées. Faire les comptes avec les commanditaires n'avait jamais représenté pour lui la partie la plus plaisante de son travail. Être debout sur les échafaudages, au soleil et sous la pluie, manier la hache, la scie ou la truelle, donner des ordres aux manœuvres, voir s'élever, jour après jour, sous ses mains, une maison qui auparavant n'existait pas, ça oui, ça lui plaisait ; mais devoir ensuite discuter de chiffres et de sous avec les patrons, ça, c'était une tout autre histoire. Pour se donner du courage avant la rencontre, il s'arrêta prendre un verre de vin chez un tavernier, et puis, comme il était là, il en prit un second, et, enfin, il remonta de l'ombre humide et agréable de la taverne à la canicule de la rue.

Au retour de sa dernière ambassade, dans un pays lointain dont Matteo n'avait jamais pu retenir le nom, le sénateur Lippomano s'était acheté une maison dans le quartier des Carmini. Quand le maçon arriva, il était en train de l'attendre dans son bureau, assis à une table recouverte d'un grand tapis turc et encombrée de papiers, une paire de besicles lui pinçant le nez.

« Oh, Matteo, entre donc », dit-il avec indifférence.

Matteo avait mis des habits propres, mais il était cependant gêné dans ses mouvements par crainte de salir. Il ôta son béret et se planta debout au milieu de la pièce. Le sénateur le fixa froidement à travers ses verres brillants.

« Alors, voyons ce que tu as apporté. »

Matteo déplia ses feuilles sur la table. Il ne savait ni lire ni écrire, mais il avait appris à faire les comptes, même si, en fait, il se souvenait de tout par cœur : les rangées de bâtonnets et de petites croix gribouillés à grand-peine ne lui servaient que d'aide-mémoire. Il se pencha en avant et il commença à expliquer, en indiquant avec le doigt. Ser

Girolamo avait eu un mouvement de recul dès qu'il avait perçu son souffle, mais il écoutait attentivement, en intervenant de temps en temps avec une question. Quand Matteo eut fini, il reprit les comptes depuis le début, en vérifiant toutes les entrées les unes après les autres et en les contestant toutes. Le maçon avait déjà eu d'autres clients chicaneurs et il ne se laissa pas démonter ; le vin lui donnait du courage. Il en faut davantage ! pensa-t-il, ce n'est pas toi qui me rouleras dans la farine. Ils discutèrent longuement du prix du mortier et des briques, des salaires du garçon de chantier et des salaires des manœuvres. Le sénateur estimait qu'ils étaient tous trop payés.

« Vous avez été trop bien habitués », dit-il méchamment, en enlevant ses lunettes.

Matteo, la mine sombre, lui rappela le prix du pain.

« Tu crois que je ne le sais pas ? rétorqua Lippomano. Le blé d'Orient n'arrive plus, ce chien de Turc garde tout pour lui. Des sacrifices, nous devons tous en faire, mais vous autres, vous ne voulez pas le comprendre ! »

Matteo haussa les épaules ; il avait bien l'impression d'en faire déjà assez des sacrifices : désormais, même manger de la viande le dimanche était devenu plutôt l'exception que la règle. Le sénateur enfourcha ses lunettes à nouveau, il recommença à examiner les chiffres qu'il avait transcrits dans un de ses cahiers au fur et à mesure que Matteo les lui expliquait.

« En somme, d'après toi, je te devrais encore cinquante sequins ? dit-il à la fin avec un sourire amer.

– Cinquante-deux, Excellence. »

Lippomano serra ses lèvres et se tut un instant.

« Il n'en est même pas question », ajouta-t-il ; son ton se voulait dur mais sa voix se cassa à l'instant le plus significatif.

Matteo fut si surpris qu'il ne trouva pas les mots pour répliquer.

« Mais les comptes… bredouilla-t-il.

– Quels comptes ? rétorqua Lippomano, retrouvant son aplomb. Tes comptes me font rire ! »

En tapant du doigt sur les feuilles il recommença à contester tous les chiffres. Tout avait été trop payé, les quantités elles-mêmes ne cadraient pas. Trop de bois par exemple ; avait-on jamais entendu qu'il fallait tant de poutres de chêne ? Et n'y avait-il pas trop de chaux comptabilisée par rapport au nombre de briques ? Le maçon, qui sentait déjà que le sang commençait à lui monter à la tête, ne put se retenir plus longtemps.

« Qui construit cette maison, vous ou moi ? »

Lippomano pâlit.

« Comment oses-tu, coquin ! » s'écria-t-il.

Matteo, hors de lui, grinça des dents, se pencha en avant et lui montra son poing.

« Fais attention à ton langage, car cela risque de mal finir ! » grogna-t-il.

En cinquante ans de vie, une chose pareille n'était jamais arrivée au sénateur et il croyait que cela ne pouvait pas lui arriver. Une vulgaire canaille, un ouvrier payé à la journée, au lieu de lui baiser les mains pour le travail qu'il lui donnait, se permettait de lui parler sur ce ton et de le menacer, oui de le menacer, et ce dans sa propre maison ! Un moment la stupeur, la rage et aussi la peur lui étranglèrent la voix dans la gorge.

« Hors d'ici ! cria-t-il, en sautant sur ses pieds. Va-t'en ! Et reviens quand tu ne seras plus saoul et que tu auras refait tes comptes, voleur !

– Voleur ? Le voleur, c'est vous, si vous ne me payez pas ! Voleur, cocu, foutu en plus ! s'écria le maçon, aveuglé par la fureur. Vous, les nobles, vous êtes tous les mêmes, seulement capables de sucer le sang des pauvres ! Oh, mais le jour viendra où nous vous le ferons payer ! Dieu viendra, ou le diable ou le Turc, et alors vous verrez, chiens que vous êtes ! »

Il cracha par terre avec mépris, reprit d'une main ses papiers, et sortit en furie du bureau. Lippomano, pâle comme un linge, resta un instant debout, les poings serrés, sur le tapis écarlate ; puis, alors qu'il reprenait des couleurs, il secoua lentement la tête, en fixant d'un regard haineux l'entrée vide de la porte.

« Celle-là, tu me la paieras », murmura-t-il.

Ce soir-là, Matteo rentra à la maison le visage décomposé, les yeux exorbités, et l'haleine qui puait plus que jamais le vin. Toute la journée il avait erré à la recherche d'un travail, mais aucune de ses connaissances n'avait su l'orienter ; même en s'éloignant au-delà de son quartier, y compris jusqu'à Cannaregio, il n'avait trouvé aucun chantier où l'on eût besoin de plus de bras. Il était déjà arrivé d'autres fois à Matteo de rester sans travail entre un appel d'offres et un autre ; c'était quelque chose de normal dans son métier et même dans tous les métiers : aucun artisan n'avait assez de chance pour pouvoir travailler tous les jours, hormis les charpentiers et les calfats qui calfataient les bateaux et qui, selon la loi, avaient le droit, s'ils n'avaient pas de travail en boutique, de retirer leur paye à l'Arsenal tous les jours que Dieu fait. Mais lui n'avait jamais eu peur, du travail, tôt ou tard, Dieu lui en procurerait, et quelque argent pour aller de l'avant en attendant n'avait jamais manqué.

Cette fois-ci, cependant, si Lippomano ne le payait pas, les sous s'épuiseraient bientôt. Rien qu'à l'idée de retourner chez le sénateur, son béret à la main, pour le supplier de lui accorder au moins une avance, Matteo sentait son estomac se retourner ; avec les clients de ce rang-là devoir insister pour pouvoir être payé, c'était la règle, et il fallait même prier et implorer pour obtenir ce qui vous revenait de droit, mais en descendant en toute hâte les escaliers, Matteo s'était juré à lui-même qu'avec un homme de cette espèce, il ne se serait jamais tant abaissé. Ce maçon, cependant, n'était pas un idiot : il savait bien que ce type de serments est plus facile à faire qu'à tenir, et que, s'il ne trouvait pas un autre travail, d'ici quelques jours, le vin lui donnerait la force de revenir sur ses pas, en ravalant son orgueil. Si tant est qu'entre-temps le sénateur ne l'avait pas dénoncé à la justice : Matteo ne se souvenait plus bien de ce qu'il lui avait dit en cet instant d'aveuglement, mais il savait qu'il y en avait assez pour avoir une amende à vous en couper le souffle et même pour quelques coups de fouet, juste pour lui apprendre à se mordre la langue la prochaine fois qu'il parlerait à un patricien. C'est pourquoi le maçon était si abattu et bouleversé quand il rentra à la maison les mains vides. Il se tut pendant tout le repas et, quand Michele lui demanda naïvement si le lundi suivant ils retourneraient au chantier, il lui répondit si durement que Bianca en eut les larmes aux yeux et ils finirent tous de manger en silence.

Mais Michele ne se laissa pas démonter. Il avait l'habitude des silences lourds et des rudesses soudaines de son père, il ne se rendait pas compte de combien sa mère souffrait de leurs différends, et il pensait à lui et à sa propre femme davantage qu'aux deux vieux, comme cela était normal à son âge, à vingt ans. Pour lui, les moments importants de la journée avaient été l'expédition à Campo San Maurizio, et plus tard l'arrivée du *nònsolo*, le croque-mort de l'École, qui, avec deux de ses aides, avait emmené le jeune mort. Matteo était absent, et c'était lui, Michele, qui avait fait office de maître de maison, discuté avec les Albanais, et tout organisé, et encore maintenant, il en était orgueilleux et excité.

Alors que la soirée estivale se prolongeait, Matteo sommeillait à table, les deux femmes cousaient aux dernières lueurs du jour, assises sur la marche de la porte d'entrée, Michele attendait avec impatience qu'il fasse nuit et qu'il soit l'heure d'aller au lit. Finalement, Zanetta, s'apercevant qu'elle n'y voyait plus assez pour passer son fil dans le chas de l'aiguille, décida qu'il était tard, et alla secouer son mari ; elle le prit sous le bras et l'emmena dans la chambre en refermant la porte sur leurs pas. Les jeunes l'entendirent murmurer à voix basse l'*Ave Maria*, le *Pater* et le *Gloria*, puis, le bruit de deux corps lourds qui s'installaient sur le matelas, et, peu après, le ronflement bien reconnaissable de tous les deux, sifflant pour Matteo, sonore et irrégulier pour Zanetta.

Michele s'était assis sur le pas de la porte, à côté de sa femme.

« C'est l'heure de rentrer », murmura-t-il, en lui passant le bras autour des épaules.

Bianca ne se le fit pas dire deux fois. Ayant fermé la porte, ils se déshabillèrent en silence, en se souriant dans la pénombre, accrochèrent leurs habits au clou planté au mur et se glissèrent dans le lit en se touchant déjà du bout des doigts. Ils étaient tous les deux inexperts et, les premières fois, ils s'étaient fait mal, et encore maintenant Michele lui faisait presque toujours mal sans le vouloir. Zanetta, qui, quelquefois, se réveillait et écoutait derrière la cloison, souriait avec tendresse en reconnaissant la peur, la honte et la maladresse qui avaient été les siennes tant d'années auparavant. Toutes les nuits, cependant, Bianca se rendait compte que les mains de Michele devenaient de plus en plus familières, et que son corps peinait de moins en moins à se détendre sous leur toucher, même si au début il continuait à se contracter comme si c'étaient les mains d'un étranger.

« Vas-y doucement », chuchota-t-elle, quand il lui serra trop fort un sein ; mais ensuite elle reprit la main de Michele, qui s'était éloignée, et, elle la remit là, au même endroit. Lui, il serra de nouveau, mais plus doucement, et lui donna un baiser sur le cou ; elle se tourna sur le côté d'un coup et chercha sa bouche.

« Viens », murmura-t-elle peu après, en se retournant sur le dos et en l'attirant sur elle.

Alors que les deux vieux ronflaient de l'autre côté de la cloison, Bianca écarta les jambes et sentit Michele qui se glissait en elle, presque sans la blesser, et elle serra le drap entre ses dents pour ne pas crier. Pendant un moment, elle ferma les yeux ; mais, ensuite, elle les rouvrit, et elle vit les yeux de Michele, emplis de joie, qui fixaient les siens, la bouche grande ouverte pour respirer dans l'effort, et elle lui sourit, en extase. Lui aussi sourit, s'arrêtant un instant, puis il plongea son visage dans ses cheveux et recommença à bouger.

« Et si un enfant arrive ? » lui murmura-t-elle à l'oreille.

Jusqu'alors ils avaient fait leur possible pour ne pas en avoir, compte tenu du fait que les temps étaient si durs : quand elle s'était mariée, sa mère lui avait appris comment faire, et elle lui avait recommandé de n'en parler à personne, pas même à son confesseur. Cette fois-ci, cependant, elle s'aperçut que cela n'avait plus d'importance pour elle.

« Qu'il vienne ! » murmura-t-elle avec des yeux qui resplendissaient.

Au même moment, ser Girolamo Lippomano était assis à son bureau, et il écrivait une lettre à la lumière d'une chandelle.

« Excellences, commença-t-il. Sachant par ma propre expérience qu'il n'y a pas de petit dommage à l'encontre de ce Très Sérénissime Pouvoir qui ne mérite d'être relevé et puni dans l'intérêt de la chose publique, je porte à la connaissance de Vos Excellences, que, aujourd'hui, dans ma maison... »

S'en suivait le récit détaillé de la façon dont le maçon Matteo, venu lui apporter ses comptes, que lui, Lippomano, avait trouvés malhonnêtes, s'était permis de l'injurier et de le menacer, en s'en prenant non seulement à lui mais à l'ordre tout entier des nobles qui, si sagement et si paternellement, régissaient la République.

« Et, nul ne saurait ignorer, conclut Lippomano, après avoir un peu mâchouillé sa plume, qu'il ne nous siérait point de supporter une telle injure, non pas tant pour moi, qui, chrétien, suis prêt à pardonner amoureusement, mais en ma qualité de sénateur et de procureur de San Marco, si bien que toute honte et toute menace qui m'est adressée peut être réputée faite à l'encontre de cette Très Sérénissime République. »

Ayant relu le feuillet, Lippomano le plia, le cacheta à la cire et inscrivit au dos l'adresse la plus crainte à Venise :

« À Messieurs les Seigneurs Chefs de l'Excellentissime Conseil des Dix. »

3

« Saleté de Venise ! »

Cette exclamation fit sursauter l'hôte, qui somnolait derrière son comptoir, en chassant de temps à autre les mouches qui tournaient autour de lui. Il aiguisa son regard dans la demi-obscurité de la taverne, où le silence était retombé. À une table où quatre ou cinq hommes en bras de chemise buvaient, le plus corpulent de tous abattit son poing sur la table, si fort qu'il fit trembler le pichet et les gobelets en verre granuleux.

« Saleté de Venise, oui ! répéta Matteo. Et je ne sais pas qui pourrait me contredire ! Ce n'est pas une vie qu'on nous fait faire !

– Moi, je peux bien vous dire que non, brave homme, dit l'hôtelier, en s'approchant lourdement de la tablée. Ici, chez moi, on ne tient pas ce genre de langage. »

Les occupants de la tablée, tous maçons comme Matteo et chômeurs comme lui, le regardèrent fixement. Ils buvaient déjà depuis un bout de temps et certains d'entre eux commençaient à y voir double : si Matteo avait réagi, il s'en serait fallu de peu qu'ils ne fissent les durs. Mais l'hôtelier savait comment s'en tirer ; des situations de ce genre, il lui en arrivait tous les jours. Avant même que Matteo ne pût répondre, il était arrivé au milieu d'eux, et il s'appuyait de ses grosses mains sur la table.

« Allons, ne me créez pas d'ennuis, car ici n'importe qui peut rentrer », dit-il sur un ton confidentiel.

Puis, il prit le pichet vide.

« Il n'est pas mauvais, n'est-ce pas ? dit-il en claquant la langue. Vous en commandez encore ? »

La tension s'était visiblement relâchée. Au reste, dans son cœur, plus d'un maçon était content que l'hôtelier soit venu interrompre Matteo : avec de tels discours, il risquait vraiment de se mettre dans le pétrin.

« Allez, avec le vin, toutes les mélancolies passent », proclama l'un d'eux.

Les autres sourirent, seul Matteo resta morose.

« Heureusement que vous commandez du vin et pas de l'eau, blagua l'hôtelier. De l'eau, même à le vouloir, je ne pourrais pas vous en donner, le puits est à sec. »

Tout le monde se mit à parler de la sécheresse. À Venise, il n'y avait jamais beaucoup d'eau douce, mais cet été-là était le pire de tous les étés depuis de nombreuses années. Les porteurs d'eau qui amenaient l'eau de la terre ferme dans des barils et la vendaient dans des seaux au milieu de la rue avaient augmenté leurs prix.

« Bientôt, l'eau va coûter aussi cher que le vin », s'esclaffa l'un d'eux.

L'hôtelier venait tout juste de revenir avec un pichet plein de vin blanc lorsque quelqu'un s'avança sur le pas de la porte de l'estaminet et l'appela. Le reconnaissant, l'hôtelier s'essuya les mains sur son tablier et monta à la hâte les cinq ou six marches qui conduisaient au niveau de la rue.

« Ils arrivent à point nommé, dit-il, en se retournant vers la table. Ils apportent l'eau pour le puits. »

Dans la rue, une petite charrette tirée par deux faquins était arrêtée, avec quatre tonneaux. L'homme qui avait appelé l'hôtelier avait une grande feuille à la main.

« Où est le puits ? demanda-t-il.

– Par ici, dans la cour », répondit l'hôtelier ; avec l'une des clés qu'il portait à la ceinture, il ouvrit un portillon, et montra le chemin.

Dans la cour, il y avait tout juste assez d'espace pour un appentis, à l'intérieur duquel étaient accumulés des outils, pour un figuier et pour le puits.

L'homme regarda autour de lui, scruta sa feuille avec attention, puis il dit à voix basse :

« Alors, en principe, il y a deux barils. Mais si vous voulez faire comme la dernière fois… »

L'hôtelier hésita.

« Comme la dernière fois, c'est trop.

– Cette année, l'eau coûte plus cher. Je te fais une grande faveur en te la faisant au prix de l'an dernier. »

L'hôtelier haussa les épaules.

« Ça va », dit-il ensuite.

Il détacha sa bourse de sa ceinture, fouilla à l'intérieur, en tira des pièces de monnaie, les compta sur la paume de la main.

« Voici. »

L'homme les compta à son tour, puis les fit disparaître.

« Ohé ! Amenez-les à l'intérieur ! Les quatre barils. »

Les faquins abaissèrent les brancards de la charrette et disposèrent un petit plan incliné pour faire rouler les barils vers le bas. L'hôtelier resta là pour assister à l'opération : il voulait être bien certain que toute l'eau fût vidée dans le puits. Quand les barils furent vides, l'homme s'accouda à la charrette, sortit une plume et un encrier, écrivit quelque chose sur la feuille et la tendit à l'hôtelier.

« Signe pour le reçu. »

Ce devoir était plus fatigant pour l'hôtelier que s'il avait dû donner un coup de main pour décharger les barils, mais il s'appliqua consciencieusement et, en quelques minutes, il en vint à bout, gribouillant une espèce de signature au bas de la feuille. L'homme l'enfila dans son béret et la charrette se remit en mouvement en crissant. L'hôtelier resta là à la regarder s'éloigner dans la *calle*, puis il soupira et retourna dans la taverne.

« Alors, maintenant que l'eau est arrivée, vous pouvez de nouveau baptiser votre vin, blagua l'un des maçons, en le voyant réapparaître.

– Il n'y a aucun danger, avec ce qu'elle me coûte », rétorqua l'hôte, avec un petit sourire amer.

Matteo, qui avait continué à boire sans lever les yeux de la table pendant tout ce temps, se ressaisit.

« Mais n'est-ce pas l'eau que fournit le Sénat ? On ne la paye pas celle-là ! »

L'hôtelier le regarda avec compassion.

« Bravo ! Ce n'est pas vous qui la payez, car il vous en suffit de peu, mais ceux qui font mon métier, de l'eau ils en consomment ! Si je me contentais de l'eau à laquelle j'ai droit, je pourrais bientôt fermer boutique. Alors, il faut s'arranger.

– Voilà, tu vois ? C'est partout le même merdier, commenta Matteo, d'une voix mal assurée. Nous sommes gouvernés par des voleurs.

– Oh, on ne va pas recommencer, fit l'hôtelier, et, pour couper court, il s'en retourna derrière son comptoir.

– Non, s'entêta Matteo. Vous ne pouvez rien me dire. Ce sont tous voleurs, et ces foutus abrutis de nobles sont plus voleurs que les autres. J'en sais quelque chose, moi.

– C'est vrai, confirma un autre, qui avait bien bu lui aussi.

– Oui, c'est vrai, mais c'est comme ça partout, interrompit un troisième, plus sobre.

– Eh, non ! dit Matteo en haussant le ton. Et, il frappa à nouveau du poing sur la table. Non ! À Venise, c'est pire ! Ici, les pauvres sont assassinés, on peut crever et les seigneurs s'en fichent !

– Il faudrait en finir, remarqua un autre. On est nombreux, et pas eux. »

Cette fois-ci, toute la tablée approuva.

« Oh, ça suffit ! Maintenant tous dehors, tonitrua l'hôtelier, alarmé. Allez, allez dehors tenir ce genre de propos, chiens que vous êtes », mais les derniers mots, il les murmura à voix basse.

Les hommes se levèrent lourdement.

« Allons voir ce qu'elles ont réussi à mettre dans la soupe ce soir, nos vieilles, dit l'un.

– Des navets ! Que voudrais-tu qu'elles y aient mis d'autre ? rétorqua l'autre.

– C'est bien vrai qu'il faudrait en finir. »

Dehors, le groupe se dispersa et chacun rentra chez soi. Dans la taverne, un homme qui, jusque-là, était resté silencieux dans un coin éloigné de la fenêtre, en vidant consciencieusement son pot, se leva aussitôt après eux, paya et remonta vite l'escalier.

Dans la canicule accablante de l'après-midi, deux gentilshommes descendirent d'une gondole devant San Zaccaria et se dirigèrent vers une entrée secondaire du *Palazzo Ducale*.

Le plus âgé, qui boitait un peu et s'appuyait sur le bras du plus jeune, revêtait la pourpre des magistrats et avait une épaisse barbe blanche ; l'autre était vêtu de velours noir, et portait un grand collet amidonné un peu desserré à cause de la chaleur. Le gondolier en livrée rouge et argent attendait appuyé sur sa perche, comme si l'un des deux devait s'en retourner tout de suite. Quand ils arrivèrent à la petite porte du palais, le hallebardier de garde reconnut Alvise Bernardo, membre du Conseil des Dix, et s'écarta. Le vieux se dégagea avec un peu de peine du bras de son fils et lui sourit.

« Tu vois qu'on a réussi à arriver. Ma jambe va mieux. Vas-y maintenant.

– Vous ne voulez pas que je vous attende ? » demanda le jeune homme, sur un ton déférent.

Ser Alvise secoua la tête.

« Nous finirons tard. Va retrouver ta femme car c'est elle qui a besoin de toi maintenant. »

Lorenzo Bernardo ébaucha une révérence, puis retourna vers la gondole. Un vol de mouettes s'abattit en effleurant sa tête, parce que, d'une barge amarrée non loin de là, un marin avait jeté par-dessus bord des restes de cuisine ; les oiseaux piquèrent en volant au ras de l'eau scintillante, puis, ceux qui avaient réussi à attraper une bouchée remontèrent en prenant appui sur leurs ailes et en pointant vers l'île de San Giorgio avec des hurlements de triomphe, alors que les autres se dispersaient, déçus. Ser Lorenzo se protégea les yeux de la paume de la main, s'abritant de la lumière aveuglante qui se réverbérait sur la lagune, et il sauta dans la gondole, sans prendre la main que, respectueusement, le gondolier lui tendait.

« À la maison. »

Ser Alvise était déjà en train de monter par l'un des mille petits escaliers sombres du palais, soutenu par un huissier. La crise de goutte qui l'avait cloué au lit pendant quinze jours était vraiment passée, mais il n'osait pas forcer sur sa jambe, par crainte de la douleur lancinante qui pouvait revenir sans prévenir. Finalement, ils arrivèrent à la salle dans laquelle se réunissait le Conseil, et l'huissier lui maintint la porte ouverte. Presque tous étaient déjà là, le Doge, les Signori Capi et les Dix : une quinzaine de patriciens resplendissants de pourpre. Ser Alvise trouva une place libre au dernier rang et la rejoignit, contraignant deux de ses pairs à se lever pour le laisser passer ; fatigué, il se laissa aller sur le banc en épongeant sa sueur.

Celui des Signori Capi qui présidait ce jour-là se leva de la chaire qui se trouvait au fond de la salle ; il tenait à la main plusieurs feuillets. Assis à une petite écritoire dans un angle, le secrétaire contrôlait avec une réglette en bois la consistance de l'encre ; c'était le seul, dans cette assemblée, à être vêtu de noir. Le président annonça d'une voix monotone l'ordre du jour ; il était si long que, sur les bancs, certains s'agitèrent.

« Nous ne finirons pas à temps pour le dîner ! » dit une voix empreinte de regret.

Quelques-uns rirent. La séance commença, ponctuée par des éclats de voix soudains, surtout quand quelqu'un était contredit et qu'il s'acharnait à rétorquer. Dans la plupart des cas, celui qui se levait pour parler n'avait pas un intérêt personnel à défendre, et se souciait encore moins des intérêts de l'État, mais il voulait entendre le son de sa voix, contraindre les autres à l'écouter et à admettre que son avis était important. Pour Alvise, qui avait déjà siégé plusieurs fois parmi les Dix par le passé, il n'y avait là rien de nouveau, et même, il s'ennuyait.

Comme cela se produit toujours, au bout d'un moment, le débat perdit de vue l'ordre du jour, en se focalisant sur d'autres préoccupations, d'anciennes rivalités, des animosités politiques. Les cas dont il fallait discuter concernaient tout le monde, d'une manière ou d'une autre ; il s'agissait de mesures de sécurité que le Conseil était amené à adopter pour résoudre quelques situations fâcheuses, suite au rapport d'un sbire de quartier, d'un commandant de galère, d'un magistrat de Terre-Ferme ou du Domaine de la Mer ; et pourtant, ce jour-là, les débats dérivaient sans cesse ; ils s'éloignaient, qui sait pourquoi, de Castello et de Dorsoduro, de Vérone et de Vicence, de Zante ou de Corfou ; ils prenaient la direction du Nord et de l'Occident, de l'Atlantique lointain, où les inconnus hérétiques anglais étaient engagés dans une lutte à mort contre les Espagnols redoutés et haïs. En cette fin d'après-midi du mois de juillet 1588, les patriciens serrés dans la salle trop petite savaient que les galions espagnols avaient levé l'ancre de leurs ports pour forcer la Manche, ils savaient que la reine Élisabeth, l'hérétique, avait, depuis sa petite île perdue, mis à la mer tout ce qui pouvait naviguer pour résister à l'invincible flotte, et ils ne réussissaient à parler de rien d'autre.

Ser Lunardo Michiel, dont tout le monde savait qu'il était le confident du nonce apostolique et très fidèle au pape, parvint à dire plus d'une fois, parfaitement hors de propos, qu'en un moment où sa majesté le roi Philippe était engagé dans une telle lutte pour la défense de la Chrétienté, Venise ne pouvait se permettre de baisser la garde ni d'être indulgente avec ses ennemis. La majorité des présents estimait que de tels propos étaient absurdes et que la familiarité que des hommes comme Michiel entretenaient avec Rome était dangereuse, mais cela ne signifiait aucunement qu'ils souhaitaient abaisser la garde, ni à ce moment-là, ni jamais. Les Dix n'avaient jamais hésité à faire condamner et si nécessaire même à faire assassiner en secret quiconque eût pu représenter la moindre menace pour la sécurité de la République, et ils étaient bien décidés à continuer de le faire sans se soucier le moins du monde ni du pape, ni du bigot roi Philippe, ni de l'hérétique Élisabeth.

Il était déjà tard et diverses décisions avaient déjà été votées, presque toutes à l'unanimité, lorsque le président fit état de la plainte de ser Girolamo Lippomano. Après avoir lu sa missive, il feuilleta le dossier et trouva deux rapports d'espions, qui faisaient état de la vie, des habitudes et des propos de Matteo, maçon, du *sestiere* de Dorsoduro, paroisse de Sant'Agnese. Sur cette vie et sur ces habitudes, il n'y avait rien à redire, mais les propos tenus, tels qu'ils ressortaient du second rapport surtout, suscitèrent un brouhaha gêné. S'ils avaient été tenus à la taverne un jour de fête, ces propos auraient pu passer pour l'effet du mauvais vin ; mais l'homme en question les avait répétés à plusieurs reprises les jours suivants, et de surcroît parmi des gens qui l'écoutaient et l'approuvaient. Les mots qu'on lui avait entendu proférer fusaient comme des balles : les patriciens, tous des voleurs, les pauvres, assassinés, et « il faut en finir ». Presque tous les gentilshommes vêtus de pourpre, assis sur les bancs, suivaient avec attention le rapport, et certains d'entre eux hochaient la tête comme pour dire : que peut-on attendre de ces gens-là ?

Ser Lunardo Michiel regardait ostensiblement ses ongles quand le président sortit un dernier papier. C'était une plainte du prêtre de la paroisse de Sant'Agnese, qui, la veille au matin, avait trouvé les mots suivants gribouillés au charbon noir sur le mur de la cure : VENISE INSENSÉE LA RAISON TU AS DÉLAISSÉ. Alors que le prêtre trouvait le courage de décider ce qu'il convenait de faire et rédigeait à grand-peine une plainte, effort qui lui avait coûté la journée entière et la nuit suivante, une autre main avait complété l'inscription. Ce matin-là, rapportait le prêtre dans un post-scriptum désolé, trois autres mots étaient apparus : POUR LES PAUVRES. Le président relut en scandant les mots, puis il se tut.

« Venise insensée, la raison tu as délaissé, répéta l'un des Dix, d'un air songeur.

– Certes, mais seulement pour les pauvres », compléta un autre.

Plusieurs mains se levèrent. Le président fit signe à ser Lunardo Michiel qu'il pouvait parler.

« Dans un moment comme celui-ci, quand toutes les forces de la Chrétienté sont tendues à l'extrême pour faire triompher le Bien… » commença ser Lunardo.

Ser Alvise Bernardo leva les yeux au ciel, puis il croisa le regard de son voisin et, comme lui, il soupira et haussa les épaules. Il n'y avait rien à faire, il fallait se résigner. Dans le règlement du Conseil des Dix, quelque part, il était question d'une clepsydre pour mesurer les interventions, mais c'était l'une des nombreuses règles que l'on n'appliquait plus, à supposer qu'elle eût jamais été appliquée.

Ser Lunardo parla longuement, bien que tout le monde eût compris où il voulait en venir : à savoir à la requête d'une mesure exemplaire. Que la phrase fût apparue précisément dans la paroisse où le maçon tenait de tels propos, et que bien deux personnes différentes au moins, toutes les deux capables d'écrire ! dit Michiel, scandalisé, aient recueilli ces propos et conçu cette inscription subversive, c'était là un signe bien trop évident de ce à quoi l'on pouvait s'attendre si, dans quelque quartier que ce soit, on laissait prospérer la légèreté et l'impunité. Ser Lunardo précisa qu'il s'en remettait à ses collègues quant aux mesures à prendre pourvu qu'elles fussent rapides et radicales, et il s'assit, satisfait de lui-même.

L'intervenant qui prit la parole après lui évita de mentionner le roi Philippe et l'heure suprême, mais s'accorda à dire que ce cas devait être résolu, et ce de la manière la plus drastique qui fût. Ser Alvise Bernardo, qui intervenait rarement, écoutait, mécontent, sans savoir lui-même pourquoi, et pendant ce temps il essayait de comprendre si cet élancement soudain dans sa jambe était simplement causé par l'inconfort de sa position ou bien si c'était un signe avant-coureur du retour tant craint d'une nouvelle crise de goutte. Si cela n'avait tenu qu'à lui, il aurait convoqué le maçon, et il lui aurait fait très peur, vraiment très peur, puis, il l'aurait renvoyé chez lui. Un homme averti en vaut deux et il peut contribuer davantage à la tranquillité publique qu'un homme réduit au silence par la force. Mais, en écoutant les interventions qui se succédaient, ser Alvise se rendit compte que la chose irait bien au-delà. Quand tous ceux qui avaient levé la main eurent exprimé leur point de vue, le président, après avoir eu quelques échanges rapides à voix basse avec le secrétaire, formula la résolution à mettre au vote, et la lut à l'assemblée. Après avoir évoqué rapidement les plaintes à l'encontre du maçon, il continua : « On propose donc que ledit Matteo soit arrêté et condamné à avoir la langue coupée en guise d'avertissement pour tous et de leçon pour les méchants. »

Un brouhaha consensuel traversa la salle. Avant de passer au vote, le président s'enquit de savoir si quelqu'un d'autre voulait encore intervenir. Ser Alvise s'agita sur son banc. Il n'était pas dans ses habitudes de parler au Conseil, d'autant moins quand une décision était à ce point acquise. De plus, sa jambe lui faisait vraiment mal. Malgré tout, presque sans s'en apercevoir, il leva la main. Le président dissimula sa surprise et lui fit signe qu'il pouvait intervenir.

« Mes chers confrères, commença ser Alvise. Il me semble que nous sommes en train d'exagérer, et que ce pauvre diable ne mérite pas ça. N'est-ce pas aller un peu vite en besogne que de lui couper la langue d'emblée ? Je dis, quant à moi, qu'il suffirait de le convoquer et de l'interroger. Et de lui faire voir les instruments », ajouta-t-il.

Il savait que tout le monde comprendrait ce qu'il voulait dire : au cours d'un interrogatoire pénal, la justice avait le droit de torturer l'accusé, et même le devoir de le faire, car, autrement, tous les délinquants se seraient sortis d'affaire en niant ; mais souvent, la seule vue de la chambre des tortures et du bourreau prêt avec ses instruments suffisait à délier les langues et à rendre les accusés raisonnables. Ser Alvise aurait voulu ajouter quelque chose d'autre, mais il se rendit compte que ses collègues l'écoutaient avec impatience. L'homme était déjà perdu.

« Pensez-y bien », conclut-il, sévère, et il s'assit.

Le secrétaire avait préparé l'urne avec ses deux compartiments dans lesquels insérer, à l'abri des regards, la petite boule du vote faite d'étoffe et non plus de plomb comme jadis, pour que le bruit qu'elle faisait en tombant ne révèle pas de quel côté elle avait été déposée. L'un après l'autre, les Dix passèrent devant la chaire du président et déposèrent leur vote dans l'urne. Puis on ouvrit le couvercle et on compta les petites boules : douze dans le compartiment blanc des votes favorables, aucune dans le compartiment vert des votes contraires. Il manquait un vote : une abstention qui serait mentionnée dans le procès-verbal comme vote « non sincère ». Alors que le président proclamait le résultat du vote, Lunardo Michiel regarda ser Alvise Bernardo avec un petit sourire de mépris.

Matteo et Michele étaient à Rialto pour vendre un chargement de briques. Après avoir fermé le chantier du palais Lippomano et licencié les manœuvres, le maçon n'avait pas d'autre choix que de revendre les matériaux en surplus ; il espérait en retirer assez d'argent pour tenir jusqu'au moment où il trouverait une autre commande et encaisserait, avec un peu de chance, une avance.

L'acquéreur était un collègue que Matteo connaissait depuis longtemps et qui jouissait de protections, raison pour laquelle il travaillait encore, y compris en cette année de disette. Il regarda à peine les briques que Michele, trempé de sueur, avait apportées jusque-là dans une carriole, en guise d'échantillon du lot ; puis, en évitant de regarder Matteo en face, il proposa un prix. Il n'en donnait pas grand-chose et le maçon s'échauffa ; avant d'arriver là, ils s'étaient déjà arrêtés pour boire dans une auberge, et, avec cette chaleur, le vin blanc descendait tout seul. Michele, chagriné, regarda son père, et il s'aperçut tout à coup que c'était un vieux qui avait les joues et le nez rougis par le vin, et une barbe de cinq jours qui formait comme un voile sale sur ses joues : du plus loin qu'il remontait dans sa mémoire, Matteo s'était toujours rasé le dimanche, mais maintenant que sa barbe avait blanchi, sa mine de tous les jours était devenue plus sinistre.

« Père, laissez tomber », dit-il soudain, en faisant un pas vers les deux hommes.

Ils se retournèrent tous les deux, ébahis.

« Le prix convient », ajouta-t-il.

Il se sentait irrité contre son père qui faisait toujours quantité de difficultés pour un rien. Matteo continuait à le regarder en fronçant les sourcils ; puis l'autre éclata de rire.

« Bravo jeune homme ! s'exclama-t-il. Tu as plus de bon sens que ton père ! »

Tandis que Michele rougissait, l'autre frappa les épaules de Matteo.

« Allez Matteo, dit-il, plus que cela, je ne peux pas, une prochaine fois, ce sera mon tour et tu t'en souviendras. »

Le maçon secoua la tête, indécis ; puis il lança un coup d'œil en biais à son fils, haussa les épaules, cracha dans sa main et la tendit à son collègue. Celui-ci, à son tour, cracha dans la paume de sa main et la lui serra vigoureusement.

« Viens, on va arroser ça », dit-il ensuite.

Ils étaient sur le point de repartir et Michele avait déjà soulevé les brancards de la carriole quand un homme vêtu de noir leur barra la route. Il était accompagné de quatre hallebardiers, et autour d'eux la foule du Rialto s'était dispersée comme par enchantement.

« Un moment, messieurs, dit l'homme vêtu de noir. C'est un contrôle. Faites voir si vous portez des armes. »

Être arrêté par la patrouille pour un contrôle n'était au fond pas chose rare, surtout là, au Rialto, où tout le monde passait. L'acquéreur des briques écarta tout de suite ses bras, et l'un des hallebardiers commença à le fouiller rapidement ; les autres s'approchèrent de Matteo et de Michele. Matteo cependant avait la moutarde qui lui montait au nez. Il jura haut et fort et fit un pas en arrière.

« Bas les pattes, hein ! » protesta-t-il d'un ton menaçant.

L'officier le regarda froidement.

« Matteo, le maçon qui réside dans la paroisse de Sant'Agnese, c'est vous ?

– Et alors ? » dit Matteo sur un ton de défi.

L'officier fit un signe aux hallebardiers, mais avant qu'ils n'aient pu l'atteindre, Matteo lui avait décoché un formidable coup de poing ; l'officier hurla, chancela et tomba à la renverse, le nez cassé d'où giclait le sang. Michele, sans y penser à deux fois, renversa la carriole dans les jambes des hallebardiers, prit son père par le bras et commença à courir.

Peu après, toutefois, les soldats les rejoignirent et l'un d'eux frappa Matteo sur les omoplates avec la hampe de sa hallebarde. Matteo rugit de rage et de douleur, et tenta de se retourner mais l'autre le frappa encore une fois et Matteo vacilla, perdit l'équilibre et tomba dans l'eau fétide du *Canal Grande*. Il hurla en tombant et aussitôt ingurgita de l'eau avant même de comprendre ce qui lui arrivait. À cet endroit, le canal était profond. Matteo se démena, s'efforçant de ne pas couler et de rester à flot, mais le soldat, fou de rage, le frappa encore au visage avec son long manche en bois, et Matteo finit sous l'eau.

L'homme vêtu de noir qui maintenait un mouchoir tout sanguinolent sur son visage cria quelque chose. Les hallebardiers se retournèrent tous vers lui. Il hurlait qu'on le sorte de l'eau, mais désormais Matteo avait disparu ; Michele, à genoux sur la rive, tendait frénétiquement les bras, mais il n'y avait plus de main pour s'accrocher aux siennes. Finalement le jeune homme se leva, hébété, regarda autour de lui, comme pour chercher de l'aide, et se rendit compte que, à présent, l'homme en noir criait d'autres ordres en le désignant du doigt. Les soldats se dirigèrent vers lui, et Michele détala. Il s'enfila sous un porche et il courut désespérément dans l'obscurité.

Derrière lui, il entendait les pas lourds des soldats et le claquement métallique des hallebardes contre le plafond bas. Il déboucha sur un autre canal et courut à perdre haleine le long de la rive, puis il prit un pont au hasard, le premier qui se présentait. Il ne connaissait pas le quartier, mais dans ce dédale de ruelles où, à cette heure-là, il n'y avait personne, il pouvait espérer que l'on perdît sa trace. Les pas et les voix rauques des soldats résonnaient encore derrière lui, en écho, mais plus lointaines. Michele continua à courir, sans savoir où il allait ; puis, il s'arrêta un instant, pour reprendre son souffle, plaqué contre le mur. Il n'entendait plus rien, et il crut être sauf, hors de danger ; mais, soudain, il perçut de nouveau les pas hâtifs, très près de lui, et il se remit à courir. Il monta et descendit un pont en un éclair, heurta un homme qui se retourna pour l'insulter et qui, ensuite, voyant les soldats, hurla : « Par là-bas ! Il est parti par là ! » Michele savait que s'il rencontrait d'autres gens, il était perdu : tôt ou tard, quelqu'un, par réflexe instinctif, en le voyant s'enfuir pourchassé par les soldats, s'interposerait pour l'arrêter. Son seul espoir résidait dans le fait que les soldats, alourdis par le poids de leurs heaumes et de leurs hallebardes, couraient plus lentement que lui, et perdaient à nouveau du terrain. Le jeune homme s'enfila à l'aveuglette sous un autre porche, et avant même de s'en rendre compte, il se retrouva à l'air libre, en pleine lumière. Face à lui, il y avait la Riva degli Schiavoni, grouillant de monde, et au loin, l'eau de la lagune brillait. « Je suis perdu ! » pensa Michele avec le cœur qui battait la chamade.

4

L'ombre d'un instant, il eut le réflexe de revenir en arrière ; mais au fond du porche, les voix des hallebardiers résonnaient déjà. Il ne lui restait rien d'autre à faire que de se jeter au milieu de la foule, mais il fallait se maîtriser et ne pas courir, pour que personne ne s'aperçoive qu'il était poursuivi. Désespéré, Michele regarda autour de lui pour décider de quel côté aller. Une des deux galères qu'il avait vues quelques jours avant était encore là, devant San Zaccaria, avec ses énormes rames levées comme les pattes d'un mille-pieds, prête à lever l'ancre. Là, la foule était plus dense, il y avait des femmes qui embrassaient leurs hommes sur le point de partir, des porteurs qui embarquaient les dernières marchandises sur la chaloupe de la galère, et, d'instinct, Michele se dirigea dans ce sens en se contraignant à marcher presque normalement. L'instant d'après, il était dans la foule, terrorisé à l'idée de sentir une main brutale sur ses épaules, ou, pire encore, le coup d'une hampe de hallebarde entre les omoplates ; mais il n'osait pas se retourner, pour éviter que les soldats ne le reconnussent. Arrivé au point d'amarrage, il vit qu'un des deux rameurs qui chargeaient la chaloupe était l'homme avec lequel il avait parlé quelques jours plus tôt, et, sans se donner le temps de réfléchir, il l'aborda. L'autre le regarda, sans le reconnaître.

« Vous vous souvenez ? » murmura Michele ; il parlait doucement, comme s'il avait peur d'être entendu par les soldats, qui, à ce moment même, étaient en train de se frayer un chemin à travers la foule en manœuvrant brutalement leurs hallebardes et en provoquant un brouhaha de protestations, mais sans savoir où chercher.

Par chance l'homme le reconnut.

« Tu as changé d'avis ? » demanda-t-il avec un sourire avide.

Michele acquiesça d'un signe de tête.

« Il y a encore de la place ?

– Aux rames, il y a toujours de la place, mon gaillard. Imagine que nous partons avec deux hommes par banc. Quand nous irons en Dalmatie nous tiercerons. Monte, allez, je t'emmène chez l'officier, le *parone*. Le commandant sera content. »

Michele, qui n'avait jamais mis pied sur une galère de sa vie, ne comprenait même pas la moitié de ce jargon, mais il n'y prêta pas attention et il sauta sur la chaloupe, qui, un instant plus tard, à coups de rames, se détacha du rivage. Soudain, il lui sembla être excessivement en vue, là, debout, sur cette barque, au milieu de l'eau scintillante. Avec un sourire, il fit signe vers le béret rouge que le rameur portait sur la tête et il tendit le bras.

« Dis, ils m'en donneront un à moi aussi ? Fais-moi essayer ! »

C'était un geste risqué, car, si l'homme avait mauvais caractère, il pouvait aussi lui casser la figure ; mais, au contraire, il était content en pensant à son pourcentage, et il le laissa faire. Michele enfonça bien le béret sur sa tête, et ce n'est qu'alors qu'il se retourna pour regarder la rive. Les ailes des hallebardes, tenues bien hautes pour éviter de blesser quelqu'un, évoluaient ça et là au-dessus des têtes de la foule, mais elles ne venaient pas vers lui. L'officier avait lui aussi débouché du porche toujours en tenant le mouchoir trempé de sang sur son visage et regardait tout autour de lui sans savoir où chercher. Son regard croisa la chaloupe qui voguait vers la galère, mais il passa outre sans s'arrêter. C'est bon, j'ai sauvé ma peau, pensa Michele, avec un soupir de soulagement ; à cet instant, la chaloupe tangua sous ses pieds, et il serait tombé s'il ne s'était pas agrippé au bras du rameur.

« Tu n'es jamais allé en mer, hein ? » constata l'homme avec un ricanement. Puis il reprit son béret. « Allez, tu apprendras. Et, quoi qu'il en soit, à la rame, on est assis. »

La chaloupe passa à côté de la proue de la galère, où l'imposant éperon en bois à la pointe de bronze se dressait sur l'eau, et accosta l'échelle de coupée qui plongeait dans l'eau. Les deux rameurs tendirent les rames à d'autres rameurs aussitôt accourus, qui les tirèrent à bord, et les marchandises furent chargées selon le même système, puis, tous s'agrippèrent à l'échelle de coupée et la chaloupe fut hissée au cabestan. La galère ondoyait doucement, et Michele peinait à se tenir debout. L'odeur de peinture fraîche le frappa, mais surtout l'encombrement considérable qu'il y avait sur l'embarcation, où un nombre impressionnant de rameurs et de marins se pressait, chacun attentif à sa tâche, en des espaces si exigus que l'on eût dit qu'ils allaient à chaque instant pousser des coudes et se marcher sur les pieds les uns les autres. Michele eut l'impression d'être le seul à ne pas avoir sa place et il interrogea du regard le rameur qui l'avait conduit à bord.

« Mets-toi là », dit l'homme en faisant signe vers l'imposant canon qui dominait la proue de la galère.

De chaque côté du monstre en bronze étaient disposés deux petits canons de moindre envergure et entre les affûts il y avait un peu d'espace libre. Michele se faufila à grand-peine entre les deux bouches à feu et s'assit sur une caisse en bois, qui contenait, comme il allait le découvrir par la suite, des boulets de canon. Il resta là longtemps, alors que la galère se détachait de la rive et traversait la lagune, avec de l'eau saumâtre qui le mouillait à chaque soubresaut. En quelques instants, tous à bord furent trempés, à l'exception du commandant et de ses officiers, à l'abri sous la tente de la cabine de poupe : le pont de la galère, en effet, en raison du poids du chargement et du lest entassé dans la cale, était à quelques empans de la surface de l'eau, et le mouvement des rames, vingt-cinq de chaque côté, soulevait à chaque instant des gerbes. Michele observait, fasciné, la synchronie avec laquelle les rameurs, obéissant au sifflet d'un officier, manœuvraient les rames, inspirant et expirant tous ensemble avec une sorte de soupir rythmique collectif. L'étrangeté de tout ce qu'il voyait ne lui laissa pas le loisir de prendre conscience de ce qui lui était arrivé ce matin-là : il fallut un peu de temps avant que, soudain, ne lui revienne à l'esprit, avec une douleur lancinante et une honte profonde, que son père était sans doute mort, et de quelle manière ! Et qu'il n'avait pas su le sauver. Et même la dernière pensée qu'il avait eue à son égard, avant que les soldats ne lui barrassent la route, avait été un mouvement d'irritation en raison de son échauffement alors qu'il discutait du prix des briques. Et maintenant, il était en train de s'enfuir comme un désespéré sans même savoir s'il reverrait jamais sa femme et sa mère.

Du fait de la nausée due au mal de mer qui faisait le va-et-vient entre son estomac et sa gorge, il ne pensa même pas à aiguiser son regard pour revoir une dernière fois le campanile de San Marco qui scintillait au soleil. Quand il s'en rendit compte, plus tard, ils étaient déjà en pleine mer, après avoir traversé, sans même s'arrêter, le passage entre les deux châteaux du Lido, hérissés de canons. Les rameurs, la tête à la hauteur du pont et une quantité invraisemblable de caisses et de ballots entassés entre les jambes, ramaient en silence, tendus dans l'effort. Michele vit qu'il y en avait deux sur chaque banc, bien qu'il y eût de la place pour trois ; seuls les premiers rangs, vers la poupe, étaient au complet. Il vit aussi que, là où les rameurs n'étaient que deux, leurs visages étaient défaits par l'effort et que, sans aucun doute, ils ne pourraient pas tenir cette cadence très longtemps.

Heureusement, la tramontane soufflait un peu, et dès que la galère parvint en pleine mer, l'ordre fut donné de hisser les voiles au mât de misaine et au grand mât. Les rameurs reprirent leur souffle et restèrent à regarder les marins dont le tour était venu de se fatiguer un peu. Il y en avait une quinzaine en tout, juste assez pour manier les gros câbles de chanvre qui gouvernaient la voilure. Les marins trafiquèrent longuement avec les treuils puis ils tirèrent deux câbles tout du long de la galère, et les rameurs les empoignèrent. À un coup de sifflet, ils commencèrent à tirer tous ensemble, tendus dans l'effort, et l'antenne qui soutenait l'immense voile maîtresse, presque aussi longue que la galère tout entière, commença à s'élever en oscillant, au milieu des imprécations de ceux qui s'écorchaient les mains. La coque roulait de manière effroyable, plus de cent hommes tiraient tous ensemble, et le grand drap de futaine, nommé le bâtard, montait, en se gonflant au vent. Il fallut un quart d'heure pour que l'antenne arrivât à la bonne hauteur et que les marins agrippés aux haubans bloquassent les poulies ; puis, le vaisseau put manœuvrer, et il repartit, poussé par le vent favorable, tandis que les rameurs trempés de sueur reprenaient leur souffle.

Michele était en train d'essayer de composer avec le mal au ventre provoqué par les soubresauts de la galère sur les flots quand l'homme qui l'avait accompagné à bord vint l'appeler. Il y avait un officier avec lui, un homme aux cheveux roux, vêtu d'une grosse veste toute élimée en futaine noire.

« Le voici », dit le rameur, en lui indiquant Michele.

Le jeune homme se leva, en titubant et en prenant appui sur le canon.

« Tu n'as jamais pris la mer ? » demanda l'officier ; puis, voyant à son visage livide que la réponse était évidente, il secoua les épaules et s'adressa au rameur.

« Voilà une belle acquisition que tu m'as fait faire. Voyons un peu, toi. Enlève ta chemise. »

Il parlait sur un ton pressé mais non hostile, et Michele enleva rapidement sa chemise déjà trempée d'eau. L'officier, qui était le chef de la chiourme appelé le *parone* sur les galères vénitiennes, le regarda et le palpa avec soin.

« Bien, soupira-t-il enfin. Cela aurait pu être pire. Quel métier faisais-tu ?

– Maçon, lui répondit le jeune homme.

– Bien, répéta l'homme aux cheveux roux. Allez, viens maintenant, on va t'inscrire. »

L'officier et le rameur se dirigèrent vers la poupe ; Michele les suivit en faisant attention à ne pas glisser sur la passerelle étroite en bois verni. La galère ne faisait pas plus de cinq mètres de large, et une grande partie de cet espace, d'un côté et de l'autre, était occupée par les sièges des rameurs, dont une très large part d'hommes au béret rouge. Pour se déplacer le long du vaisseau, de haut en bas, il n'y avait que la passerelle, d'une largeur d'un mètre grosso modo, qui traversait la galère sur toute sa longueur et que Michele allait bientôt apprendre à nommer, comme tout le monde, la coursie ; mais les marins, lorsqu'ils devaient se déplacer, couraient, pieds nus, en sautant entre les têtes des rameurs, les apostis, les dames de nage des rames, les plates-formes encastrées entre une dame de nage et l'autre, sur lesquelles les arquebusiers se positionnaient lors des batailles. Ils parcoururent toute la galère, et Michele risqua plus d'une fois de perdre l'équilibre. Il enviait les deux gars qui le précédaient, lesquels, de toute évidence, étaient habitués au roulis et marchaient comme s'ils avaient été sur la terre ferme.

Dans la cabine de poupe, le commandant de la galère, le *sopracomito*, était assis sur un siège pliable, avec deux autres très jeunes nobles vêtus de noir, comme lui, avec d'amples collerettes en dentelle : ils portaient des chaînes en or au cou et buvaient du vin blanc dans des verres en cristal. Mais Michele ne fut pas conduit jusque-là ; à l'entrée de la cabine, il y avait une petite table branlante, et l'écrivain de bord était à cette table, attentif à vérifier des chiffres sur un mauvais brouillon relié avec de la ficelle et à les transcrire sur un volume relié en cuir rouge.

« Don Muzio, voici un nouveau », dit le *parone*.

L'*écrivain* leva les yeux ; quoique jeune, il était presque chauve, avec un petit bouc, et son regard était vif et mobile derrière des verres scintillants.

« Un embarquement de dernière minute, hein ? » commenta-t-il.

Il chercha une feuille imprimée dans un tiroir et il fit signe à Michele de s'approcher.

« Alors, ton nom ?

– Michele, fils de Matteo, le maçon », répondit Michele automatiquement.

Et aussitôt il pensa en lui-même qu'il était idiot, pourquoi donc en effet donner son vrai nom ? Il aurait pu mentir si facilement ! Pour l'heure, il était sauf mais si la police l'avait recherché ? La Seigneurie, tout le monde le savait, avait le bras long…

« *Sestiere* et paroisse, continua l'écrivain de bord.

– *Dorsoduro*, paroisse de *Sant'Agnese*, dit Michele, incapable d'inventer une quelconque autre adresse.

– Âge ?

– Dix-neuf.

– C'est bon, grommela l'autre, en finissant d'écrire. Alors, le salaire est de dix lires par mois les quatre premiers mois, puis huit lires par mois, tant qu'on est en mer. Mais cette année est déjà bien avancée, si tout se passe bien on devrait pouvoir désarmer avant. En guise d'acompte, je t'avance quatre mois, soit quarante lires, tout est clair ? »

Michele qui ne comprenait rien, hocha de la tête.

« Maintenant, voyons voir un peu ; tu as des bagages ? »

Michele écarta tout grand les bras en signe de dénégation.

« Je suis venu sans rien. »

L'*écrivain* le regarda avec curiosité et Michele se rendit compte qu'il rougissait, transpercé par ce regard pénétrant.

« Ça va, ça va, dit l'*écrivain* après un long silence. Alors, on te donnera un béret et deux chemises de rechange, une blouse en drap, et un caban pour la nuit, car en mer il fait froid. En tout, cela te fera… », il calcula mentalement un instant, « dix-huit lires que je te marque en débit, il te reste vingt-deux lires de crédit, c'est bien clair ? »

Michele n'avait aucune idée de combien se vêtir pouvait coûter, car c'était sa mère qui s'en était toujours occupée, et il n'était pas à même de se rendre compte que les prix demandés pour ces habits étaient trop élevés ; au reste, même ceux qui le savaient ne pouvaient certes pas s'y opposer, les règles, c'était le gouvernement qui les établissait, et c'était déjà bien beau si sur ces dix-huit lires, quelque chose n'entrait pas dans la poche de l'*écrivain.*

« Et, c'est maintenant qu'arrive la cerise sur le gâteau, continua ce dernier. Sa Seigneurie est pressée pour ce voyage et elle a donc décidé d'allouer cinq sequins en prime ; alors je te marque aussi ça. N'aie crainte, dit-il ensuite en voyant que Michele observait sans comprendre la feuille imprimée sur laquelle, dans les espaces blancs, les chiffres continuaient à s'accumuler, ensuite, je retranscris tout ça dans le livre. Tout est en ordre, c'est clair ? répéta-t-il, en refermant un instant le volume qu'il gardait grand ouvert sur la table et en montrant le lion de San Marco sur la couverture rouge. Il s'agit là d'écritures publiques et quiconque peut les vérifier. »

À ce moment-là, l'homme qui avait accompagné Michele à bord s'approcha, son béret dans les mains et une lueur avide dans les yeux.

« Voilà, à ceci près que c'est moi qui l'ai accompagné jusqu'ici, monsieur », dit-il.

L'*écrivain* leva les yeux pour regarder le *parone* qui était resté dans les parages, et l'homme aux cheveux roux fit un signe d'approbation.

« Bien, dit l'*écrivain.* Alors, je te donne un sequin sonnant et trébuchant. »

Il dénoua la bourse qu'il portait liée à sa ceinture, en tira une pièce d'or, la fit voir à Michele.

« Tu as une petite bourse ? »

Michele hocha la tête et montra la petite bourse qu'il portait lui aussi à la ceinture.

« Tu auras intérêt à te l'attacher au cou. Fais-lui voir », dit-il au marin. Et celui-ci ouvrit sa chemise et fit voir un minuscule étui en cuir. « Donc, poursuivit l'*écrivain*, une pièce d'un sequin au comptant, et les quatre autres crédités sur ton compte. Si tu as besoin de sous, viens me voir et je t'en donnerai, mais il vaut mieux pour toi ne pas en avoir trop dans ta bourse, ici, à bord. Tu sais écrire ? »

Michele fit signe que non.

« Alors, mets une croix ici », dit tranquillement l'*écrivain*, qui aurait été très surpris et même agacé si un marin n'avait pas été analphabète : d'ordinaire, sur la galère, les seuls qui savaient lire et écrire étaient le commandant et lui, et, cela aussi, ça voulait bien dire quelque chose.

Michele prit maladroitement la plume d'oie et traça deux signes en croix.

L'*écrivain* ouvrit l'écoutille et descendit dans la cale d'où il ressortit une minute après avec un encombrant ballot.

« Voilà qui est fait, maintenant tu es équipé, dit-il en le donnant à Michele.

– Viens, nous allons te trouver une place », ordonna le *parone* et il s'avança sur la coursie.

Michele se disposa à le suivre, mais l'homme qui l'avait conduit à bord le retint par un bras.

« Eh, tu n'oublies pas quelque chose ? » fit-il d'une voix rauque.

Michele le regarda abasourdi. L'autre passa sa langue sur ses lèvres.

« Celui-là me revient », dit-il, en indiquant la petite bourse où le jeune homme avait placé sa pièce.

« Comment ? » dit Michele, incrédule.

« Ne fais pas semblant de ne pas comprendre ! Sors-moi le sequin ! » lui siffla l'homme à l'oreille, en le serrant si fort qu'il lui faisait mal.

Michele regarda autour de lui : l'*écrivain*, là, à deux pas, avait recommencé à feuilleter ses papiers, alors que le *parone* passait les bancs en revue. Les larmes aux yeux à cause de la douleur et de l'effroi, Michele ouvrit sa petite bourse et en tira la pièce en or. Le marin la prit violemment et la fit disparaître dans le petit sac qu'il portait à son cou.

« Bien, comme ça, on sera amis ! Et souviens-toi que si tu as besoin de protection, je suis là, moi et personne d'autre. Demande Lupo ; ici, c'est comme ça qu'on m'appelle. Je suis au vingt-quatrième banc. Porte-toi bien mon gars ! »

En sautant, agile sur les dames de nage, les tolets des rames, l'homme disparut en direction de la proue. À ce moment-là, le *parone* appela Michele.

« Eh toi, le nouveau ! Viens un peu par ici ! »

L'officier était debout, immobile devant un banc, sur la droite du vaisseau. Un autre officier l'avait rejoint, lui aussi vêtu très simplement de futaine noire, comme un artisan aisé ; on voyait qu'il y avait une grande différence entre eux et les nobles qui buvaient dans la cabine arrière, à la poupe.

Le commandant indiqua les deux rameurs de ce banc, qui le regardaient de bas en haut avec curiosité, et Michele entendit qu'il disait à son collègue :

« Qu'en penses-tu, il me semble que c'est là la paire la plus faible. »

L'autre haussa les épaules.

« Moi, j'ai l'impression que tous sont faibles, rien à voir avec nos rameurs d'autrefois.

– C'est exact, confirma le commandant. Les jeunes d'aujourd'hui ne valent plus rien. Ils sont trop habitués à la belle vie, c'est moi qui te le dis, ce n'est pas comme de notre temps. »

Puis, il s'adressa à Michele.

« Pour l'instant tu restes là. Au sixième banc, es-tu capable de t'en souvenir ? Répète, pour voir ! »

Michele, obéissant, répéta :

« Au sixième banc, monsieur.

– Bien, va au fond. Vous autres, faites-lui de la place. Mais non, pas là ! Toi, tu es le troisième, le *terzicchio*, tu as compris ? On compte à partir de la coursie. Mets-toi du côté de la mer. »

Michele passa à grand-peine par-dessus les jambes de ses deux compagnons et les sacs de toile amoncelés sur le fond du bateau, et il s'assit. Le banc était tapissé de cuir et, bien qu'il fût mouillé, son contact n'était pas désagréable. À sa gauche, à la hauteur des épaules, il y avait le châssis en bois sur lequel était montée la dame de nage de la rame et, juste au-dessous, l'eau. S'il regardait droit devant lui, il voyait les dos des rameurs assis sur les bancs de devant, puis la tente qui abritait la cabine arrière, à la poupe, sur laquelle ondoyait la bannière écarlate avec le lion de Saint Marc : le jeu des rames était agencé de telle manière que les rameurs étaient assis en tournant le dos à la direction dans laquelle ils poussaient la galère. Il se tourna de côté et vit ses deux camarades qui le regardaient. Il n'avait aucune idée de la manière dont il devait se comporter avec eux.

« Je suis Michele », dit-il ensuite, avec un sourire timide.

Avec soulagement, il vit que les deux autres aussi souriaient ; c'étaient des gars de son âge, peut-être un peu plus jeunes ; l'un des deux était même imberbe. Ils s'appelaient Marco et Giulio et ils étaient de Chioggia.

« Là-bas, à Chioggia, c'est dégueulasse, on ne trouve pas de travail », dirent-ils, en traînant les voyelles avec l'accent chantant *chiozzotte*.

Le fait qu'il soit de Venise semblait les intimider.

« Vous avez déjà ramé ? »

Tous les deux secouèrent la tête, c'était leur premier emploi. Mais ils étaient à bord depuis une semaine et le commandant en chef avait fait s'exercer la chiourme tous les jours.

« On apprend vite. Si ce n'est que ça te casse le dos. Et regarde les mains ! »

Ils lui firent voir leurs mains pleines de cloques rouges, qui ne s'étaient pas encore transformées en cals.

« Les autres, ils disent qu'on s'habitue, espérons-le !

– Mais, à terre, quel métier faisiez-vous ? »

Ils étaient garçons boulangers, tous les deux licenciés par un patron qui avait fait faillite. Ils n'avaient pas trouvé d'autre travail et, chez eux, leurs familles ne pouvaient pas les nourrir, on crevait déjà de faim, même quand ils travaillaient.

Michele était sur le point de dire : « J'étais maçon », mais sa voix se brisa à moitié et il se retourna, pour ne pas montrer que les larmes lui montaient aux yeux. Allons, pensa-t-il, un homme ne pleure pas. Je peux y arriver.

Il se mit à scruter l'énorme rame peinte en rouge qui occupait l'espace devant eux trois, et qui se terminait presque à la hauteur de la coursie. Elle était si grosse qu'il était impossible de l'empoigner : à cet effet, devant chacun d'eux, une manette en fer était vissée dans le manche. Alors qu'il pensait avec appréhension à l'effort qui l'attendait, Michele se rendit compte qu'il avait le ventre vide et une faim dévorante : ce matin-là, il n'avait mangé qu'un bout de pain, et déjà beaucoup d'heures avaient passé.

« Dis-moi, dit-il à Marco qui était assis à côté de lui, quand est-ce qu'on mange ? »

L'autre regarda le soleil, haut dans le ciel.

« Il est midi, me semble-t-il. C'est presque l'heure. »

Effectivement, dans la galère, une animation différente du brouhaha de fond des conversations continues qui avait frappé Michele quand il était monté à bord était en train de se répandre. Dans cet espace de quarante mètres sur cinq, cent cinquante hommes étaient entassés, et depuis qu'ils étaient sortis de la lagune et que la galère voguait à la force des voiles, les rameurs n'avaient rien eu à faire ; et donc ils parlaient. Cependant, maintenant, le brouhaha était devenu plus intense et animé d'espoir. Michele se retourna et vit qu'une grosse marmite avançait le long de la coursie, portée à grand-peine par deux marins, et, depuis leurs bancs, les rameurs tendaient leurs gamelles que l'on remplissait de soupe. Michele se rendit compte soudainement qu'il n'avait pas d'écuelle. Il fut pris d'une angoisse totalement disproportionnée de devoir rester à jeun. Il interrogea ses camarades d'une voix tremblante. En riant, les jeunes lui dirent de regarder dans son ballot ; il le défit et découvrit qu'il contenait d'un grand manteau de laine grossière, noué par les manches, et à l'intérieur, avec la veste en drap rouge, deux chemises en lin et le fameux petit béret en laine rouge, il trouva la gamelle et la cuiller. Satisfait, il enfonça son béret sur sa tête et attendit la distribution du rata.

5

Le rata était composé d'une soupe de fèves, épaisse et abondante, et d'une ration de biscuit si dur qu'il était impossible de le mâcher sans le tremper d'abord dans la soupe. Pour l'eau il y avait un barillet sous le banc, et une gamelle en fer blanc accrochée avec une chaînette, à laquelle les trois gars burent chacun leur tour.

« Allons, elle n'est pas si mal que ça la vie de galère, au fond, blagua Michele qui, à son âge et le ventre plein, ne réussissait pas à être pessimiste.

– Attends donc pour te prononcer ! » dit une voix sarcastique derrière lui.

Le jeune homme se retourna et vit un homme âgé, une moustache grisonnante sur un visage rugueux ; entre ses rides ses yeux brillaient de malice.

« Maintenant l'eau est fraîche et les tonneaux sont neufs, attends d'en sentir le goût dans quelques mois, lorsque les tonneaux seront pourris. Et, le potage, au début du voyage, il est toujours dense, car le commandant pense que vous autres les nouveaux vous devez vous habituer petit à petit. Mais ensuite il devient de plus en plus liquide, car ils se rendent compte que les sacs de fèves sont en train de se vider trop rapidement, et, si ça se trouve, à la fin, ils n'en donneront qu'au port, au prétexte qu'en mer c'est difficile de cuisiner. Quoi qu'il en soit, à votre santé ! »

Le vieux leva la main et Michele vit qu'il empoignait une tasse emplie de vin.

« Mais à nous, ils ne nous ont pas donné de vin », protesta-t-il.

Le vieux ricana.

« Si tu t'en achètes, ils t'en servent sans problème. Là, à côté de la cuisine, deux bancs derrière nous, il y a le type qui s'occupe de la taverne. Tu y vas, tu payes, et il te remplit ta tasse, autrement, c'est de l'eau. »

Pour Michele, la vie de galère était une surprise ininterrompue. Machinalement, il tâta la petite bourse qu'il portait à la ceinture et il décida que, dès que possible, il devait se l'accrocher au cou, même si, dedans, il n'avait que quelques piécettes, tout ce qu'il possédait lorsqu'il était sorti de chez lui ce matin-là.

« En réalité, je pensais que c'était plus fatigant. En fait, on ne vogue jamais ! » dit-il naïvement.

Le vieux cette fois-ci rit bruyamment, et le rameur qui était à ses côtés sur le banc, un gars maigrelet, avec de rares cheveux grisonnants et gras qui sortaient de son béret, rit avec lui.

« Tu as compris ? Ce gars-là, il a trouvé le pays de cocagne, il imagine qu'il va se remplir la panse sans travailler ! Jusqu'à présent on s'en est tiré à bon compte car on a eu le vent en poupe, et tant que nous sommes si peu nombreux, ils ne veulent pas nous fatiguer, mais quand nous serons au complet, tu verras, ils nous feront suer. Et même, tu vas voir, ça ne va pas tarder », ajouta-t-il, satisfait.

Tous les marins avaient levé la tête, car un petit coup de sifflet était arrivé de la coursie ; aussitôt après, parmi les bancs, tout le monde s'affaira pour remettre dans son balluchon sa gamelle et sa cuiller, après les avoir soigneusement léchées. L'officier qui avait choisi le banc pour Michele avec l'autre homme aux cheveux roux faisait les cent pas dans la coursie, le sifflet au cou. Quand tout le monde fut prêt et eut saisi les poignées, il siffla encore : quatre coups secs et rapprochés.

« Ce type-là, c'est le *comito*. C'est un grand filou, fais attention avec lui. Quand il siffle quatre coups, cela signifie que tous les bancs doivent ramer », souffla à Michele son voisin.

Michele pensa qu'il apprendrait cela aussi et il se prépara à imiter le mouvement de ses camarades ; mais il s'aperçut aussitôt que chacun des trois, du fait de sa position par rapport à la rame, était contraint de faire un effort différent. Giulio, qui était le plus proche de la coursie, devait faire accomplir à la rame le tour le plus ample, et donc à chaque fois il se levait, poussant en avant et il pointait son pied sur le banc devant lui, puis, avec la rame immergée dans l'eau, il tirait en arrière jusqu'à revenir s'asseoir. Marco, qui était assis au milieu, n'en était pas au point d'appuyer le pied sur le banc de devant, mais il le pointait sur un appui-pied en bois cloué sur le fond qui l'aidait à se pousser en arrière. Michele, quant à lui, devait accomplir un mouvement encore plus court, de ce fait il lui suffisait de se lever et de revenir s'asseoir en tirant la rame à lui jusqu'à sa poitrine. Quoique le travail fût fatigant, au point de le faire transpirer de la tête aux pieds en un instant, il se rendit compte aussitôt que les deux autres peinaient plus que lui, et que pour Giulio, surtout, le mouvement était très lourd. Il se rendit compte aussi qu'il était absolument indispensable que tous les rameurs de la galère voguassent à l'unisson, car à la moindre erreur,

Giulio aurait percuté avec la pointe de la rame et avec ses pieds celui qui était devant lui, ou il aurait été heurté par celui qui était derrière lui. Mais tenir la cadence était facile car le *comito*, debout au milieu de la coursie, la scandait à coups de sifflet ; et le fracas provoqué par les rameurs au moment où ils revenaient s'abattre tous ensemble sur les bancs la marquait encore mieux, associé au soupir collectif qui s'échappait de toutes les gorges.

Giulio était le plus robuste des deux jeunes de Chioggia, et pourtant Michele sentit que sa respiration devenait haletante. En se tournant vers lui, il vit que le jeune avait fermé les yeux et qu'il serrait les dents de fatigue. Cela lui fit de la peine et il songea à lui proposer de changer de place, mais il avait assez de bon sens pour comprendre que ce n'était pas possible de le faire à ce moment-là, et que, sans doute, cela ne l'aurait pas été après non plus, compte tenu de l'assurance avec laquelle, ce matin-là, les officiers lui avaient choisi sa place. On ne demandait pas aux rameurs de prendre des initiatives, ils devaient tous fonctionner comme les rouages d'une même machine, et c'est pour cela qu'ils étaient payés. Donc, il se concentra sur son travail, ressentant tous ses muscles et toutes les articulations de son corps qui protestaient en raison de cet effort auquel ils n'étaient pas habitués, la sueur qui s'écoulait en rigoles sous sa chemise, les éclaboussures d'eau de mer qui à chaque mouvement de rame lui retombaient dessus, même si, avec cette canicule, elles étaient en fait agréables.

Ils continuèrent ainsi pendant une heure, ou une heure et demie, puis un long sifflement aigu arriva de la coursie ; quelqu'un dit fort : « Il était temps ! », et tout le monde lâcha les rames. Giulio avait déjà plongé sa tasse dans le tonneau d'eau ; il la vida en un instant, il en puisa une seconde et ensuite une troisième, et enfin, harassé, il la passa à Marco. Le jeune homme but trois tasses, et puis il la passa à Michele. Michele avait l'impression de n'avoir jamais eu aussi soif ; la tasse contenait presque un demi-litre, mais il la vida en un éclair et en fit autant avec la seconde. Il était sur le point de l'immerger une troisième fois, mais Marco et Giulio l'agressèrent à l'unisson.

« Eh ! Ça suffit ! Le *terzicchio* n'a droit qu'à deux tasses ! Où tu te crois ? On doit en avoir assez jusqu'à demain ! »

Michele allait rétorquer méchamment, mais il vit les visages hargneux de ses deux compagnons et leurs poings serrés et il comprit qu'il n'avait pas la moindre envie de se disputer.

« Je n'en savais rien », murmura-t-il en rendant la tasse.

À ce moment-là l'officier, le *comito*, siffla à nouveau, un long coup suivi d'un coup bref. Avec un murmure de protestation, les rameurs qui étaient assis dans la partie antérieure de la galère, derrière les trois jeunes, recommencèrent à voguer.

« C'est le tour du troisième à la proue, expliqua Marco. Quand il siffle deux fois, c'est à nous. »

Michele, content, se laissa aller sur le banc et ferma les yeux. Le bruit rythmé de l'aviron scandé par le sifflet se mêlait au clapotis des rames et des vagues. Le soleil était en train de descendre derrière la poupe de la galère, qui filait, laissant derrière elle Venise et la petite maison du campo Sant'Agnese, où, à cette heure-là, Zanetta et Bianca étaient en train de pleurer son père en se demandant, désespérées, où il avait bien pu finir, lui. Pour la deuxième fois de la journée, il eut envie de pleurer ; mais il se maîtrisa. Je les reverrai, pensa-t-il. Quand il commença à rouvrir les yeux, deux ombres noires lui firent lever le regard : le *comito* et le *parone* étaient là et le regardaient.

« C'est lui qui a raison, dit le *comito*, sans que Michele pût comprendre de qui il parlait. Toi, ajouta-t-il ensuite en lui faisant signe, viens un peu par ici ; on va te déplacer. »

Michele sortit à grand-peine du banc et monta sur la coursie.

« Mets-toi par ici, dit le *parone*, en lui indiquant la place de Giulio. Et vous deux, glissez d'une place. Désormais, tu es le premier, la tête, le *pianiero* de ce banc, tu as compris ? Note bien que c'est une responsabilité. C'est toi qui impulses la cadence. Tu as bien compris ? » répéta-t-il, en le regardant fixement.

« Oui monsieur », dit Michele, en regardant dans les yeux l'homme aux cheveux roux.

En lui-même, il jura : il venait de comprendre que c'était la place la plus fatigante, et voilà qu'elle lui revenait. Mais cela lui procurait une certaine satisfaction de savoir que les officiers s'étaient rendu compte qu'il était plus costaud que les deux autres. Et puis, il aurait droit à une tasse d'eau supplémentaire.

« C'est bien, jeune homme », dit le *parone* ; puis, les deux hommes s'éloignèrent.

Michele se retourna vers ses deux camarades pour voir comment ils avaient pris la chose, et par chance, il vit qu'ils semblaient tous les deux soulagés. Quand, une heure plus tard, ce fut leur tour de ramer, Michele se rendit compte que la nouvelle position était de loin la plus fatigante ; il dut serrer les dents, et quand, à la fin du tour, le sifflet du *comito* autorisa tout le monde à se laisser aller, exténué, sur les bancs, les trois tasses d'eau lui semblèrent encore bien peu pour compenser la sueur qu'il avait perdue. En voguant au tiers de son potentiel avec seulement une partie de la chiourme aux rames et les autres rameurs qui se reposaient, la galère n'avançait pas vite ; en revanche, on pouvait continuer ainsi toute la journée, et, comme Michele allait l'apprendre bien vite, la nuit aussi. Mais, pour l'heure, le *sopracomito*, bien qu'il fût pressé, ne pouvait pas se permettre d'exagérer, pas avec deux rameurs dans presque tous les bancs, et parmi eux, beaucoup de gens de la ville, qui n'avaient jamais touché une rame auparavant. Quand la galère, naviguant sans jamais perdre de vue la côte, arriva à la hauteur de Caorle, le soleil avait disparu depuis un moment, et il faisait presque nuit ; le *comito*, après avoir consulté le commandant dans la cabine arrière, donna l'ordre au timonier de virer vers la terre. Un murmure de satisfaction se répandit parmi les rameurs : ils avaient déjà consommé tour à tour le rata du soir, une gamelle de biscuit trempé dans l'eau avec une cuiller d'huile, et cette manœuvre signifiait qu'on allait dormir tranquille, à l'ancre, près de la grève.

« Nous entrons dans le port ? demanda le *comito*, qui était retourné dans la cabine.

– Non, dit le commandant, après un instant de réflexion. Ne perdons pas de temps. Dormons dehors et demain matin nous repartirons aussitôt. Il y a un bon endroit ? demanda-t-il en s'adressant au pilote, un ancien marin, déchaussé et édenté, qui se tenait respectueusement devant lui, le béret à la main.

– Oh oui, il y en a, Votre Excellence. Devant le village, il y a des bancs de sable, mais aussitôt après, vous pouvez vous arrêter où vous voulez. »

Ainsi, la galère fila lentement devant le clocher de Caorle en restant quelque peu au large pour éviter les bancs, puis elle accosta sur la rive sablonneuse. Les marins démontèrent le grand mât en travaillant rapidement avec des gestes assurés et le couchèrent le long de la coursie pour rendre la coque plus stable.

« Maintenant on dort, dit Giulio.

– Mais comment, ici ? » demanda Michele.

Quand il était à l'arrière en train de parler avec l'écrivain de bord, il avait aperçu une écoutille grande ouverte et, en y jetant un coup d'œil, il s'était rendu compte que sous la coursie se trouvait une cale assez vaste, dans laquelle un homme pouvait entrer en baissant les épaules, même si l'espace était en grande partie encombré de caisses et de barils ; et il avait imaginé qu'on les aurait fait dormir là.

« On ne peut pas aller dessous ? » demanda-t-il.

Un éclat de rire éraillé fusa du banc de derrière. Il se retourna. Les deux rameurs riaient de lui.

« Sous le pont du navire, il n'y a pas de place pour nous, dit le vieux. Là, il y a les marchandises, qui valent plus que nous.

– Mais comment on fait pour dormir, si nombreux, ici, en haut ? » objecta Michele.

Le vieux ricana.

« Parce que tu as l'impression que c'est bondé ? Attends un peu qu'ils remplissent tous les bancs à trois, et que les *scapoli* soient montés.

– Et qui sont ces *scapoli* ? » demanda Michele.

Désormais, il avait compris que la galère avait une langue bien à elle, et que les gens de la terre devaient l'apprendre rapidement s'ils voulaient s'en sortir.

« Tu vas voir ; à la première escale on en prendra une belle quantité à bord. Tu n'as pas vu que là, en dessous, c'est plein d'armes ? Et selon toi, qui les utilise, ces armes ? »

Sous le pont, en effet, Michele avait entrevu des faisceaux de grosses épées et de hallebardes, et une bonne quantité d'arquebuses, soigneusement empilées.

« Si on rencontre les corsaires, il faudra se bagarrer, mon cher, continuait d'un air satisfait le vieux marin. Et tu ne crois pas qu'on va vous confier l'arquebuse à vous autres ! À moins que tu ne saches tirer ? »

Michele admit qu'il n'avait jamais tenu une arme de sa vie.

« Tu vois ! Donc, dès que possible, le commandant, le *sopracomito*, embauchera des *scapoli*. Ce sont des Esclavons et des Albanais qui savent manier l'épée et l'arquebuse, et quand cela est nécessaire, ils donnent un coup de main pour les voiles. Une galère ne peut pas s'aventurer en mer sans en avoir à son bord. S'il y a un peu de place en rab, ce sont eux qui dorment sous le pont, compris ? »

Pendant qu'ils parlaient, une équipe de marins et de rameurs dirigée par le *comito* avait extrait de la soute une énorme tente et était en train de la déplier, à partir de l'arrière, en fixant sa base aux dames de nage des rames avec de robustes chevilles en bois. Petit à petit, la tente se déplia au point de recouvrir tant bien que mal toute la longueur de la galère ; et tout le monde s'installa pour la nuit, certains sur les bancs, d'autres à même le sol. Michele eut l'impression que le banc, qui était tapissé, devait être le lit le plus confortable.

« Je m'installe sur le banc », dit-il, en s'efforçant d'avoir une voix énergique.

Après tout, c'était lui le *pianiero*, à la tête du banc, celui qui peinait le plus, et qui était aussi le plus costaud. Les deux gars de Chioggia, qui avaient dormi à bord déjà plusieurs nuits, lui laissèrent la place sans discuter, sachant pertinemment que les places en dessous étaient davantage à l'abri de la fraîcheur de la nuit. Michele étendit son manteau sur le banc, fit un balluchon avec les chemises de rechange qu'il se mit sous la tête en guise d'oreiller, et s'allongea. Le banc était étroit mais il pouvait s'en accommoder, surtout avec la fatigue qu'il ressentait, si bien que, dès qu'il eût posé sa tête, il sentit ses yeux qui se fermaient…

Soudain, Michele se réveilla dans l'obscurité.

« Ce serait bien de pouvoir en profiter, avait murmuré une voix derrière lui.

– Profiter de quoi ? »

Michele, sans se faire remarquer, s'installa sur le banc de manière à pouvoir voir et ouvrit les yeux.

« Qu'il n'y ait pas encore les *scapoli*, mais que les armes sont déjà là, dit la première voix, qui était celle de l'homme aux cheveux gras.

– Pour faire quoi ? dit le vieux.

– Diantre ! Pour prendre la galère et les dix mille sequins. »

Les propos étaient si intéressants que Michele écarquilla les yeux ; et il se rendit compte que, en dessous, les deux gars de Chioggia étaient réveillés et écoutaient.

« Ne dis pas ces choses-là, même pas pour blaguer, compris ? dit durement le vieux. Et en plus il y a les autres qui nous entendent. N'est-ce pas vous autres ? »

Michele se dressa sur un coude.

« Quels dix mille sequins ? »

Le vieux soupira.

« De toute façon, la galère tout entière est au courant. Il n'y a que vous qui ne le sachiez pas. Où croyez-vous qu'on va ? »

Michele n'en savait rien, mais un des deux jeunes en dessous de lui répondit promptement :

« À Candia. »

C'était le nom que les Vénitiens donnaient à la Crète. Ce n'était pas une destination insolite pour une galère. Depuis que, peu d'années auparavant, les Turcs s'étaient emparés de Chypre, la Crète était la plus grande possession que conservait encore Venise, la colonie la plus importante du Domaine de la Mer.

« Eh bien, justement. Et qu'est-ce qu'on va y faire ? »

Comme personne ne répondait, le vieux marin continua :

« Le *sopracomito* transporte un sac de sequins qui servent au gouvernement de Candia. Tous les sous qui sont dépensés là-bas, il faut les apporter de Venise, on ne bat pas monnaie sur l'île. On dit qu'il y en a dix mille. »

L'idée de ces dix mille pièces d'or, dont chacune aurait suffi à Michele pour vivre un mois, enflamma son imagination. Dans un élan d'orgueil, il songea que, lui, il en avait déjà quatre, de sequins, crédités sur le livre de comptes de l'*écrivain*. Puis, il se souvint de la façon dont le cinquième sequin lui avait échappé et il s'assombrit.

« C'est exactement ce que je disais, reprit l'autre marin. Et alors, qu'est-ce qu'il faudrait pour prendre les armes, jeter à la mer les officiers et les marins et nous emparer de la galère et des sequins ? Il suffirait qu'on soit tous d'accord. »

Contre toute attente, le vieux éleva la voix.

« Moi, au contraire, je dis, et je le dis haut et fort pour que tout le monde entende : je ne veux plus entendre parler de ces choses-là, autrement j'irai en référer au commandant. »

L'autre grommela.

« Vous, vous ne savez rien, continua le vieux. Maintenant, je vais vous raconter une belle histoire. Une fois, il y a bien des années, au temps de la guerre contre les Turcs, une fuste est partie de Venise avec à son bord l'administrateur de la Sérénissime qui se rendait à Zara, et avec un sac d'écus, beaucoup plus gros que celui-ci : il y avait quatre-vingt mille écus, j'en jure mes grands dieux. »

Il se tut un instant pour permettre aux autres de prendre la mesure d'une pareille somme.

« La fuste avait un équipage de forçats enchaînés, continua-t-il. L'un d'eux dit à ses compagnons qu'une fois en mer on aurait pu tuer l'administrateur de Venise et disparaître avec la fuste et les sous. On ne comprenait pas s'il blaguait ou s'il parlait sérieusement. C'était un Turc qui était devenu chrétien, et qui, ensuite, avait été condamné à la galère pour vol. L'un après l'autre, trois des gars auxquels il avait tenu ces propos allèrent le dénoncer ; un quatrième se tut, et c'est pour cela qu'il fut condamné à six ans de galère supplémentaires.

– Et le premier ? demanda Michele en un souffle.

– Il fut pendu, ça va sans dire.

– Comment sais-tu toute cette histoire ? D'où tu la tiens ?

– J'étais celui qui n'alla pas le dénoncer, dit le vieux. Ma peine touchait à sa fin et je ne voulais pas avoir d'ennuis. Note que les six années sont vite passées. Et que la galère, comme tu disais ce matin, jeune homme, ce n'est pas si mal, après tout. Tu vois ? Cela me plaît tellement que même après qu'on m'a libéré j'ai continué à faire le même métier. Bon, maintenant ça suffit, dormons. »

L'homme se tut et se recroquevilla sur le banc. Michele resta réveillé encore un moment, en songeant, malgré lui, à ces dix mille sequins enserrés dans un sac entreposé dans la chambre du *sopracomito*. Dix mille sequins ! pensait-il. Il aurait suffi que le sénateur Lippomano paie à mon père les cinquante qu'il lui devait et nous serions encore tous à la maison et rien de tout cela ne serait arrivé… Le cœur gros, Michele se tournait et retournait sur le banc, sans réussir à s'endormir. En dessous de lui il entendait Marco et Giulio, allongés l'un contre l'autre, dans l'espace exigu entre le banc et les appui-pieds, qui étaient en train de parler à voix basse ; mais, si doucement que, même en tendant l'oreille, il ne parvenait pas à déchiffrer ce qu'ils étaient en train de se dire.

6

Le lendemain à l'aube, Michele se réveilla les os rompus. Trébuchant et jurant, les rameurs commandités pour ce travail étaient déjà en train de replier l'énorme tente qui avait protégé la galère pendant la nuit, et Michele, émergeant du manteau dans lequel il était resté enveloppé, frissonna : l'air était glacial. Il secoua la tête et se passa la main dans les cheveux pour s'éclaircir les idées ; il récita une oraison à voix basse, comme sa mère le lui avait enseigné, but une tasse d'eau, puis regarda vers la proue pour voir si, à la cuisine, on était en train de préparer à manger. Mais le *fogone*, le poêle en métal, rouillé, en mauvais état, sur lequel il avait vu cuire la soupe la veille, semblait éteint et abandonné. La majorité des rameurs avait sorti un bout de pain qui leur restait de la ration de la veille et mâchait avec voracité. Michele s'adressa à ses camarades.

« Mais, ils ne nous ne donnent pas à manger ? »

Giulio le regarda d'un air compatissant.

« Le matin, non ! Seulement à midi et le soir. »

Michele, oubliant l'oraison, laissa échapper un demi-juron, comme son père le lui avait enseigné.

« Mais moi, j'ai faim ! »

Les deux autres le regardèrent d'un air goguenard.

« Tu as des sous ? »

Michele mit sa main sur la petite bourse : oui, elle était encore bien là, accrochée à sa ceinture. Je dois me souvenir de me la pendre au cou, pensa-t-il.

« Un peu, répondit-il prudemment.

– Alors, va au magasin de bord et achète-toi quelque chose à manger. »

Sur le banc après celui de la cuisine, on voyait un rameur qui versait du vin dans les gamelles de deux ou trois clients lève-tôt. Giulio expliqua que l'homme en question, comme cela était l'usage sur toutes les galères, avait obtenu du *sopracomito* le droit de tenir le magasin de bord en échange d'une belle quote-part de gain. Michele grimpa sur la coursie et se dirigea vers la proue en tâtant les quelques piécettes qu'il avait dans sa petite bourse. Il faut que je demande à l'écrivain de bord de me donner une avance, songea-t-il. À peine avait-il fait quelques pas qu'il vit les officiers sortir de la cabine et s'acheminer vers la coursie et le *comito* saisir son sifflet et émettre un long sifflement assourdissant. À ce signal, tout le monde s'arrêta de manger avec un murmure de protestation et se prépara à se mettre au travail. Michele resta un instant de trop sur la coursie ; le *comito* se trouvait déjà là, à deux pas, et il le poussa brutalement.

« À ton banc, vite ! Bouge-toi, paresseux ! »

Humilié, Michele rebroussa chemin et s'installa à sa place ; il saisit la poignée de la rame et respira profondément. Juste après, le sifflet du *comito* commença à rythmer le signal de la vogue. Laissant derrière elle les eaux peu profondes et le clocher de Caorle, la galère fila vers la haute mer. Pendant quelques minutes, le *comito* s'acharna, pour montrer à Sa Seigneurie – comme tout le monde appelait le commandant en s'adressant à lui d'un ton respectueux – que la chiourme était bien réveillée. Le *sopracomito*, un gentilhomme, très jeune, au teint rosé, et bien rasé, déambula quelque temps le long de la coursie, en contemplant avec plaisir la peine de tous ces hommes sur lesquels, en mer, il avait droit de vie et de mort, comme s'il avait été un juge de la République ; puis, heureusement, il retourna prendre son petit-déjeuner dans sa cabine, et, aussitôt, le *comito* ralentit la cadence. Au bout d'une demi-heure, il donna le signal de la vogue par tiers ; ce fut d'abord le tour des rameurs de poupe, mais une demi-heure après, l'officier donna le signal du relais, et sur tous les bancs autour de celui de Michele, les rameurs se laissèrent aller sur leurs sièges, haletants, à cause de l'effort fourni, et trempés de sueur.

« Il est jeune, le commandant, pas vrai ? » remarqua Michele, après qu'ils eurent bu.

Les deux jeunes de Chioggia étaient trop fatigués pour lui répondre, mais les rameurs du banc de derrière avaient envie de bavarder. C'est ainsi que Michele apprit que le *sopracomito* appartenait à la famille Loredan, et que, de ce fait, la galère se nommait la *Loredana*.

« Mais son vrai nom, dit de manière solennelle le vieux, est le *Christ ressuscité*. Ils la nomment la *Loredana*, car, sur leurs papiers, la galère prend le nom du *sopracomito*. Il change et le nom change. Moi, ça fait cinq ans que je rame sur cette galère ; quand j'ai embarqué la première fois, elle s'appelait la *Contarina*, puis, jusqu'à l'an dernier, la *Giustiniana*, et maintenant on l'a confiée à ce petit jeune, mais tous les anciens de la chiourme la nomment le *Christ ressuscité*. »

« Et pourquoi donc ? » demanda Michele naïvement.

Le vieux le regarda avec sévérité.

« La première fois que tu descendras à terre, regarde derrière la poupe, là il y a le Christ sculpté, tu comprends ? Les commandants passent, mais Lui, il reste. »

À ces paroles, tous se signèrent.

Au milieu de la matinée, le commandant décida qu'il y avait assez de vent pour hisser les voiles. Pendant toute l'opération, la galère tangua affreusement, en embarquant une bonne quantité d'eau. Michele, qui, la veille, avait eu le mal de mer et avait vomi deux fois par-dessus bord, se rendit compte que ce balancement lui avait tourneboulé les intestins.

« Dis donc, murmura-t-il à Giulio, et si on doit chier ?

– Tu attends le soir qu'on descende à terre, non ?

– Mais je ne pourrai jamais tenir jusque-là ! » se récria Michele.

L'autre le regarda avec compassion.

« Monte vers la proue, alors, devant le canon. Le trou est là. »

Michele, glissant sur les planches mouillées, remonta la galère vers la proue. Arrivé à l'emplacement du canon, il regarda autour de lui. Accroupis dans un espace minuscule près de l'affût, les quatre artilleurs jouaient aux cartes.

« Qu'est-ce que tu cherches ? » lui demanda l'un d'eux.

Michele expliqua.

« Voici encore un nouveau, soupira l'homme. Va là et fais attention à ne pas tomber car tu finirais sous les rames et il n'y aurait rien à ramasser. »

Le trou, comme l'avait nommé Giulio, était une planche percée qui dépassait du parapet, suffisamment inclinée pour que ce qui sortait du trou aboutisse dans l'eau ; il fallait s'accroupir en se tenant agrippé au plat-bord, car, si la galère faisait une embardée à l'improviste, on risquait vraiment de se retrouver à la mer. Grâce à Dieu, Michele réussit à faire ce qu'il devait faire, et il retourna à sa place, se sentant vidé et sans force. La seule pensée qui le faisait tenir un peu était celle de la soupe de midi.

Le vent favorable ne dura pas longtemps, et la *Loredana* se traîna péniblement à la rame le long des côtes d'Istrie et de Dalmatie, en jetant l'ancre chaque nuit près de la grève. Après huit jours de navigation, elle se mit à quai à Zara, et l'équipage put à nouveau sentir sous ses pieds le pavement d'une ville. Michele avait découvert que la fatigue était supportable et que ses mains habituées aux briques et à la chaux avaient accueilli de nouveaux cals sans trop s'enflammer ; il pensait donc être devenu un vrai marin, et, empli d'orgueil, il alla à terre avec ses camarades à la recherche d'une auberge, après avoir demandé une avance à l'écrivain de bord et après avoir solennellement rangé une pile de *marchetti* dans le petit sac pendu à son cou.

La galère resta trois jours à Zara, et pendant ces trois jours elle embarqua plus d'une centaine de rameurs et de *scapoli*. Le *sopracomito* avait placé un banc sur la jetée, l'*écrivain* y demeurait assis toute la journée et inscrivait dans ses livres ceux qui venaient s'enrôler. C'étaient tous des Esclavons avec d'épaisses moustaches blondes, le visage brûlé par le soleil et un petit anneau à l'oreille : des pêcheurs au chômage, ou qui avaient trop de bouches à nourrir à la maison. Ils faisaient patiemment la queue devant le banc, leurs balluchons sous le bras ; Michele comprit que c'étaient des gens habitués à ce travail en voyant l'aisance avec laquelle ils s'installaient sur les bancs et ménageaient un espace pour leurs affaires. Nombre d'entre eux emportaient même un barillet de vin, et parvenaient à le caser dans des espaces qui, à lui, lui semblaient déjà combles.

Mais Michele s'aperçut aussi que l'*écrivain* comptabilisait à tout le monde la paye anticipée en de nombreuses pièces d'or, et il comprit que les intimidations que le *sopracomito* pouvait se permettre à Venise, il ne pouvait plus se les permettre là, à Zara, s'il ne voulait pas risquer de repartir sans avoir rempli tous les bancs de la galère avec trois rameurs. Au fur et à mesure qu'ils montaient à bord, les rameurs étaient répartis par le *comito* sur les différents bancs, et presque toujours ils prenaient la première place, la plus fatigante ; les *scapoli* étaient eux aussi affectés à des bancs, par paires, et ils plaçaient leurs balluchons, leurs épées et leurs arquebuses au milieu des jambes des rameurs. Jour après jour, la galère, à l'ancre dans l'embarcadère, s'alourdissait avec le poids de tous ces hommes et de leurs bagages, et nuit après nuit, il devenait plus difficile de trouver de la place pour dormir. La distribution de la soupe devenait de plus en plus lente, prenait des heures, et Michele se rendit compte, comme le vieux l'avait prédit, qu'elle commençait à devenir moins dense par rapport au début.

Finalement, au bout de trois jours, les officiers décidèrent qu'il y avait assez de bras à bord, et le soir du quatrième jour la *Loredana* repartit. Le sirocco soufflait mais, après avoir consulté le pilote, le *sopracomito* décida qu'il n'était pas assez fort pour empêcher la galère de sortir du port.

« Voyons ce que valent ces nouveaux ! » dit-il, en se nettoyant les dents avec un cure-dents en ivoire.

Ramer contre le vent, Michele s'en rendit compte immédiatement, était terriblement fatigant, mais maintenant la galère avait ses trois hommes par banc et elle bougeait, même lentement. Elle était à ce point chargée que les parapets étaient presque au fil de l'eau.

« Un peu plus et elle coule », dit le *parone* à l'un des nobles de poupe, qui passait en revue les bancs avec lui en évaluant la fatigue des rameurs et en déplaçant ceux qui n'avaient pas été affectés au bon endroit, et qui, de ce fait, peinaient trop ou trop peu. « Ces Esclavons ont leurs habitudes. Ils emportent avec eux trois ou quatre changes d'habits et du vin, et il n'y a pas moyen de les déshabituer. Vous avez déjà vu une galère du Ponant ? »

Le noble de poupe, un jeune homme à peine âgé de seize ans qui était là pour apprendre le métier, secoua la tête.

« Là-bas, ils sont tous esclaves ou forçats, enchaînés aux rames. Pas question de les laisser emporter tant de bagages : la chemise rouge, une couverture et c'est tout ! Quand ils s'y mettent, la galère vole sur l'eau, oui monsieur, elle vole. Rien à voir avec les nôtres. »

Le noble de poupe leva les sourcils : à Venise, affirmer qu'une galère du Ponant, c'est-à-dire espagnole ou pire encore génoise, pouvait fournir de meilleures prestations qu'une galère vénitienne aurait constitué une affirmation dangereuse aux relents de trahison. Mais, là, en mer, il l'avait déjà bien compris, les règles étaient différentes.

Avec tous ses bancs qui ramaient, la galère était sortie du port et descendait la côte éclairée par la lune. La ligne des montagnes derrière Zara se détachait contre le ciel, mais aucun des rameurs n'avait le temps de lever la tête pour regarder ce spectacle ; penchés sur les rames, ils bougeaient comme des automates, trempés par la sueur et par l'eau soulevée à chaque coup de rame. Une heure après, le *comito* donna le signal de la vogue par tiers, et la majeure partie des rameurs, haletant à cause de l'effort, se préparèrent à dormir une heure ou deux en attendant que ce fût à nouveau leur tour. Par chance, le sirocco était retombé et la galère filait tranquillement sur l'eau dans le silence que seul le sifflet et le clapotis rythmique des rames venaient interrompre.

Ce fut le soir d'après que l'incident se produisit. La *Loredana* avait accosté une île sablonneuse, hérissée de pins maritimes, pour faire provision d'eau et de bois. Le *sopracomito* avait décidé de ne pas passer la nuit là, mais de repartir dès que tout le monde serait remonté à bord, et de continuer à la voile tant que le vent restait favorable. Une équipe munie de haches fut déposée à terre pour ramasser du bois sec, et une autre équipe alla remplir les barils au cours d'eau le plus proche ; selon le pilote, il y avait un village de pêcheurs, mais il se trouvait sur le côté opposé de l'île, et cela ne valait pas la peine d'aller jusque-là. Michele était avec l'équipe qui remplissait les barils, une douzaine d'hommes en tout ; au loin, dans le bois, on entendait le battement monotone des bûcherons qui attaquaient les pins desséchés par la foudre.

Ils avaient rempli les deux premiers barils quand le *parone* descendit à terre. S'enfonçant dans le sable gris, il les rejoignit, regarda le cours d'eau boueux qui s'écoulait dans la mer, et fit une grimace ; puis il s'approcha d'un baril, y plongea les mains et but une gorgée d'eau. Il la recracha immédiatement, en jurant.

« Espèce d'abrutis ! Mais avez-vous seulement essayé de la goûter ? Non, n'est-ce pas ? Je vous la ferais boire jusqu'à la lie ! C'est de l'eau salée ! On ne récupère pas de l'eau si près de la mer, on prend la peine de remonter un peu plus haut ! Allez, bougez-vous, à ce train-là on en a pour la soirée ! »

Il regarda autour de lui et vit Michele.

« Toi, pars devant, essaye de trouver un endroit où l'eau est limpide. Nous arrivons avec les barils. »

Alors que les autres rameurs, en jurant, vidaient les tonneaux et les chargeaient sur leurs épaules, Michele monta rapidement à travers les dunes, content d'avoir échappé à cette corvée. Le ruisseau disparaissait au milieu des pins, entre deux rives sablonneuses qui troublaient l'eau ; il était évident qu'il fallait s'éloigner considérablement de la plage pour trouver de l'eau plus limpide et Michele pénétra dans les broussailles. Peu après, il trouva un éboulis, et, en escaladant comme une chèvre au milieu des cailloux, il découvrit que, là, l'eau s'étalait en un large plan transparent. Il la goûta : elle était bonne. Il était sur le point d'appeler les autres qui, chargés du poids des barils, devaient être restés très en arrière, lorsqu'un coup de canon rompit le silence à l'improviste. Il arrivait de la mer : cela ne pouvait être que le canon de la *Loredana*.

Surpris, Michele resta un instant indécis, puis il se mit à courir : il savait qu'un coup de canon était le signal pour rappeler les gens à bord, et il crut que la galère allait repartir sans lui, le laissant au milieu de ce désert. Il courut un moment à en perdre le souffle, puis il s'arrêta tout d'un coup, car un second coup de canon avait retenti dans l'air du soir. Effrayé d'être si seul et de ne pas savoir ce qu'il se passait, il recommença à courir, mais, sans s'en rendre compte, il avait pris un autre chemin, et, là, le maquis devenait plus épais et lui barrait la route. Il savait qu'il était tout près de la mer, il en sentait l'odeur, et par moments en entendait le clapotis, mais il ne parvenait pas à trouver par où sortir. Puis, tout soudain, un bruit confus de voix lui parvint, et une série de coups de feu en une succession rapide qui devaient être des coups d'arquebuse.

La première chose qui lui vint à l'esprit fut que la galère était attaquée par des pirates : et, d'instinct, il se jeta à terre, car il entendait courir dans le bosquet, à deux pas de là où il se trouvait. Puis il entendit des voix animées, et il reconnut celles des deux jeunes de Chioggia, Marco et Giulio. Soulagé, il se leva et chercha à se frayer un chemin dans cette direction-là, au milieu des buissons.

« Il m'a touché ! Je n'en peux plus ! disait Marco, la voix brisée par l'angoisse.

– Allez, si on reste là ils nous prennent ! »

Le soir tombait rapidement, et, au milieu des pins, on n'y voyait presque plus. Michele allait appeler, lorsqu'il entendit les deux garçons qui hurlaient, terrorisés, et une confusion d'autres voix furieuses. Son instinct lui dit qu'il valait mieux se taire ; il avança encore un peu, prudemment, et se penchant à travers les buissons et les ronces, il découvrit un pan de clairière. Là, si près qu'il aurait pu les toucher, Marco et Giulio se débattaient à terre, cherchant à se défendre à mains nues contre trois *scapoli* qui les massacraient avec les crosses de leurs arquebuses. Se tenant légèrement en arrière, le *comito*, haletant, l'épée dégainée à la main, assistait au massacre sans intervenir. Presque aussitôt, les deux jeunes cessèrent de hurler et de se débattre, mais les hommes, tous des *scapoli* slaves au vu de leurs vêtements et de leurs imprécations, continuèrent à frapper pendant un moment avant de s'arrêter.

« Ils sont partis ? » demanda prudemment le *comito.*

Un des deux soldats se pencha sur les deux corps luisants de sang.

« Partis », confirma-t-il brièvement.

Le *comito* s'avança, mit son épée sous son bras sans la rengainer et ramassa quelque chose.

« Voici le sac. Il pèse lourd, hein ? »

Les hommes le fixaient, silencieux. Michele, à l'abri des regards dans sa cachette, retenait son souffle.

« Écoutez les gars, dit le *comito*, vous pensez la même chose que moi ? »

Nul ne souffla mot.

« Là, il y a dix mille sequins. Personne ne sait que nous les avons trouvés, ces deux voleurs. Nous aurions très bien pu ne pas les prendre la main dans le sac ; désormais, il fait nuit. »

Le silence se prolongeait, lourd de tensions.

« Alors, si vous n'êtes pas d'accord, on n'en parle plus », dit le *comito*.

À ce stade, les arquebusiers parlèrent tous les trois à la fois.

« Non, non ! Pourquoi ? Parlons-en ! »

« Voici comment nous procéderons, dit le *comito*. Maintenant nous les enterrons, mais bien comme il faut, que l'on ne voie rien, et nous enterrons l'or aussi. Puis nous rentrons à la galère. Désormais, il fait nuit, on ne les retrouvera plus. Je dirai au *sopracomito* que la meilleure chose à faire est de se rendre au village pour donner l'alarme. Ils chercheront deux vivants, personne ne saura jamais qu'ils sont morts, ni qu'ils sont ici, à garder le trésor. Personne, hormis nous. Je me fais comprendre ? »

Les hommes approuvèrent lentement.

« Bien, alors creusons. Mais pas ici : allons au milieu des ronces, là où l'accès est plus difficile. Allez, courage ! »

Michele, terrifié, se rendit compte qu'ils étaient en train de traîner les corps précisément dans sa direction. Il s'aplatit entre les buissons et rampa à reculons, s'égratignant avec les épines et se mordant les lèvres pour ne pas faire de bruit.

« Allez, bon, ici ça va bien. »

Les hommes creusèrent longtemps dans le sable, se servant de leurs mains, leurs épées et des bouts de bois ramassés dans le bosquet. C'était un travail infâme et tous les quatre juraient.

« Non, plus profond, dit le *comito* à un certain moment.

– Quoi qu'il en soit les chiens viendront et les déterreront, dit un autre.

– Peu importe, rétorqua le *comito*. Ici, il n'y a rien, qui voulez-vous qui vienne voir ? Des semaines passeront avant qu'ils ne les découvrent.

– Certes, mais alors, ils trouveront l'or aussi !

– Mais, nous n'allons pas le mettre ici avec eux. Tu blagues ? Quand ils les trouveront, ils creuseront de toute façon tout autour. Non, maintenant, après les avoir mis ici, allons suffisamment loin, au milieu du bosquet, et faisons un autre trou pour l'or. »

Il faisait nuit noire quand le travail fut fini. Plus d'une fois Michele avait cherché à s'esquiver en douce, mais, en bougeant, il s'enfonçait toujours dans le sable ou faisait craquer quelque branche sèche, et aussitôt il se raidissait, terrorisé à l'idée qu'ils l'entendent. Et, même, quand les hommes, après avoir enterré les deux jeunes, passèrent devant lui à la recherche d'un endroit adéquat pour cacher le sac de sequins, il resta immobile, plaqué au sol, et il les vit passer en retenant sa respiration. Ils ne s'étaient pas éloignés de beaucoup quand il entendit la voix du *comito* qui disait : « Voilà, là, ça va bien. »

Alors la curiosité l'emporta, et Michele bougea lentement dans l'obscurité pour mieux voir. Au pied d'un vieux pin tordu, au profil unique, reconnaissable entre tous, les quatre hommes étaient en train de creuser.

« Ça suffit, dit le *comito*. De toute manière, les chiens ne viendront pas chercher ici ; ils ne savent pas quoi faire de l'or. »

Les autres rirent. À ce moment-là, le canon de la galère recommença à retentir.

« Ils appellent. Allez, bougeons-nous. »

Mais, tout à coup, un mouvement brusque de Michele trahit sa cachette.

« Eh ! Mais il y a quelqu'un ! Qui va là ? »

Au lieu de se plaquer au sol, Michele paniqua et partit en courant. Dans l'obscurité de la nuit, c'était juste une ombre qui se faufilait dans les broussailles.

« Il y a vraiment quelqu'un ! Allez, attrapons-le. »

Mais Michele avait l'avantage, et, alors que les autres étaient encore au milieu des ronces, il avait déjà sauté à travers les dunes et disparu. Il arriva, haletant, à l'embouchure du ruisseau où se trouvait encore la galère ; de toutes parts, les gens qui avaient débarqué à la recherche des fugitifs étaient en train d'accourir, rappelés par le coup de canon.

« Ah, te voilà ! lui dit le *parone*, qui était en train de superviser l'embarquement des barils. Où étais-tu passé ?

– Je me suis perdu, répondit Michele, essoufflé, mais, que s'est-il passé ?

– Ah, donc tu n'en sais rien ? Deux rameurs ont volé le sac des sequins dans la cabine du *sopracomito* et puis ils se sont enfuis ! Tout le monde est descendu les chercher, mais je crois qu'ils ne les ont pas trouvés. Il s'agit d'une affaire sérieuse, mon ami ! »

À ce moment-là, le *comito* et les trois *scapoli* émergèrent des dunes.

« Vous n'avez rien trouvé ?

– Rien ! Seul le diable sait où ils se sont enfuis ! »

Remarquant la présence de Michele, le *comito* le regarda avec une attention inhabituelle. Le jeune homme était trempé de sueur et sa poitrine se levait et s'abaissait encore du fait de la course à perdre haleine.

« Et toi, tu sors d'où ? lui demanda-t-il lentement.

– J'étais avec ceux qui s'occupaient de l'eau », balbutia Michele en faisant un geste en direction du *parone*.

Ce dernier le fixa, perplexe, mais ne dit rien.

Le *comito* continua à le dévisager d'un regard soupçonneux.

« Mais toi, tu n'es pas le camarade de banc de ces deux-là ?

– Et alors ? Je n'ai rien fait, rétorqua Michele.

– J'ai bien l'impression que nous avons encore à nous parler toi et moi, fit le *comito*, menaçant. Allez, monte à bord. »

Le *sopracomito* Loredan faisait les cent pas le long de la coursie, les mains dans les cheveux. Il était pâle comme un mort et tout son air hautain et dédaigneux s'était évanoui. Les nobles de poupe étaient dans un coin, les yeux baissés et ne disaient rien. Le *comito* alla leur faire son rapport.

« Nous ne les avons pas trouvés, Illustrissime. Ils semblent avoir disparu dans le néant. »

Le *sopracomito* poussa un soupir. Malgré son habit coûteux, ses broderies, et sa chaîne en or, ce n'était qu'un enfant épouvanté.

« Je n'échapperai pas à une enquête ! » murmura-t-il.

Au minimum, pensa le *comito*, et il ricana en lui-même, sachant combien la République était impitoyable avec ceux qui la décevaient.

« Et maintenant, que faisons-nous ? demanda Loredan d'un ton plaintif.

– Illustrissime, quant à moi, j'irais les attendre au village, de l'autre côté. S'ils veulent quitter l'île, ils doivent passer par là. »

Le *sopracomito* s'accrocha à cet espoir.

« Tu as raison ! Allons-y tout de suite. »

Il fit venir le pilote, lequel fit la moue et traîna des pieds, et dit finalement que, certes, on pouvait essayer de faire le tour de l'île, mais que, une fois le cap passé, remonter contre le vent au milieu des bancs de sable, ce ne serait pas une mince affaire. Mais si Sa Seigneurie le commandait…

« Bien entendu que je l'ordonne ! Allez, à la voile, et tout le monde à son poste ! »

Quelques minutes plus tard, la galère était de nouveau en mer, et elle filait le long de la côte de l'île, poussée par la brise. Michele était assis à son banc, où il était resté seul, et il tremblait encore en repensant à la scène à laquelle il avait assisté, et au secret dont il était dépositaire. Devait-il aller tout raconter au *sopracomito* ? Une voix en lui disait que cela aurait été la seule manière d'éviter les ennuis. Mais le *sopracomito* ne lui inspirait aucune confiance ; celui qui commandait vraiment à bord était le *comito*, et, avec quel culot pouvait-il bien l'accuser ? Ce dernier l'aurait fait taire, d'une manière ou d'une autre. Pour commencer il lui aurait demandé pourquoi donc il n'avait pas tout révélé tout de suite, dès son retour à bord. Il ne savait pas lui-même pourquoi il ne l'avait pas fait, mais désormais, il lui semblait qu'il était pris à son propre piège. S'il parlait, on ne le croirait pas ; on l'aurait soumis à la torture pour lui faire avouer au minimum d'avoir été complice de ces deux malheureux, et, au cours de la torture, il n'y a rien de plus simple que de tuer un homme et de faire croire à un accident.

Il était plongé dans ces pensées lorsque le *parone* l'appela de la coursie.

« Dis donc, toi, lui dit-il en chuchotant, quand Michele se fut hissé jusque-là. Il y a une chose que je ne comprends pas bien. Quand le *comito* t'a demandé si c'était bien toi le camarade de banc de ces deux filous, tu lui as répondu aussitôt. Mais comment pouvais-tu savoir que c'étaient eux qui avaient volé l'or ? »

Michele sentit sa tête tourner. Il regarda le *parone*, le visage décomposé, et il ne dit rien.

« Tu ne les aurais pas entendus alors qu'ils parlaient, par hasard ? Prends garde, ici on te met à la corde pour bien moins que ça ! S'ils t'ont dit quelque chose, tu as intérêt à le dire tout de suite, car on te fera cracher le morceau. »

Les termes étaient menaçants, mais le regard de l'officier était interrogateur, voire même un peu triste, comme s'il était navré que Michele se soit mis dans le pétrin, et qu'il cherchait un moyen pour l'aider à s'en sortir. Michele fut tenté de tout raconter ; mais, à cet instant précis, le *comito* surgit dans l'obscurité, et le jeune homme sursauta et se tut. Le *parone* s'en rendit compte et fronça les sourcils.

« Alors, dit le *comito*, ici, il faut ajouter un rameur. Va en chercher un, car, dans un moment, on va franchir le cap et il faudra commencer à ramer », ordonna-t-il au *parone*.

L'homme aux cheveux roux échangea un regard intense avec Michele, puis il s'éloigna. Le *comito* s'approcha de Michele et baissa la voix.

« Écoute-moi bien, murmura-t-il, menaçant. Je ne sais pas ce que tu as vu, mais en tout cas, motus et bouche cousue. C'est compris ? Tu n'as pas intérêt à t'opposer à moi. Et si tu sais tenir ta langue, tu auras ta part toi aussi. »

Il se tut car le *parone* était déjà en train de revenir, suivi par un robuste Esclavon chargé de ballots.

« Voilà ! dit le *parone*, lui, il sera *pianiero*, premier de banc, et toi, tu seras *postizzo*, milieu de banc. Et ensuite, dès que possible, nous vous trouverons un *terzicchio.* »

Le Slave prit possession de la première position, Michele s'assit, obéissant, à la place du milieu, et les officiers s'éloignèrent, après lui avoir lancé, chacun, un regard parlant.

Cette nuit-là, dans la cabine de poupe, on tint conseil. Le *sopracomito*, en bras de chemise, était allongé sur le lit et un serviteur lui humectait le front avec de l'eau parfumée.

« Ils ont forcément dû avoir des complices ! répétait fébrilement Loredan. Nous tirerons cela au clair ! Nous soumettrons tout l'équipage à la corde !

– Tout l'équipage, cela va être un peu difficile », fit observer le *parone*, laconique.

Le *sopracomito* s'assit tout d'un coup.

« Alors, ceux des bancs alentour ! C'est impossible qu'ils ne sachent rien ! Celui qui partageait le banc de ces deux délinquants ! Celui-là au moins je veux lui infliger la torture de la corde à lui en disloquer les bras, et je voudrais bien voir s'il ne va pas avouer ! »

Le *parone* voulait dire quelque chose, mais il ne savait pas comment s'y prendre, et faisait claquer sa langue, mécontent. Mais, tout à coup, à sa grande surprise, il entendit intervenir le *comito.*

« Celui-là ne sait rien. Ce n'est qu'un gamin.

– Ces deux voleurs aussi ne sont que des gamins ! s'écria le *sopracomito.*

– Oui, Illustrissime, mais lui, il ne sait rien, croyez-moi. Il est inutile de perdre du temps avec lui. Alors que les deux autres nous pourrions encore réussir à les attraper demain matin, s'ils vont au village. »

Le *parone* l'observait, perplexe. C'était la première fois qu'il entendait le *comito* intervenir en faveur de quelqu'un au lieu de profiter de son pouvoir pour commettre des abus et se faire craindre. L'homme aux cheveux roux sentait bien qu'il y avait quelque chose d'étrange ; et quand le *sopracomito*, exténué, les congédia en disant qu'il voulait dormir, il demeura longtemps pensif dans l'obscurité.

7

L'escale au village ne donna aucun résultat. Après être resté trois jours à attendre, mettant à terre des équipes de *scapoli* pour battre les alentours, et terrorisant les pêcheurs en les menaçant de châtiments atroces, il fallut affronter la réalité : les voleurs avaient disparu, et les dix mille sequins avec eux. Le voyage de la *Loredana* vers la Crète se poursuivit dans un climat de tension palpable. Le *sopracomito* ne sortait pas de sa cabine de poupe et l'on disait qu'il était très malade. Les officiers se regardaient entre eux, soupçonneux, et ne ménageaient pas la chiourme ; les marins se taisaient car personne ne voulait se faire remarquer. À leur grande surprise, l'enquête s'était limitée à un interrogatoire serré de l'équipage et de la chiourme, mais la crainte que la tempête ne fût que reportée incitait tout un chacun à garder la tête basse. Michele sentait sur lui le regard hostile et investigateur du *parone* et il prenait soin de ramer dur, ne serait-ce que parce que, à son banc, ils n'étaient plus que deux et il y avait vraiment de quoi peiner doublement.

Dans les moments de calme cependant, et surtout lorsqu'il engloutissait son rata, il s'efforçait de réfléchir sur ce qui s'était produit, et d'imaginer comment en tirer avantage. Tant qu'il était à bord de la galère, il ne devait souffler mot, cela était évident. Mais après ? Avec l'arrivée de l'automne, la *Loredana* rentrerait à Venise, pour désarmer, la chiourme serait licenciée, et dès lors le *comito* n'aurait plus aucune autorité sur lui. Jusqu'alors les dix mille sequins resteraient en lieu sûr, ensevelis sur l'île, dont Michele avait imprimé dans sa mémoire le profil et la position, pour être certain de pouvoir la retrouver. À n'en pas douter, le *comito* et ses complices allaient retourner chercher leur butin après le désarmement de la galère. Et, alors, Michele ne voyait que deux possibilités. Il pouvait s'enfuir avant ce moment-là, rejoindre l'île avant eux, déterrer l'argent et disparaître à jamais. Il serait riche ; il pourrait envoyer chercher Bianca et se faire rejoindre n'importe où. Dans les moments où il avait envie de rêver les yeux grands ouverts, Michele imaginait qu'il y réussirait vraiment. Mais, il lui suffisait de croiser le regard méfiant du *comito*, qui ne le perdait pas de vue, pour comprendre qu'il était en train de se faire des illusions, et que s'il avait tenté le coup, il aurait, lui aussi, fini ses jours dans l'île, à six pieds sous terre. Qui plus est, il s'agissait d'argent volé à la République, et la Sérénissime avait la mémoire longue. Avec une pointe de regret, Michele se rendit compte qu'il y avait une solution alternative, plus sûre : attendre que la galère rentre pour désarmer, et s'empresser de dénoncer les faits. Le magistrat aurait fait surveiller le *comito*, il aurait envoyé déterrer le butin, et lui, il aurait été pardonné, et peut-être même récompensé : à n'en pas douter, dix mille sequins suffisaient à effacer le nez cassé d'un sbire. Allons, songea Michele, il suffisait d'arriver au terme de l'engagement sans faire de faux pas.

Après quelques jours de navigation, la galère arriva en vue de Corfou. La silhouette verte de l'île se détachait sur le ciel limpide, et Michele, qui n'était jamais allé nulle part avant ce voyage, écarquillait les yeux, et se tournait vers la proue pour regarder. Les forts qui protégeaient l'entrée du port avaient été restaurés peu de temps auparavant et resplendissaient dans le soleil ; les demeures parsemées le long des flancs de la montagne étaient, elles, à moitié délabrées et en ruine. Comme ils approchaient de la rade du port, le sifflet ordonna la vogue par tiers, la galère ralentit et Michele, pour qui c'était alors le tour de repos, put regarder aisément autour de lui.

« C'est quoi, cet endroit ? demanda-t-il à son compagnon, mais l'Esclavon haussa les épaules.

– Corfou, répondit le vieux derrière lui. Et, c'était vraiment un très bel endroit de mon temps. Puis les Turcs sont venus et ils ont tout brûlé. »

Hors les murs, un énorme édifice attirait les regards. Le crépi était lardé de fissures, les fenêtres n'avaient plus de vitres, l'herbe pointait entre les pierres disjointes, et, pourtant, d'une certaine manière, on avait l'impression qu'il était encore en phase de construction ; d'un œil expert, Michele, qui était maçon depuis son enfance, se rendit aussitôt compte qu'une aile entière de l'édifice n'était pas encore terminée.

« L'hôpital militaire », dit le vieux, et il cracha. « Ils ont commencé sa construction au temps de la guerre contre les Turcs ; ils y ont englouti une sacrée somme. Ils voulaient bâtir l'hôpital le plus grand d'Italie. Ils ne s'en sont jamais servis.

– Les Turcs l'ont brûlé ? demanda Michele, naïvement.

– Penses-tu ! rétorqua le vieux avec mépris. Tu ne vois pas qu'il est encore là ? Il n'était même pas fini, il n'y avait rien à voler. Ils y ont mis juste le bout de leur nez, et ils sont partis. Puis, la guerre s'est terminée et plus personne ne s'est soucié de l'hôpital. Ainsi vont les choses chez nous, cher ami. »

Quand la galère entra dans le port, et que le *sopracomito* descendit à terre, tout le monde resta en haleine, le souffle court, attendant de voir s'il allait revenir accompagné par un capitaine et d'autres sbires, pour ouvrir une nouvelle enquête ; mais il rentra tout seul et alla directement dans sa cabine, et, aussitôt, la chiourme eut le droit de descendre à terre, comme lors de n'importe quelle escale. Michele se dit qu'il serait avisé de rester sur le qui-vive et de garder les yeux ouverts. Le *comito* ne pouvait pas être certain que c'était précisément lui qui avait assisté à l'assassinat des deux jeunes et à l'enterrement de l'or, mais il était évident qu'il le soupçonnait. S'il avait décidé de se défaire de lui, c'est à terre, et non sur la galère qu'il en aurait cherché l'occasion. Michele n'était pas en mesure de reconnaître les *scapoli* qui avaient fait le coup : ce soir-là l'obscurité était trop épaisse et de toute façon tous ces gens étaient des inconnus, si bien qu'il ne savait même pas contre qui se tenir sur ses gardes.

Mais, alors que les rameurs libres de sortir descendaient sur la jetée et se dispersaient en petits groupes dans les ruelles de la ville, sa curiosité lui fit oublier ses craintes. Corfou lui semblait, d'un côté, un lieu familier, et, de l'autre, un monde nouveau et inconnu où tout le surprenait. Les maisons étaient construites à la manière italienne, et partout il se faisait comprendre en parlant italien, mais les gens du lieu étaient habillés d'une façon si étrange qu'il les aurait pris pour des Turcs si ses compagnons, en riant, ne l'avaient assuré que c'étaient des Grecs.

« Et ils sont chrétiens ? demanda-t-il, incrédule.

– Une sorte de chrétiens, lui répondirent-ils.

– Mais, moi, je n'aurais pas trop confiance », renchérit un autre.

Il lui fallut quelque temps pour se rendre compte d'une autre bizarrerie : dans les rues, on ne rencontrait pas de femmes. Les maisons blanchies à la chaux avaient les fenêtres fermées et les volets rabattus ; depuis les portails on entrevoyait parfois une cour ombragée par un figuier, mais de femmes, pas même l'ombre.

« Ils les gardent enfermées à l'intérieur ! expliqua un compagnon en riant. Ce sont leurs coutumes. Ils n'ont pas confiance.

– Et ils ont raison ! renchérit un autre. Les Grecques, quand elles voient un homme, elles sont tout de suite en chaleur, elles sont capables de tout. »

À l'improviste, alors qu'il arrivait sur une petite place, Michele tomba nez à nez avec l'*écrivain* de la galère. Il était seul et en train de boire un verre de vin blanc, assis sur un banc, à l'ombre d'une vigne grimpante, à l'extérieur d'une buvette, et ses lunettes brillaient au soleil. Lorsqu'il vit Michele, il lui fit signe de le rejoindre.

« Viens là, viens boire avec moi ! »

Michele n'avait pas soif, mais l'*écrivain* était son supérieur, et on ne pouvait pas lui dire non.

« Alors, raconte-moi un peu, comment se passent les choses pour toi ? La vie de galère, ça te plaît ? demanda l'*écrivain*, cordial, après avoir fait apporter un autre pichet de vin.

– Ça peut aller », répondit Michele, prudent.

Il avait déjà remarqué, au moment de l'embauche, que l'*écrivain* s'exprimait d'une manière toute à lui, et il s'était demandé d'où il venait ; et cette-fois-ci, après avoir bu, il trouva le courage de le lui demander.

« Mais, excusez-moi, vous n'êtes pas de Venise ? »

L'autre rit.

« Au grand jamais ! Je suis de Naples, mon cher ! »

Michele en avait vaguement entendu parler.

« À quoi ça ressemble ?

– C'est un bel endroit, jeune homme. Vraiment un endroit magnifique. Qui sait si un jour j'y retournerai. À propos, je m'appelle Muzio, don Muzio Apricola. Mais toi, tu ne bois pas : hôte, un autre pichet, ici, pour mon ami ! »

Ils burent encore ; la calvitie précoce de l'*écrivain* se perlait de sueur, ses yeux brillaient, vifs et cordiaux derrière ses verres de lunettes. Quelques jours auparavant, le *sopracomito* l'avait appelé dans sa cabine, il avait voulu vérifier l'état civil de Michele sur le registre, et puis il lui avait donné l'ordre de le tenir à l'œil et de le faire parler. Bien entendu Loredan ne savait rien de ce qui s'était passé sur l'île, mais Michele était quand même le compagnon de rames des deux larrons ; le *comito* lui avait déconseillé de lui faire subir la torture de la corde, et Sa Seigneurie avait appris à faire une confiance aveugle à l'expérience de son second, mais il avait la puce à l'oreille. C'est pourquoi l'*écrivain* avait attendu l'occasion, et maintenant qu'elle s'était présentée, il était décidé à en profiter.

« Alors, dis un peu, que penses-tu de ces deux gars qui se sont fait la malle avec le sac de sequins ? Ils ont eu de la chance, eux, non ? » s'exclama-t-il avec un clin d'œil.

Michele pressentit le danger et se tut, se contentant d'un haussement d'épaules.

« Tu les connaissais bien, hein ? insista le Napolitain. Tu les connaissais peut-être même avant d'embarquer.

– Moi, non, pas du tout », répondit Michele, sèchement.

L'*écrivain* soupira et changea de sujet.

« Et à la maison, qui as-tu laissé ? Tu n'as pas une femme qui te manque ? »

Comme toujours, quand il pensait à Bianca, Michele se sentit tourneboulé ; et le vin qu'il avait bu ne l'aida pas. Voyant qu'il détournait le regard, l'*écrivain* s'émut, et, le temps d'un instant, il oublia le motif pour lequel il l'avait appelé.

« Allez, raconte ! Comment s'appelle-t-elle ? Elle est belle, hein ? »

Michele, bien malgré lui, raconta quelque chose au sujet de sa femme, de sa famille, en prenant bien soin cependant de ne pas laisser échapper les circonstances dans lesquelles son père était mort ni celles de son embarquement.

« Écoute un peu, dit l'*écrivain*, saisi d'une idée soudaine, tu ne voudrais pas écrire chez toi ?

– Oh oui ! dit Michele.

– Alors, quoi de plus simple ? C'est mon métier. Allez, retournons à bord et je te l'écris cette lettre. Et ta femme trouvera sans aucun doute quelqu'un qui la lui lira.

– Mais pour la lui envoyer ? Ça va coûter cher ! » objecta Michele.

Le Napolitain fit non de la tête, en souriant.

« On va l'envoyer avec le paquet du *sopracomito* : elles n'auront qu'à donner un pourboire au coursier. »

L'*écrivain* était content : un peu parce que, lui aussi, il avait bu, que le jeune lui était sympathique, et que lui donner un coup de main ne lui coûtait rien, et un peu parce qu'il espérait qu'en dictant la lettre, Michele se laisserait aller à dire quelque chose d'intéressant à rapporter au *sopracomito*.

Il paya le vin pour tous les deux et ils reprirent ensemble le chemin de la galère.

« Alors ! » dit don Muzio quand il se fut installé à son banc.

Il avait devant lui, sous ses yeux, une petite feuille de papier, une plume d'oie, un encrier, une chandelle, et de la cire.

« Comment veux-tu commencer ?

– Je ne sais pas », admit Michele, embarrassé.

L'autre sourit avec indulgence.

« Ne te fais pas de souci, je t'aide. Donc, “Ma très chère femme” ? »

Michele approuva vigoureusement de la tête. L'autre commença à écrire.

« Que veux-tu lui dire ? » demanda-t-il ensuite.

Michele se grattait la tête : il aurait voulu lui dire tant de choses, mais il ne pouvait pas les raconter à l'*écrivain*.

« Sait-elle que tu as embarqué ? »

– Non ! reconnut Michele, soulagé. Alors, annonçons-le-lui. »

L'*écrivain* commençait à avoir des soupçons, mais il n'en dit rien.

« Donc : “Je t'écris pour te dire que je suis au port de Corfou à bord de la galère *Loredana* sur laquelle j'ai embarqué après…” après quoi, déjà ?

– Sur laquelle j'ai embarqué, coupa court Michele. Don Muzio, ne soyons pas bavards, elle aura déjà du mal à se faire lire la lettre, l'important est qu'elle sache que je vais bien. »

À ce moment-là, on entendit retentir le caquet d'une poule qui venait de pondre son œuf. L'*écrivain* se leva et alla vers la cage, près de l'écoutille qui donnait sur la cale, dans laquelle, depuis le départ, survivaient, tant bien que mal, quatre poules effrayées. Il fouilla dans la paille et en sortit l'œuf.

« Cet œuf aurait dû être pour Sa Seigneurie, dit-il en clignant de l'œil, mais personne ne s'en est aperçu, et, toi, silence et bouche cousue, hein ? »

Il le goba d'un trait, et retourna s'asseoir.

« Qu'est-ce que tu veux lui dire d'autre ? Non, attends, je te le dis, moi : si elle veut te répondre, elle doit savoir où adresser la lettre. Nous allons à Candia, il faut lui dire de l'adresser là. »

Michele suivait, fasciné, les gestes rapides et légers de la main qui empoignait la plume d'oie. L'*écrivain* finit la phrase et le regarda.

« Tu ne veux pas lui dire quand tu rentreras à la maison ? Si tout va bien, en novembre, nous revenons à Venise pour désarmer. »

Michele approuva.

« Voilà, dit l'*écrivain*, après avoir écrit. Elle est courte, comme cela, elle n'aura pas de mal à se la faire lire. »

Avec des gestes rendus rapides par sa longue expérience, il plia plusieurs fois la feuille, alluma la chandelle, fit fondre un peu de cire sur le pli, et scella la lettre.

« Maintenant l'adresse : “À l'attention de Bianca, femme de Michele, le maçon, paroisse de Sant'Agnese”. Qu'est-ce qu'on peut mettre d'autre ?

– On est dans un *campiello* si petit qu'il n'a même pas de nom, avoua Michele. Derrière le point d'amarrage du bac de la Giudecca.

– On va mettre comme cela alors, dit don Muzio en s'efforçant de tout faire rentrer sur le feuillet replié plusieurs fois et devenu minuscule. Voilà qui est fait ; maintenant je la glisse dans le paquet du courrier. »

En regardant le jeune homme qui souriait tout content, l'*écrivain* se dit qu'il n'avait rien à voir avec ce vol. Il a de la chance que l'on ne l'ait pas soumis à la torture de la corde, pensa-t-il. Et tant pis pour Sa Seigneurie…

Après l'escale à Corfou, la galère continua son voyage vers la Crète. Le temps était splendide, à la différence de l'humeur de ces deux cent cinquante hommes entassés à bord ; il n'y avait presque pas de vent, si bien qu'on ne pouvait pas avancer à la voile, et on allait toute la journée de l'avant en voguant par tiers pour ne pas trop fatiguer la chiourme. Le sifflet ne cessait jamais de retentir et Michele avait l'impression que le temps s'était arrêté ; que ce soit quand il peinait à la rame, ou quand il somnolait pendant son tour de repos, la cadence de la vogue palpitait dans ses veines, obsessionnelle et implacable. Les marins n'avaient pas grand-chose à faire, même si, pour les maintenir occupés, les officiers leur faisaient raccommoder les voiles, contrôler les câbles, astiquer les canons ; les *scapoli*, toute la journée, étaient inactifs, blottis de leur mieux dans les rares espaces libres. En cabine, le *sopracomito* avait recommencé à boire avec les nobles de poupe, comme si rien ne s'était produit ; mais ceux qui le voyaient de près se rendaient compte qu'il buvait trop, et qu'il avait les yeux rouges, injectés de sang.

Un matin à l'aube, au large de la Morea, le marin de vigie dans la hune signala une voile que l'on entrevoyait à peine à l'horizon. Le *comito* et certains marins se portèrent à la proue, et, se hissant sur l'éperon doré, aiguisèrent leur regard, mais l'embarcation était encore trop loin pour qu'on puisse comprendre de qui il s'agissait. Le *comito* confia son sifflet à un marin et alla parler avec Loredan ; ils décidèrent ensemble de hisser les voiles, pour profiter d'un souffle de brise favorable, en continuant à voguer par tiers. Après quelques heures, on s'aperçut que la distance qui les séparait du vaisseau inconnu avait légèrement diminué, et ceux qui avaient un regard plus perçant commencèrent à parier. Ce n'était pas une galère ; sur ce point, ils étaient tous d'accord, car il n'avait qu'une seule voile ; l'un d'entre eux se risqua à avancer que c'était une galiote corsaire, mais les autres objectèrent que dans ces eaux-là il n'était pas fréquent d'en rencontrer, si bien que la question resta en suspens.

Le *sopracomito* était venu voir lui aussi, et après être resté quelque temps silencieux, il fit signe au *comito* qu'il voulait lui parler.

« Crois-tu qu'il puisse vraiment s'agir d'un corsaire ? »

Le *comito* haussa les épaules.

« Je ne crois pas, Illustrissime. »

L'autre fit la moue, et cracha. Le *comito* se rendit compte que, en dépit de l'heure matinale, il avait déjà bu.

« Et si, au contraire, c'était un corsaire ! soupira le commandant. Peut-être même chargé de butin ! Tout serait résolu, hein ? »

Même si Loredan ne s'abaissait pas à se confier à ses subalternes, le *comito* savait qu'il était terrorisé à l'idée de ce qui pourrait se produire s'il arrivait à Candia sans l'argent. Il encourrait certainement un procès et, quand bien même il en sortirait blanchi, sa carrière serait bel et bien terminée : pour un jeune patricien qui sortait pour la première fois de chez lui au service de la République, une catastrophe de ce genre était irrémédiable. Si, de surcroît, son père, comme cela était probable, avait largement investi en protections et en argent pour lui obtenir le commandement de la galère et l'aider à l'armer, même le retour à la maison devait lui apparaître comme un cauchemar. Ces derniers jours, le *comito*, qui avait de bonnes raisons de rester sur ses gardes, l'avait observé en cachette en se demandant ce qu'il pensait faire, et, maintenant, il commençait à en avoir l'intuition.

« Ah ! Certainement, dit-il prudemment.

– Et, si ce n'est pas un corsaire, qu'est-ce que cela peut-il bien être ? » insistait le *sopracomito*.

L'autre écarta les bras en signe d'impuissance.

« Un brigantin ou une tartane de marchands. Chargée d'huile, peut-être, ou de fromage. Dans cette région, on en rencontre souvent. »

Le *sopracomito* ne sembla pas enthousiasmé par cette hypothèse. Il tourmenta sa barbiche qui venait de poindre et avait peine à couvrir son acné d'adolescent.

« Quoi qu'il en soit, allons droit sur eux, décida-t-il ensuite. On les rattrape ?

– Petit à petit.

– Et combien de temps faudra-t-il pour les rejoindre ?

– À cette allure, six ou sept heures. »

Le *sopracomito* regarda le ciel, où le soleil commençait à monter. L'été touchait à sa fin, mais les journées étaient encore longues ; cependant six ou sept heures lui semblèrent une éternité.

« Il faut aller plus vite. Cessons la vogue par tiers, fais-les tous ramer. »

Le *comito* plissa le front.

« Si Votre Seigneurie le permet, ce n'est pas encore le moment. Les gens vont se fatiguer, et au moment opportun, ils seront épuisés. Et puis, il y a aussi autre chose : le voilier là-bas est en train de longer la côte, exactement comme nous. À l'heure qu'il est, ils nous ont certainement vus, et ils sont en train de se demander qui nous sommes et quelles sont nos intentions. S'ils s'aperçoivent que nous avons accéléré, ils sont capables de prendre peur et de foncer vers la terre, et alors ils pourraient même arriver à Modone avant que nous ne les ayons rejoints. En revanche, si nous continuons à gagner de l'avance, et que, à un certain moment, nous mettons le cap sur la terre, ils ne se rendront compte de rien ; et mieux encore, si nous avons de la chance, ils penseront que nous voulons rentrer dans le port. Quand nous serons plus près, nous mettrons les hommes à voguer à nage forcée, nous nous intercalerons entre eux et la côte, et alors, ils ne nous échapperont plus, quand bien même nous devrions attendre jusqu'à demain pour leur mettre la main dessus. »

Le *sopracomito* écoutait bouche bée.

« Bien, cela me paraît une bonne idée, daigna-t-il admettre. Va donc », ordonna-t-il.

Tandis qu'il retournait à sa place sur la coursie, le *comito* se retourna et vit que Sa Seigneurie était à nouveau au fond de sa cabine, en train de se verser à boire.

Quelques heures après, l'embarcation mystérieuse était assez proche pour permettre aux vigies de la reconnaître à coup sûr : c'était une felouque de trafiquants, probablement chargée de marchandises à en juger par la manière dont elle calait. Le vent léger la poussait lentement vers le sud, alors que la galère, voguant avec deux tiers de ses bancs, gagnait du terrain. Le *comito* l'avait conduite peu à peu vers la côte, si bien que si la felouque avait brusquement décidé de changer de direction et de faire voile sur un port, la galère aurait été en mesure de lui couper la route. Sur la proue de la *Loredana*, un petit groupe de marins observait sans relâche, discutant avec animation ; le *comito*, qui avait confié le sifflet à un assistant, allait et venait à partir de la cabine de poupe, dont le commandant n'était plus ressorti.

« Je me trompe peut-être, dit à un certain moment l'un des marins, mais ces gars-là sont des Turcs. »

En dépit de tous leurs efforts, personne ne réussissait à voir comment étaient habillés les gens à bord. En soi, la felouque pouvait tout aussi bien être grecque que sicilienne, rien dans son bois ou dans sa voile n'en trahissait l'origine, et les embarcations mercantiles arboraient rarement un drapeau.

« Des Turcs, hein ? » dit le *comito* ; et il n'ajouta rien d'autre.

Mais, en son for intérieur, il jura. S'il s'était agi d'un corsaire, turc ou espagnol cela ne changeait rien, on pouvait le prendre, lui séquestrer tout son butin et personne n'aurait protesté. Mais s'il s'agissait de marchands pacifiques, alors il en allait tout autrement. Espérons qu'il ait bien en tête la différence, et qu'il ne nous mette pas dans le pétrin, pensa le *comito*, mal à l'aise.

Le *sopracomito* arriva depuis la poupe. Il avait encore bu et marchait à grand-peine. Il se fit apporter une chaise et resta là, s'éventant avec son mouchoir, jusqu'à ce qu'une autre des vigies ne répète : « Oui, ce sont bien des Turcs. »

Tout le monde regardait le commandant.

Si la felouque était turque, on ne comprenait pas pourquoi s'acharner à la poursuivre ; Venise était en paix avec le Grand Seigneur depuis maintenant quinze ans, paix obtenue de haute lutte et avec moult sacrifices et que personne n'avait envie de rompre. Quelques incidents avec des corsaires étaient inévitables, et dans ces cas les autorités des deux parties s'efforçaient d'éviter les scandales, mais les vaisseaux de guerre et les embarcations commerciales maintenaient des rapports scrupuleusement corrects.

« Combien de temps faut-il pour les rejoindre ? » demanda le *sopracomito*, d'une voix pâteuse.

Le *comito* plissa le front.

« En voguant à cette allure, une petite heure, répondit-il.

– Fonçons à passe-vogue alors, prenons-les avant qu'ils ne nous échappent » ordonna de manière inattendue le commandant.

Autour de lui, les marins se regardèrent, mais personne n'osait répliquer. Ils regardèrent le *comito* et ils virent qu'il se mordait les lèvres. Jusqu'à présent il avait fait plus ou moins tout ce qu'il voulait sans que Loredan ne s'en aperçoive ; mais le contredire ouvertement, c'était une autre paire de manches.

« Les prendre ? » dit-il enfin, malgré lui.

Le *sopracomito* se retourna brusquement et le fixa d'un regard torve.

« Les prendre, oui ! Et voir ce qu'ils ont à bord ! » s'écria-t-il.

Le *comito* baissa la tête, alla prendre le sifflet et donna le signal de la vogue à l'arrachée. Avec un soubresaut, la galère accéléra et commença à voler au fil de l'eau. Le *sopracomito*, à califourchon sur sa chaise, fixait du regard la mer lisse comme de l'huile et la silhouette blanche de la felouque dans le lointain.

Le *parone* vint rejoindre le petit groupe de marins qui stationnaient à la proue, discutant à voix basse mais de manière animée. Peu après, l'*écrivain* arriva lui aussi, et il approuva, avec conviction, les discours qui se tenaient, et puis, avec le *parone*, il se rendit chez le *comito*. Celui-ci les écouta sans cesser de siffler, puis il secoua la tête. Muzio écarta les bras en signe d'impuissance et tous deux revinrent à l'arrière. Ils discutèrent encore un peu avec les autres, puis le *parone* se gratta la tête et alla se planter, son béret à la main, devant le *sopracomito*.

« Qu'est-ce qu'il y a ? demanda celui-ci brusquement.

– Illustrissime, les gens sont inquiets. Nous ne voudrions pas qu'un incident se produise avec ces Turcs. Ne vaut-il pas mieux les laisser tranquilles ? »

Loredan le regarda avec mépris.

« Laissez ces choses-là à ceux qui en savent plus que vous ! » ordonna-t-il, coupant court à toute discussion.

L'homme aux cheveux roux se pinça les lèvres, s'inclina et retourna auprès de ses compagnons.

« Il n'y a rien à faire, dit-il. Je ne sais pas ce qu'il s'est mis dans la tête, mais personne ne le fera changer d'avis. »

Un murmure de désapprobation et d'inquiétude accueillit ces mots.

« Que Dieu nous vienne en aide », dit l'un d'eux ; et tous se signèrent.

La felouque était désormais plus proche et tout le monde voyait que les gens à bord étaient vêtus à la turque. À la poupe de ce petit vaisseau se pressaient plusieurs marins qui scrutaient en direction de la galère. Le *sopracomito*, tout excité, se leva de sa chaise.

« Bombardiers ! hurla-t-il. Tirez un coup pour qu'ils s'arrêtent ! »

Le *parone* et l'*écrivain* se regardèrent, tous les deux pâles et muets. Parmi les rameurs aussi, qui voguaient tournés vers l'arrière et sans rien voir, le bruit courait déjà qu'ils étaient en train de pourchasser un bateau turc ; mais le *comito* les contraignait à maintenir une telle cadence que personne n'avait assez de souffle pour commenter. Mais, parmi les marins regroupés à la proue, la panique commençait à laisser place à l'excitation de la chasse ; après tout, le *sopracomito* devait bien savoir ce qu'il faisait, et ce n'était pas leur affaire que de s'en soucier. Le chef bombardier et ses assistants s'affairaient autour du canon ; ils ouvrirent la caisse de la poudre et celle des munitions, chargèrent la pièce et attendirent. Après avoir fait deux ou trois pas, en avant et en arrière, le *sopracomito* hurla tout excité : « Feu ! »

Le canon tira en faisant trembler la coque et en reculant jusqu'au grand mât, où un amas de matelas et de cordages absorba péniblement le choc de ces deux tonnes de bronze. Le boulet traversa les airs et alla se perdre dans la mer, en soulevant une gerbe d'eau à une grande distance de la felouque. Tout le monde attendit anxieusement de voir ce qu'allaient faire les Turcs ; puis les vigies hurlèrent à l'unisson : « Ils amènent les voiles ! Ils amènent les voiles ! »

Sur la felouque, la voile s'affaissait lentement.

8

Peu après, la galère abordait la felouque et les crochets d'abordage unissaient étroitement les deux vaisseaux. Sur l'embarcation turque, l'équipage était regroupé au point le plus éloigné : une douzaine d'hommes effrayés et à moitié nus, un chiffon sur la tête en guise de turban. À la poupe, sous une minuscule tente, entourée de caisses de marchandises et de sacs de toile, trois hommes en caftans coûteux, avec d'énormes turbans jaunes sur la tête, étaient accroupis sur un tapis et écarquillaient les yeux. Loredan monta à bord accompagné du *comito*, avec une troupe de soldats, épées dégainées et arquebuses en joue, et lança autour de lui un regard sinistre. Le capitaine de la felouque se détacha des marins et vint à sa rencontre, avec un sourire onctueux.

« *Padrone*, dit-il dans cet italien bâtard qui était la *lingua franca* de tous les marins de la Méditerranée, en quoi pouvons-nous te servir ? »

Le *comito*, s'exprimant dans le même jargon, lui demanda qui il était et d'où il venait. Il apparut qu'il se nommait Veli *rais*, que la felouque lui appartenait, et qu'ils étaient en train de transporter des marchands avec leurs marchandises de Raguse à Salonique. Après avoir rendu compte de tout cela avec force courbettes, le capitaine essaya de demander pourquoi donc la galère l'avait arrêté, compte tenu que, pour ce qu'il en savait, la Sérénissime était en paix avec le Grand Seigneur ; mais les Vénitiens ne l'écoutaient déjà plus. Goguenards, ils s'étaient tournés avec des yeux avides vers les marchands, qui avaient tout écouté, en tremblant.

« Alors, juifs ! constata le *sopracomito*, en indiquant les turbans jaunes.

– On dirait bien que oui », renchérit le *comito* avec un sourire moqueur.

Loredan se planta devant les trois marchands, et comme l'un d'eux, qui était âgé, peinait à se mettre debout, il lui décocha un coup de pied.

« Alors, les juifs, que transportez-vous ? »

Le plus jeune des trois se prosterna jusqu'à terre et répondit, non pas dans la *lingua franca*, mais dans un italien assez correct. C'étaient des marchands de Salonique qui rentraient de Raguse, où ils avaient vendu du poivre et de la cannelle et acheté du chanvre et de la toile.

« Fais voir ! » ordonna le *sopracomito*.

Le juif appela les marins, fit déclouer l'une des caisses et en sortit un pan de toile. Bien qu'il fût blanc de peur, on percevait dans le ton de sa voix l'habitude du marchand, orgueilleux de montrer sa marchandise.

« Combien vaut ton chargement ? »

Le juif fut saisi d'effroi.

« Peu, Excellence, vraiment pas grand-chose ! assura-t-il d'une voix brisée.

– Et c'est-à-dire combien ? insista le *sopracomito* d'un ton strident.

– Cent… Cent ducats, Excellence.

– Il ment ! » lança d'un ton cinglant le *comito*.

Loredan leva sa main gantée et gifla le marchand. L'homme chancela, pas tant du fait de la force du coup que de l'effet de surprise. Un murmure de stupeur se leva parmi les marins de la felouque et les soldats.

« D'après toi, ça vaut plus ? » demanda le *sopracomito* à son subalterne, en un souffle.

Le *comito* examina rapidement la marchandise et compta les caisses.

« Il y en a pour cinq ou six cents sequins », jaugea-t-il.

Le *sopracomito* fit une moue.

« Cela reste bien peu », marmonna-t-il.

Le *comito* réfléchissait.

« Illustrissime, dit-il ensuite, baissant la voix, si ces juifs ont vendu des épices à Raguse, ils doivent avoir encaissé beaucoup plus. Ils ramènent au retour ces marchandises pour ne pas rentrer à vide, mais le plus gros de leurs affaires, c'est là-bas qu'ils l'ont fait.

– Et alors ? demanda le *sopracomito* qui commençait à comprendre. Continue !

– Et alors, à bord, il doit y avoir de l'argent. Beaucoup d'argent.

– La felouque est petite, elle ne pouvait pas se charger de beaucoup de marchandises, objecta Loredan.

– Mais les épices valent plus que l'or », rétorqua le *comito*.

Les deux hommes se regardèrent droit dans les yeux. Ceux du *sopracomito* étaient encore injectés de sang et troublés par le vin alors que le regard du *comito* brillait de malice, mais, chez l'un comme chez l'autre, c'était l'avidité qui prévalait.

« Ordonne aux soldats d'attacher les Turcs », susurra Loredan.

Sous les yeux des trois marchands, qui ne perdaient pas un seul de ses gestes, le *comito* donna l'ordre aux arquebusiers de garder les marins en joue, puis deux *scapoli* revinrent de la galère avec des cordes et commencèrent à lier les mains de tous les hommes dans le dos. Le capitaine s'avança pour protester, mais il fut brutalement repoussé au milieu des autres et attaché, comme eux. Les marchands, voyant cela, se jetèrent à genoux et commencèrent à implorer la pitié, mais Loredan ne les écoutait pas. Le plus vieux des trois marchands sortit sa bourse de son caftan, l'ouvrit et montra au *comito* les pièces qu'elle contenait :

« Accepte notre argent et laisse-nous repartir, Seigneur ! » implora-t-il.

Loredan, avec un rictus cupide, s'empara de la bourse, et s'adressa ensuite aux autres marchands.

« Les vôtres aussi ! Allez, vite ! »

Les marchands obéirent. Les deux Vénitiens entrèrent sous la tente, et là, à l'abri des regards, ils comptèrent rapidement l'argent. Il y avait en tout quelques centaines de sequins.

« C'est bien trop peu, dit le *comito* d'un ton sans réplique. Eh, toi ! » intima-t-il, s'adressant au plus jeune des marchands.

L'homme s'approcha, hésitant. Le *sopracomito* laissait faire.

« Où est l'argent ? » demanda brutalement le *comito* ; et puis, comme l'homme désignait les bourses, il renchérit : « Ne te moque pas de nous ! Ce n'est là que de la menue monnaie. Où est l'argent des épices que vous avez vendues ? »

Le juif, pâle comme un mort, écarta les bras en signe d'impuissance.

« Ah ! Tu ne veux pas parler ? dit le *comito*, menaçant. À moi ! » héla-t-il en s'adressant aux soldats.

Les arquebusiers, qui avaient fini d'attacher les marins turcs, s'approchèrent.

« Déshabillez-moi ce coquin, et trouvez-moi une corde ! »

Le juif fut déshabillé, et quand il se retrouva en caleçon, ils lui lièrent les mains derrière le dos ; puis un marin de la galère grimpa au mât de la felouque et passa la corde dans la poulie qui servait à hisser la voile. Les deux autres marchands pleuraient. Sur ordre du *comito*, l'homme fut hissé d'un coup sec, et resta suspendu par les poignets, les bras tendus jusqu'à se rompre dans cette position non naturelle.

« Pitié, Seigneurs ! hurla-t-il.

– Où est l'argent ? demanda le *comito*.

– Il n'y a pas d'autre argent ! Nous vous avons déjà tout donné ! Oh, pitié, par amour du Christ, Seigneurs !

– Laisse le Christ là où il est, espèce de juif ! hurla le *comito*. Allez, donnez-lui encore une secousse ! »

La corde fut détendue, lâchée brusquement, puis, à nouveau, tendue, avant que l'homme pendu ne touche le sol de la felouque des pieds.

« Aaah ! Pitié, ça suffit ! Je n'en peux plus ! Oh, Seigneurs, pitié ! Grâce ! Je n'en peux plus !

– Remontez-le et lâchez-le à nouveau », ordonna le *comito*.

Les hurlements de l'homme supplicié déchiraient l'air serein.

« Où est l'argent ? » insistait le *comito*, implacable.

L'homme hurlait et implorait pitié ; puis, après une nouvelle secousse, il ne parvint plus à rien dire de compréhensible et de sa gorge ne sortit plus qu'un hululement bestial.

« Seigneur, pitié ! L'argent est là », s'écria soudain l'un des marchands qui avaient assisté à cette torture en pleurant et en s'arrachant la barbe, tenus en joue par les soldats.

Le *sopracomito* et le *comito* se retournèrent brusquement vers lui.

« Où ? »

Le juif retira le tapis et découvrit une écoutille. À un signe impérieux du *sopracomito*, les soldats l'ouvrirent et en ressortirent un gros sac. Les deux officiers s'approchèrent et le palpèrent.

« À la bonne heure ! dit le *comito*. Ce sont là des sequins, si je ne me trompe pas. Combien y en a-t-il ?

– Quinze mille ducats, Excellence, avoua le marchand. Par pitié, faites-le descendre ! »

L'homme suspendu continuait à hurler, les yeux exorbités ; il s'était pissé dessus, et l'urine dégoulinait le long de son caleçon.

« Quoi ? Ah, oui, descendez-le, dit le *comito* distraitement.

– Quinze mille ducats », murmura Loredan, extasié.

D'un coup, le cauchemar qui l'avait empêché de dormir pendant tant de jours s'évanouissait : l'argent que la République lui avait confié était à nouveau là, il n'aurait pas besoin d'avouer qu'il se l'était fait voler, il ne serait pas inculpé.

« Ensuite, on partagera, pas vrai, Illustrissime ? » lui susurra le *comito*, d'un ton respectueux, mais aussi quelque peu péremptoire.

Loredan le regarda, stupéfait : jusqu'à un instant auparavant cette canaille n'aurait jamais osé lui parler ainsi. Il eut envie de le rosser, mais il comprit que ce n'était vraiment pas le moment : désormais, ils n'étaient plus un supérieur et un subalterne, mais deux complices.

« Entendu, dit-il, méprisant. Avant cependant, continua le *comito*, nous devons nous défaire de ces hommes. Aucun témoin, n'est-ce pas ? »

Le *sopracomito*, bien que la tête lui tournât à cause du vin et de l'émotion de s'en être sorti de manière si inattendue, se rendit compte que quelque chose ne collait pas.

« Mais les nôtres ont tout vu.

– C'est bien pourquoi il faut partager, Illustrissime. Il y en a assez pour tout le monde. Dix mille sequins pour Votre Seigneurie, deux mille pour moi. Pour le *parone*, l'*écrivain* et les nobles de poupe, cinq cents sequins pour chacun, trois pour les soldats et les marins, et deux pour les rameurs, calcula-t-il, pragmatique et rapide. Personne n'aura de quoi se plaindre. Nous dirons que c'était un bateau de pirates, et qu'ils étaient complices des deux voleurs, et qu'à leur bord nous avons récupéré l'argent volé, et nul ne soufflera mot. »

Le *sopracomito* hocha de la tête, subjugué.

« Quant aux juifs et aux Turcs, continua le *comito*, nous devons aussi nous défaire d'eux. Pour commencer, donnez l'ordre de dépouiller et d'attacher aussi les marchands. »

Le *sopracomito* appela les soldats, et, l'instant d'après, les juifs furent repoussés dans le groupe des marins, en chemise et les mains liées derrière le dos.

« Maintenant, jetez-les à la mer », ordonna le *comito*.

Les soldats se regardèrent, croyant n'avoir pas compris.

« Qu'attendez-vous ? Ce sont des pirates, vous ne l'avez pas encore compris ? Ce sont eux qui ont volé l'argent de Sa Seigneurie. Nous faisons justice. Ensuite nous partagerons le butin, il y en a pour tout le monde. Trois sequins chacun ! »

Les soldats se turent un instant, puis, l'un des arquebusiers qui n'avait pas encore tiré son épée, la dégaina bruyamment.

« Allez, ouste, tous par-dessus bord ! » hurla le *comito.*

Les soldats se ruèrent sur les hommes attachés. Avec un hurlement effroyable, les prisonniers cherchèrent à esquiver les lames des épées qui tournoyaient dans l'air en faisant gicler le sang chaque fois qu'elles effleuraient un corps nu ; ils se pressaient les uns contre les autres, mais comme ils étaient amassés sur le bord de la felouque, ils commencèrent à tomber dans l'eau. À grand renfort de coups d'épées et de crosses d'arquebuses, les soldats les repoussèrent jusqu'à ce que tous finissent à l'eau, hurlant au milieu des flots. Entre-temps, le *comito* avait fait venir une équipe de marins armés de haches.

« Défoncez-moi cette embarcation et faites-la couler à pic ! »

Les marins se mirent au travail et, bien vite, l'eau commença à s'infiltrer à travers le bordé de la felouque. Autour du petit bateau, les hommes attachés se débattaient désespérément pour ne pas couler, mais l'un après l'autre, ils disparaissaient sous l'eau et ne refaisaient plus surface. Et les terribles hurlements s'espaçaient peu à peu.

« Partons d'ici », dit le *comito.* Rapidement, soldats et marins sautèrent à bord de la galère, abandonnant la felouque qui se disloquait lentement, la poupe déjà à moitié submergée. Ce fut le *sopracomito* en personne qui porta à bord le sac d'or. Le *comito* embarqua le dernier, après avoir jeté un coup d'œil alentour : deux ou trois Turcs se débattaient encore au milieu des flots, mais l'épave, en coulant, les entraînerait certainement au fond avec elle.

« Aux rames ! ordonna le *comito.* Filons. »

Il saisit le sifflet qu'il portait suspendu au cou et un instant plus tard la galère glissait sur l'eau, s'éloignant de la scène de la tragédie.

Toute la nuit, la *Loredana* fila vers le sud, poussée par un vent toujours plus fort et par les efforts des rameurs. Ce n'est qu'au bout de quelques heures que le *comito* suspendit la vogue à nage forcée et laissa se reposer un tiers des rameurs, et ce n'est qu'au cœur de la nuit, lorsque le vent désormais s'était presque transformé en bourrasque et qu'il gonflait puissamment les voiles, qu'il décréta qu'il était inutile de continuer à ramer, et que tous les rameurs, exténués, s'étendirent sur les bancs, essayant de dormir. Mais la coque oscillait si fort sous le coup des vagues et embarquait tellement d'eau que seuls les plus endurcis à cette vie-là réussissaient à trouver le sommeil. De toutes parts, un murmure ininterrompu révélait que la chiourme commentait les événements de cette journée à laquelle tout le monde avait assisté, même sans bouger des bancs. Les officiers avaient fait savoir que la felouque coulée était une embarcation de corsaires, qu'à son bord on avait récupéré l'argent subtilisé par les deux rameurs fugitifs, et que chaque rameur avait droit à deux ducats d'or en guise de récompense pour avoir participé à cette capture, mais même si cette information avait été accueillie avec satisfaction, le ton des commentaires était partout à la perplexité.

« Ces gars-là n'étaient pas des corsaires, disait un rameur borgne, sur le banc devant celui de Michele. J'en ai vu dans ma vie, et, je vous le dis, croyez-moi, ce n'étaient pas des corsaires.

– Le *sopracomito* a voulu récupérer les dix mille sequins, confirma son voisin. Ils n'ont pas eu de chance, les malheureux.

S'ils n'avaient pas eu d'argent à bord, on les aurait laissés repartir. Mais là, en revanche, tous au fond de l'eau, ni vu ni connu.

– Pourvu que personne ne soit sauvé, reprit le borgne. Autrement nous sommes dans de beaux draps.

– Pourquoi ? demanda Michele.

– Pourquoi ? Entendez-le, le gamin ! Tu crois que les Turcs nous laisseront nous en tirer à bon compte ? Bien sûr que non, allons ! Vers où se dirigeait-elle cette felouque ? »

Par on ne sait quel mystère, tous les détails de la conversation advenue à bord de la felouque entre les officiers vénitiens, le capitaine turc et les marchands juifs étaient connus de la chiourme.

« Vers Salonique, dit quelqu'un.

– Voilà ! reprit le borgne. Dans quelques jours à Salonique, ils commenceront à se demander comment il se fait que la felouque n'arrive pas. Puis, quand il sera évident qu'elle n'arrivera plus, ils écriront à tous les ports et à toutes les tours d'observation le long de la côte pour savoir s'ils ont vu quelque chose. Ils sauront où ils ont touché terre la dernière fois, et espérons qu'aujourd'hui il n'y avait personne dans une tour de vigie avec une vue suffisamment perçante pour avoir vu ce qui s'est passé. »

Pendant un bout de temps, les hommes discutèrent de la probabilité que depuis la terre on eût pu voir quelque chose. Pour Michele cela semblait impossible, mais tous n'en étaient pas aussi certains.

« Les voiles, on les voit, mon cher. D'abord, il y en a une, puis deux, puis les deux se rapprochent, et puis il n'en reste qu'une seule. Que crois-tu que cela signifie ?

– Mais personne ne pourra jamais savoir que c'était nous », se récria Michele.

Cela lui paraissait injuste : en effet, lui, il savait mieux que tous les autres que l'argent à bord de la felouque n'était pas celui volé par les deux jeunes de Chioggia, mais il ne se sentait nullement coupable. Il avait assisté à l'abordage sans même imaginer ce qui allait se passer ; quand le juif avait été suspendu au mât, il avait écarquillé les yeux, bouleversé et effrayé, comme la majorité des rameurs, même s'il n'en manqua pas qui s'en amusèrent ; quant à la noyade des prisonniers, il avait entendu les hurlements en frissonnant mais sans comprendre, et il ne s'était rendu compte de ce qui s'était passé qu'après coup, quand la galère était repartie et que la nouvelle de ce drame avait parcouru tous les bancs.

« Espérons, dit le borgne en secouant la tête. Si quelqu'un en a réchappé, je ne mettrai pas ma main au feu qu'on ne puisse remonter jusqu'à nous.

– Mais même si quelqu'un réussissait à arriver à terre, nous autres, qui sait où nous serons ! objecta un autre.

– Oui, mais les Turcs ont la mémoire longue. Tôt ou tard, ils enverront une lettre de protestation à Venise, et là, ils savent bien quelles galères naviguaient dans ces eaux ces jours-ci. »

Un silence de plomb s'abattit.

« Allons bon, dit l'homme aux cheveux gras du banc de derrière avec un sourire, en tout cas, je ne crois vraiment pas que quelqu'un ait pu en réchapper.

– Cela vaudrait mieux, insista le borgne. Sinon, vous savez ce qui nous attend si les Turcs nous mettent le grappin dessus.

– Quoi ? » demanda Michele.

Le borgne n'attendait que cela.

« Le pal », dit-il d'un ton sépulcral.

Un frisson parcourut l'auditoire.

« Vous ne savez pas ce qu'est le supplice du pal, continua-t-il, mais moi, si. Il y a très longtemps, pendant la guerre, j'étais esclave à Constantinople. »

Tout le monde le regarda avec respect.

« J'y suis resté trois ans, et puis il y a eu un échange et ils m'ont libéré.

– Tu dois en avoir vu de toutes les couleurs », dit l'un d'eux.

Le borgne haussa les épaules.

« Oh, on n'y était pas si mal que ça. On s'habitue à tout. Mais quand j'ai vu ce frère empalé, eh bien, là, je n'ai plus dormi aussi bien qu'avant pendant quelques jours.

– Raconte ! »

Le borgne ne demandait pas mieux.

« C'est très simple : il y avait la guerre entre les Turcs et Venise, et l'ambassadeur vénitien, le *bailo*, était assigné à résidence, chez lui. On avait cloué ses fenêtres et ses balcons avec des planches, pour l'empêcher de communiquer avec l'extérieur, et il y avait toujours des janissaires postés en garde dans son antichambre. Ce frère était au monastère de San Francesco à Pera ; il voyageait beaucoup, et les Turcs ont fini par avoir la puce à l'oreille, et, au retour de l'un de ses voyages, ils ont perquisitionné et ils ont trouvé chez lui des lettres secrètes adressées par le Sénat au *bailo*. Eh bien, là, ils ont pris la mouche car, eux, ils font confiance aux frères, ils disent toujours que ce sont de braves gens, et ils les laissent tranquilles, mais, alors, découvrir que celui-ci en profitait et était un espion les a mis sacrément en colère. Ils ont fouillé sa cellule au monastère et ils ont trouvé d'autres lettres et un code chiffré, et finalement ils l'ont condamné au supplice du pal. Il y avait tout Pera pour le voir passer ce matin-là ; à Pera, vous savez, il y a plus de chrétiens que de

Turcs, c'est comme si c'était une de nos villes, mais à l'intérieur de Constantinople, tous nos marchands s'y arrêtent et il y a plus de tavernes qu'à Venise. »

L'auditoire attendait, en haleine.

« Ils l'ont fait passer par la rue principale, avec le pal sur les épaules, nu, avec seulement un bout de chiffon noué autour des hanches, on aurait dit Notre Seigneur au Calvaire. Il est passé devant la demeure du *bailo*, et là, tout le monde le regardait à travers les interstices entre les planches. Puis il est arrivé devant le monastère de San Francesco, et, là, ils l'ont conduit à l'intérieur, au beau milieu de l'église, pour faire un affront à la Chrétienté, et ils lui ont lié les mains derrière le dos, ils l'ont fait s'allonger par terre et ils l'ont empalé. »

Quelqu'un laissa échapper un soupir.

« Ils ont des experts qui savent le faire dans les règles de l'art », continua le narrateur, « ils vous empalent un homme sans le tuer. Vous savez, le pal, en haut, est pointu, il entre dans le trou, et puis il faut pousser peu à peu avec douceur. Comme il hurlait ! Quelques femmes se sont évanouies. Puis, ils l'ont redressé et ils l'ont laissé planté là, au milieu de l'église, et ils ont donné l'ordre aux frères de ne pas fermer les portes afin que tous puissent le voir. Moi, à ce stade, je suis parti et ensuite je n'ai plus jamais pu revenir parce que j'avais trop de travail : je me souviens seulement de ce chiffon qu'il avait autour de la taille, tout souillé de sang, et du sang qui coulait le long du pal. On m'a dit qu'il est resté vivant deux jours, mais qu'il ne hurlait plus. Et puis la deuxième nuit, deux apprentis janissaires, ivres, sont entrés dans l'église ; car les Turcs ne doivent pas boire, leur religion le leur interdit, mais quand ils viennent à Pera, ils boivent, et comment ! Ils avaient leur arc et leur carquois en bandoulière, ils se sont mis à faire du tir à la cible, ils lui ont fiché deux flèches dans le corps, et lui, il est mort. Le lendemain matin des marins sont entrés, ils l'ont descendu du pal et ils sont allés le jeter à la mer qui a été sa sépulture. »

« *Amen* », dit quelqu'un.

La plupart se taisaient, impressionnés.

« Comme ça, exactement, les amis, conclut le marin. Donc espérons qu'ils n'apprennent jamais ce qui s'est passé, et qu'ils ne nous attrapent pas, parce que je ne sais pas s'ils auraient envie de faire la distinction entre les officiers et la chiourme.

– Mais ce n'est pas juste, protesta Michele. Le *sopracomito* est entièrement fautif, il a empoché dix mille sequins et, à nous, il nous en a promis deux chacun !

– Ainsi va le monde, jeune homme », conclut le borgne ; et il cracha.

Le vent sifflait et les vagues battaient les flancs de la galère. Trempés et transis, les hommes s'enveloppèrent bien serrés dans leurs manteaux dans l'espoir de pouvoir dormir un peu.

9

Quand la *Loredana* entra dans le port de Candia, que les Grecs nomment Iraklion, le *sopracomito* et le *comito* avaient peaufiné la version officielle de l'abordage de la felouque et de ce qui s'en était suivi : pendant leur halte sur l'île à la recherche des voleurs, ils avaient réussi à extorquer une information à un indicateur et ainsi ils avaient pu intercepter l'embarcation avec laquelle les voleurs étaient en train de fuir. Il ne restait qu'un souci : faire accepter les dix mille sequins pris aux marchands comme si c'étaient ceux qui lui avaient été confiés par la République au départ de Venise ; et ce n'était pas une mince affaire. Un sequin, on le sait, est égal à un autre, seul change le nom du doge qui a fait frapper la monnaie ; et comme la monnaie ne perd jamais sa valeur, dans un sac de cette taille, on en trouve frappée à l'effigie de nombreux doges différents, personne ne songe à y prêter attention. Mais quand la République fait transférer des fonds, le sac est scellé, et malheur si on découvre que le sceau avec le lion de saint Marc est brisé ; au minimum, les pièces de monnaie seront recomptées une à une, et on demandera, dans tous les cas, au porteur d'en rendre compte. Qu'il faille se soumettre au décompte des sequins, Loredan s'y était résigné, même si cela nécessitait une journée entière ; mais encore fallait-il expliquer pourquoi le sceau était non seulement brisé mais avait bel et bien disparu avec le sac. Avant d'entrer dans le port, le commandant, qui, les derniers jours du voyage, essayait de boire un peu moins, s'était entretenu sur ce point avec le *comito* ; ce dernier, comme à son accoutumée, l'avait bien conseillé : on dirait que les rats avaient rongé le sac, si bien que, sur la felouque, celui-ci s'était défait et que les voleurs avaient transvasé les pièces dans un sac neuf. À Candia, dans les bureaux du gouvernement, la chose passerait sans la moindre difficulté dès lors que l'argent était intact.

Les pensées des marins, des soldats, des rameurs étaient d'une tout autre nature. Après le partage du butin, chacun se retrouvait avec beaucoup plus d'or dans sa bourse qu'il n'aurait imaginé, et ils n'avaient tous qu'une idée en tête : comment le dépenser. Candia était une grande ville, un port dans lequel amarraient toutes sortes de bateaux et où il y avait de tout. Sachant qu'une fois dans le port, il serait impossible d'empêcher les gens de descendre à terre, Loredan fit arrêter la galère à l'extérieur de la rade, et, le matin suivant, il débarqua avec la chaloupe, serrant dans ses bras le sac des sequins ; son *comito* lui avait conseillé de se tenir prêt à toute éventualité, y compris la plus funeste, comme de devoir prendre ses jambes à son cou et gagner le large au plus vite, même si Dieu seul savait ce qu'ils auraient fait si une telle éventualité advenait. Quand il se présenta au bureau du gouverneur, le *sopracomito* avait un visage terreux qu'il justifia par une faiblesse des intestins qui l'avait saisi pendant le voyage et dont il était en train de guérir. Par chance, tout se passa sans un pli ; l'explication de ce qui s'était passé fut tenue pour bonne et l'inévitable décompte des sequins révéla au terme de cinq heures qu'il n'en manquait pas un, si bien que le *sopracomito* fut renvoyé à sa galère, avec l'autorisation de séjourner dans le port une semaine et de faire reposer sa chiourme, avant que ne lui soit confiée une nouvelle mission.

Le soir même, la *Loredana* entrait triomphalement dans le port de Candia, et l'équipage tout entier se pressait sur le bord, anticipant le plaisir d'une nuit de fête, à l'exception d'une équipe de marins et de soldats renfrognés, tirés au sort publiquement pour rester de garde à bord. Pour tous, le programme était d'abord d'aller boire, car le vin de Crète était fameux et de très loin meilleur que celui que le *comito* distribuait à bord avec parcimonie les jours de fête ; pour le reste, les avis se partageaient entre ceux qui avaient l'intention de jouer aux dés et aux cartes ces pièces d'or, dont on aurait dit qu'elles leur brûlaient les mains, dans l'espoir de faire fortune, et ceux qui préféraient sans doute aucun les dépenser en échange de chair de femme. Chaque fois qu'un bateau entrait dans le port, et surtout s'il s'agissait d'une galère chargée d'hommes au-delà de toute vraisemblance, toutes les tavernes et les bordels d'Iraklion se préparaient à une nuit d'insomnie ; les aubergistes préparaient les tonneaux de bon vin et ceux de vin coupé d'eau à servir aux clients déjà ivres, les mères maquerelles se souciaient de ce que les filles fussent maquillées et parfumées comme il se doit, les protecteurs et les videurs vérifiaient du pouce le tranchant de leurs couteaux, parce qu'on ne savait jamais ce qui pouvait se passer.

Michele ne s'était pas lié d'amitié avec les deux rameurs qu'on lui avait affectés après la disparition de Marco et de Giulio. C'étaient tous les deux des Esclavons, qui parlaient peu l'italien, et avaient toujours quelque chose à commenter entre eux dans leur langue, de sorte que c'est à peine s'il savait comment ils se nommaient. Finalement, les trois rameurs du banc de derrière le persuadèrent de se joindre à eux : ils ne savaient pas encore où ils iraient, mais assurément ils commenceraient par aller boire, diantre, et après on aviserait. Descendus à terre, ils errèrent un peu dans les ruelles du port ; c'était une nuit de lune, et une brise soufflait depuis la mer, qui tempérait un peu la chaleur étouffante, et de toutes les tavernes montait le brouhaha intense des clients et le tintement des verres. Les deux premières tavernes dans lesquelles ils essayèrent d'entrer étaient à ce point pleines qu'ils n'y trouvèrent pas la moindre place ; puis, le vieux, qui connaissait la ville, les guida dans un dédale de ruelles obscures qui menaient loin de la rade.

« Voilà », dit-il finalement en indiquant une porte entrebâillée au fond d'une petite place silencieuse.

Une fiasque accrochée à l'architrave indiquait que, là, on servait à boire. Ils poussèrent la porte, descendirent quelques marches jusqu'à un sous-sol éclairé par de rares lampes à huile. Là aussi s'entassaient pas mal de clients, mais il y avait encore de la place ; avant de s'asseoir, le vieux alla cependant jusqu'au comptoir qui se trouvait au fond du local. C'était le coin le plus sombre, où l'aubergiste pouvait traficoter à sa guise, à l'abri des regards des clients. En guise d'aubergiste, toutefois, derrière le comptoir, il y avait une forte femme qui plissa le front quand elle vit les quatre hommes qui venaient droit sur elle, puis son visage se détendit et elle arbora un large sourire lorsqu'elle reconnut le vieux.

« Mais regarde donc un peu qui voilà ! Zuan Dolce, ça fait une éternité ! Je ne savais pas que tu étais à Candia ! » dit-elle.

À sa manière de parler vénitien on comprenait qu'elle était Italienne et pas Grecque, et au reste, aucun aubergiste grec n'aurait laissé sa femme servir ; là aussi, Michele avait déjà eu le temps de s'en apercevoir, on ne voyait pas de femmes en public.

« On est arrivé au port ce soir », rétorqua le vieux ; puis il embrassa la femme, qui s'essuya les mains sur son tablier, apporta un pichet et cinq verres et s'assit avec eux à la table la plus proche.

Après quelques bavardages et une première tournée de vin blanc, le vieux en vint au point qui leur tenait à cœur à tous.

« Dis-donc, où est-ce qu'on s'amuse ce soir, hein ? Je suis absent depuis trop longtemps, je dois me mettre à jour. »

La femme rit.

« Cela dépend de ce que vous voulez faire ! Vous avez des sous ? »

Le vieux lui montra le petit sac en cuir qu'il portait au cou, le caressant de manière significative. La femme rit encore.

« Bien, alors vous devez simplement me dire ce que vous préférez ! Si vous voulez jouer, vous allez chez le *Magnagatti*, là derrière, il y a toujours quelqu'un de disponible. Mais si vous préférez quelque autre amusement, moi, la chambre au premier, je l'ai toujours, et en un clin d'œil, je fais arriver une fille.

– Une seule ? » demanda l'homme aux cheveux gras, avec un sourire lascif.

La femme écarta les bras, désarmée.

« Vous voyez comment c'est cette nuit ! Plus d'une, ça va être difficile. Mais n'ayez crainte, je vais vous en faire venir une qui va vous suffire pour tous. »

Les hommes commençaient à être excités. Michele vit leurs visages luisants de transpiration, leurs clins d'œil entendus, et il se rendit compte qu'il n'éprouvait que de la gêne. Je ne suis pas obligé d'y aller, se dit-il. Mais pour qui vais-je passer ? Les autres vont me prendre pour un bébé…

« Italienne ? demanda le troisième rameur.

– Grecque, répondit la femme. Mais de quoi se lécher les babines, va !

– Allez, fais-la venir alors, décida Dolce. Puis, pour aller jouer on a toujours le temps. »

La femme se leva, remplit le pichet derrière le comptoir, puis disparut à l'intérieur de la maison plongée dans l'obscurité. Les quatre hommes restèrent boire assez longtemps pour vider aussi ce pichet, parlant peu ; chacun préférait rester seul avec son désir, jouissant par avance de la satisfaction qui ne saurait tarder. En fait, elle tarda un peu, et les hommes commencèrent à s'énerver, mais l'hôtesse, qui, depuis un certain temps déjà, était retournée à sa place, les rassurait par des gestes qui n'étaient que trop explicites. Enfin, de l'intérieur de la maison, qui devait avoir une entrée à l'arrière, on entendit un bruit de petits sabots, suivi du pas lourd d'un homme, et une gamine entra dans la pièce, accompagnée d'un Grec moustachu. L'homme parla brièvement avec la patronne, jeta un regard soupçonneux aux quatre buveurs assis à la table, hocha la tête et disparut. L'hôtesse prit la gamine par les épaules et la conduisit vers les hommes.

« La voici, c'est Melissa. Allons, vous ne lui offrez pas à boire ? La chambre au-dessus est prête, celui qui veut monter avec elle peut y aller. »

Zuan Dolce prit par la main la gamine et la fit asseoir sur ses genoux. Elle était très jeune et effarouchée, une tresse noire luisante d'huile enroulée autour de sa tête et une chemisette, serrée au cou, sous laquelle on devinait deux petits seins.

« Allons, bois », dit le vieux, lui remplissant un verre.

La jeune fille, obéissante, but. Michele croisa son regard et quelque chose qu'il ne comprit pas lui fit éprouver une honte violente ; mais il s'efforça d'effacer ce sentiment de femmelette. Lui, c'était un homme, aucun doute là-dessus.

« Alors, qui monte en premier ? » demanda le vieux d'un ton brusque.

Les autres se regardèrent.

« Vas-y, toi, Zuan Dolce », dit enfin le troisième rameur.

Michele et l'homme aux cheveux gras approuvèrent. Le vieux ouvrit sa bouche édentée en un sourire gourmand, il se tâta le menton pour sentir s'il était bien lisse, car ce jour-là, en prévision de la permission, tous à bord s'étaient fait la barbe, puis il se leva et se dirigea vers la porte. La jeune fille le suivit docilement, et Michele l'accompagna des yeux jusqu'à ce qu'elle ne disparaisse ; le bruit de ses petits sabots perdura un instant alors qu'ils cliquetaient sur les marches de l'escalier, ensuite, on entendit claquer une porte, et puis plus rien.

Au même moment, sur l'un des môles du port d'Iraklion, le *comito* de la *Loredana* était en train de discuter à voix très basse avec un autre rameur ; et l'objet de cette conversation, tenue à l'abri d'oreilles indiscrètes, était précisément Michele. Depuis le terrible soir où il avait tué les deux jeunes gens et enterré le sac de sequins, le *comito* soupçonnait Michele d'avoir vu quelque chose ; mais le soupçon n'était pas assez fort pour le pousser à agir de manière radicale. À l'arrivée à Candia, cependant, quelque chose de nouveau s'était produit, qui l'avait obligé à prendre une décision. Au cours de son voyage, la galère avait perdu beaucoup de temps à cause de divers incidents, et ce même jour une frégate partie de Venise dix jours après la *Loredana* était entrée dans le port. Elle portait, entre autres choses, une liste de bannis, c'est-à-dire de délinquants en provenance de toutes les terres de San Marco condamnés à l'exil sous peine de mort s'ils avaient été repris ; et pendant leur entretien le gouverneur l'avait notifié au *sopracomito* Loredan, comme le prévoyait la procédure.

En soi, ce fait n'avait absolument rien d'extraordinaire : la condamnation au ban était infligée pour toutes sortes de délits, les tribunaux de la République moulinaient vite et prononçaient chaque mois des dizaines de condamnations réparties entre la ville, la Terre-Ferme et le *Dominio da Mar*, dont les notifications passaient de port en port, en frappant de manière indistincte patriciens et misérables. Le *sopracomito* avait parcouru avec indifférence la liste, qu'il avait ensuite transmise à son *comito* sans commentaire ; il était manifeste qu'il ne réussissait encore à penser à rien d'autre qu'à l'affaire des dix mille sequins qui, par miracle, s'était déroulée sans un pli, et les noms de ces bannis ne lui disaient rien. Le *comito*, en revanche, avait été frappé par un nom qui, à lui, lui disait bien quelque chose et, remontant sur la galère, un rapide contrôle sur le registre de don Muzio lui avait confirmé que Michele, fils de Matteo le maçon, de la paroisse de Sant'Agnese, condamné au ban pour déloyauté, était bien le *pianiero* du sixième banc à gauche, le jeune qui était revenu à bord haletant et les yeux emplis de peur ce fameux soir sur l'île.

À ce stade, le *comito* se trouvait face à un problème qu'il ne pouvait pas contourner. Même si son supérieur, avec son manque d'attention habituel, ne s'était aperçu de rien, tôt ou tard ce jeune homme serait reconnu et arrêté : les délais accordés par le tribunal pour sortir des domaines de San Marco étaient déjà dépassés. Le fait que la condamnation ne fût pas notifiée *ad personam* à l'intéressé ne constituait pas une circonstance atténuante : après tout, c'était sa faute s'il s'était enfui au lieu de se laisser arrêter et de subir un procès ! Capturé, jeté en prison, menacé de la potence, ce jeune gars, s'il savait quelque chose, parlerait certainement. Face à ce danger, le *comito* songea que l'espoir que son instinct se trompât et que Michele, somme toute, n'eût vraiment rien vu ne suffisait plus ; il fallait faire quelque chose, et cela immédiatement.

C'est pourquoi, ce soir-là, le *comito* appela un rameur auquel il avait déjà eu recours pour certaines affaires qui devaient rester secrètes, et alors qu'ils se promenaient en prenant innocemment le frais sur la jetée il lui dit de quoi il s'agissait.

« Tu es l'homme adéquat pour faire le coup, conclut-il. N'est-ce pas toi qui l'as recruté ? »

Le rameur, qui n'était autre que Lupo, acquiesça en ricanant.

« Quel ingrat ! Je lui avais promis de le protéger, mais il n'est jamais venu me trouver.

– Il ne s'agit pas de le protéger ! Tout le contraire, ironisa le *comito*. Maintenant tu vas lui faire sa fête. Je ne veux pas que cette nuit il remonte à bord, tu as compris ?

– Ce ne sera vraiment pas facile de le trouver dès cette nuit, objecta Lupo. Il vaut mieux attendre la permission de demain soir. Je le suivrai, et je ferai un petit travail propret. »

Le *comito* haussa les épaules, mécontent.

« Tu n'as qu'à voir, si tu ne le trouves pas cette nuit, tant pis ; cependant, cherche-le quand même.

– Candia est grande.

– Mais les routes qui conduisent au port ne sont pas si nombreuses. Lupo, écoute-moi bien, c'est un travail qui doit être fait rapidement, cinq sequins en plus si tu me l'élimines dès cette nuit. »

Les yeux du rameur étincelèrent d'avidité.

« D'accord, dit-il, j'ai compris qu'il va me falloir passer une nuit blanche. Mais Votre Seigneurie sait que je suis son serviteur.

– Ça va. Et, sache être attentif. Je ne veux pas d'ennuis. »

Lupo rit.

« Certaines choses, on n'a même pas besoin de me les dire à moi ! »

Le vieux descendit en sifflotant.

« Alors, à qui le tour ? »

L'homme aux cheveux gras regarda autour de lui pour voir si quelqu'un lui contestait la priorité. Comme les deux autres baissaient les yeux, il se leva en se léchant les babines, reserra fièrement sa ceinture et se dirigea vers l'escalier.

Zuan Dolce avala cul sec un verre de vin et le posa bruyamment sur la table.

« Quelle satisfaction, s'exclama-t-il. Nous menons une vie pénible, mais cela vaut quand même la peine de la vivre, camarades ! »

L'autre rameur rit.

« Comment est-elle ?

– Tu verras ! dit le vieux en clignant de l'œil. Et toi ? Prêt à satisfaire ton envie ? » continua-t-il en s'adressant à Michele.

Michele se tut et but.

« Timide, le petit jeune », ricana l'autre.

Ils continuèrent à le titiller un peu, mais sans grand résultat. Au reste, cela ne dura pas longtemps, car on entendit la porte d'en haut s'ouvrir et se refermer, et un pas descendre l'escalier. L'homme aux cheveux gras réapparut dans l'embrasure de la porte.

« Tu as fait vite ! » blagua le vieux.

L'homme s'effondra comme une masse.

« Elle sait y faire, cette fille !

– J'y vais alors, dit le troisième ; et il s'achemina.

– Pour toi, il ne restera plus grand-chose », rit l'homme aux cheveux gras en s'adressant à Michele.

Le jeune se tut et but encore.

« Prépare-toi, car elle s'en débrouille en deux minutes », l'avertit le vieux ; et les deux hommes rirent.

Un peu de temps s'écoula.

« Oh ! L'ami prend son temps ! Je ne l'imaginais pas si résistant, dit peu après Zuan Dolce.

– Aussitôt dit, aussitôt fait, répliqua l'autre, car la porte d'en haut s'ouvrit et se referma pour la troisième fois.

– Maintenant c'est ton tour ! Vas-y jeune homme ! » l'encouragea le vieux.

Michele posa son verre vide

« Je n'en ai pas envie », dit-il.

Les deux autres réagirent avec des exclamations d'incrédulité.

« Qu'est-ce qui se passe ? demanda le troisième marin, qui arrivait en rattachant ses braies.

– Le jeune homme ici dit qu'il n'a pas envie de monter, dit goguenard l'homme aux cheveux gras.

– Tu ne sais pas ce que tu perds ! dit le dernier arrivé. Sache qu'elle t'attend les jambes grandes ouvertes, et il fit un geste vulgaire.

– Je n'y vais pas. Je n'en ai pas envie », rétorqua obstinément Michele.

Il avait bu jusqu'alors pour se donner le courage de ne pas monter cet escalier et d'affronter la dérision de ses camarades.

« Mais, c'est quoi ? T'es un homme ou pas ? » fit le troisième rameur, surpris.

Mais il fut encore plus surpris quand Michele se leva et s'appuya lourdement sur la table.

« Si tu veux, je te le démontre sur-le-champ, ici dehors, rétorqua le jeune homme.

– Eh ! Eh ! Eh ! Ça suffit ! dit Zuan Dolce, alarmé. Ce soir, ce n'est pas le moment de se disputer ! Nous avons tout juste commencé à nous amuser. Tu ne veux pas monter ? Ça va, ça te regarde ! Toi, laisse-le tranquille, ce n'est qu'un jeunot », dit-il au troisième.

Ils réglèrent l'addition à la patronne et sortirent dans la rue. L'homme aux cheveux gras demanda ce qu'ils voulaient faire.

« On va jouer, dit le vieux. Tu as entendu la patronne ? Il y a la taverne du Vicentin, là derrière, je m'en souviens très bien. On trouve toujours quelqu'un qui se prête au jeu chez lui.

– Moi, je ne viens pas », dit Michele, décidé.

Les autres le regardèrent, cette fois-ci vraiment agacés.

« Qu'est-ce qu'il y a, tu as peur de perdre ? Sache que les débutants ont toujours de la chance !

– Non, je n'ai pas envie, cette nuit. Je préfère aller dormir.

– Ah, je n'avais pas compris ! Il a une amoureuse quelque part et maintenant il va la rejoindre », rit l'homme aux cheveux gras.

Zuan Dolce fixa Michele du regard, puis il éclata de rire lui aussi.

« Rien de tout cela. Il crève de sommeil. Va dormir, jeune homme, si tu en as besoin. Nous autres désormais nous allons de l'avant, même sans dormir, mais pour les jeunes, ce n'est pas pareil. Va dormir », répéta-t-il.

Michele prit congé de ses trois compagnons, se fit indiquer la direction à suivre pour arriver au port, et se mit en route le long des ruelles désertes.

Quand le *comito* l'avait laissé, Lupo avait rapidement regardé autour de lui, et il avait repéré un coin sombre sous les dernières maisons qui donnaient sur le fond de la rade. De là, on pouvait avoir à l'œil le mouvement des soldats, des marins et des rameurs parmi les embarcations au mouillage et les ruelles adjacentes au port. Les cinq sequins en prime étaient alléchants, mais faire ce coup n'était en rien aisé. En attendant le lendemain, il aurait pu parler avec le jeune homme à bord de la galère et le convaincre de se retrouver avec lui sur la terre ferme la nuit suivante, sans que personne n'y prête attention ; il aurait été bien difficile de remonter jusqu'à lui quand l'absence de Michele aurait provoqué l'alarme. Personne ne savait combien de temps la *Loredana* allait rester au port, et avec un peu de chance, plusieurs jours pouvaient s'écouler avant que l'on ne remarquât la disparition du jeune homme ; même si les nuits commençaient à se faire plus fraîches, nombre d'hommes préféraient dormir à terre, tant qu'ils en avaient encore la possibilité, bien emmitouflés dans leur manteau, à l'abri dans un coin, plutôt que dans ce grouillement de corps, dans la galère.

Peut-être même que le *parone* ne se serait rendu compte de l'absence de Michele qu'au moment de partir, en faisant l'appel, et même alors il aurait pensé qu'il avait déserté ; l'*écrivain* aurait noté le fait dans son livre, et il aurait partagé avec le *parone* le crédit du jeune homme, en truquant les comptes de manière à faire apparaître qu'il l'avait licencié auparavant ; et personne ne se serait plus soucié de lui. Mais l'éliminer dès ce soir, songeait Lupo, c'était une autre paire de manches ; ce gars était sans doute descendu à terre en compagnie, et il était peu probable qu'il rentre à bord tout seul. Attirer son attention sans se faire remarquer était impossible, et Lupo était trop prudent pour courir des risques. Cependant, le poste d'observation qu'il s'était choisi lui donna une idée. Avec un peu de chance, de là, il pouvait voir arriver Michele, et attirer son attention en l'appelant depuis l'obscurité, sans que les autres fussent à même de comprendre qui l'avait appelé : d'autant plus, se dit-il avec un ricanement, qu'ils seraient certainement tous ivres. S'il pouvait faire en sorte que Michele le rejoignît dans ce coin, et que les autres retournassent à bord sans l'attendre, le plus gros était fait. Donc il s'assit sur ses talons en prenant garde de bien rester dans l'ombre, et se prépara à une longue attente. C'eût été une autre époque, il aurait fumé une cigarette après l'autre ; mais, à ce moment-là, le tabac n'avait pas encore été importé des Amériques. Lupo tira de sa poche un cure-dent en ivoire, et il commença à farfouiller dans ses dents : cela aussi aidait à passer le temps.

Quand, avec l'avancée de la nuit, les gens commencèrent à retourner à bord, Lupo, sans s'enlever le cure-dent de la bouche, aiguisa son regard et se prépara à l'action. Le vent s'était légèrement levé et un amas de nuages filait dans le ciel, voilant la lune par intermittences ; mais le rameur avait le regard perçant. Un groupe après l'autre sortait des ruelles, titubant de manière plus ou moins bruyante, selon la quantité de vin ingurgitée, et se dirigeait vers les embarcations au mouillage. Nombre d'entre eux, en arrivant en vue de l'eau, regardaient autour d'eux, choisissaient un coin à l'abri, et se jetaient là pour dormir. Si Michele, lui aussi, avait décidé de dormir au frais, on pouvait songer à lui trancher la gorge en pleine nuit ; mais avec le risque que quelqu'un se réveille à ce moment-là et s'en aperçoive et avec la certitude que le lendemain l'assassinat serait découvert, et que la chasse au coupable commencerait. Non, se dit Lupo, il faut l'intercepter avant qu'il ne monte à bord ou qu'il n'aille dormir, et le convaincre de venir avec moi, ensuite je sais bien, moi, comment le faire disparaître pour que personne ne se rende compte de rien pendant un certain temps.

Aussitôt après, il s'immobilisa, son cure-dent serré entre ses dents. Il n'en croyait pas ses yeux : c'était justement lui et il était seul.

Il avait débouché d'une direction inattendue, presque dans le dos de Lupo, et là, il passait devant lui, si près qu'il suffisait de quelques pas pour être sur lui. Un instant, son instinct de chasseur réveilla en lui l'envie de sortir son couteau, de le rejoindre en quelques bonds, de le poignarder sur place et de disparaître, mais il se retint, se rendant compte que c'était là un plan insensé. Il se mit debout sans faire de bruit, et siffla doucement. Par chance, à ce moment-là, sur le quai, il n'y avait personne, et Michele ne put pas faire autrement que de l'entendre. Et pourtant il marchait toujours, et Lupo réalisa avec irritation qu'il était trop ivre ou trop absorbé dans ses pensées pour prêter attention à ce qu'il entendait. Une colère irrationnelle contre cette victime qui se refusait de collaborer lui fit grincer des dents. Je vais te faire voir de quel bois je me chauffe, moi, pensa-t-il avec haine.

Puis, sans s'aventurer au-delà du cône d'ombre, il appela à mi-voix.

« Hé, jeune homme ! »

Cette fois-ci Michele entendit, s'arrêta et regarda autour de lui. Lupo risqua un rapide mouvement hors de l'ombre.

« Ici ! Viens un peu ici ! »

Michele hésita et Lupo se rendit compte qu'à moins d'être saoul, il n'y avait aucune raison pour qu'il obéisse à une invitation si inquiétante. Donc il sortit à découvert et lui sourit.

« N'aie pas peur, je suis ton vieil ami Lupo », dit-il.

Michele le fixa, rembruni, puis son front se détendit. Instinctivement, cet homme ne lui avait jamais plu, et après l'affaire du pot-de-vin qu'il avait été contraint de lui payer à l'embarquement, il avait décidé de ne plus rien avoir à faire avec lui ; toutefois, ce n'était pas un inconnu.

« Qu'y a-t-il ? demanda-t-il.

– Je dois te parler. Il s'agit de quelque chose de gros », improvisa Lupo.

Il ne savait pas comment il allait continuer, mais l'essentiel était que le jeune s'approchât, se laissât prendre sous le bras et conduire ailleurs. Cette rangée de maisons, il le savait bien, donnait sur un canal d'écoulement ; là, l'eau était si dense et si fétide qu'on n'y voyait pas à une paume de main de profondeur. Si on l'avait trouvé, on aurait pensé qu'il y était tombé ivre mort, et s'était noyé dans un mètre et demi d'eau.

Michele avait suffisamment de grosses choses qui l'accablaient pour ne pas croire ce que lui disait cet homme. Il se tenait sur ses gardes, mais la curiosité était plus forte ; et la peur aussi, au lieu de le retenir, le poussait à accepter cette invitation. Il ne savait pas de quoi Lupo voulait lui parler, de sa fuite de Venise dont il avait été le témoin inconscient, ou peut-être du meurtre de Marco et Giulio et de l'enterrement des dix mille sequins, ou même, qui sait, du drame de la felouque turque, mais quelle que fût la chose dont il s'agissait, Michele avait besoin de le savoir, il en allait de sa survie.

« Viens ici », répéta l'assassin, faisant un geste de la main, et Michele se dirigea vers lui.

10

À Venise, Bianca et Zanetta avaient vécu des jours d'enfer. Elles attendaient le retour de Matteo et de Michele pour le repas quand elles virent arriver un gentilhomme accompagné de sbires, qui dit être un capitaine des Signori Capi, et demanda si Matteo, le maçon, habitait là, et alors que les deux femmes, pâlissant, demandaient ce qu'il s'était passé, il ordonna à ses hommes de fouiller cette habitation et les habitations voisines. Les gens sortirent de chez eux en protestant et le capitaine les informa que le maçon était mort alors qu'il résistait à un mandat d'arrêt et que son fils était recherché, et « gare à qui le cache », avertit-il sévèrement, en regardant droit dans les yeux les gens rassemblés qui avaient cessé de protester.

Les jours suivants, elles furent toutes les deux convoquées au *Palazzo* pour y être interrogées par un magistrat qui leur conseilla de dénoncer Michele s'il revenait à la maison, pour éviter des ennuis pires encore, et les congédia, plus mortes que vives. Il fallut penser à enterrer Matteo que les soldats avaient repêché dans le canal après quelques heures de recherche, bouffi et méconnaissable. Zanetta se rendit auprès des prieurs de la confrérie pour leur demander qu'ils s'occupent de l'enterrement, mais elle s'entendit répondre qu'en un cas de ce genre il n'était plus de leur ressort d'intervenir. Matteo, dirent-ils, était mort en état d'arrestation et la sépulture des criminels relevait de quelqu'un d'autre. Zanetta alla implorer la confrérie de la Miséricorde qui assistait les condamnés à mort, mais là non plus ils ne voulurent rien savoir : eux, ils accompagnaient les coupables à l'échafaud, s'efforçaient de les convertir pour qu'ils meurent de façon édifiante, puis ils les enterraient, mais ce cas était tout autre et ne les concernait pas. À la fin, Zanetta réussit à se faire aider par le curé de Sant'Agnese et le corps fut transporté sans cérémonie à la fosse commune des pauvres.

Quand Matteo fut enterré, les deux femmes, la vieille et la jeune, se réveillèrent comme d'un rêve. Pendant quelques jours elles avaient été entièrement prises par cette triste tâche et n'avaient eu le temps de penser à rien d'autre, presque même pas à manger. Même le tourment de ne pas savoir ce qui était arrivé à Michele était atténué par la nécessité de courir de-ci de-là, de s'humilier à implorer, de parler avec beaucoup d'inconnus hautains. Mais quand elles se retrouvèrent seules dans leur maison vide, elles découvrirent combien il était impossible d'oublier l'absence de leurs deux hommes ; et ce, non seulement en raison de la douleur constante. À la maison il n'y avait rien, ni farine, ni vin, ni sacs de riz et de fèves, qui, en des temps meilleurs, étaient amassés sous le lit de la chambre des deux vieux. Matteo avait été au chômage trop longtemps, et lors de ces quelques semaines, ils avaient tout consommé : ces derniers temps, ils vivaient au jour le jour de ce que le maçon réussissait à retirer de la vente des matériaux restants du chantier.

« Comment allons-nous faire ? murmura la jeune femme dans un filet de voix.

– Allons, rétorqua la belle-mère d'une voix qui se voulait ferme. Nous ne sommes pas encore mortes. »

Elle alla dans sa chambre, ouvrit la malle dans laquelle elle avait rangé leurs deux trousseaux, en sortit une taie du tas de linge, la porta à la cuisine et décousit l'ourlet avec des ciseaux. Six pièces d'or en tombèrent, six sequins brillants.

« Il ne savait pas lui-même que je les avais, dit Zanetta, soupirant. C'est ma mère qui me les a donnés quand je me suis mariée, je croyais que je n'aurais jamais eu besoin d'y toucher. Mais, c'est la vie ! »

Elle en poussa une vers Bianca puis elle recousit les autres dans l'ourlet.

« Écoute-moi bien. Je veux que personne ne sache que nous les avons, sinon quelqu'un va entrer chez nous pour nous les prendre. Va le changer à Rialto mais ne te fais pas emberlificoter. Demande dans deux boutiques différentes et vois combien on t'en donne. La dernière fois que j'ai changé un sequin, il valait six lires, mais maintenant tout le monde dit que ça vaut plus.

– Mais je ne sais pas comment faire », dit Bianca en écarquillant très grand les yeux.

Zanetta la regarda sévèrement.

« Il vaut mieux que tu apprennes », rétorqua-t-elle.

Quand Bianca rentra, fatiguée par cette course, avec la petite bourse pleine de petites pièces d'or, elle trouva Zanetta qui finissait de laver le sol de la cuisine : la maison était toute propre.

« Ça va, dit la belle-mère après avoir compté les pièces. Je savais que l'or vaut de plus en plus par les temps qui courent. Maintenant, continua-t-elle en s'essuyant le front du dos de sa main, allons acheter un sac de farine et faire du pain si nous voulons manger. »

Une heure après, les deux femmes traînaient le sac vers la maison. Tendues par l'effort, elles chancelaient. À un certain moment, Bianca laissa échapper sa prise, et dut prendre appui sur le mur.

« Idiote ! Fais attention ! » lui reprocha durement Zanetta.

Puis, elle s'approcha et scruta son visage.

« Mais, dis, qu'as-tu ? Tu ne vas pas me dire que tu es enceinte ? »

Bianca trouva la force de sourire.

« Oh, non, soyez tranquille. Il ne manquerait plus que ça ! Je suis fatiguée, c'est tout. »

Zanetta se tut un instant.

« Tu n'as rien mangé depuis ce matin. Dis, tu veux que nous allions prendre quelque chose à l'auberge ? »

Bianca la regarda avec gratitude, mais elle secoua la tête.

« Non ! Nous devons économiser. Je vais y arriver. Allez, tirons-le. »

Zanetta ne disait rien mais il était clair qu'elle était contente.

À la maison, elles firent sept grosses miches de pain, les marquèrent d'une croix pour qu'elles lèvent bien, les mirent sur une planche et les portèrent au four. C'était samedi, une longue queue de femmes attendait son tour pour faire le pain pour toute la semaine.

« Parti comme ça, on en a pour jusqu'à ce soir », marmonna Zanetta.

L'odeur du pain tout juste cuit embaumait la petite place et Bianca sentait qu'elle allait s'évanouir de faim. Les femmes dans la queue étaient de cette *contrada*, se connaissaient presque toutes de vue, et certaines habitaient le même *campiello*. Au début, aucune ne savait quoi dire, et, sur ce groupe si animé jusqu'à l'instant d'avant, s'abattit un silence embarrassé. Puis, Caterina s'approcha et murmura quelques mots de réconfort. C'était la femme d'un tonnelier, et ses fenêtres donnaient sur la *calle* juste en face de celles de Zanetta, si bien que l'été, les deux femmes bavardaient par la fenêtre alors qu'elles s'affairaient dans leurs cuisines. Les autres femmes recommencèrent à parler, un commentaire, puis un autre, une réponse de Zanetta, et peu après la tension s'était dissipée. Aucune, cependant, n'osa nommer Matteo ni Michele. Comme c'est étrange, songea Bianca. D'ordinaire lorsque quelqu'un meurt, on parle de lui tous les jours, pendant des mois, quand on rencontre ses proches ; maintenant c'est comme si Matteo n'était pas mort. Et Michele…

Ses yeux se remplirent de larmes. Michele n'était pas mort et elle n'était pas veuve ; il se cachait quelque part, et il rentrerait bientôt, elle en était sûre. Mais ne pas savoir où il était, ni combien de temps elle allait devoir l'attendre, était encore plus angoissant que d'être veuve. Zanetta avait vieilli d'un coup, et les quelques cheveux noirs qui lui restaient avaient blanchi ; toutefois, la vieille savait qu'il fallait aller de l'avant, toujours, quoi qu'il arrive. Mais, quand tu ne sais même pas ce qui t'est arrivé, c'est encore plus difficile, pensa Bianca.

Quand vint leur tour, les deux femmes tirèrent la toile qui couvrait les miches ; le garçon introduisit les miches l'une après l'autre dans le four. L'attente fut brève et peu après elles rentrèrent toutes les deux chez elles avec la planche chargée de sept miches fumantes, à peine noircies par les cendres. À la maison, elles s'assirent et mangèrent avidement le premier repas de la journée.

Le lundi, Bianca sortit et se mit à chercher du travail. Avant de se marier elle était lavandière, et même les quelques mois qu'elle avait vécus avec Michele dans la maison des vieux, en attendant de trouver une maison pour eux deux, elle avait continué à travailler à l'occasion, pour contribuer aux dépenses familiales ; de ce fait, elle savait à quelles portes frapper. Elle rentra à la maison, portant péniblement sur sa tête un grand balluchon de linge, et l'après-midi elle était au lavoir, dans une ruelle à quelques pas de là, ses manches retroussées, les bras plongés dans l'eau. Elle y retourna dès lors tous les jours et le soir, après le travail, elle ramassait le linge sec et faisait le tour des maisons pour le ramener et se faire payer, rentrant à la nuit tombée. Zanetta voulut l'accompagner au lavoir dès la première fois, même si Bianca insistait pour dire que ce n'était pas utile ; elle était là, prête, et l'aidait comme elle pouvait chaque fois qu'il y avait besoin d'un coup de main, sans quoi elle s'asseyait sur le rebord en pierre du lavoir et parlait, un peu avec elle, un peu à elle-même. Le sujet sur lequel elles revenaient le plus souvent était Michele, mais à demi-mots, car il y avait là d'autres femmes qu'elles connaissaient à peine et, en présence d'étrangères, elles ne voulaient pas parler de leurs affaires. Où était passé Michele, c'était un mystère qu'aucune des deux ne savait résoudre ; il se cachait, c'est sûr, car si on l'avait pris, on l'aurait su ; ses amis habitaient tous dans la paroisse, sauf un ou deux qui étaient déjà partis chercher fortune ailleurs, et Bianca ne croyait pas qu'il se fût caché chez eux sans tenter de le lui faire savoir de quelque manière.

« Il s'est peut-être embarqué », dit un jour Zanetta d'un air rêveur. Bianca, qui était en train de frotter vigoureusement une chemise sur la pierre, s'interrompit et essuya sa sueur avec son tablier ; même si l'été touchait à sa fin, l'effort la faisait encore transpirer et l'eau du lavoir devenait chaque jour plus froide. Avec une grimace, elle sentit son dos qui lui faisait mal et se frotta les mains contre les reins, poussant un grand soupir.

« Embarqué ! Mais que dites-vous… maugréa-t-elle.

– Mais oui ! insista la vieille. Où est-il passé, sinon ?

– Venise est grande ! » dit Bianca, méprisante.

À cet instant, fatiguée qu'elle était, elle éprouvait presque de la rancœur contre ce mari qui se cachait Dieu sait où et l'avait laissée seule.

« Non, je te dis qu'il s'est embarqué, poursuivit Zanetta, sans l'écouter. Allez, je t'aide », dit-elle ensuite, voyant que le soleil était déjà bas et qu'il restait encore un grand tas de linge à laver. Bianca accepta et toutes deux se remirent au travail.

Malgré le mal que se donnait Zanetta, c'était Bianca qui faisait le gros du travail ; le gain était celui d'une seule personne et elles étaient deux à manger. De plus, elles n'étaient pas habituées à ne manger que du pain tous les jours, comme certaines des femmes qui se retrouvaient au lavoir. Zanetta rentrait à la maison avant Bianca, mettait la soupe sur le feu, faisait cuire un peu de riz et de légumes, parfois un plat de sardines, et les sous gagnés par Bianca partaient bien vite. Bianca, d'autre part, rentrait le soir après avoir travaillé douze ou treize heures et elle n'en pouvait plus, elle avait besoin de manger, elle n'avait même pas fini de grandir ; Zanetta se rendit compte avec tendresse que certaines chemises lui étaient devenues étroites. Elle mangeait, puis s'écroulait de sommeil, et sa belle-mère, qui, comme tous les vieux, dormait peu, restait éveillée longtemps à songer.

Zanetta ne savait pas comment elle aurait pu faire pour diminuer les frais : leur seul luxe, hormis la nourriture et le savon pour la lessive, était le cierge qu'elles allumaient chaque dimanche à l'autel de la Madonna delle Grazie, à

San Barnaba, pour le retour de Michele, et l'on ne pouvait vraiment pas y renoncer, mieux valait sauter un repas. Elles s'étaient promis de ne plus entamer le trésor caché dans la taie, mais il fallut bientôt la découdre à nouveau et changer un autre sequin : le pain était cher et, pour ce qui est de travailler, la concurrence était rude, des Frioulanes faméliques arrivées depuis peu dans le quartier prenaient un panier de linge pour un sou de moins par rapport aux prix courants. Habituée à tout laisser entre les mains de sa belle-mère, Bianca ne s'en rendait pas compte, mais Zanetta finit par être contrainte de l'admettre : elles dépensaient plus que ce qu'elles gagnaient. Elle commença à accompagner Bianca dans ses tournées, l'aidant à porter les paniers et les ballots pour laver plus de linge : mais elle se fatiguait tout de suite, ses os lui faisaient mal ; au final, elle ne faisait pas grand-chose. Je ne sais pas combien de temps nous pourrons aller de l'avant, pensait-elle, mais elle ne voulait pas le dire à Bianca.

L'automne arriva, avec le froid et de nouvelles dépenses. Elles achetèrent un lot de bois à l'Istrien qui faisait chaque année le tour du quartier à cette époque, l'apportant en barque depuis l'un de ses entrepôts situés derrière l'Arsenal. Zanetta savait combien de bois il fallait acheter pour chauffer la maison tout l'hiver, elle s'en était toujours occupée, et cette fois-ci elle décida d'en acheter un peu moins : les hommes n'étaient plus là, du bois pour cuisiner on en consommait peu, et elles mettraient deux paires de bas au lieu d'une s'il faisait froid à la maison. Mais après avoir payé l'Istrien, elle resta longtemps silencieuse, si bien que même Bianca s'en rendit compte, et lui demanda ce qu'elle avait, mais la vieille femme ne voulut rien dire.

Un après-midi, à la tombée de la nuit, Bianca était seule à la maison. Comme tous les soirs, sa belle-mère était allée aux vêpres et elle allait rester un long moment à l'église pour prier. Bianca était rentrée plus tôt que de coutume, mais au lieu de l'accompagner, elle était restée à la maison se réchauffer : depuis le début des premiers frimas, le travail au lavoir dans l'eau gelée était devenu plus dur. Ce jour-là, de plus, elle avait ses choses et elle ne se sentait pas très bien, et elle avait une bassine pleine de linges ensanglantés qu'elle avait honte de laver en public, elle se mit donc à les laver à la maison en portant l'eau du puits devant le foyer sur lequel cuisait la soupe. Elle étendait ses linges sur une corde tendue à l'extérieur de la porte, quand une femme âgée qu'elle ne connaissait pas lui demanda si elle était Bianca, la femme de Michele, le maçon. Bianca, interloquée, lui dit que c'était bien elle.

« Puis-je te parler ? » lui demanda la femme.

Bianca la fit entrer chez elle, s'essuyant les mains sur son tablier. Elles s'assirent toutes deux sur des escabeaux.

« Je te trouve pâlichonne. Ton travail est fatigant, hein ? »

Bianca, en fait, était pâle car ces jours-là elle perdait beaucoup de sang, et elle avait les yeux cernés, car le mal au ventre l'empêchait de dormir ; mais elle ne dit rien et haussa les épaules.

« De ton mari, aucune nouvelle ? » demanda la vieille femme soudainement.

Bianca secoua la tête, rougit.

« Mais vous le connaissiez ? » demanda-t-elle, méfiante.

La vieille sourit de sa bouche édentée. Et ce n'est qu'alors que Bianca remarqua, avec une pointe de dégoût, que ses lèvres étaient peintes d'un rouge vif.

« Je connais tout le monde, dit-elle. Et le loyer, vous l'avez déjà payé ? »

Bianca passait d'une surprise à l'autre et ne savait comment réagir face à cette inconnue qui se mêlait ainsi de leurs affaires. Elle aurait voulu la mettre dehors mais elle était habituée à se taire et à obéir aux femmes plus âgées ; se comporter autrement aurait été trop pour elle.

« Pourquoi le loyer ? » dit-elle faiblement.

« C'est bientôt la Saint-Martin, ma chère ! Tu sais qu'on paye les loyers. Vous allez devoir payer vous aussi si vous voulez rester dans cette maison, mais n'est-elle pas trop grande pour vous deux ? Quelle dépense inutile ! »

Bianca crut avoir compris.

« Vous voulez louer une chambre ? On en a souvent parlé. Attendez que ma belle-mère revienne. »

La femme rit.

« Mais qu'as-tu compris ? Non, c'est exactement le contraire, ma chère. Tu vois, j'ai une maison, pas très loin d'ici, et j'y ai de braves filles qui travaillent. Elles me donnent une partie de leurs gains et sont à l'abri. »

Bianca et Zanetta n'avaient jamais songé à partir de là. Cela aurait été comme admettre que Michele n'était pas sur le point de rentrer d'un moment à l'autre, que la vie d'avant était vraiment finie. Louer la chambre à un locataire, ça oui, elles y avaient souvent songé : de toute façon, depuis qu'elles étaient restées seules, elles dormaient dans le même lit, pour vaincre la solitude. Elles ne l'avaient pas encore fait simplement parce que la personne adéquate ne s'était pas encore présentée : elles auraient certainement accepté une femme seule, un homme, en revanche, leur faisait un peu peur. Mais alors, Bianca, écoutant la vieille, se dit que c'était peut-être la solution : louer une chambre ailleurs, qui coûterait la moitié de ce qu'elles dépensaient là, voilà la manière de survivre ; et quand Michele rentrerait, tant pis s'il ne retrouvait pas sa maison pleine de souvenirs.

« S'il y avait de la place pour ma belle-mère et moi, dit-elle lentement, pour ma part, je pourrais y penser. »

Mais la femme rit encore, secouant la tête.

« Non, ma chère, pour ta belle-mère il n'y a pas de place. Elle ne convient pas, elle, pour le travail que font mes filles. »

Bianca, va savoir pourquoi, eut peur, bien qu'elle n'eût pas encore compris. Le ton de la femme l'avait effrayée.

« Mais pourquoi, quel travail font-elles ? » demanda-t-elle, la voix tremblante.

La femme le lui dit. Bianca la regarda, les yeux écarquillés.

« Tu conviendrais, ma chère, laisse-moi te le dire, je sais jauger les filles, continua la vieille, l'observant d'un œil expert. Et puis, dis-moi si ton mari ne te manque pas ? Depuis combien de temps tu ne t'amuses pas un peu ? »

Bianca eut le sang qui lui monta à la tête. Elle voulait hurler à cette femme de s'en aller et elle avait déjà ouvert tout grand la bouche mais tout à coup elle sentit quelque chose se casser à l'intérieur d'elle-même. Pour qui je me prends, se dit-elle, écrasée par l'humiliation. Les autres aussi auxquelles c'est arrivé, elles ne croyaient pas que cela aurait jamais pu leur arriver à elles. Mais désormais qu'est-ce que j'attends d'autre de la vie ? Michele ne revient pas, inutile de se faire des illusions. La femme la regardait, savait pertinemment ce qui lui passait par la tête ; elle en avait eu d'autres, de conversations de ce genre, avec des femmes réduites à la faim, et savait que, tantôt elles finissaient d'une façon, tantôt d'une autre ; elle y était habituée. Avoir trouvé la soupe sur le feu en entrant dans cette maison lui avait semblé mauvais signe ; je me suis trompée, s'était-elle dit, j'aurais dû venir un peu plus tard. Quand la maison est froide et qu'il n'y a que du pain, c'est plus facile que ça se termine bien.

Et puis si, au contraire, Michele revenait ? pensa Bianca soudainement. Elle, elle ne le savait pas, mais c'était justement le parfum de la soupe qui s'exhalait du foyer qui lui rappelait les nombreux soirs où Matteo, Michele, les travailleurs arrivaient pour dîner et, sur le feu, il y avait une soupe comme celle-ci ; l'unique différence était que la marmite était pleine et ne suffisait que pour un soir, alors que maintenant elles en faisaient une demie et elle durait deux jours. Et s'il rentrait ? Le corps de son mari lui manquait et comment. Le sien, pas celui d'un autre. Elle essaya de s'imaginer au lit avec un autre homme, n'importe lequel, avec les mains d'un autre qui la touchaient, et un spasme de vomissement la saisit.

« Merci, dit-elle en prenant sur elle pour être gentille. Je préfère que non. »

La vieille s'irrita.

« Tu es bête ! Tu viendras me chercher, c'est moi qui te le dis. »

Elle la regarda avec regret : c'était une fille vraiment bien faite, elle lui aurait fait gagner beaucoup d'argent. Oh, tant pis, pensa-t-elle, ça ira mieux une autre fois.

« Tu sais où me trouver, dit-elle, d'une voix adoucie. Ciao, ma chère, bonne chance. »

Dès que la tenancière fut sortie Bianca récita une formule propitiatoire contre le mauvais œil et nettoya avec un chiffon l'escabeau où elle s'était assise. Quand Zanetta rentra, elle était en train de touiller la soupe.

« Comme il fait froid ! se plaignit sa belle-mère, enlevant son châle. Mais qu'as-tu ? Ma foi, on dirait un cadavre, s'exclama-t-elle ensuite en voyant la tête de Bianca.

– Rien. Vous le savez que j'ai mes choses, mentit la jeune femme.

– Encore ? Mais ça fait une semaine, ma fille, elles ne s'arrêtent jamais ? C'est une grande libération quand ça finit, je te le dis, moi qui, à cinquante ans, les avais encore. »

Alors qu'elles mangeaient, Bianca prit son courage à deux mains et demanda :

« Bientôt c'est la Saint-Martin, vrai ? »

Zanetta qui engloutissait bruyamment une cuiller de soupe s'interrompit et la regarda, interloquée.

« Certes », dit-elle sans comprendre.

Bianca déglutit ; elle n'était pas habituée à prendre des initiatives.

« Et le loyer de la maison ? »

D'instinct Zanetta allait lui dire de se taire et de ne pas se mêler de choses qui ne la concernaient pas. Puis, subitement, elle se rendit compte qu'elle était fatiguée. Peut-être le moment était-il venu qu'elle ne porte plus à elle seule tout ce poids sur ses épaules. Si Michele avait été là, c'est lui qui aurait été le chef de famille.

« Le loyer, il faudra le payer, admit-elle.

– Et c'est combien ? insista Bianca, étonnée elle-même de sa propre audace.

– C'est combien, c'est combien ! Douze ducats par an, voilà combien c'est, lâcha la belle-mère, et puis, à l'immense surprise de Bianca, elle se mit à pleurer. Et je ne sais pas comment on fera pour payer », ajouta-t-elle entre deux sanglots.

Bianca hésita, puis se leva et vint l'embrasser.

« Allons, allons, dit-elle. Vous verrez, nous trouverons bien un moyen. »

Elle était fatiguée, souffrante, bouleversée par toutes les choses insolites qui lui étaient arrivées ce jour-là, et dans sa tête continuaient à résonner les mots sinistres que l'autre vieille venait tout juste de lui dire une heure plus tôt : tu viendras me chercher, c'est moi qui te le dis…

11

Le matin, quand Bianca se réveilla, Zanetta était déjà auprès du feu, et elle préparait la soupe.

« Écoute, dit la belle-mère d'un ton décidé. J'y ai pensé toute la nuit. On ne peut pas continuer comme cela. Tu ne peux pas travailler pour deux, tu gagnes tout juste assez pour tes besoins, et moi je ne parviens plus à t'aider. Ce n'est plus un travail pour moi avec mon mal de dos. Je m'en vais à l'hôpital. »

Bianca chercha à discuter mais Zanetta n'en démordit pas.

« Il n'y a rien d'autre à faire, je te le dis. Aujourd'hui on prend mes affaires et on va aux *Derelitti*. Là, ils sont gentils, ils me garderont ; là-bas, je pourrai encore travailler un peu. Et toi, ils trouveront à te placer, comme ça, tu ne seras pas seule. »

Il n'y avait vraiment rien d'autre à faire, Bianca le comprenait très bien. Ainsi, après avoir mangé pour la dernière fois la soupe qu'elle avait maintes fois préparée pour son mari et ses enfants, Zanetta ramassa dans deux gros ballots son linge, sa jupe, son corsage et ses chaussures des jours de fête, elle enveloppa dans un mouchoir ses boucles d'oreilles et sa chaînette en or et les mit dans la bourse accrochée à sa ceinture, puis elle regarda encore une fois la maison de sa famille, soupira et se signa.

« Allez, allons-y », dit-elle ensuite, étouffant un sanglot.

Elles chargèrent sur leurs épaules les ballots, et trébuchant sous ce poids, elles partirent pour traverser la ville.

L'hôpital de San Giovanni e Paolo, que les gens appelaient les *Derelitti*, les abandonnés, n'avait pas pour mission de soigner les malades, mais d'héberger des orphelins et des femmes seules qui n'étaient pas à même de gagner leur vie : des femmes qu'on avait abandonnées avec des enfants petits, des prostituées qui ne voulaient plus faire le trottoir et à qui personne n'acceptait de donner du travail, des veuves démunies, trop vieilles ou trop malades pour travailler. Elles mirent assez longtemps à arriver jusque-là, après être passées par San Trovaso et San Barnaba, Santa Margherita et San Pantalon, les Calegheri et San Polo, Sant'Aponal et le pont du Rialto, San Bortolamio et San Giovanni Crisostomo et les Miracoli ; quand elles débouchèrent sur la place San Giovanni e Paolo, elles déposèrent par terre leurs ballots et s'assirent un instant pour reprendre leur souffle. De son piédestal de marbre, un féroce guerrier à cheval semblait les fixer d'un air dédaigneux. Toute la matinée, le vent avait apporté des averses, mais, maintenant, il commençait à pleuvoir sérieusement.

« Courage », soupira Zanetta, en reprenant son chargement et en se dirigeant vers l'entrée de l'hospice.

Le prêtre avec lequel elles parlèrent était très vieux, le visage couvert de rides ; il doit avoir au moins soixante-dix ans, pensa Bianca. Il y voyait peu, car il s'approcha et les scruta attentivement de la tête aux pieds, devant et derrière ; et il allongea même la main pour tâter l'étoffe du châle de Zanetta. Il les avait accueillies froidement et il n'avait presque pas soufflé mot lorsqu'elles eurent expliqué le motif pour lequel elles étaient venues ; mais après les avoir observées par le menu, il se planta devant elles et leur sourit, et les deux femmes s'aperçurent qu'il y avait en lui de la bonté, même s'il ne se hasardait pas à la manifester.

« Alors, dit-il en s'adressant à Zanetta. Pour vous, il y a de la place. Il faut prendre la vie comme le Seigneur nous la donne, n'est-ce pas ? Penser à travailler tant qu'on le peut, et prier. »

La vieille manifesta son accord, sérieusement.

« Pour toi, dit le prêtre en s'adressant à Bianca, nous allons y penser. Une maison qui ait besoin d'une domestique ça se trouve toujours. »

Les deux femmes chargèrent à nouveau leurs ballots sur leurs épaules et suivirent le prêtre le long du grand escalier jusqu'au premier étage, où il y avait les chambrées. Sur leur passage, une femme qui était en train de laver le sol se mit de côté et s'inclina devant le prêtre. Elle était encore jeune, mais son visage était tuméfié et marqué par la vie, et elle gardait en permanence une expression de qui-vive dans son regard. Bianca se souvint de la vieille du jour précédent et de ce qu'elle était venue lui proposer, et elle sentit son sang ne faire qu'un tour. Moi, non, jamais, se jura-t-elle.

Dans la chambrée, un petit groupe de femmes âgées étaient assises sur des escabeaux, en train de filer. Toutes saluèrent avec familiarité et respect, et scrutèrent les deux nouvelles venues avec une curiosité non dissimulée. Le prêtre attribua un lit à Zanetta, puis regarda les deux fagots que les femmes avaient posés par terre.

« Vous n'avez pas de malle ? demanda-t-il en plissant le front.

– La malle du trousseau, répondit la femme ; et elle détourna le regard. Je ne savais pas que je pouvais l'apporter. Et puis elle était trop lourde pour nous.

– Dans ce cas, j'enverrai quelqu'un la chercher ; la malle est nécessaire, dit le prêtre. Et, tout ce qui peut servir ici, une chaise, des couverts, de la vaisselle. J'enverrai une charrette. »

Bianca vit que le visage de Zanetta se détendait à l'idée que ses affaires allaient la rejoindre. Que les vieux sont égoïstes, pensa-t-elle. Et moi ?

Le prêtre se tourna vers elle.

« Alors, tu as compris. Demain un homme viendra avec une charrette, tu peux fermer la maison et revenir ici avec lui. Nous trouverons à te placer chez quelqu'un.

– Merci », murmura Bianca, et elle s'agenouilla pour lui baiser les mains.

Elle tremblait en elle-même comme quelqu'un qui a la fièvre, et elle ne savait pas si c'était dû à l'espérance ou à l'appréhension de la vie inconnue qui l'attendait.

Deux jours plus tard, Bianca entra comme domestique au service de madonna Faustina. Sa nouvelle patronne était une veuve d'un certain âge, grosse, impérieuse, qui vivait en gérant judicieusement les loyers des maisons et des boutiques qu'elle avait héritées de son mari. Elle accueillit Bianca en la dévisageant de la tête aux pieds, puis elle fit un signe d'assentiment à l'écrivain public des *Derelitti* qui l'avait accompagnée.

« Ça va. Je la prends », dit-elle, comme si elle était en train de conclure un achat.

Bianca savait que, avant elle, une autre jeune fille, recommandée par le prêtre, avait travaillé là, mais que, ensuite, elle était tombée enceinte et était rentrée dans son village.

« Il faut se contenter de ce que l'on a », avait soupiré le prêtre en lui décrivant sa future patronne et la maison où elle allait travailler ; et Bianca s'en contenta.

Le travail n'était pas plus dur que celui qu'elle faisait à la maison, surtout après que la disparition des hommes l'avait obligée à travailler aussi à l'extérieur. Ce qui était dur c'était seulement de ne pas travailler pour sa propre famille, mais pour une inconnue, de ne pas dormir dans son propre lit, mais sur un lit de paille dans un débarras, de ne pas manger les restes de son mari, mais ceux, froids, de la patronne. Les premiers jours, elle ne sortit jamais : madonna Faustina allait seule faire les courses au marché et ne voulait pas laisser la maison vide, et, au retour, elle contrôla minutieusement combien de pain, de vin, de fromage, restait dans la cuisine. Le dimanche, Bianca accompagna sa patronne à la messe, s'asseyant sur les derniers bancs et attendant ensuite sur le parvis tandis que madonna Faustina commentait avec les commères les nouveautés du quartier. Alors qu'elles s'acheminaient vers la maison, la patronne lui demanda si elle voulait aller rendre visite à Zanetta à l'hospice ; Bianca qui apprenait tout de cette nouvelle vie et ignorait tout de ses règles, n'y avait même pas songé, mais la femme lui dit qu'elle n'avait rien contre, pourvu qu'elle fût de retour à la maison avant les vêpres. Ainsi, Bianca alla à San Giovanni e Paolo, embrassa Zanetta et la serra contre elle, parlant un peu, pleurant un peu, jusqu'à ce que la tombée de la nuit ne l'avertisse qu'il était temps de rentrer.

Les jours passaient et Bianca s'habituait lentement à sa nouvelle vie. Les mauvaises pensées l'assaillaient sans cesse, mais, par chance, elle n'avait pas le temps de s'y arrêter : il y avait trop de travail depuis le moment où elle se levait avant l'aube et allumait le feu en attisant les braises jusqu'à celui où la patronne contrôlait que la porte fût bien fermée à clé et l'envoyait se coucher. Madonna Faustina n'était pas méchante, mais tyrannique. Elle aimait commander et regarder pendant que la jeune lui obéissait. Du vivant de son mari, c'est lui qu'elle avait tyrannisé, en plus des deux domestiques, un homme et une femme qu'ils avaient à leur service ; maintenant qu'elle était veuve et qu'une seule domestique lui suffisait, toute sa volupté de domination se déchargeait sur les épaules de Bianca. Ce qui lui plaisait plus que tout était de contraindre la jeune fille à réclamer pour ensuite accorder avec condescendance : elle faisait exprès de lui donner peu de pain pour l'entendre en demander encore, et, quand elles étaient toutes les deux dans la même pièce, Bianca devait demander la permission d'interrompre le travail qu'elle faisait, y compris pour aller pisser dans l'urinoir. Elle devrait s'acheter une esclave, pensait la jeune fille avec rancœur.

Et puis, un jour, plusieurs semaines après son entrée dans cette maison, il se produisit quelque chose d'étrange. Elle était en train de laver des légumes dans la cuisine lorsqu'elle entendit frapper à la porte qui donnait sur la rue ; elle alla ouvrir et vit un gentilhomme avec des habits un peu poussiéreux, chaussant des bottes, qui la regarda avec stupeur.

« Tiens ! dit le gentilhomme, en la dévisageant sans vergogne. Et toi qui es-tu ?

– Bianca, monsieur, répondit-elle en rougissant.

– Nouvelle, hein ? Dis-donc, madonna Faustina est à la maison ?

– Oui, monsieur.

– Va lui dire que monsieur Fabio est arrivé. »

Bianca obéit et madonna Faustina, à sa grande surprise, s'agita. Elle lui ordonna de faire entrer ce monsieur, de lui porter du vin et puis de revenir dans la chambre pour l'aider à se maquiller ; elle s'impatienta contre elle sans raison, mais ne la gifla pas comme elle l'avait déjà fait plus d'une fois, et même elle cessa aussitôt d'y penser et sur son visage peinturluré un étrange sourire apparut.

« Maintenant, sors, lui dit-elle.

– Mais sortir où ? balbutia Bianca.

– Va acheter deux sous de pain d'épices. Mais ne va pas à la boutique ici à l'angle, va à Rialto, tu as compris ? Là, celui qu'ils vendent est meilleur. Tiens, ajouta-t-elle en lui tendant les sous. Ne les perds pas et ne te fais pas arnaquer. Quand tu rentreras, si la porte est fermée, attends dehors, compris ? »

Alors qu'elle allait à Rialto, Bianca eut tout le temps de penser à cette affaire extraordinaire, et de comprendre ce qui devait se tramer. Quand elle rentra, la porte d'entrée était fermée comme elle s'y attendait. Elle resta là dans l'incertitude, un peu effrayée de se retrouver au milieu de la rue sans savoir jusqu'à quand ; puis elle se souvint qu'à l'arrière de la maison, dans une petite *calle* si étroite qu'une personne pouvait à peine y passer, il y avait la petite porte qui donnait sur le jardin potager et qui ne fermait pas bien. La curiosité la poussa à faire le tour de la maison et à tenter de passer par la petite porte : effectivement, malgré le cadenas, il restait un entrebâillement par lequel une jeune fille aussi maigre qu'elle pouvait passer. Se griffant les bras et déchirant sa jupe au passage, ce dont elle ne se rendit compte que le soir au moment de se déshabiller, elle se retrouva dans le potager. Les fenêtres de la maison, au premier étage, étaient trop hautes pour qu'elle pût regarder à travers elles, mais, en dessous, il y avait le puits, et comme elle était arrivée jusque-là, Bianca céda à la curiosité et escalada avec précaution. En se mettant sur la pointe des pieds, elle arrivait à pointer le bout de son nez au niveau du rebord de la fenêtre d'une chambre et elle vit avec satisfaction que c'était précisément celle de madonna Faustina.

Aiguisant son regard, elle vit à travers des vitres un peu troubles et pleines de bulles deux corps nus qui bougeaient sur le lit. Elle sursauta en voyant que l'homme était dessous ; la femme le chevauchait, avec ses gros seins qui sautaient. Elle savait qu'il ne pouvait s'agir que de madonna Faustina, elle n'en fut pas moins stupéfaite quand elle reconnut dans cette nudité le corps plantureux qu'elle avait vêtu et dévêtu tous ces jours. Honteuse, et cependant clouée là par une envie dont elle n'avait pas souvenir de l'avoir jamais ressentie, pas même lorsque, sous les draps, Michele s'approchait d'elle, elle vit les deux corps qui s'agitaient de manière grotesque, et entendit à travers les vitres fines les mots que ces deux bouches échangeaient à quelques pas d'elle.

« Et comme ça, ça te plaît ?

– Vas-y chienne, vas-y…

– Allez ! Allez ! Et, allez !

– Tout entier… donne-le moi tout maintenant. »

Puis un râle aveugle, prolongé, et madonna Faustina qui se secouait une dernière fois et s'abandonnait allongée sur le corps de l'homme de tout son poids, ce qui n'était pas rien. Un moment après, l'homme, les yeux embués, se leva pour s'asseoir, la déplaçant à grand-peine sur le côté, et commença à chercher quelque chose ; Bianca sauta du puits par terre précipitamment, courut vers la petite porte, retourna dans la rue, et alla s'asseoir sur la marche devant l'entrée juste à temps pour être là quand la clé tourna dans la serrure et que monsieur Fabio, revêtu, dépoussiéré, sortit l'air satisfait.

« Allons, que fais-tu là avec ton air hébété ? Rentre, non ? » ordonna d'une voix dure madonna Faustina.

À compter de ce jour-là, la patronne commença à envoyer Bianca se promener, prétextant les courses les plus diverses, presque toujours dans des endroits de la ville particulièrement éloignés, et, quoi qu'il en soit, avec l'ordre, au retour, d'attendre si elle trouvait porte close. Une fois, il s'agissait d'apporter des gants à une amie de madonna Faustina, une autre, d'aller chez l'apothicaire avec la recette d'une pommade et d'attendre jusqu'à ce qu'elle fût préparée, ou d'aller acheter quelque broutille, qui, cependant, ne se vendait que dans une certaine boutique derrière l'Arsenal. Au retour, après des heures de marche, Bianca trouvait presque toujours la porte close, et elle s'asseyait sur la marche pour attendre ; mais c'était l'hiver, le froid pénétrait dans les os, et alors elle commençait à faire des allers et retours dans la rue pour se réchauffer. Quand il pleuvait, elle se réfugiait sous un balcon voisin et restait là dans l'attente de voir la porte s'ouvrir finalement pour laisser sortir monsieur Fabio et lui permettre d'entrer.

Mais le pire n'était ni le froid, ni la pluie : c'étaient les regards des hommes qui la voyaient s'arrêter si longtemps dans la rue, ou marcher en long et en large, sans but. Sous les regards de ces hommes, Bianca s'embrasait, et quand quelqu'un sifflait ou lui adressait un compliment grossier, elle se sentait mourir de honte. Les rues de Venise étaient pleines de femmes qui sortaient seules et vaquaient à leurs affaires, mais rester dehors, ainsi, sans raison, voire dos au mur quand la fatigue l'accablait, c'était une tout autre histoire. La curiosité insolente qu'elle lisait dans le regard de ces hommes, et même le mépris ou la pitié qui transparaissait dans celui des femmes, l'effrayaient au point qu'elle finit par ne plus oser lever la tête : quand elle sentait quelqu'un s'approcher, elle se recroquevillait encore plus dans son coin et gardait le regard fixé sur le sol tant que les pas ne s'éloignaient pas.

Un dimanche, aux *Derelitti*, elle raconta à Zanetta ce qui lui arrivait. La femme fut effrayée en entendant que Bianca était contrainte d'errer des heures dans la rue, hors de la maison, et encore plus en voyant qu'après le lui avoir avoué, elle avait les larmes aux yeux.

« Je voudrais n'être jamais allée dans cette maison, pleura-t-elle, je voudrais rester avec vous », ajouta-t-elle, regardant autour d'elle.

Les autres femmes qui, filant, s'étaient assises à côté d'elle pour écouter ses récits du monde extérieur, hochèrent la tête, compréhensives. On était bien, là : elles travaillaient ce qu'il fallait, étaient nourries, chauffées, habillées, et priaient beaucoup.

« Demandons à Pre Anzolo, dit l'une d'elles.

– Elle est trop jeune, et elle n'est même pas malade. Ils ne la prendront pas, objecta une autre.

– Mais Pre Anzolo est si bon ! insista la première.

– Maintenant que les deux autres pauvrettes sont mortes… » ajouta une troisième.

Les plus âgées décidèrent que demander ne coûtait rien. Pre Anzolo s'avérait bien être le prêtre chenu et rugueux qui avait accueilli Zanetta quelque temps auparavant. Il écouta l'histoire de Bianca en sourcillant, et lui aussi trouva scandaleux ce qu'elle était contrainte de faire. On ne pouvait pas demander à une jeune femme honnête de mener cette vie-là.

« Pour cette nuit, reste ici, si tu veux, dit-il. Il y a de la place dans les lits, ajouta-t-il en indiquant la demi-douzaine de grands lits, dans lesquels deux femmes, le cas échéant trois, pouvaient dormir. Et demain on verra. »

Ainsi, ce soir-là, Bianca mangea de la soupe à la table commune, puis récita le rosaire avec toutes les femmes, les vieilles et quelques jeunes, et elle se coucha dans un lit à côté de celui de Zanetta avec une petite vieille aux cheveux très blancs et à l'air perdu, qui ne parlait jamais et s'endormit aussitôt en murmurant une prière. Le matin suivant, à l'aube, elle se leva avec les autres, pria dans la chapelle glacée, se recommandant à Dieu de toutes ses forces, et se mit au travail ; mais elle filait depuis à peine quelques heures lorsqu'un serviteur vint la chercher.

Pre Anzolo l'attendait dans son bureau avec deux gentilshommes âgés à l'air grave.

« La voici », dit-il.

De toute évidence, il avait déjà raconté toute son histoire.

« Donc, dit le premier des deux alors que Bianca le regardait embarrassée et se tordait les mains dans son tablier. Tu es certaine que tu veux rester ici ? »

Bianca se sentait déjà moins enthousiaste que la veille à l'idée de passer sa vie à l'hospice, mais elle avait peur qu'on ne la renvoie chez madonna Faustina, qui, à cette heure-là, devait être montée sur ses grands chevaux parce qu'elle n'était pas rentrée.

« Oui », dit-elle, le regard baissé.

L'homme soupira.

« Écoute bien, cependant : tu n'as pas un contrat avec madonna Faustina ?

– Je ne sais pas, dit Bianca, qui ne comprenait pas.

– La patronne, quand nous t'avons envoyée là-bas, ne t'a-t-elle pas fait signer un papier ?

– Non, monsieur ! répondit Bianca en écarquillant les yeux.

– Vous voyez ? » dit l'homme en s'adressant à l'autre.

Pre Anzolo acquiesça énergiquement.

« Sacrées femmes... » commenta le second gentilhomme, et cette fois tous les trois acquiescèrent gravement.

« Et jusqu'à présent elle ne t'a pas payée ? reprit le premier d'entre eux.

– Non, monsieur ! » répéta Bianca étonnée.

En elle il y avait une voix qui lui disait qu'elle aurait aussi pu y songer avant, pourquoi était-elle toujours la plus naïve ?

« Quand je suis entrée à son service elle m'a dit qu'on se mettrait d'accord après », se défendit-elle.

Les trois hommes se regardèrent et l'un d'eux dit quelque chose en latin, les autres acquiescèrent encore.

« Va donc, jeune fille », dit ensuite le premier.

Bianca redescendit parmi les femmes qui l'attendaient avec curiosité.

« Je ne sais rien ! » dit-elle en haussant les épaules ; et elle raconta l'interrogatoire auquel on l'avait soumise.

Elle n'avait pas encore fini que Pre Anzolo descendit dans la chambrée en souriant.

« Ça va, dit-il, ces messieurs disent que tu peux rester. »

Madonna Faustina vint la réclamer trois jours plus tard. Bianca en son for intérieur avait toujours su qu'il en serait ainsi ; quand le prêtre monta la chercher, elle pâlit mais le suivit bravement dans le parloir, où la patronne l'attendait d'un air décidé.

« Tu as mal fait de ne pas revenir », lui dit-elle dès qu'elle la vit.

Avant que Bianca ne puisse répondre, Pre Anzolo intervint, demandant à madonna Faustina s'il lui semblait convenable qu'une jeune femme soit enfermée dehors et contrainte d'errer dans la rue.

« J'avais mes raisons, dit la patronne, inflexible. C'est une domestique qui est chez moi pour m'obéir. »

Le prêtre rétorqua si durement que madonna Faustina rougit et resta un instant sans voix. Puis, néanmoins, elle rétorqua elle aussi en haussant le ton, et un instant après ils étaient tous les deux si échauffés que Bianca les regardait bouche bée, s'attendant à ce que d'un moment à l'autre ils en viennent aux mains. À la fin, cependant, Pre Anzolo se maîtrisa.

« Tant que vous ne promettez pas de ne plus la traiter ainsi, nous ne pouvons plus vous la renvoyer », dit-il d'un ton conciliant.

Mais Faustina était trop énervée pour s'arrêter.

« Me la renvoyer ? Oh, mais je n'en veux plus, ne vous faites pas de souci ! Je ne la reprendrai pas même si elle me chiait de l'or ! » rugit-elle ; puis elle sortit en claquant la porte.

Bianca soupira et remonta dans la chambrée alors que le prêtre marmonnait quelque chose sur les femmes ; mais ce n'était pas fini. Quelques jours plus tard, la patronne était de nouveau au parloir des *Derelitti* et exigeait de parler avec Bianca. Le prêtre lui demanda ce qu'elle voulait encore, et Faustina affirma d'un ton dédaigneux que quand elle était partie de chez elle la jeune fille avait sur elle un mouchoir qui lui appartenait, à elle, Faustina. Inquiet, Pre Anzolo monta chercher Bianca et la conduisit en bas.

« C'est vrai ce que dit ta patronne ? » demanda-t-il sévèrement.

Bianca, les joues rouges comme de la braise, dit que ce n'était pas vrai ; la patronne lui avait offert ce mouchoir. Elle n'ajouta pas que cet épisode extraordinaire s'était produit la toute dernière fois que madonna Faustina l'avait contrainte à rester en dehors de chez elle tout l'après-midi, lui ouvrant la porte alors qu'il faisait déjà nuit ; ce soir-là, la patronne était d'excellente humeur, elle l'avait caressée et lui avait offert ce mouchoir. Bianca n'y avait plus songé, et le dimanche, lorsqu'elle était sortie de la maison, elle n'imaginait pas qu'elle n'y retournerait pas : le soir elle avait montré le mouchoir à Zanetta et aux autres, et les femmes lui avaient dit de le garder et de ne pas se faire de souci.

« Ce ne sont là que mensonges, je reveux mon mouchoir, et je dénoncerai cette voleuse. », s'exclama madonna Faustina prête à porter la main sur elle.

Le prêtre se raidit, s'interposant entre elle et la jeune fille.

« Si vous avez quelque chose à dire contre cette femme, adressez-vous aux recteurs de l'hospice », dit-il froidement.

Mais Faustina le bouscula, arracha le mouchoir que Bianca serrait dans ses mains et après un bref corps-à-corps s'en empara.

« Voleuse ! » hurla-t-elle triomphante alors qu'elle s'en allait.

Le jour même, Pre Anzolo envoya chercher le peu d'affaires que Bianca avait laissées chez Faustina. L'homme, envoyé pour cette commission, revint en rapportant qu'il s'en était fallu de peu pour que la femme n'en vienne aux mains. Elle n'avait pas cessé de hurler que la domestique lui appartenait, qu'elle avait mangé à ses frais, était encore endettée à son égard, et que les choses n'en resteraient pas là.

« Elle viendra encore me baiser les mains et m'implorer de la reprendre, vous verrez ! » lui avait-elle hurlé.

Peu de jours avaient passé quand le prêtre fit appeler Bianca.

« Il y a encore ta patronne qui veut te voir », dit-il, las.

Bianca descendit, méfiante, et trouva madonna Faustina qui, cette fois-ci, n'était pas seule ; monsieur Fabio l'accompagnait.

« Oh, voici notre Bianca, dit le jeune chaleureusement, de manière inattendue. Dis un peu, n'est-il pas vrai que tu reviens avec ta patronne ? Nous oublierons tout, et nous serons allègrement ensemble. »

Bianca secoua la tête.

« Non, monsieur, moi, là-bas, je n'y vais plus.

– Dommage », dit l'homme, cessant de sourire, et il s'en alla sans un mot.

Madonna Faustina, en revanche, se remit à parler d'un ton agité avec Bianca, jurant que, dorénavant, elle la traiterait comme il faut et ne l'enfermerait plus dehors. Pre Anzolo écoutait, impassible ; quelque chose dans tous ces discours ne le convainquait pas, mais il n'aurait pas su dire quoi exactement. Pourquoi donc cette fois-ci était-elle venue accompagnée, et pourquoi l'homme s'en était allé tel quel, sans avoir rien obtenu ? Non, pensa Pre Anzolo, qui, dans sa vie, en avait vu de toutes les couleurs, cette affaire ne me plaît pas. Il était encore en train de ruminer, quand il regarda par la fenêtre par hasard et, s'adressant à Bianca, il cria :

« À l'étage, vite ! »

12

La porte s'ouvrit tout grand et Fabio fit irruption, accompagné de trois hommes. Avec un rictus de triomphe, madonna Faustina tendit les mains vers la jeune fille, mais le prêtre s'interposa à nouveau, criant :

« Allez, cours ! Sauve-toi ! »

Son instinct sauva Bianca. Avant même d'avoir compris ce qui se passait, elle avait déjà disparu en haut des escaliers ; à la première marche elle perdit une de ses mules, mais, au lieu de s'arrêter pour la ramasser, elle se débarrassa de l'autre aussi et continua à courir, pieds nus. Fabio, jurant, écarta brutalement Pre Anzolo qui s'efforçait de lui barrer le chemin, mais, arrivé devant l'escalier, il se rendit compte que ses trois hommes ne le suivaient pas. Il allait jurer à nouveau, mais changea d'avis et haussa les épaules avec un petit sourire. Les trois hommes avaient raison. Une chose était d'enlever une jeune fille dans un parloir, pour ainsi dire dans la rue, une autre de prendre d'assaut l'hospice, de la pourchasser à travers les chambres au risque d'y être pris au piège si quelqu'un avait appelé à l'aide. Les hommes fixaient le prêtre et reculaient lentement vers la porte. Le coup avait échoué.

« Dommage, madonna, dit Fabio à Faustina, avec une petite révérence. L'oiseau s'est envolé. »

Cette fois, ce fut au tour de Faustina de jurer horriblement.

« Lâche ! hurla-t-elle, haineuse, en s'adressant à Fabio. Rien que des lâches, tous autant que vous êtes ! répéta-t-elle en regardant ses acolytes qui étaient déjà à la porte. Et on appelle ça des hommes ! »

Et elle s'en alla en secouant la tête, pendant que les trois hommes, contrits, la laissaient passer. Après elle, les hommes sortirent, Fabio en dernier ; et le prêtre, qui respirait avec difficulté, resta seul.

Toute la journée, Pre Anzolo et les femmes discutèrent sur la manière de mettre Bianca à l'abri au cas où Faustina reviendrait à l'attaque. Le sacerdote était décidé à dénoncer les faits, mais il n'était guère certain que la police fît quelque chose : après tout que s'était-il passé réellement ? Des hommes étaient entrés au parloir et en étaient partis.

« Qui va se soucier de ce type de choses, mes bonnes amies... » disait Pre Anzolo, et les plus âgées approuvaient.

Dans tous les cas, une vérité tombait sous le sens : Faustina, qui n'avait pas l'habitude qu'on la contrarie, avait perdu la tête. Bianca ne pouvait pas rester là, elle devait s'en aller.

« Il y a ma sœur », dit soudain une femme.

C'était celle que Bianca avait remarquée dès le premier jour dans les escaliers, le visage bouffi à cause des souffrances endurées et le regard perpétuellement apeuré.

« Mais oui, insista la femme. Vous la connaissez, Daniela, elle vient toujours me rendre visite. Elle est mariée, mais ne veut pas vivre avec son mari. Elle vit dans la cour de Ca' Trevisan chez une veuve, où il y a aussi d'autres femmes qui n'ont plus leur mari. »

Elle ne finit pas son propos, rougit et se tut. Pre Anzolo réfléchissait. Des situations de ce genre il y en avait beaucoup dans une grande ville comme Venise, et les prêtres s'en méfiaient ; mais Daniela, lui, il la connaissait, c'était une jeune femme qui se cassait les reins pour travailler dur et ne pas finir comme sa sœur.

« Toi, quel travail sais-tu faire ? demanda-t-il à Bianca.

– Lavandière », répondit-elle, prestement.

Concentré, le prêtre, le visage tendu, réfléchissait.

« Essayons, pour voir », dit-il ensuite.

Ainsi, Bianca alla vivre chez la veuve Margherita, qui avait hérité de son mari trois chambres au dernier étage du palais Trevisan à San Marco et qui, pour gagner sa vie, en plus de son travail de couseuse, louait des lits à des femmes seules. La maison était déjà surpeuplée, et, pour Bianca, il fallut installer une paillasse par terre près de l'âtre ; en plus de la fille de la veuve, Camilla, couseuse comme elle, et de Daniela, qui vivait en vendant des fruits au marché, il y avait deux autres lavandières, toutes les deux immigrées et séparées de leur mari, la Slave Marta et la Frioulane Lucrezia. À ces six femmes s'ajoutaient deux enfants, car Marta avait un fils de cinq ans, et à la maison on élevait en plus une orpheline de la Pitié, une fillette de huit mois : Camilla avait pris l'enfant l'année précédente, elle l'allaitait, et l'orphelinat payait une petite somme en compensation de sa peine.

Bianca commença à aller au lavoir avec les deux autres et à gagner assez pour se payer de quoi manger et dormir. Quand elles se levaient, à l'aube, Daniela était déjà sortie depuis un moment pour installer son étal au marché et, quand elles rentraient, elles trouvaient la veuve et sa fille qui cousaient, assises sur un banc, près de la seule fenêtre de la grande pièce, alors que, sur le feu, la soupe cuisait. L'enfant de Marta jouait dans la cour ou on ne sait où, mais il rentrait chaque soir manger, et s'endormait en tenant la main de sa mère ; puis elles allumaient une chandelle de suif et les deux couseuses continuaient à travailler jusque tard dans la nuit, pendant que les autres femmes, chacune à son tour, faisaient la vaisselle, changeaient la petite fille et la berçaient pour l'endormir.

Au cours de ces longues soirées sombres, la cuisine éclairée seulement dans un angle par la petite flamme de la chandelle, les femmes racontèrent à Bianca leur histoire. Il était manifeste qu'elles étaient coutumières du fait, et maintenant, chaque fois qu'une nouvelle entrait à la maison, elles racontaient naturellement des choses qu'au début probablement elles auraient eu honte de dire, même à leur confesseur.

« Je me suis mariée à quatorze ans et je ne savais rien, mais rien de rien. Pauvre jeunesse ! soupirait Lucrezia. Mais celui-là, je n'en voulais pas. J'ai même pleuré quand mon père m'a dit que je devais l'épouser. Il me dégoûtait, il suffisait de le regarder pour comprendre que ce n'était pas un homme. Mais il payait bien. »

Parvenue à ce point, la narratrice s'interrompit pour évaluer l'effet que ces mots avaient sur Bianca.

« Comment ça, il payait ? fit la jeune fille, surprise.

– Eh, oui, reprit la Frioulane, satisfaite. Je me suis mariée et mon père n'a pas versé la moindre dot, au contraire : c'est celui-là qui a payé. Moi, je n'en voulais pas de ce dégoûtant, mais avec mon père, il n'y avait rien à faire. C'était un homme qui ne craignait pas Dieu, va savoir où est son âme maintenant, comment le savoir. Il a été comme ça toute sa vie. Il rentrait à la maison et disait des choses sales que je ne peux pas répéter. Il nous frappait sans pitié. Quand ma mère a dit que j'avais raison de ne pas vouloir l'épouser celui-là, il l'a tant battue qu'elle en est restée alitée deux mois. Moi, j'ai dit que plutôt que de me marier je me noierais, et lui que croyez-vous qu'il a fait ?

– Il t'a battue, dit Daniela, ironique.

– Exactement ! confirma Lucrezia, sans comprendre. Et comment qu'il frappait, lui. Que Dieu nous vienne en aide ! »

Lucrezia se tut et s'essuya une larme.

« Et puis ? insista Bianca.

– Et puis, je l'ai épousé, que faire d'autre ? Mon père a fait venir un prêtre à la maison, et il a dit que si je ne disais pas oui, il me battrait encore, et me jetterait à la rue, et que je n'étais plus sa fille. Nous avons dîné, et puis le prêtre nous a mariés. J'ai pleuré tout le temps, et, ensuite, je l'ai dit à tout le monde que ce mariage n'était pas valable, qu'on m'avait fait dire oui mais que je n'étais pas consentante. Il est venu dormir chez nous cette nuit-là. Et moi je me suis fait donner du fil et une aiguille par ma mère et j'ai cousu ma chemise de nuit entre mes jambes, comme cela, il ne pouvait pas me prendre. Ce qu'il s'est mis en colère ! Mais il avait peur de crier car il était chez mon père, et cette nuit-là, je n'ai pas cédé, et lui, il n'a rien pu faire.

– Et comment ça s'est terminé ? voulut savoir Bianca, médusée.

– Comment veux-tu que ça se soit terminé ! Le jour suivant, mon père a pris la chemise de nuit et l'a cachée, et il a dit que si je n'allais pas au lit avec mon mari il me clouerait sur la porte de la maison, et le soir il m'a contrainte à enlever tous mes habits et puis il m'a enfermée dans la chambre avec lui. Je pleurais, mais je n'osais pas crier par crainte de mon père qui était dans la chambre à côté, et lui, il m'a prise. Sois gentille, disait-il, après je te ferai un beau cadeau. Moi, j'invoquais le diable pour qu'il m'emporte, et à l'autre je lui disais qu'il n'était pas mon mari. »

Bianca en était bouche bée.

« Et ensuite ?

– Et ensuite, il m'a conduite chez lui, chez sa mère. Ce… je ne sais même pas comment le nommer, tiens. Il me disait tout le temps : tu sais combien j'ai payé ton vieux pour t'avoir ? Quatre cents ducats ! »

Les femmes poussèrent des exclamations de surprise.

« Celle-là, tu ne nous l'avais encore jamais sortie, fit sèchement remarquer Margherita.

– Oui, eh bien, c'est exactement comme ça, rétorqua Lucrezia. Quatre cents ducats ! Rubis sur l'ongle ! Je les ai vus, de mes yeux vus, qu'il les lui comptait ! Et puis, quand j'ai été chez lui, quelques mois après, quand désormais j'étais résignée et que la nuit j'étais avec lui, même si je continuais à penser qu'il n'était pas mon mari, mais je ne le lui disais pas par crainte d'être battue, eh bien, un jour, il vient et me fait : aujourd'hui un monsieur va venir et tu dois être très gentille avec lui.

– Non ! Ça n'est pas possible ! s'exclama Bianca en portant ses mains à la bouche.

– Et si, ma chère, répéta Lucrezia tristement. Tu as compris quel genre d'homme c'était ? Il avait investi et alors il voulait rentrer dans ses frais. Et moi je devais lui regagner son argent, et sa mère était d'accord, elle m'expliquait que ce monsieur était un homme important, que je lui avais plu et qu'il payait bien.

– Et toi, tu as marché ?

– Moi, au bout d'un moment, j'ai fui, la coupa la femme, évitant de répondre. Je suis rentrée chez mon père.

– Mais alors tu es idiote ! s'exclama Daniela.

– Et où pouvais-je aller ? se défendit la lavandière. Je lui ai demandé s'il les avait encore les sous que lui avait donné ce gars-là, mais lui, il se les était bus ou il les avait dépensés avec ses autres sales femmes dépravées. Et alors j'ai fui à nouveau et puis je suis arrivé ici, c'est la Providence qui m'a guidée. »

À ce moment même, la petite fille se réveilla et Lucrezia se leva pour aller la bercer. À la lumière de la minuscule chandelle, Margherita et sa fille continuaient à coudre, Marta caressait la tête de son fils endormi sur ses genoux.

« Dites donc, quelle histoire, les femmes, hein ? » fit-elle après un moment de silence.

Les autres acquiescèrent.

« Moi aussi, quand je me suis mariée, je ne savais rien. Je ne savais même pas s'il me plaisait ou pas, je l'ai épousé car les cousins m'ont dit que je devais, continua Marta dans un vénitien un peu hésitant. Mais la première nuit j'ai eu une de ces peurs ! Je n'y comprenais rien, je me suis enfuie, je suis allée dans le lit de ma cousine et je lui ai dit que je voulais dormir avec elle, pas avec l'autre. Dans la maison, tout le monde criait, mais ils ne m'ont pas frappée. Ils ont essayé de me convaincre encore pendant deux ou trois jours, et moi, inflexible, rien. Alors ils sont allés voir un prêtre et ils lui ont dit qu'il fallait un exorcisme pour me convaincre d'aller au lit avec mon mari.

– Moi, j'en connais bien une qui aurait voulu aller au lit avec son mari, interrompit la veuve en riant, mais c'était lui qui ne réussissait pas ! Il lui restait mou comme une saucisse. Le prêtre lui a tout expliqué : comment elle devait faire pour le toucher et l'embrasser, pour le lui faire devenir dur, et elle s'y est mise, mais rien ne se passait. À la fin ils sont allés chez une guérisseuse et elle leur a appris un sortilège.

– Et lequel ? l'encouragea Daniela, amusée.

– Il y en avait deux : on pouvait mettre sous le lit le socle d'une charrue. Comme cela, à lui, il lui devenait dur comme le fer ! Mais où tu le trouves à Venise le socle d'une charrue ? C'est un sortilège qui va bien pour des paysans. Alors ils ont fait autrement : il faut prendre l'anneau nuptial d'une vierge qui s'est mariée depuis peu, l'immerger dans de l'eau bénite, et puis, lui, il doit pisser à travers l'anneau. C'est ainsi qu'on chasse le mauvais œil.

– Et ça a fonctionné ?

– Ça a fonctionné ; et comment ! rit la veuve. Maintenant ces deux-là, ils ont six enfants !

– Avec moi, en revanche, l'exorcisme n'a pas vraiment fonctionné, reprit timidement Marta, sans protester pour cette interruption. Je continuais à avoir peur. Mes cousins m'expliquaient que si je voulais un enfant je devais aller au lit avec lui. Mais je n'y croyais pas. Oui, j'en voulais un d'enfant mais je ne croyais pas que je devais précisément faire cette chose-là. J'ai demandé aux voisines et elles m'ont toutes dit qu'il en allait bien ainsi. Alors, je me suis résignée. Mieux vaut que je ne repense pas à cette nuit-là. Mais, finalement, le résultat c'est lui, conclut-elle avec orgueil, en caressant les cheveux de son enfant endormi.

– Et maintenant, ton mari, il est où ? demanda Bianca, qui avait suivi le récit sans perdre un mot.

– Qui le sait, dit Marta. Nous ne nous entendions pas. À la fin, il s'est embarqué et n'est plus revenu et je ne tiens pas à ce qu'il revienne. »

Bianca soupira au-dedans d'elle-même, mais les autres ne s'en aperçurent pas.

« L'histoire la plus horrible est encore la mienne », fit Daniela.

Les autres femmes qui la connaissaient déjà confirmèrent d'un air de fausse compassion. Daniela, les yeux soudain devenus brillants, s'adressa à Bianca.

« Tu ne sais pas encore mon histoire mais j'ai tôt fait de te la raconter. Près de chez nous habitait un maître d'école, il se nommait messer Ambrogio. Je lui plaisais, il me faisait toujours des petits cadeaux. Sous un prétexte ou un autre, il était toujours chez nous. Quand j'ai eu quatorze ans, il a commencé à parler de m'épouser avec mon père et lui a dit que je lui plaisais tant qu'il me prenait sans dot.

– Comme moi, interrompit Lucrezia, qui était rentrée avec sa fille dans les bras et cherchait à l'endormir en lui chantant une berceuse.

– Oui, mais, lui, il n'a pas payé, simplement il se contentait de me prendre sans dot. Mais mon père n'avait pas un sou, ma sœur s'était déjà enfuie de la maison et il a cru bien faire. Et j'ai accepté pour qu'il soit content.

– Mais qu'est-ce qui n'allait pas ? Il était vieux ? demanda Bianca.

– Oui, il était vieux, mais c'est pas ça », répondit Daniela.

L'atmosphère dans la chambre était tout d'un coup devenue glaciale.

« C'est que je n'étais plus vierge depuis un moment. Il m'avait prise quand j'avais sept ans, une fois où j'étais entrée chez lui. Et puis il a continué à me prendre chaque fois que l'occasion se présentait. »

Cette fois, ce fut Camilla qui rompit la glace après que la jeune fille eut raconté son histoire.

« Allez, va, on est toutes de pauvres malheureuses ! Maintenant je te raconte moi aussi mon histoire, comme cela, tu les sauras vraiment toutes, continua-t-elle, s'adressant à Bianca. Et tu sauras qu'il faut vraiment s'attendre à tout de la part des hommes. Ma chère, j'étais mariée depuis trois ans et j'attendais mon deuxième enfant. Nous vivions chez mon beau-père. Mon mari était un brave homme, mais un peu étrange. Il voulait toujours lire la Bible, il avait appris le latin pour pouvoir la lire. Puis, un jour, il a fui la maison sans rien dire à personne. Dieu comme j'étais désespérée ! Pendant un an nous n'avons rien su de lui. Je croyais qu'il était mort. Je priais pour avoir de ses nouvelles... Puis un jour une lettre est arrivée, adressée à son père. Il disait qu'il était vraiment désolé de la douleur qu'il lui avait causée, à lui et aussi à moi. Sa si chère et très aimée femme disait-il, je m'en souviens encore par cœur. Mais cela faisait plusieurs années qu'il y pensait, disait-il.

– Mais qu'a-t-il fait ? demanda Bianca, interloquée.

– Il s'est fait juif ! Il est allé à Salonique, dans l'empire du Turc ; là-bas, disait-il, il y a une ville où vivent tous les juifs et, lui, il a étudié leur loi et maintenant il s'appelle Abram Israel, et il dit que, par miracle de leur Dieu, en une semaine, il a appris à lire leur langue !

– Oh ! Doux Jésus, aide-nous ! » murmura Bianca, incrédule.

Et, l'ombre d'un instant, une pensée folle lui traversa l'esprit, Michele se serait-il enfui pour se faire juif ? Non, pensa-t-elle ensuite, ce n'est pas possible. Mais alors où est-il ? Et elle commença à pleurer en silence.

« Allons, allons, lui dit la veuve, en la prenant maternellement par les épaules. Les hommes ne sont pas tous comme ça. Toi, le tien, tu voudrais qu'il te revienne, vrai ?

– Oh oui, sanglota Bianca.

– C'est ça, dit la vieille avec brusquerie. Moi aussi, le mien, je voudrais le ravoir. Mais je sais que c'est impossible ; je l'ai enterré, précisa-t-elle, en faisant le signe de croix, aussitôt imitée par toutes les autres. Le tien, en revanche, un jour ou l'autre il reviendra, tu verras.

– Mais je ne sais même pas où il est ! » s'écria Bianca, à travers ses larmes.

La veuve se caressa le bout du nez, pensive.

« Il y a un moyen si tu veux, dit-elle enfin. Prends garde, ce n'est pas dit que ça fonctionne, là, maintenant. Mais, moi, je l'ai déjà vu marcher. »

Bianca resta bouche bée, et les autres aussi d'un seul coup prêtèrent attention.

« Mais n'en dites rien à personne ! »

Toutes furent d'accord, excitées.

« Alors, regarde comment on fait : on prend une cuvette d'eau », dit la veuve ; et tout en parlant, elle se leva, ramassa une petite bassine en étain et la remplit d'eau avec le broc.

« Maintenant, attention : tu dois humecter ton doigt dans ta petite chose…, oui, tu m'as très bien comprise, ajouta-t-elle, car Bianca rougissait. Allons, on ne te regarde pas. Enfonce-le bien au fond, et puis tourne-le dans l'eau. »

Bianca s'exécuta maladroitement.

« Bien ! Allons, tourne-le fort, mélange l'eau avec ton doigt. Et répète avec moi : Par cette eau du puits, par cette eau de mon petit seau, avec l'aide de San Giuliano et San Rocco pèlerin et des Trois Rois, fais-moi voir où est allé mon mulet, fais-moi voir où est allée ma barque, fais-moi voir où est allé mon homme, fais-le-moi voir que je puisse le retrouver. »

Bianca, le cœur battant, était à genoux devant la petite bassine et répétait le rituel magique.

« Maintenant, regarde, ordonna la veuve. Que vois-tu ? »

Bianca écarquilla les yeux. Elle avait l'impression de ne rien voir, mais peut-être était-ce qu'elle ne savait pas bien regarder. Qu'était-ce que ce reflet-là ? La mer, probablement ?

« Il s'est embarqué », chuchota-t-elle.

Les femmes autour d'elle retenaient leur souffle.

« Je le savais, dit Marta.

– Et pour où ? insista la veuve. Allez, regarde bien ! »

La petite flamme de la chandelle se reflétant dans l'eau projetait des images fantasmagoriques.

« Il est au pays du Turc ! » s'écria Bianca, d'une voix décidée.

Les autres laissèrent échapper des exclamations d'étonnement.

« Vous voyez ? dit la vieille, triomphante. Ça a fonctionné ! Et, toi, sois tranquille, il est vivant, tu as vu ? Et tu verras, il te reviendra riche !

– Vous pensez ? murmura Bianca.

– Sans aucun doute ! Autrement que serait-il allé faire jusque là-bas ? Sois-en certaine, un jour ou l'autre tu le verras débarquer les poches pleines de sous. Tu as de la chance, c'est moi qui te le dis ! Et, maintenant, ça suffit, il se fait tard, femmes, allons dormir ! »

13

À Venise, c'était un hiver de famine. Deux années consécutives de mauvaises récoltes avaient laissé les entrepôts vides. La Seigneurie achetait du blé au Levant, dans les immenses propriétés des pachas turcs : le sultan, soucieux de l'approvisionnement de Constantinople, avait interdit l'exportation hors de son empire, mais, par chance, les pachas ne voulaient pas renoncer à ce gain. Le Grand Vizir lui-même n'y renonçait pas, qui avait pourtant promulgué l'interdit au nom du Grand Seigneur. Une multitude de petites embarcations privées, chébecs, felouques et caramussales, faisaient la navette entre les escales turques de Volos et de Salonique, apportant le blé en contrebande aux îles vénitiennes de Crète et de Zante, où il était chargé sur des bateaux et apporté à Venise. C'était un trafic dangereux mais rentable pour les patrons des embarcations, et quand il parvenait aux entrepôts du *Palazzo Ducale* et de l'Arsenal, le blé voyait son prix augmenter de manière invraisemblable, mais au moins il était là. Le gouvernement le distribuait à un prix contrôlé : il y perdait, mais cela évitait l'exaspération du peuple et c'était la chose la plus importante.

La ville était remplie de mendiants, et presque tous les matins on trouvait un mort, de faim ou de froid, sur le chantier du nouveau pont de Rialto ou sous les portiques du Palazzo, où les pauvres se réfugiaient pour chercher un abri. Un jour il s'agissait d'un immigré resté sans emploi et chassé de la *bottega* où il travaillait, un autre, d'une mère de famille, qui n'avait plus son homme et qui avait fini à la rue. Mais même les gens qui travaillaient avaient du mal à manger à leur faim ; dans tous les monastères on distribuait chaque jour de la soupe, et parmi les pauvres qui faisaient la queue, il y avait aussi d'honnêtes artisans. Bianca et les femmes qui habitaient chez Margherita se rendaient toutes ensemble, à midi, au monastère des Celestini, le plus proche de chez elles ; le quartier était populeux, la queue, debout, dans le froid, interminable, mais au moins la soupe était chaude, épaisse et abondante. Le soir, ce qu'elles avaient gagné en travaillant toute la journée pouvait suffire pour dîner ; ainsi on allait de l'avant en attendant des jours meilleurs.

Un jour, Bianca arriva à la maison, haletante, pliant sous le poids du panier de linge qu'elle portait sur ses épaules, et Margherita, lui ouvrant la porte, vit qu'elle tremblait. Bianca avait maigri ces derniers mois et la peau de ses pommettes était devenue moins lumineuse, plus opaque, mais la veuve ne l'avait jamais vue à ce point ébranlée.

« Mais que t'est-il arrivé ? »

Il apparut que Bianca, elle ne savait pas comment, avait perdu au lavoir ou en chemin des vêtements. Elle s'en était aperçue quand elle avait livré la lessive chez un marchand pour lequel elle travaillait toutes les semaines ; avec ses domestiques, elle avait compté et recompté, et puis elle était revenue sur ses pas pour les chercher mais il n'y avait rien eu à faire : des pièces manquaient et il fallait les rembourser. Bianca était désespérée.

« Je n'ai plus un sou ! Comment je vais faire ? » répétait-elle entre deux sanglots.

Les femmes se réunirent en conseil. La seule et unique chose que Bianca possédait encore, outre les vêtements qu'elle portait sur elle, était les boucles d'oreilles de son mariage.

« Il faut les gager », conclurent-elles à l'unisson.

Il n'y en avait pas une qui, dans sa vie, ne fût pas allée souvent au Mont-de-Piété, mettre en gage des boucles d'oreilles ou une chaînette, une ceinture ou une petite bourse. Daniela examina avec attention les boucles d'oreilles à la lumière de la chandelle.

« On t'en donnera bien deux ou trois ducats », décréta-t-elle.

Bianca était désespérée à l'idée de se séparer de ses boucles d'oreilles : c'était le dernier souvenir qui lui restait de Michele, mais elle comprenait parfaitement qu'il n'y avait rien d'autre à faire.

« Il vaut peut-être mieux les vendre, dit-elle courageusement. Si je les mets en gage, où je les trouve les sous pour les récupérer ? Dans un an et demi, ils me les vendent et adieu !

– Un an et demi, c'est long ! objecta Lucrezia. Avec un peu de chance, ton homme rentre d'ici là ! »

Bianca sourit et secoua la tête, entre deux sanglots.

« S'il rentre, je ne veux pas qu'il ait à penser à me repayer des boucles d'oreilles ! Non, il vaut mieux les vendre, on m'en donnera plus, n'est-ce pas ?

– Le double, dit Daniela d'un air expert.

– Écoutez-moi, intervint la veuve. Les vendre, cela n'a aucun intérêt. Je sais ce qu'il faut faire. Dans le ghetto, il y a une juive qui fait des prêts sur gage, c'est chez elle qu'il faut aller.

– Une juive ! fit Bianca, effrayée.

– Mais les juifs sont obligés par la loi de vendre le gage au terme d'un an, et ça c'est pire que le Mont-de-Piété ! objecta Daniela. Tu parles d'un avantage ! »

La veuve secoua la tête.

« Mais c'est une femme bien, elle. Si elle sait que tu es une femme en difficulté, un an après elle te renouvelle ton échéance sans rien te demander. Elle l'a fait pour moi aussi.

– Une juive ? Je n'y crois pas ! dit Lucrezia, méprisante.

– Tu peux me croire ! s'énerva la veuve. C'est une brave femme, bien que juive. Elle est veuve elle aussi, sans homme, et elle sait ce que ça veut dire. Va chez elle, continua-t-elle, s'adressant à Bianca. Va au Ghetto Nuovo et demande donna Regina Calimani. Raconte-lui tout, dis-lui que c'est moi qui t'envoie. Elle se souviendra de moi. Tu verras que je te suis de bon conseil. »

C'est ainsi que, le jour suivant, aux premières lueurs de l'aube, Bianca mit ses boucles d'oreilles dans un chiffon et sortit. Le Ghetto Nuovo n'était pas loin, et, quand elle arriva, les gardes venaient d'ouvrir le grand portail en fer qui enfermait pendant la nuit les juifs dans leur quartier et empêchait que les chrétiens n'y entrassent. Une fois dans ce dédale de ruelles, de petites boutiques et d'immeubles surpeuplés elle n'eut aucune difficulté à trouver l'endroit où elle devait se rendre : tout le monde dans le Ghetto semblait connaître donna Regina. La maison des Calimani était un petit immeuble en mauvais état, avec un arbre feuillu et un puits dans la cour ; une domestique fit monter Bianca au premier étage, où la maîtresse de maison était assise dans une pièce bien chauffée, derrière une table chargée de paperasseries. C'était une femme âgée et très grasse, qui respirait difficilement ; elle regarda avec sympathie la jeune femme qui se tenait respectueusement debout devant elle. De toute sa vie, Bianca n'était jamais entrée dans le ghetto, et au début elle était effrayée ; elle esquivait les gens et évitait de raser les murs, comme si elle avait eu peur qu'ils lui transmissent la peste. Mais la bonté qui brillait dans les yeux de la vieille femme la rassura ; si bien qu'elle défit son petit paquet, faisant rouler les boucles d'oreilles sur la table, et demanda combien elle pouvait en obtenir. Donna Regina les prit, les regarda un instant, puis les pesa sur une minuscule balance de bijoutier.

« Tu as besoin de beaucoup ? demanda-t-elle ensuite, au lieu de donner un chiffre. Bianca rougit.

– Un peu, dit-elle.

– Ton mari ne travaille pas ? insista la femme, regardant la bague à son doigt.

– Il est en mer », dit Bianca.

Depuis le jour où la veuve lui avait appris le rituel de l'enchantement de la bassine, elle s'était convaincue qu'il en était vraiment ainsi, bien qu'elle n'ait pas eu de nouvelles de Michele depuis le jour où il avait disparu. La juive hocha la tête.

« Je sais. Les temps sont durs et il faut se débrouiller seule. Disons trente lires. »

Bianca fit rapidement le compte : ça faisait plus de trois ducats.

« Je vous remercie », dit-elle, émue.

La femme haussa les épaules.

« Si tu savais », dit-elle vaguement ; puis elle s'interrompit.

À l'étage du dessus, on avait entendu un bruit, comme si quelque chose était tombé par terre. Donna Regina semblait inquiète.

« Beatrice, viens voir un moment si tu peux ! » appela-t-elle.

La domestique qui était à la cuisine monta vite les escaliers et apparut, se nettoyant les mains sur son tablier.

« Va voir en haut si rabbi Salomon va bien, je l'ai entendu bouger », dit la patronne.

La domestique disparut.

« C'est mon beau-père, que Dieu le prenne avec lui quand son jour viendra, expliqua donna Regina. Il a plus de quatre-vingts ans, et il est retombé en enfance. Qu'y faire ! » ; puis elle ajouta quelque chose dans une langue que Bianca ne comprit pas.

« Alors, dit-elle ensuite, comme reprenant ses esprits. Tâchons de procéder aux écritures. Et, toi, regarde, là, il y a une chaise. Assieds-toi. »

Bianca hésita un instant, puis s'assit sur le bord de la chaise qu'on lui avait indiquée. Non seulement la femme lui inspirait confiance mais la pièce était absolument semblable à toute autre pièce qu'elle avait eu l'occasion de voir dans d'autres maisons vénitiennes ; rien ne permettait de comprendre que c'était une maison de juifs. Ce qu'elle n'avait jamais eu l'occasion de voir, en revanche, c'était une femme qui écrivît avec tant d'aisance ; entre ses doigts gras et couverts de bagues, la plume d'oie semblait voler. En quelques minutes l'acte fut rédigé.

« Comment t'appelles-tu ?

– Bianca.

– Et puis ?

– Mon père s'appelait Francesco da Vicenza. »

La femme écrivit une autre ligne.

« Et ton mari ?

– Michele, fils de Matteo, le maçon.

– Tu sais signer ? »

Bianca secoua la tête.

« Mets une croix ici. Attends, je vais te tenir la main. Ce n'est pas difficile, tu verras. Prête ? »

Bianca, obéissante, empoigna la plume et inscrivit le signe de la croix, guidée par la main experte de la femme.

« Voilà, et maintenant, comptons tes trente lires. »

Donna Regina ouvrit un tiroir et commença à en sortir de petites pièces de monnaie d'argent et de cuivre en faisant deux petits tas séparés. Elle les compta et les recompta, puis elle dit à Bianca :

« Avance ton mouchoir. À moins que tu aies une petite bourse ?

– Elle est trop petite », dit Bianca en la lui montrant.

La femme poussa les pièces dans le mouchoir, puis le noua habilement.

« Et voilà. Fais attention à ne pas le perdre ! Mais qu'as-tu ? »

Bianca en effet s'était mise à pleurer.

« Allons, allons ! Qu'est-ce qui se passe ? » répétait la femme, maternelle ; mais Bianca continuait à pleurer.

Elle ne savait pas elle-même pourquoi ; elle était arrivée tout apeurée, et la cordialité simple avec laquelle cette femme s'était comportée à son égard avait d'un seul coup brisé quelque chose en elle.

« Je ne sais pas ! Excusez-moi ! C'est que… »

La femme la prit dans ses bras.

« C'est dur pour tout le monde par les temps qui courent, mon enfant. Tu verras que quand ton mari rentrera tout ira mieux. »

Bianca hocha la tête en continuant de sangloter.

« Je te donnerais volontiers un verre de vin », fit donna Regina. Et elle ajouta immédiatement, voyant que Bianca se raidissait : « Mais c'est interdit. Vous, les chrétiens, vous ne pouvez ni boire ni manger chez nous. Il ne manquerait plus que la loi vous interdise aussi de pleurer : un jour, tôt ou tard, ils seraient bien capables de l'inventer celle-là aussi », ajouta-t-elle amère.

Bianca essuya ses larmes avec la manche de sa chemise et se leva.

« Je ne sais pas comment vous remercier, dit-elle, s'efforçant de sourire.

– Il n'y a pas de quoi, répondit la femme. Ah, écoute un peu ! ajouta-t-elle en la rappelant. Je suis à la recherche d'une domestique chrétienne. Tu n'en connaîtrais pas une qui accepterait de venir travailler chez moi ? »

Bianca ouvrit tout grand ses yeux.

« Mais ce n'est pas interdit ? balbutia-t-elle.

– Non, dit donna Regina. Ça te paraît bizarre, hein ? Mais le fait est que nous avons besoin de domestiques chrétiens pour être servis le samedi. Le samedi nous ne pouvons rien faire, pas même allumer le feu ou une chandelle, nous ne pouvons pas cuisiner. Le Seigneur l'a voulu ainsi. Aussi, ceux qui ont les moyens d'embaucher des chrétiens le font-ils, ce n'est pas interdit. Néanmoins, eux non plus, ils ne peuvent ni manger ni boire chez le patron, et pas même y dormir la nuit, ça se comprend : ils doivent tous sortir du ghetto avant qu'on n'en ferme les portes. Alors, si tu en connais une, envoie-la-moi, d'accord ? »

D'un coup, Bianca eut une idée folle. Cette femme lui plaisait tant que tous ses préjugés s'étaient évaporés en un instant. Le ton maternel sur lequel elle s'était adressée, non seulement à elle, mais aussi à sa domestique, l'avait profondément touchée ; quand elle travaillait chez Faustina, ce n'était certainement pas ainsi que la traitait la patronne.

« Ne pourrais-je pas venir moi-même, madame ? » dit-elle en un souffle.

Donna Regina sourit et secoua la tête.

« Mais tu es trop jeune, mon enfant. Ils ne te laisseront jamais venir.

– Pourquoi ? » demanda Bianca, éberluée.

La femme sourit, mais d'un rire amer.

« Tu n'imagines pas ? Ils ont peur. Les jeunes sont influençables. Et les femmes jeunes courent plus de risques que les vieilles.

– Mais je ne cours aucun danger ! Je vous en prie, madame, prenez-moi à l'essai !

– Tu n'as pas compris, dit la femme. Tu dois soumettre une demande au magistrat, ils te convoquent et t'examinent et si ça leur chante ils te donnent la permission de venir travailler au ghetto. Mais à toi, ils ne te la donneront jamais.

– Laissez-moi essayer ! » s'écria Bianca.

Donna Regina tenta de l'en dissuader, mais constatant son obstination, elle se résigna. Elle lui expliqua comment se nommait la magistrature à laquelle elle devait s'adresser, et dans quel immeuble elle avait ses bureaux ; puis elle la congédia. Bianca s'inclina et sortit ; donna Regina continua à la regarder avec tendresse, secouant la tête, jusqu'à ce qu'elle eût disparu.

C'est ainsi que le lendemain Bianca se présenta au siège des Officiers au Cattaver, les magistrats qui surveillaient les appels d'offres, la collecte des gabelles et l'activité des usuriers, et qui, depuis quelque temps, s'immisçaient aussi dans la vie privée des habitants du ghetto au motif que la majorité des usuriers étaient justement juifs. Après quatre heures d'antichambre, l'huissier l'introduisit dans le bureau où les trois magistrats, tous trois assez jeunes, venaient de finir de déjeuner. Un domestique débarrassait les restes du repas et les verres de vin ; l'un des trois hommes se nettoyait les dents. Tous trois regardèrent avec intérêt la jeune femme qui s'était arrêtée debout sur le seuil.

« Viens donc, avance-toi », dit le président, qui paraissait le plus jeune des trois.

Bianca obéit, déclina son identité et expliqua pourquoi elle était venue. Les trois hommes sourcillèrent.

« Et pourquoi voudrais-tu travailler chez les juifs ?

– J'ai besoin de travailler, dit Bianca. Madame donna Regina a dit qu'elle veut une domestique chrétienne pour allumer le feu le samedi, ajouta-t-elle tout d'un trait.

– Mais quel âge as-tu ?

– Dix-sept ans », dit Bianca.

Les trois hommes se regardèrent et hochèrent la tête.

« C'est quoi, une blague ? Tu ne sais donc pas qu'il faut avoir au moins quarante ans pour pouvoir servir chez des juifs ?

– Mais pourquoi ? demanda Bianca, ingénue.

– Comment ça, pourquoi ? Ce sont des gens dangereux, ils n'attendent que ça, d'avoir affaire à une personne jeune pour l'attirer vers eux !

– Mais que font-ils de mal ? Il me semblait que madame donna Regina était une femme bonne, objecta courageusement Bianca.

– Il n'y a pas de bons juifs ! rétorqua sèchement le président. Et en disant cela, tu manifestes précisément combien il serait dangereux de te laisser aller chez elle !

– Sans compter l'autre danger, dit celui qui se nettoyait les dents. »

Bianca le regarda, interloquée.

« La tentation ! Tu n'imagines pas ce qui peut arriver à une jeune femme chez des juifs ? »

Bianca voulait répondre que si c'était pour ça, on ne savait que trop bien ce qui arrivait aux domestiques dans toutes les maisons, y compris celles des chrétiens ; en revanche, elle objecta :

« Mais c'est la maison d'une femme !

– Et il n'y a pas d'hommes ?

– Il y a le vieux patron, il a quatre-vingts ans !

– Tu ne connais pas les juifs, ils y vont, ils s'y donnent même à quatre-vingts ans, dit vulgairement l'un des trois ; et tous se mirent à rire.

– Assez perdu de temps, conclut le président. La réponse est non, et maintenant, va-t'en. Si tu veux travailler, cherche-toi une place chez des chrétiens, compris ? »

Bianca s'inclina et sortit.

Les mois suivants, non seulement Bianca, mais toutes les locataires de la veuve se mirent à chercher une maison où servir car aucune d'entre elles ne parvenait plus à subvenir à ses besoins en travaillant. De mémoire d'homme, ce mois de mars fut le plus froid qu'on ait connu, et il fallut racheter du bois. Le prix du pain ne cessait d'augmenter, alors que tout le monde attendait avec anxiété de comprendre ce qu'aurait donné la prochaine récolte. Mais il y avait trop de femmes qui cherchaient du travail et aucune ne réussit à en trouver ; et donc la petite communauté s'étiola. La petite orpheline qu'elles élevaient pour la Piété mourut après avoir désespérément toussé pendant trois jours, et cette source de revenus disparut elle aussi. Daniela décida de rentrer dans son village, dans le Polesine, et personne ne parvint à la retenir : elle fit son balluchon et disparut. Marta, qui devait subvenir aux besoins de son enfant outre aux siens propres, ne savait plus comment faire ; elle chercha une *bottega* où placer l'enfant comme garçon mais il était encore trop petit et personne n'en voulait. Alors qu'elle cherchait, elle rencontra un jeune gars de chez elle : un propre-à-rien dirent-elles toutes la première fois qu'il vint la chercher à la maison pour l'inviter à sortir, mais elle s'obstina à dire qu'il n'en était rien, que ce n'était là qu'envie car elle avait retrouvé un homme, et au bout d'un moment, elle aussi fit son balluchon, prit son enfant par la main et disparut. Une autre femme, qui vivait de mendicité, vint avec deux petits enfants, et prit son lit ; elle n'était pas loquace, pas propre, mais payait régulièrement son loyer, et la veuve ne pouvait pas se permettre de faire la fine bouche.

Bianca, qui continuait tout juste à gagner au lavoir de quoi se nourrir de pain noir, fut très frappée par la nouvelle locataire, et lors des soirées de printemps qui, peu à peu, s'allongeaient, elle parvint à lui faire raconter son histoire. Elle s'appelait Chiara et était la veuve d'un charpentier ; tant que son mari était en vie, la famille se portait bien car tous les charpentiers de Venise avaient le droit, lorsqu'ils n'avaient pas de travail, de se présenter à l'Arsenal et de se faire payer à la journée, qu'il y ait ou non quelque chose à faire. Mais quand son mari, qui était tombé malade, mourut, la nourriture avait aussitôt manqué ; Chiara était retournée chez ses parents, mais peu après ils étaient morts eux aussi. Ses frères lui avaient clairement dit qu'il y avait juste assez pour nourrir leurs familles, et comme elle n'avait appris aucun métier, elle s'était mise à mendier.

« Ce n'est pas une si mauvaise vie que ça, affirma-t-elle avec un sourire marquant ses rides. On s'habitue vite au froid comme au chaud. Il faut juste défendre sa place, tout est là. Moi, je suis toujours la première sur les marches de Santa Maria Formosa, et gare à qui s'aviserait de m'enlever de là. À la fin, ta journée, tu l'as gagnée. Dis donc, tu voudrais venir, toi aussi ? Les hommes font volontiers l'aumône à une belle fille.

– Vraiment, tu m'emmènerais avec toi ? dit Bianca sans réfléchir.

– Certainement, fit la mendiante. Mais, on partage, c'est clair ? »

Le lendemain, c'était dimanche, et de toute façon on ne travaillait pas. Pourquoi pas, pensa Bianca. Les sous que lui avait procurés la juive diminuaient rapidement, et lorsqu'il ne lui en resterait plus, elle n'aurait même pas de quoi se payer un lit. Qu'y avait-t-il de mal à mendier, après tout ? Juste demain et seulement pour essayer…

« Entendu », dit-elle, s'efforçant de sourire.

La veuve et Camilla, qui cuisinaient, la regardèrent longuement mais ne dirent pas un mot.

Le lendemain, avant l'aube, la mendiante la secoua. Les enfants étaient déjà debout, leurs guenilles sur le dos, et pleurnichaient de faim comme toujours ; leur mère ne les nourrissait que le soir pour qu'ils apitoient davantage les gens dans la journée.

« Toi aussi, si tu m'en crois, ne mange pas, dit-elle à Bianca, qui avait sorti son quignon de pain. Plus tu auras l'air affamée, plus tu plairas. Et tes chaussures, laisse-les à la maison. »

Elles sortirent dans l'obscurité, pieds nus, traînant derrière elles les enfants. Bianca, tout excitée, pleine d'appréhension et de honte, n'avait guère dormi, mais maintenant elle ressentait surtout le froid et l'humidité du matin. Elles marchèrent longtemps dans les *calli* encore désertes jusqu'à la place Santa Maria Formosa.

« Voilà ! Mets-toi ici », dit Chiara, se recroquevillant sur les marches.

Bianca l'imita, essayant de réchauffer avec ses mains ses pieds transis de froid, puis elle s'enveloppa dans son châle et attendit, anxieuse.

Elle s'était attendue à avoir très honte quand les gens seraient passés et auraient commencé à lui lancer des regards de pitié, mais elle se rendit compte qu'il n'en allait pas ainsi. Aux yeux de ceux qui entraient dans l'église pour dire une prière ou allumer un cierge, elle n'était qu'une mendiante anonyme. La première fois qu'une femme lui mit dans la main une petite pièce, elle remercia, prononçant une prière propitiatoire comme Chiara le lui avait enseigné, et cela même devint rapidement une habitude. Le froid était poignant, mais en se blottissant contre la femme et les marmots elle parvenait à résister ; le pire était la faim, mais quand elle se rendit compte que les piécettes accumulées suffisaient déjà pour une ration de pain, et qu'on n'était qu'à la moitié de la matinée, elle parvint à la supporter en ravalant sa salive.

« Sache que ce n'est pas toujours comme ça, l'avertit Chiara. Aujourd'hui c'est dimanche et le dimanche il faut réussir à engranger pour trois jours. »

Le soir, lorsqu'elles partagèrent les gains, il resta de fait à Bianca de quoi s'acheter trois jours de pain.

« Qu'est-ce que je te disais ? Dans ce métier, il faut savoir compter, ma chère », dit la femme.

Quant à elle, elle avait gagné assez pour s'acheter un peu de vin et elle préparait une soupe de pain sur le foyer pour ses enfants. Quand ce fut prêt, tous les quatre s'assirent pour manger et Chiara versa un fond de soupe à Bianca aussi. Margherita, Camilla et Lucrezia, qui avaient déjà mangé, cousaient à l'autre bout de la pièce parlant entre elles. Depuis que Chiara était arrivée, elle et ses enfants avaient mangé dans leur coin ; les autres disaient qu'ils étaient sales et exhalaient de mauvaises odeurs. Bianca, qui avait partagé ce jugement au début, se rendit compte tout à coup que, maintenant, elle n'y prêtait plus attention. Je suis déjà devenue comme eux, moi aussi, pensa-t-elle.

14

Le lendemain, Bianca se réveilla avec la gorge qui lui faisait mal, la toux et le nez qui coulait. Elle se leva quand même à l'aube pour aller au lavoir, mais alors qu'elle s'habillait, d'un coup, elle se sentit défaillir.

« Reste à la maison, je vais te donner un peu de couture, lui proposa Margherita.

– Viens plutôt avec moi, dit la mendiante, déjà prête à sortir.

– Mais tu veux la faire crever ? » intervint Camilla, qui peignait ses longs cheveux.

La mendiante la regarda avec mépris.

« Elle ne peut pas travailler, dit-elle. C'est vous qui voulez qu'elle crève de faim. Si elle vient avec moi, tout ce qu'elle doit faire, c'est rester assise, et aujourd'hui il ne fait pas froid. »

La veuve regarda Bianca qui tremblait de fièvre.

« Reste à la maison », répéta-t-elle.

Mais Bianca secoua la tête.

« Comment je fais ? Je dois gagner de l'argent, balbutia-t-elle.

– Mais des sous tu en as encore, de ceux que t'a donnés la juive, il t'en reste encore, non ? Et hier, regarde un peu combien tu en as ramenés à la maison !

– Non, répéta Bianca, obstinée. Des sous il n'y en a jamais assez, je ne veux pas mourir de faim.

– Sache qu'ici nous ne te laisserons pas mourir de faim, dit Camilla ; mais sa mère lui fit les gros yeux et la jeune femme se tut.

– Fais comme tu voudras, dit ensuite la veuve, avec brusquerie. Bien sûr, si tu réussis à gagner ton pain, c'est mieux. »

La mendiante eut un sourire de triomphe.

« Elles me font rire, celles-là, dit-elle ensuite à Bianca, alors qu'elles marchaient vite, tenant les enfants par la main, pour ne pas sentir le gel matinal. Elles se crèvent les yeux à coudre, elles se tuent à travailler, et au final, nous avons, nous, plus à manger qu'elles. Somme toute, tu as eu raison de te mettre avec moi. »

À partir de ce jour-là, Bianca alla régulièrement mendier avec cette femme et ses deux enfants. La fièvre et la toux durèrent quelques jours, mais ensuite elle guérit et se rendit compte qu'elle s'était très vite accoutumée à cette vie-là : elle ne ressentait plus guère le froid ni l'humidité, ses pieds ne souffraient plus du sol dur du trottoir comme aux premiers jours. Elle s'habitua aussi à ne plus se laver le visage chaque matin comme elle l'avait fait toute sa vie, à ne plus se coiffer à chaque instant de liberté, à ne plus s'inquiéter de savoir si sa chemise ou sa jupe étaient tachées ou déchirées. Elle apprit à tendre la main les yeux baissés, ou à l'allonger sans vergogne en fonction de qui passait devant elle ; elle apprit le ton juste pour remercier selon que la piécette venait d'un homme ou d'une femme, d'un jeune ou d'un vieux. À la maison, désormais, elle vivait avec Chiara et ses deux enfants et n'échangeait que quelques mots avec Margherita, Camilla et Lucrezia.

Un jour, alors que Chiara et elle rentraient après avoir mangé la soupe distribuée aux Celestini, Bianca tomba nez à nez sur le sénateur Lippomano. Elle s'approcha de lui aussitôt en tendant la main :

« La charité, Illustrissime ! »

Lippomano passa outre sans même la regarder. Bianca, sans savoir elle-même pourquoi, le suivit en courant.

« La charité ! Mon mari travaillait pour Votre Seigneurie ! »

Cette fois le sénateur la regarda. Tout ce qu'il vit ce fut une mendiante sale et déguenillée, à moitié délacée, avec un sourire servile et ambigu.

« Va-t'en ! Sale gueuse », marmonna-t-il ; et il poursuivit son chemin.

Chiara, stupéfaite, lui faisait signe de s'en aller ; mais Bianca, qui ne se maîtrisait plus, comme une folle, saisit le patricien par un pan de son manteau.

« La charité ! »

Cette fois, Lippomano leva son bâton et la frappa.

« Va-t'en ou je te fais arrêter ! C'est une honte ! » s'exclama-t-il.

Bianca glissa et tomba dans la boue.

« Maudit sois-tu ! C'est vrai que ceux qui servent les seigneurs meurent à l'hospice ! » cria-t-elle alors que les enfants se mettaient à pleurer et que Chiara la relevait de force et l'entraînait avec elle.

« Mais tu es devenue folle ? lui reprocha-t-elle.

– Oui ! s'écria Bianca, et elle se mit à pleurer elle aussi. Oui, je suis devenue folle, je n'en peux plus ! » répétait-elle entre deux sanglots, tandis qu'elle se dirigeait en boitillant vers la maison. « Laisse-moi faire, je vais me jeter dans le canal ! » cria-t-elle soudainement, alors qu'elles traversaient un pont.

Chiara la saisit encore plus fermement par le bras.

« Reste tranquille !

– Non, laisse-moi partir, je veux en finir, je n'en peux plus de cette vie ! »

Cette fois-ci Chiara la regarda, agacée.

« Ma belle, va en faire une autre de vie si celle-ci ne te convient pas. Mais ne te jette pas dans le canal, tu as compris ? Allons, ajouta-t-elle ensuite, d'un ton plus doux, je parierais que tu vas avoir tes choses, tout est là. Ça passera, tu verras. »

Quand elles arrivèrent à la maison, Bianca pleurait toujours, silencieusement. Camilla, les entendant entrer, vint à leur rencontre, le visage tout souriant, mais, les voyant, elle se figea et changea d'expression.

« Mais que se passe-t-il ?

– Rien, dit Chiara.

– Comment rien ? Tu ne vois pas dans quel état elle est ? »

Bianca, le visage encore sillonné de larmes, essaya de parler, mais les sanglots l'en empêchèrent. La veuve accourut et la prit dans ses bras.

« Allons, allons, mon enfant, ça va se tasser. Que s'est-il passé ? demanda-t-elle à la mendiante.

– J'en sais rien ! Un seigneur, pour s'en débarrasser, lui a donné un coup et elle n'a plus cessé de pleurer.

– Mais, il t'a fait mal ? Où t'a-t-il frappée ? » demanda la veuve, alarmée.

Bianca secoua la tête.

« Non, sanglota-t-elle. C'est que je ne supporte plus tout ça, je n'en peux plus, j'ai tellement honte.

– J'en étais sûre, dit Camilla ; et elle et sa mère regardèrent Chiara d'un air de reproche.

– Oh, débrouillez-vous ! » cria la femme ; et ayant saisi ses marmots, elle se retira dans son coin.

Margherita et Camilla s'efforcèrent de calmer Bianca.

« Haut les cœurs ! Dire que l'on t'attendait pour te faire part d'une très belle chose !

– Et quoi donc ? dit Bianca, en pleurant.

– Si tu n'arrêtes pas de pleurer, je ne te dis rien », négocia astucieusement la veuve.

Bianca s'essuya les yeux, renifla, et attendit.

« Ta belle-mère te fait dire de te rendre tout de suite chez elle car une lettre de ton mari est arrivée.

– Quoi ? tressaillit Bianca incrédule.

– Oui ! Et elle t'attend pour la lire ! »

Bianca avait la tête qui tournait. Une lettre de Michele ! C'était donc vrai qu'il n'était pas mort, et qu'il n'avait même pas disparu pour toujours : il était encore là, pensa-t-elle, et peut-être lui écrivait-il qu'il était sur le point de rentrer !

« J'y vais tout de suite. »

La veuve la dévisagea d'un œil critique.

« Comme ça ? Mais tu te rends compte de l'état dans lequel tu es ? Tu vas la tuer la pauvre, si elle te voit comme ça. »

En son for intérieur, Bianca avait toujours su qu'elle s'était laissée aller, et elle éprouvait une sorte de satisfaction perverse à se présenter de la pire manière, en haillons et pouilleuse, face au monde qui l'avait réduite en cet état. Devant les inconnus elle était même provocante. Devant les autres femmes de la maison elle avait un peu honte, en revanche, il lui suffisait de rester dans son coin avec la mendiante et ses enfants et de ne pas y penser. Mais devant Zanetta elle n'aurait jamais osé se présenter ainsi, et, de fait, elle n'allait plus la voir depuis des mois.

« Comment je fais ? dit-elle.

– Viens ici, on va t'arranger un peu. Tu as encore une chemise propre ? »

Bianca fit signe que oui.

« Vite, allons. Prépare la bassine et mets un peu d'eau sur le feu, ordonna la veuve à sa fille. Toi, viens ici », ordonna-t-elle à Bianca, s'asseyant sur le lit.

Bianca alla s'accroupir à ses pieds et la veuve commença patiemment à la peigner en démêlant ses cheveux poisseux et en écrasant de temps à autre un pou avec ses ongles. Elle continua tant que Camilla n'eût pas tiré au milieu de la pièce la bassine en étain, dans laquelle elle versa une casserole d'eau bouillante et une d'eau froide.

« Allez, déshabille-toi », ordonna la veuve. Et quand Bianca, nue, fut entrée dans l'eau, elle la frotta vigoureusement, puis l'essuya avec un linge propre. « Maintenant, tu as l'air d'une princesse. Habille-toi, et cours. »

Peu après, Bianca, haletante, arrivait sur la place de San Giovanni e Paolo. Pour mieux courir, elle avait enlevé ses chaussures, et elle s'appuya sur le piédestal du monument pour les enfiler de nouveau, avant d'aller frapper au portail des *Derelitti*. Le domestique qui lui ouvrit lui dit que Zanetta l'attendait dans le dortoir ; durant l'hiver sa santé n'avait pas été bonne et la vieille femme ne quittait presque plus son lit. Bianca monta les escaliers quatre à quatre et arriva dans la grande salle où étaient alignés les lits des pensionnaires. Zanetta, amaigrie, des mèches de cheveux en désordre dépassant de sa coiffe, était entourée de cinq ou six femmes, dont l'une se leva en voyant arriver Bianca, alla à sa rencontre et l'embrassa. Bianca reconnut une ancienne voisine, répondit à l'étreinte, même si elle ne savait pas pourquoi ; et puis elle s'approcha pour embrasser Zanetta. La vieille sourit en la reconnaissant, et elle sortit la lettre qu'elle avait cachée sous son oreiller.

« C'est Caterina que tu dois remercier », dit-elle, en indiquant sa voisine.

Il apparut que la lettre de Michele était arrivée il y a déjà longtemps et que le coursier trouvant la maison fermée s'était adressé aux voisins ; comme il était venu jusque-là, cela l'ennuyait de repartir sans se faire payer. Les premiers auxquels il s'était adressé lui avaient fermé la porte au nez ; personne n'avait envie de sortir de l'argent pour une lettre arrivée pour des gens qui étaient partis depuis un bout de temps et que l'on n'avait jamais revus. Mais Caterina avait été très amie de Zanetta et de temps en temps elle allait lui rendre visite à l'hospice ; par le plus grand des hasards, il se trouvait qu'elle avait quelques pièces dans sa bourse, et, dans un élan de générosité, elle avait payé et retiré la lettre. Mais avant de pouvoir la leur remettre, elle était tombée malade et était restée plusieurs mois clouée au lit entre la vie et la mort.

« Mais je suis une dure à cuire ! dit-elle avec orgueil, riant de sa bouche édentée. Maintenant me voici, ici, et de nouveau sur pied ! »

À son arrivée, Pre Anzolo avait ouvert et lu la lettre, et ce n'est qu'ensuite qu'ils avaient envoyé un jeune garçon chercher Bianca. Les yeux resplendissants, la jeune femme tournait et retournait entre ses mains cette feuille couverte de petits signes si menus qu'elle n'y voyait que des toiles d'araignées qui ne lui disaient rien.

« Mais, vraiment, c'est Michele qui l'a écrite ? demanda-t-elle enfin.

– On l'a écrite pour lui, expliqua Zanetta.

– Et qu'est-ce qu'elle dit cette lettre ? »

Jusqu'à ce moment-là, elle avait été si contente qu'elle n'avait même pas pensé à le demander. Les femmes s'agitèrent et voulurent aller chercher le prêtre, mais Zanetta les arrêta ; elle l'avait apprise par cœur.

« Ma très chère épouse, commença-t-elle, je t'écris pour te dire que je suis dans le port de Corfou sur la galère *Loredana.* »

Mais alors, c'est vrai, pensa Bianca, dans un sursaut. Il s'est embarqué, il est en mer ! Le rituel magique n'a pas menti !

« Je le savais ! » s'exclama-t-elle, ne réussissant pas à se retenir.

Zanetta, stupéfaite, s'interrompit, et Bianca raconta précipitamment la magie que la veuve lui avait apprise, et la vision qu'elle avait eue. Toutes les vieilles l'écoutaient fascinées, et puis elles firent le signe de croix.

« N'en dis rien à Pre Anzolo, conseilla Zanetta. Tu sais comment ils sont, les prêtres, les visions, ça ne leur plaît pas », et les autres hochèrent la tête d'un air songeur.

Mais Bianca ne l'écoutait déjà plus.

« Corfou ! Et où est cette Corfou ? »

– Pre Anzolo dit que c'est une île sur la route du Levant, l'informa Zanetta, satisfaite de manifester son savoir. Mais écoute le reste ! »

Et elle continua à réciter par cœur la lettre qui, cependant, comme le lecteur le sait, était très brève. Quand elle entendit que Michele lui écrivait de lui répondre en adressant la lettre en Crète, Bianca s'agita à nouveau.

« Mais il faut lui écrire ! Qui sait depuis combien de temps il attend ! Demandons à Pre Anzolo, il ne refusera pas, n'est-ce pas ?

– En ce moment, Pre Anzolo est absent, répondit Zanetta. Mais quand il rentrera on le lui demandera. En attendant, écoute la chose la plus importante : Michele dit qu'il rentre en novembre ! »

Bianca se sentit toute tourneboulée et une chaleur merveilleuse envahit son corps. Michele allait revenir ! Lui écrire, ce qui, un instant auparavant, lui semblait urgentissime, lui semblait tout à coup moins important, car, d'ici quelques mois, elle le serrerait dans ses bras, en chair et en os. Puis, une pensée soudaine lui vint à l'esprit et elle sentit son sang se glacer.

« Mais comment rentre-t-il ? S'ils l'ont mis au ban ! Il ne peut pas rentrer, ils vont l'arrêter ! »

Zanetta écarquilla les yeux et les autres femmes de concert avec elle. Dans l'enthousiasme suscité par l'arrivée de la lettre, aucune n'y avait pensé.

« C'est vrai, reconnut Zanetta, inquiète. Mais comment se fait-il qu'il n'y ait pas songé ?

– Il est possible que, au moment où il écrivait, il ne le savait pas encore ?

– En effet, et quand a-t-il écrit ? » demanda Bianca, qui, jusque-là, n'avait pas prêté attention à ce détail.

Zanetta se gratta la tête.

« Je ne m'en souviens pas », avoua-t-elle.

La feuille passa de main en main, et elles plissèrent toutes les yeux pour essayer de déchiffrer une date ; mais comme aucune d'entre elles ne savait lire, elles n'en vinrent pas à bout.

« C'est inutile, il faut attendre Pre Anzolo, conclut l'une des vieilles femmes.

– Mais n'y a-t-il pas un écrivain public ici ? » demanda Bianca, qui était maintenant pressée.

Les vieilles se regardèrent.

« Il y a sior Giacomo, au magasin. Va le chercher. Tu dois traverser la cour, et descendre l'escalier au fond. »

Bianca saisit la lettre et se leva.

« J'y vais tout de suite. Excusez-moi ! » Et elle partit en courant.

Quelques minutes après, sior Giacomo, un vieil écrivain, avec une verrue sur le front et une mauvaise haleine, était penché sur la feuille pliée et montrait à Bianca la ligne de la date.

« Tu vois, là ? 16 août 1588. Cette lettre date de l'an dernier.

– Et, maintenant, nous sommes déjà à Pâques ! s'inquiéta Bianca. Mais alors il est déjà rentré ? Vierge Marie, ils l'ont sans doute arrêté et nous n'en avons rien su ! »

Le vieux la regarda sans comprendre. Bianca était sur le point de repartir en courant, mais elle pensa que ce dont elle avait le plus besoin était le conseil d'un homme, et d'un homme qui sache lire : elle et les autres femmes, songea-t-elle, seules, elles n'arriveraient à rien. Donc elle raconta toute son histoire. Sior Giacomo l'écoutait les yeux mi-clos.

« Eh bien ! dit-il à la fin. Hum ! Ce n'est pas une belle histoire ! S'il est rentré, à cette heure-ci il est en prison, c'est certain, s'ils ne l'ont pas déjà pendu.

– Pendu ? Vierge Marie, viens à mon secours ! » s'exclama Bianca en devenant toute pâle.

Satisfait, le vieil homme allongea une main et lui caressa la joue.

« Mais je ne crois pas que les choses se soient passées ainsi, on vous aurait convoquées, toi et ta belle-mère. Il faut voir ce qui s'est passé : peut-être que la galère n'est pas rentrée à Venise, et qu'elle a désarmé dans un autre port. Ou bien elle est revenue, mais lui n'y était plus.

– Et comment on fait pour le savoir ? demanda Bianca, anxieuse.

– Il faut aller consulter les registres, expliqua l'*écrivain*. Tu as des sous ? »

Bianca rougit et dit que non. Le vieil homme secoua la tête.

« Alors, ma fille, sans sous, on ne fait rien. Les registres, ils ne te les montreront pas comme ça, comme si de rien n'était. Il faut aller chez un avocat et présenter une requête, que sais-je, pour récupérer ta dot, par exemple. Alors tu auras le droit de voir les registres pour comprendre où est passé ton mari. »

Bianca était désespérée.

« Mais moi, comment je vais faire ? »

Le vieux se concentra.

« Ou bien, dit-il enfin, on peut essayer de demander. À l'Arsenal, il y a sûrement quelqu'un qui s'est embarqué sur la *Loredana* et qui sait si elle est rentrée.

– J'irai demander », dit Bianca, se ressaisissant.

Elle remercia le vieil homme et retourna dans la chambrée, où Zanetta et les autres femmes l'attendaient, très agitées.

« La lettre date du mois d'août de l'an dernier ! » annonça-t-elle ; et elle répéta tout ce que lui avait dit sior Giacomo.

Les femmes commentaient, stupéfaites.

« S'il était rentré, réfléchit à voix haute Zanetta, il serait venu à la maison, n'est-ce pas ?

– Mais si à son arrivée, ils l'ont arrêté ? dit Bianca, désespérée.

– Dans ce cas, il aurait écrit depuis la prison. Et s'ils lui avaient fait un procès, on nous aurait sans aucun doute fait venir nous aussi. Non, sior Giacomo a raison, soit il n'est jamais rentré, soit à l'arrivée il a découvert qu'il était condamné et il s'est aussitôt réembarqué sur un autre bateau. »

Bianca considéra cette hypothèse avec attention.

« Oui, ça doit être ça, admit-elle. Mais pourquoi n'a-t-il plus écrit ?

– Et qu'est-ce que tu en sais qu'il n'a plus écrit ? objecta Zanetta. Peut-être qu'il a bel et bien écrit, mais que personne n'a retiré la lettre !

– C'est vrai, reconnut Bianca. Si Caterina n'avait pas été là, cette lettre non plus nous ne l'aurions jamais reçue. »

Toutes se turent. Apparemment elles étaient arrivées à une impasse. Michele s'était embarqué et il était vivant quand il avait écrit depuis Corfou, mais presqu'un an avait passé et il était impossible de savoir ce qui lui était arrivé entre-temps. Elles ne savaient pas où il était, et lui, il ne savait pas où elles étaient.

En sortant de l'hospice, Bianca emporta la lettre avec elle. Zanetta s'en séparait à contrecœur, mais elle ne pouvait nier qu'elle était adressée à Bianca, et la jeune femme avait insisté. Elle glissa le feuillet replié contre son sein, et elle s'achemina vers Ca' Trevisan. La fatigue et l'excitation de cette journée extraordinaire combattaient en elle, tantôt elle sentait ses jambes flageoler, tantôt elle sentait monter en elle une envie confuse de s'acharner encore, de ne pas aller dormir sans avoir obtenu quelque chose. Aller à l'Arsenal s'informer ? Mais elle ne savait même pas par où commencer, et puis, on avait déjà sonné les vêpres, et là-bas elle ne trouverait plus personne. Chercher un écrivain public pour envoyer tout de suite une lettre à Michele ? Mais elle n'avait pas un sou, on devait nécessairement attendre le retour de Pre Anzolo. Demain, il faut aller travailler, se dit-elle ; et pas mendier, ça, non ; vraiment travailler, car si Michele rentre, il n'est pas question qu'il me trouve assise, la main tendue, sur les marches de Santa Maria Formosa !

Aussi, le lendemain Bianca informa-t-elle Chiara qu'elle ne voulait plus l'accompagner.

« J'en étais sûre ! dit la mendiante. Crois-tu que ton mari, de là-bas, il voit ce que tu es en train de faire ? Il vaut mieux que, quand il rentrera, tu lui fasses trouver un peu d'argent, crois-moi, et il ne te demandera pas comment tu l'as gagné ! Si, au contraire, des sous il n'en trouve pas, alors les coups pleuvront, tu verras ! »

Elles discutèrent longtemps, mais Bianca n'en démordait pas et les autres femmes lui donnèrent raison ; donc, à la fin, Chiara haussa les épaules, prit ses deux enfants et s'en alla. Bianca ouvrit la porte, sortit, et commença à faire le tour des maisons pour lesquelles, par le passé, elle avait fait la lessive. Mais très vite elle se rendit compte que cela n'allait pas être facile de recommencer à travailler : partout d'autres blanchisseuses avaient pris sa place. À la troisième ou quatrième maison où la domestique qui lui ouvrait, qu'elle la connût ou pas, répondait à sa requête en secouant négativement la tête, Bianca commença à se décourager. Elle avait mal dormi, rêvant et se réveillant sans cesse, alors qu'à côté d'elle Chiara ronflait ; et elle se sentait fourbue, les os rompus. Comment vais-je faire, pensa-t-elle tristement. Il va me falloir retourner à Santa Maria Formosa…

« Mais tu es bien Bianca ? » dit une voix derrière elle.

Un passant qui l'avait croisée s'était arrêté et la regardait fixement, et maintenant il l'appelait. Bianca se retourna et le reconnut.

« Sior Nicolò ! Oui, c'est moi ! »

C'était le marieur qui un an auparavant avait arrangé son mariage avec Michele. De petite stature, et même plus petit qu'elle, avec deux petits yeux malicieux et une barbichette grise, il la regardait avec une joie mêlée d'étonnement. La petite fille dont il se souvenait avait beaucoup changé. Le mariage les flétrit vite, pensa-t-il.

« Tu es devenue une vraie femme depuis ! Je parie que tu as déjà fait un enfant à ton mari », dit-il, essayant de blaguer. Mais Bianca cessa de sourire, et l'homme s'en aperçut aussitôt.

« Mais que se passe-t-il ? »

En quelques mots, Bianca lui raconta toute son histoire. Depuis la veille, on eût dit qu'elle ne faisait rien d'autre que raconter son histoire, alors que durant des mois, elle l'avait gardée pour elle comme un secret inavouable.

« Maintenant je cherche du travail mais je n'en trouve pas », conclut-elle, les yeux baissés.

L'homme lissa sa barbe, l'observant attentivement. Elle était propre, et encore gracieuse en dépit de la fatigue et de la malnutrition qui avaient commencé à marquer son visage. S'il l'avait rencontrée deux jours auparavant, sale et en haillons comme elle l'était, il ne se serait pas même arrêté.

« Qu'il ne soit jamais dit que je laisse dans le pétrin une jeune fille que j'ai marié, moi, affirma-t-il en revanche. Tu ne voudrais pas aller travailler chez des gens ?

– Ah, si seulement c'était possible ! s'exclama Bianca.

– Bien, alors viens avec moi. J'ai une course à faire, et ensuite je t'accompagne dans une maison où ils cherchent une domestique pour la patronne. »

Trottant derrière sior Nicolò jusqu'au Rialto, et alors qu'ils traversaient le pont provisoire vers San Polo, Bianca chercha à en savoir plus. Le marieur lui dit que la patronne était une jeune femme, sa famille, une famille de la très grande noblesse, dont le nom n'évoqua cependant rien ou pas grand-chose à Bianca. La patronne s'était mariée elle aussi deux ans auparavant, et elle avait déjà une petite fille, mais elle était à nouveau enceinte depuis peu ; la chambrière qui la servait dans ses appartements privés était elle aussi sur le point de se marier et dans quelques jours elle s'en irait.

« Tu verras, dit l'homme. Madame donna Clarice est une patronne comme il y en a peu. Son mari l'adore ; à la maison, c'est elle qui commande, même si elle a l'air d'une toute jeune fille ; au reste elle doit avoir ton âge.

– C'est vous qui l'avez mariée ? » demanda Bianca.

Le marieur se mit à rire.

« Penses-tu ! Moi ? Arranger les mariages des patriciens ? Non, ma chère, j'ai marié sa domestique ! Et, avec un très brave gars, un calfat de l'Arsenal.

– Quel beau métier vous faites ! rit Bianca.

– Ah, ça oui ! Ce n'est pas pour dire, mais c'est grâce à moi que Venise va de l'avant ! » blagua l'homme.

Entre-temps ils étaient arrivés à campo San Polo, et ils prirent une petite *calle* qui finissait brusquement sur le canal. Une petite porte s'ouvrait dans le mur aveugle d'un palais.

« Nous voici arrivés, dit l'homme. L'entrée principale est sur le canal, on n'y arrive qu'en gondole. À pied, il faut entrer par ici. »

Il frappa plusieurs fois à la petite porte avant qu'un homme ne vienne ouvrir, les introduisant dans un jardin en friche, puis dans un deuxième, cultivé en potager, et enfin dans un troisième, tout petit et plein de fleurs, avec, au centre, une fontaine.

« Quelle merveille ! » dit Bianca ; et, en effet, ce lieu semblait être tout droit sorti d'un conte de fées.

« La patronne dit d'attendre ici », dit le portier, qui était allé annoncer leur arrivée.

Ils restèrent tous les deux dans le jardin, sans oser s'asseoir sur les bancs de pierre autour de la fontaine, jusqu'à ce que, sur le pas de la porte, apparaisse une jeune femme blonde et parée de bijoux, un sautoir de perles au cou, le teint pâle, les yeux cernés, le ventre légèrement gonflé sous son habit de brocart. L'homme fit une profonde révérence, aussitôt imité par Bianca ; en retour, la femme fit un geste de la tête accompagné d'un sourire fugace et leur fit signe d'approcher.

Donna Clarice était l'épouse de ser Lorenzo Bernardo, fils du sénateur ser Alvise Bernardo.

15

« Par ici », répéta l'assassin.

Michele, indécis, ébaucha quelques pas vers l'ombre.

« Mais qu'y a-t-il ? insista-t-il.

– Tu es en danger », dit Lupo dans un souffle ; il parlait bas, délibérément, pour que le jeune homme entende et n'entende pas, et, d'instinct, s'approche encore un peu plus.

Michele trembla.

« Que dis-tu là ? »

Désormais il était assez près. Lupo sortit de l'ombre et lui prit familièrement le bras.

« Partons d'ici car on peut nous voir », dit-il d'un air soucieux.

Il l'emmena avec lui et ils prirent la première ruelle. Mais là, ils sursautèrent tous les deux, manquant de justesse de se cogner contre un homme qui venait d'un bon pas vers eux. C'était l'officier aux cheveux roux, le *parone* de la *Loredana*.

« Tiens donc, qui vois-je », dit-il.

Ils enlevèrent tous les deux leur béret et firent mine de passer outre, Michele, effrayé sans savoir pourquoi, Lupo, maudissant sa malchance.

« Attends un peu », ordonna le *parone*.

Ils s'arrêtèrent tous les deux, attendant.

« Viens un peu ici toi, j'ai à te parler, continua l'officier en s'adressant à Michele. Toi, dégage », ordonna-t-il à Lupo.

Michele, déconcerté, se laissa entraîner par son sauveur, tout comme il s'était laissé convaincre d'accompagner l'assassin, qui s'éclipsait dans les ruelles en jurant tout bas.

Le *parone* se nommait Cesare d'Anversa. Il était fils d'un marchand flamand qui n'avait pas fait fortune à Venise et était décédé en ne lui laissant en guise d'héritage rien d'autre que son nom et des cheveux roux. Quant à lui, il était né dans la Lagune et avait toujours vécu sur les galères de la République, aussi se sentait-il aussi Vénitien que n'importe qui. Ce soir-là, il était lui aussi descendu à terre pour s'amuser, mais après avoir perdu aux dés sa part du butin de la felouque, et après l'avoir regagnée presque entièrement, il avait eu la force de s'arrêter ; et alors qu'il regardait les autres jouer, il commença à réfléchir à un problème qui lui trottait dans la tête depuis le début de la matinée. Le commandant lui avait montré, comme au *comito*, la liste des bannis, et, connaissant un par un tous les rameurs de la *Loredana*, lui aussi avait reconnu le nom de Michele sans avoir eu besoin de contrôler le registre de don Muzio. Il n'en avait parlé à personne, parce qu'il n'était pas certain de ce qu'il voulait faire, et qu'il n'était pas homme à agir sur un coup de tête.

Son devoir aurait évidemment été de dénoncer l'individu mis au ban et de le faire arrêter. Mais, dans ce cas, il était sûr que, à peine suspendu à la corde, le jeune homme aurait raconté tout ce qu'il savait, du vol des sequins à la capture de la felouque ; et pour peu qu'on rassemblât tous les éléments, on obtiendrait une histoire assez différente de celle que le *sopracomito* avait racontée en arrivant à Candia. Pour ce que les autorités en savaient, l'argent avait été retrouvé, mais, si une révélation inattendue leur avait mis la puce à l'oreille, ils auraient rouvert l'enquête sans attendre. Après l'agression de la felouque, tous à bord, y compris ceux qui n'avaient que peu ou prou à voir avec ça, se retrouvaient pieds et poings liés, et si le *sopracomito* était pris et finissait dans le pétrin, il était probable qu'il les entraînerait tous avec lui. L'homme aux cheveux roux regardait les joueurs cracher dans les paumes de leurs mains, lever les yeux au ciel pour s'attirer les faveurs de quelques saints protecteurs, puis lancer les dés et exulter ou désespérer ; pendant ce temps, lui, il réfléchissait attentivement à ce qu'il avait intérêt à faire. Le garçon ne le dénoncerait sûrement pas, de cela, du moins, il en était certain, mais il était probable qu'on lui mettrait tout de même le grappin dessus, et, à ce moment-là, Cesare voulait être déjà loin. Dès le lendemain il commencerait à chercher une autre embarcation, et avec un peu de chance il en trouverait une : là, à Candia, des vaisseaux, il en passait beaucoup ; à bord, on le respectait, et l'*écrivain* lui liquiderait ses présences sans faire beaucoup d'histoires, quant au *sopracomito*, il serait content d'avoir un témoin de moins entre les pattes.

Le jeune, quant à lui, allait mal finir. Étourdi comme il l'était, il ne se rendait même pas compte du risque qu'il courrait s'il se trouvait encore sur le territoire vénitien après l'échéance fixée pour la condamnation. Tant pis, pensa Cesare, je ne peux rien y faire. Ou peut-être que si, au contraire. Tout à coup, il eut une idée. À première vue, ce n'était pas facile de faire en sorte que Michele en réchappe : il ne pouvait certes pas s'embarquer sur un autre bateau vénitien, et pas davantage rester longtemps en Crète en se cachant, où tôt ou tard, il finirait par tomber dans les mailles du filet de quelque contrôle. Il fallait l'éloigner coûte que coûte au plus vite, et Cesare savait comment faire.

« Eh oui », pensa-t-il en lui-même. Il suffirait qu'on me le garde caché jusqu'à ce que l'*Aquila* arrive. Mais à quoi bon ? Pourquoi devrais-je le faire, se dit-il : simplement parce que j'ai de la sympathie pour lui ? Celui qui fait le bien simplement par amour de Dieu s'en trouvera sans doute bien dans l'autre monde mais ne fera certainement pas fortune dans celui-ci. Mécontent, il regarda autour de lui. Les clients de toutes les tables de la taverne fixaient avec avidité la table des joueurs où les pièces de monnaie passaient de main en main. Voyons, se dit-il : donne-moi un signe, si tu existes. Il cracha dans ses mains, se leva et s'approcha des joueurs, puis jeta un sequin sur la table.

« Chiche ? Une partie de *zara*, le premier qui l'emporte prend tout. Qui est prêt ? »

Les joueurs le regardèrent, certains le regard déjà trouble à cause du vin, d'autres avec les yeux rusés de ceux qui pèsent le pour et le contre.

« Tu as décidé de tout risquer à nouveau, hein ? s'exclama l'un d'eux. D'accord, j'en suis, ajouta-t-il en poussant un sequin au milieu de la table.

– Trop pour moi », refusa un autre ; et le dernier aussi secoua la tête et repoussa la chaise sur laquelle il était assis à califourchon.

Cesare fixa son adversaire.

« À toi de lancer, Spada. »

L'homme ramassa les trois dés et les serra dans son poing.

« Onze ! » cria-t-il, et il lança les dés.

Un murmure de déception se fit entendre.

« Quatre, trois et trois, dix, constata froidement Cesare. À mon tour. »

Tandis qu'il agitait les dés dans sa main, il calculait. Tous les joueurs rodés savent que les chiffres les plus fréquents sont le dix et le onze, et que plus on s'en éloigne, plus il est difficile que la combinaison sollicitée sorte. Mais il ne s'agissait pas là d'une partie quelconque ; la vie d'un homme était en jeu, et le résultat ne dépendait pas de l'arithmétique.

« Trois », cria-t-il ; et il jeta les dés.

Cette fois, ce n'est pas un bourdonnement qu'on entendit, mais une exclamation de surprise. Les trois dés montraient l'as. Cesare sentit son cœur battre la chamade. Ça ne pouvait être plus clair !

Spada avait déjà bondi, et debout, il grinçait des dents ; mais Cesare parla avant lui.

« Ce sont tes dés, Spada. Ne dis rien dont tu pourrais te repentir. »

L'homme resta immobile un instant puis retourna s'asseoir lourdement. Cesare ramassa ses deux pièces d'or.

« Bonne nuit la compagnie », dit-il ; il paya le vin qu'il avait bu, sortit et marcha à vive allure dans la nuit à travers les ruelles tortueuses de Candia.

Parvenu là où il voulait aller, il frappa à une porte et une domestique ensommeillée et à moitié dévêtue, échevelée, le fit entrer.

« À cette heure ! » lui dit le maître de maison qui le reçut au lit, dans une petite pièce suffocante de l'entresol.

Il était en chemise de nuit, sous le lit on entrevoyait le pot de chambre, et, à côté de lui, sur le matelas et l'oreiller, la forme d'un autre corps était clairement imprimée.

« Tu ne devais pas passer demain ?

– J'ai une affaire à régler avant demain, dit l'homme aux cheveux roux. Sait-on déjà quand l'*Aquila* arrive à quai ?

– Si l'on s'en tient aux accords passés, samedi prochain, dit l'homme depuis le lit. Mais tu n'as pas l'intention d'y aller toi, j'espère. »

Cesare fit non de la tête.

« Non, toi, donne-lui ça, comme d'habitude. »

Il tira de sa chemise un feuillet plié et scellé avec de la cire, mais sans adresse. L'autre tendit mollement la main et le prit entre deux doigts.

« Bien, dit-il. Et, alors ?

– Alors, il y a un de nos rameurs qui veut se chercher un autre emploi, et j'aimerais bien qu'il le trouve. Sur l'*Aquila*, ils ont toujours besoin de gens, n'est-ce pas ?

– C'est possible », dit l'autre négligemment.

Le *parone* rit.

– Je sais parfaitement qu'ils te donnent un sequin en récompense pour chaque rameur que tu leur trouves. Tu peux te le faire donner cette fois aussi, ce ne sont pas mes affaires, et, moi, mon sequin, je me le suis déjà gagné. »

Le maître de maison fit un vague signe de la tête.

« Il s'agit seulement de le cacher jusqu'à ce moment-là », ajouta l'homme aux cheveux roux.

L'autre fit une moue.

« Il ne s'agit que de trois jours, insista Cesare.

– D'accord, ça va, céda l'autre. Qui c'est ? »

Le *parone* le lui expliqua, sans entrer dans les détails ; au reste, on aurait dit que ces deux-là étaient habitués à se comprendre sans avoir besoin de beaucoup de mots.

« Je te l'envoie demain », conclut le *parone*.

Ils s'embrassèrent, puis l'homme éteignit la chandelle et s'allongea à nouveau. La domestique raccompagna Cesare à la porte en bâillant, puis elle reprit sa place dans le lit, tandis qu'il s'éloignait d'un pas rapide dans la rue endormie.

Prenant Michele bras dessus bras dessous, le *parone* l'informa que son nom était sur la liste des bannis qui avait été remise au *sopracomito* et que le lendemain il l'aiderait à disparaître.

« Pas ce soir, tu as bien compris ? dit-il, pesant ses mots. Maintenant, tu retournes à la galère ; de mon côté, j'y retournerai plus tard ; et toi, cette nuit et demain matin tu fais en sorte de faire qu'on te remarque. Lupo nous a vus ensemble, et moi, je ne veux pas de pépins. C'est un risque, mais il n'y a rien d'autre à faire. Demain tu descends à terre et tu disparais. Un peu après, je vais chez l'*écrivain*, je fais mine de vouloir contrôler les livres et de m'apercevoir seulement alors que ton nom est sur la liste des bannis. Je cours aussitôt te dénoncer, mais, toi, tu auras déjà disparu et plus personne ne te trouvera. »

Michele écoutait, ébahi. Ce coup l'avait laissé sans voix. Jusqu'à présent il avait cru qu'il lui suffisait de faire attention à lui et d'attendre patiemment le retour de la *Loredana* à Venise ; mais, maintenant, il comprenait que sa situation était autrement plus périlleuse. Avec la mise au ban, on ne plaisantait pas, et s'il avait été arrêté là, en Crète, ou dans quelque autre endroit du *Dominio da Mar*, le risque était qu'on le pende avant même d'écouter son histoire.

« Mais je vais où ? » demanda-t-il.

Le *parone* lui expliqua comment arriver à la maison où il devait se cacher.

« Tu as bien compris ? La place avec la nouvelle église, là où il y a le chantier. La ruelle qui donne derrière le clocher. La maison avec les volets bleus. Tu frappes et une femme viendra t'ouvrir. Tu dis que c'est le signor Cesare qui t'envoie. Elle te fera entrer et ils te cacheront dans la cave. Tu y resteras jusqu'à samedi. La nuit du samedi, dans une crique en dehors de la ville, accostera une galère de corsaires génois. Ils viennent charger du vin et du biscuit ; il y aura du mouvement cette nuit-là, mais officiellement personne n'en saura rien.

– Et vous, comment le savez-vous ? » demanda Michele ; puis il se mordit les lèvres.

Par chance, l'autre ne le prit pas mal.

« Ce sont mes oignons, avec la permission de votre très illustre seigneurie, plaisanta-t-il. Quoi qu'il en soit, poursuivit-il en redevenant sérieux, cette nuit-là, ils t'accompagneront là-bas et tu embarqueras comme rameur. C'est la seule manière pour toi de quitter la Crète, les bateaux qui font escale dans les ports sont presque tous vénitiens, et dans tous les cas, il y a trop de contrôles. Une fois que tu seras à bord de l'*Aquila*, ne montre plus jamais le bout de ton nez sur la terre de San Marco, et bon vent. »

Ne plus jamais montrer le bout de mon nez ! Oh que si, se dit Michele en son for intérieur. Moi je veux y retourner, et j'y retournerai. Quitte à faire fortune sur cette nouvelle galère et à m'acheter la grâce. Sur une galère corsaire, ce doit être très facile de faire fortune, se dit-il, car, malgré tout le temps qu'il avait passé sur la *Loredana*, il n'avait toujours pas compris que la fortune passe toujours près des rameurs sans s'y arrêter. Et sinon ce seront les dix mille sequins qui me permettront de rentrer, avec une telle somme aussi on peut faire sauter le bannissement ! Un instant, il eut envie de tout raconter au *parone* et de lui demander son aide pour récupérer le trésor ; mais ensuite il lui sembla plus prudent de ne rien dire.

L'homme aux cheveux roux ne s'était pas rendu compte des sentiments confus qui agitaient Michele, pris qu'il était à lui prodiguer force recommandations.

« Attention ! Sur les galères du Ponant, ce n'est pas comme sur nos galères vénitiennes, disait-il. Là, la majeure partie des rameurs sont des esclaves ou des forçats, et les *buonavoglia* eux-mêmes doivent s'habituer à être traités de la même manière.

– Les *buona* quoi ?

– Les *buonavoglia*. C'est comme ça qu'on appelle les salariés des rames. La seule différence avec les forçats, c'est qu'à la fin ils te payent un salaire, mais pour le reste tu es logé à la même enseigne que les autres, compris ? Et toi, ne fais pas de bêtises, baisse la tête, ramasse-toi ta bastonnade s'il prend l'envie à l'argousin de t'en donner une, car on a vite fait de se mettre dans le pétrin. Puis, quand tu seras bien loin d'ici, qui sait, en Italie, si l'occasion t'est donnée de t'échapper… Bon, moi, je ne t'ai rien dit. C'est clair ?

– C'est clair, confirma Michele.

– Tu te souviens bien du chemin que tu dois suivre demain et du signal pour te faire ouvrir ? »

Michele confirma.

« Ça va. Alors retourne à la galère. Nous deux, nous ne nous parlerons plus. Bonne chance, mon gars. »

Quand vint le soir suivant, et avec lui la permission pour la chiourme de descendre à terre, Lupo feignait de faire attention à tout autre chose, mais il ne quittait pas Michele des yeux. Il le vit défaire son balluchon, en sortir plusieurs choses et se remplir les poches, mais il ne comprit pas. Quand le jeune homme enfonça son béret sur sa tête, se dirigea vers l'échelle de coupée et descendit sur le môle, il se dépêcha de le suivre. Il ne voulait pas qu'on les vît ensemble et il se contenta donc de le suivre de loin, les mains dans les poches, attendant une occasion. Maintenant, les journées étaient beaucoup plus courtes, et il commençait déjà à faire nuit. Satisfait, l'assassin s'aperçut qu'ils étaient en train de s'enfoncer dans les ruelles les plus vieilles et les plus désertes de la ville, et il tâta le manche de son couteau qu'il portait à la ceinture. Michele avançait tantôt d'un pas rapide, tantôt d'un pas moins décidé, comme s'il cherchait son chemin, et Lupo le suivait en silence, en se faufilant dans l'ombre. Puis, il le vit s'arrêter un instant devant une maison aux volets bleus et regarder autour de lui, indécis. C'est le moment, pensa Lupo, et il tira silencieusement son couteau. Mais à cet instant précis Michele frappa à la porte et Lupo retint son souffle. Un instant après, la porte s'ouvrit et Michele disparut à l'intérieur. Je n'ai vraiment pas de chance, je loupe toutes les occasions, pensa Lupo, dépité. D'accord, eh bien, s'il le faut, je resterai là jusqu'à ce qu'il sorte. Il ne perd rien pour attendre. Et l'assassin se recroquevilla dans l'ombre et resta là, à attendre ; mais Michele ne ressortit plus.

Le maître de maison était au lit, les fenêtres obscurcies et un bout de chandelle qui brûlait sur la table.

« Viens ici, montre-toi », ordonna-t-il.

Il avait, posée sur son ventre, une assiette pleine de raisins secs, qu'il mâchait lentement, grain après grain.

« Ça va bien, dit-il ensuite. Maintenant, on t'emmène au grenier, il te faudra y rester jusqu'à samedi. Là, personne ne viendra te chercher, mais prends soin de ne pas faire de bruit. Anastasia t'apportera à manger. »

L'entretien était terminé. Avec un bâillement, l'homme se renversa en arrière sur ses oreillers, puis il fit un signe de la tête à la domestique. La femme prit le bougeoir qui était sur la table et précéda Michele jusqu'à l'escalier.

« Monte, lui dit-elle. Il y a une trappe. »

Michele ouvrit la trappe et, après avoir gravi les dernières marches, il se retrouva dans un grenier étroit. La femme, qui était montée derrière lui avec la chandelle, lui montra la paillasse dans un coin, un broc et une bassine ; de toute évidence, il n'était pas le premier à utiliser ce logement inconfortable.

« Quand je serai descendue, ferme la trappe. Puis, reste là, tranquille, et surtout ne bouge pas. Quand je monte pour te porter le dîner, je frappe et tu m'ouvres. C'est compris ? »

Michele, perplexe, fit signe que oui, et la femme redescendit les marches en emportant la chandelle. En fermant la trappe Michele eut l'impression de se retrouver dans l'obscurité, mais la lumière filtrait entre les interstices du toit et petit à petit il s'aperçut qu'il y voyait assez pour trouver la paillasse ; il n'y avait rien d'autre, à part un monceau de vieux chiffons, dans un coin, où des rats nichaient sûrement. Michele soupira, et après avoir jeté un regard autour de lui, il se résigna à s'allonger sur la paillasse et à attendre.

Durant ces trois jours, il eut le temps de s'ennuyer ferme ; finalement la nuit du samedi arriva. La servante vint frapper doucement à la trappe ; Michele était déjà habillé et il descendit. En bas, il trouva un inconnu qui l'attendait. Lui aussi le dévisagea, comme l'avait fait le maître de maison, et il parut satisfait.

« Allons-y. »

C'était une nuit pleine de nuages, et on n'y voyait guère. Trébuchant sur le pavé inégal, et piétinant à plusieurs reprises des choses molles dont il préférait ne pas savoir ce que c'était, il arriva, suivant son guide, aux murs de la ville. Michele s'était bien demandé comment ils feraient pour sortir de la ville à cette heure-là et sans papiers, mais manifestement l'autre gars connaissait son affaire, puisque, au lieu de se diriger vers la porte principale, il alla tout droit vers une autre petite porte qui donnait sur les remparts et siffla, tout en restant dans l'ombre, caché. Presque aussitôt la petite porte s'ouvrit et une tête surmontée d'un casque apparut dans l'embrasure. Le guide s'approcha, négocia rapidement, puis fit signe à Michele de s'approcher. Précédés par le soldat, ils s'enfoncèrent dans les galeries de la fortification, et finalement ils rejoignirent une autre petite porte, barrée par une lourde grille de fer. Il s'agissait d'une de ces ouvertures nommées *sortite*, échappées pratiquées par les ingénieurs militaires dans les flancs des remparts pour permettre à la garnison de sortir attaquer l'ennemi en cas de siège. Le soldat trifouilla longuement avec les loquets et les cadenas, puis souleva suffisamment la grille pour que les deux hommes puissent se glisser au dehors. Un instant plus tard, ils étaient en pleine campagne, et le guide sortit une torche et l'alluma.

« Allons, car on a un sacré bout de chemin à faire », ordonna-t-il ; et ils se mirent en route d'un bon pas.

Trois heures après, ils arrivèrent à une crique enserrée entre les rochers, et, prenant le sentier qui descendait vers la plage, Michele vit une galère ancrée dans le petit plan d'eau. Bien qu'on fût en pleine nuit, une foule de gens travaillait sur l'estran, chargeant du bois et des barils d'eau sur une chaloupe qui les transportait vers la galère. Le guide se rendit immédiatement chez un officier qui surveillait les travaux, lui parla brièvement, lui remit des papiers et à la fin il appela Michele d'un signe. Michele était désormais habitué à être examiné de la tête aux pieds mais il fut frappé par le ton sec sur lequel l'homme lui dit :

« Déshabille-toi. »

Michele obéit, enlevant sa chemise, mais l'autre insista :

« Tout. Fais voir tes jambes. »

Michele ôta aussi ses braies et resta en caleçon.

L'homme tourna autour de lui.

« Ça va ! dit-il à la fin. Ainsi, tu as déjà ramé, hein ?

– Trois mois », précisa Michele.

L'officier lui exposa brièvement les conditions, l'avance, la durée de l'engagement ; puis il fit signe à un rameur et lui donna l'ordre de l'accompagner à bord.

« Fais-lui mettre les fers en attendant, puis, pour lui trouver une place, attends-moi. »

À ces mots Michele resta interdit. Il allait demander ce qu'ils voulaient dire par là, puis il se rendit compte que le rameur qui l'accompagnait avait un anneau de fer à la cheville gauche. Il regarda autour de lui et vit qu'une grande partie des hommes au travail sur la grève étaient ferrés de la même manière.

« Qu'est-ce que c'est que cette histoire de fers ? » demanda-t-il.

Il aurait voulu donner à sa question un ton énergique, voire courroucé, mais parla malgré lui d'une voix tremblante. L'autre le regarda comme on regarde un idiot.

« Pourquoi ? Tu ne sais donc pas qu'on ferre les rameurs ?

– Sur les galères vénitiennes, ça ne se fait pas », rétorqua Michele.

Comme tous les Vénitiens, il était habitué à penser que les us et coutumes de la marine vénitienne étaient acceptés par tout un chacun comme étant les meilleurs du monde et il resta pantois quand l'autre se mit à ricaner.

« Tu en as de bien bonnes ! Mais dans quel monde tu vis ? On va te faire voir, nous, ce qu'est une véritable galère ! »

Michele se tut, humilié et un peu effrayé. En attendant, ils étaient parvenus à la proue de la galère qui s'élevait beaucoup plus haut sur l'eau que ne le faisait la proue de la *Loredana*. De manière générale, Michele eut l'impression que par rapport aux galères vénitiennes avec leur bord au fil de l'eau, celle-ci était nettement plus imposante. Mais ce qui le frappa le plus était que, alors que sur la grève on travaillait, de nombreux rameurs étaient restés à bord enchaînés aux bancs.

« Et eux ? demanda-t-il.

– Ce sont des forçats, répondit l'autre. Nous, les *buonavoglia*, et les esclaves, nous ne sommes enchaînés que la nuit, s'il n'y a pas à travailler à terre. Mais les forçats, eux, on ne les libère jamais, ils ont trop peur qu'ils s'échappent. Voilà, attends ici. »

Peu après, l'homme était de retour accompagné d'un autre rameur et d'un marin. Ce dernier s'agenouilla aux pieds de Michele et en quelques gestes sûrs il lui fixa l'anneau de fer à la jambe gauche, le fermant avec un cadenas. Puis un autre rameur s'approcha ; c'était le barbier de la galère. Il lui savonna la tête, le rasa à blanc, ou du moins c'est ce que crut Michele ; mais ensuite, se tâtant le crâne, il se rendit compte qu'on lui avait laissé une touffe de cheveux au milieu.

« C'est pour te distinguer des forçats. Eux, ils ont la boule à zéro. Mais si tu veux un conseil, fais-toi pousser les moustaches. Nous autres, *buonavoglia*, nous pouvons les porter, les forçats et les esclaves, non. Quand tu portes ton béret, seules tes moustaches montrent que tu es un homme libre. »

Michele, à vrai dire, commençait à ne plus se sentir libre du tout avec ce rasage forcé et ce fer à la cheville. Pour surmonter sa panique, il se rappela à lui-même que s'embarquer sur cette galère était le seul moyen pour fuir la sentence qui planait au-dessus de sa tête, et qu'il devait avoir énormément de patience. Après le rasage, on le conduisit chez l'*écrivain*, qui inscrivit soigneusement dans son registre non seulement son nom mais aussi ses caractéristiques, après l'avoir examiné de la tête aux pieds à la recherche de cicatrices ou d'autres signes particuliers.

« Je te crédite de quarante lires », lui dit-il.

Michele, qui savait désormais comment fonctionnaient ces choses-là, approuva, fatigué.

« Et le bon usage, poursuivit l'*écrivain*, est que tout nouvel embarqué laisse quelque chose dans la caissette de Santa Barbara. » Et il montra du doigt une petite caisse suspendue sous le crucifix, à la paroi de la cabine de poupe. « Et puis quand on désarme, on vide la caissette et on fait l'aumône à l'église de Santa Barbara, qui nous a protégés pendant le voyage.

– D'accord, dit Michele, perplexe.

– Combien veux-tu laisser ?

– Que Votre Seigneurie me le dise, se résigna Michele.

– En général on laisse au moins un *cavalotto* », dit l'*écrivain*.

Michele, qui n'était habitué qu'aux monnaies vénitiennes, hocha la tête en signe d'assentiment. Que dans une galère on ne s'enrichissait pas, il l'avait enfin compris.

Entre-temps, la chiourme avait fini de charger et la galère se préparait à prendre le large. Le *comito* vint s'occuper de Michele et lui trouva une place sur un banc de poupe ; c'était un jeune homme grand et robuste, avec une courte barbe blonde, qui se nommait Pasquale da Spotorno. Un marin chauve, aux yeux de merlan frit et aux lèvres proéminentes, l'accompagnait ; c'était l'argousin, le chef de la chiourme chargé de la garde des galériens. Ce dernier s'occupa en personne de fixer l'anneau de Michele à la chaîne attachée au banc, puis le regarda droit dans les yeux très attentivement.

« Écoute-moi bien, dit-il. Je suis le Calabrais, et je n'oublie jamais rien. Si tu me fais des ennuis, tu t'en souviendras. Si tu files droit, on s'entendra. C'est clair ? »

Michele acquiesça en haussant les épaules, et en guise de réponse, l'autre lui balança une gifle.

« On répond : oui monsieur, *Sissignore* ! »

Autour de lui, certains ricanèrent.

« *Sissignore*, balbutia Michele, rouge d'humiliation.

– Retiens bien les règles : ici, on ne jure pas, c'est compris ? poursuivit l'argousin. Les trois premières fois, tu t'en tires avec une bastonnade ; la quatrième fois, on te cloue par la langue au grand mât, c'est clair ? »

Pasquale confirma d'un air sérieux.

« Si, en revanche, tu entends quelqu'un jurer et que tu le dénonces aussitôt, tu as droit à la ration d'un marin pendant un mois, conclut le Calabrais. Tout est clair ? »

– *Sissignore* », approuva Michele.

Dès que les deux hommes s'éloignèrent, les galériens des bancs voisins s'adressèrent à Michele avec une curiosité railleuse.

« D'où viens-tu beau gosse ? »

Quand il expliqua qu'il venait de Venise, il suscita de nouveau l'hilarité.

« Dis un peu, et quand as-tu baisé pour la dernière fois ? demanda l'un d'eux brutalement.

– Mais tu ne vois pas que ce n'est qu'une poule mouillée ? Ce jeunot n'a jamais baisé de sa vie, dit un autre en riant.

– Ou peut-être bien qu'il est marié et qu'il a laissé à Venise une petite femme ? Hein ? C'est pas vrai que tu as une petite femme qui t'attend ? »

Michele ne dit rien, mais aux autres, l'idée avait plu.

« Dis-nous un peu beau gosse, comment elle est ta petite femme : au lit elle sait y faire ? renchérit un autre en lui tapant sur l'épaule.

– Qu'est-ce que ça peut bien te faire ? rétorqua Michele, renfrogné, se retournant d'un coup.

– Oh, à moi, rien ! dit l'autre railleur. C'est juste pour savoir comment il se trouve, celui qui est en train de la baiser à cette heure-ci. »

Michele aurait voulu lui sauter dessus, malgré la chaîne, mais le galérien assis à ses côtés le retint ; c'était un nègre, maigre, déhanché, qui ne s'était pas uni, jusqu'à présent, au chœur des moqueries.

« Ça suffit ! » dit-il en élevant la voix.

Cela n'aurait peut-être pas suffi, mais le Calabrais, qui allait et venait sur la coursie, était en train de s'approcher, et tout le monde préféra laisser tomber. Michele prit ses genoux dans ses bras, pencha la tête et ferma les yeux, essayant de calmer le tumulte des émotions qui s'agitaient dans sa poitrine. Où donc suis-je tombé ? pensa-t-il. Mais ce à quoi il pensait le plus c'était à Bianca, et les commentaires vulgaires des galériens lui avaient violemment renvoyé en pleine face son souvenir. Il s'était déjà rendu compte depuis un moment que les nuits au cours desquelles il pensait à Bianca étaient plus difficiles à passer que celles où il parvenait à ne pas y penser : et cette fois, le désir qu'il avait pour elle et l'angoisse de l'avoir perdue étaient si forts qu'il lui était impossible de les ignorer. Il ne retrouva un peu de calme qu'en se disant qu'il réussirait à rentrer. Oui, par la grâce de Dieu, pensa-t-il, j'y arriverai. Je retournerai auprès de Bianca, je dormirai à nouveau dans ses bras, je respirerai l'odeur de sa peau.

16

Pendant le voyage de retour de l'*Aquila* de Crète vers l'Italie, Michele avait fait la connaissance des deux galériens enchaînés à son banc. C'étaient tous les deux des esclaves capturés en mer qui parlaient un italien approximatif mêlé à la *lingua franca* des ports. Celui qui était à sa gauche, du côté de la mer, était un vieil homme rude et taciturne ; Michele ne se rendit pas compte tout de suite qu'il était aveugle des deux yeux. À sa droite était enchaîné le grand nègre qui avait fait taire les autres galériens la nuit de son arrivée à bord.

« Je suis Ahmed, mais certains m'appellent Grossebite », lui dit-il en riant.

C'est lui qui expliqua à Michele où il était tombé et qui lui apprit les règles de survie. Bien enveloppé dans son manteau, son béret rouge enfoncé jusqu'aux yeux, il lui raconta que la galère était génoise et qu'elle appartenait à un armateur qui se nommait Negroni.

« Tous les autres esclaves à bord et moi-même, nous lui appartenons. Messer Ambrogio Negroni, mon cher, est l'un des hommes les plus riches de Gênes. Je le connais, moi. Autrefois il naviguait, mais maintenant il ne navigue plus. Le capitaine est son homme ; il se nomme messer Ettore. »

Grossebite continua en racontant que l'*Aquila* faisait la guerre de course avec l'autorisation du gouvernement génois et qu'elle était venue dans le Levant pour tenter de prendre l'un des navires du convoi d'Alexandrie qui transportait l'or des impôts d'Égypte au trésor du Sultan.

« Mais on n'a pas réussi. Le convoi a dû partir avant par rapport à d'habitude, on n'a pas compris. Le fait est que les officiers sont tous de mauvaise humeur. On a pris une tartane et fait quelques esclaves, mais tout juste assez pour remplacer les morts, car on a eu le typhus à bord. Sois tranquille, le typhus, c'est fini, depuis quelques semaines plus personne ne meurt. Maintenant qu'on a fait provision d'eau et de bois, j'ai entendu dire que nous allons à Messine. Il est temps car la saison est finie. Dans peu de temps, ce sera l'hiver et il faudra rentrer au port. »

Michele voulut connaître son histoire. Grossebite lui raconta qu'il avait été capturé six ans auparavant par une galiote sicilienne, au large de Pantelleria, et revendu à Palerme à un agent de Negroni, venu acheter des esclaves pour les galères de son patron.

« Mais moi, j'étais déjà esclave avant », précisa-t-il tranquillement.

Il expliqua qu'il appartenait au *rais* d'un navire de pêche de Tunis, et qu'il avait embarqué avec lui lorsque la galiote les avait pris.

« Je me suis vu mal parti, tu sais. Ces chrétiens se font l'idée que nous autres, nègres, on ne sait pas ramer. Ils disent que nous nous laissons mourir de mélancolie, et il y a des patrons de galère qui ne veulent pas acheter d'esclaves noirs. Quand le corsaire nous a abordés, ils ont dit : et de celui-ci, qu'est-ce qu'on en fait ? Je croyais qu'ils allaient me jeter à la mer. Puis, par chance, ils ont décidé d'essayer de me vendre malgré tout, et comme Negroni avait besoin de bras, il a donné l'ordre d'acheter sans discuter. Et c'est comme ça que je me suis retrouvé ici. Tu vois l'aveugle, là ? C'était lui le *rais*, c'était mon patron, et maintenant nous sommes ici tous les deux, et si je voulais lui voler son manger et le faire mourir de faim, personne ne s'en apercevrait. Hein ? Mahmud bey ! » dit-il en secouant vigoureusement l'aveugle qui dormait.

Celui-ci se réveilla en sursaut et marmonna quelque chose dans une langue incompréhensible.

« Tu vois ? dit le Noir. Il n'a pas seulement perdu ses yeux, sa tête non plus il ne l'a plus vraiment. Il croit toujours être sur le navire de pêche, et que c'est lui le patron. Dors Mahmud bey », ajouta-t-il avec une caresse rêche.

L'autre marmonna encore quelque chose et s'assoupit à nouveau.

« Qu'est-ce qu'on y peut ? C'est la volonté de Dieu », soupira le nègre ; et Michele se fit automatiquement le signe de croix.

Ensuite, cependant, une autre curiosité lui vint à l'esprit.

« Écoute voir, mais pourquoi te nomment-ils Grossebite ? »

Le nègre rit.

« À ton avis, pourquoi ? »

Il trafiqua un instant avec son caleçon, puis fit signe à Michele de regarder.

Michele regarda et écarquilla les yeux.

« Hein ? Qu'en dis-tu ? Tu veux la toucher ? Allez, touche ! »

Michele se rétracta, alarmé.

« Je préférerais ne pas », balbutia-t-il.

Le nègre rit, débonnaire.

« Non ? Patience et longueur de temps… on verra si l'envie t'en vient après des mois à la chaîne. »

Michele se rendit tout de suite compte que la vie sur une galère génoise était bien différente de ce qu'il avait connu jusqu'à présent. Personne, hormis les officiers, ne descendait à terre pendant les escales, ce qui impliquait que la galère était prête à tout moment à prendre le large, alors qu'une galère vénitienne avait besoin de plusieurs heures pour faire revenir à bord ses rameurs. Les galériens, sachant que Michele était Vénitien, ne manquaient pas une occasion de le titiller à ce sujet, s'amusant de son amour-propre offensé. Sur le banc de devant, il y avait un forçat âgé qui prétendait avoir combattu dix-huit ans auparavant avec la flotte de la Ligue chrétienne commandée par Don Juan d'Autriche.

« Naviguer avec des Vénitiens, c'était une plaie ! Au moment de partir, ils restaient toujours à la traîne, nous étions déjà prêts depuis des heures et il fallait les attendre. Sais-tu combien de galères vénitiennes se sont fait coincer dans le port par des corsaires parce que, quand elles ont repéré les voiles, toute la chiourme était encore à terre, saoule ? »

La première fois, Michele rétorqua que sur les galères vénitiennes, les rameurs étaient des hommes libres, que, là, personne n'était enchaîné ni fouetté, mais on le fit taire aussitôt.

« Des bobards, tout ça ! Vous aussi vous en avez des galères de forçats, c'est juste que vous n'aimez pas mélanger les forçats et les *buonavoglia*, comme ça, les libres ne voient pas ce qu'endurent les autres, car s'ils le voyaient, chez vous non plus, on ne trouverait plus personne disposé à mener une vie de galère. »

De fait, comme Michele ne tarda pas à le comprendre, la différence était bien là : à Venise, ramer sur les galères était un honnête métier, même si c'était un métier de pauvres gens, alors que dans le reste de l'Italie, c'était une honte. S'engager comme rameur, ce n'était pas une affaire de chômeurs, mais de vagabonds, auxquels il ne restait pas d'autre ressource après avoir joué leur chemise aux cartes ; ou de buveurs qui se laissaient convaincre de signer après s'être remplis le gosier de vin. Même le parler était différent, car personne ne disait « Je me suis embarqué », mais plutôt « Je me suis vendu en galère. » Et, effectivement, pendant la durée de l'engagement, ils étaient plutôt traités en esclaves qu'en hommes libres, comme en témoignait l'anneau à la cheville, auquel, chaque soir, on fixait la chaîne. De surcroît, les tours de garde nocturnes étaient pris très au sérieux. Alors que sur la *Loredana*, l'un des officiers se contentait de parcourir la coursie avec une lanterne, bâillant de sommeil, là, l'argousin, accompagné de deux jeunes moussaillons, vérifiait chaque banc, contrôlant toutes les chaînes, pour voir si elles n'avaient pas été limées ; et ce contrôle était réitéré quatre fois par nuit, jusqu'à la dernière, à la diane qui précédait l'aube, quand la cloche fixée au mât de misaine sonnait le réveil pour tous.

Michele dut aussi reconnaître que, sur l'*Aquila*, l'on accordait la plus grande importance à la propreté, et qu'elle y était imposée plus scrupuleusement que sur les galères vénitiennes. On ne pouvait pas s'en passer car une bonne moitié des rameurs étaient des forçats que l'on ne détachait jamais de la chaîne, ni de jour ni de nuit, à moins qu'il n'y ait quelque corvée de chargement particulièrement lourde. La galère serait devenue rapidement invivable si ces centaines d'hommes qui se pressaient à bord, et dont au moins cent vivaient enchaînés au banc n'avaient pas été contraints de se laver chaque jour, et si la coursie et les bancs n'avaient pas été inondés d'eau et balayés chaque matin par des armées d'esclaves et de *buonavoglia*. En repensant au laisser-aller des rameurs, des marins et des *scapoli* de la *Loredana*, aux immondices qui s'accumulaient dans les coins et que, de temps à autre seulement, l'un des officiers se souvenait de faire jeter à la mer, et en songeant à la puanteur de la soute, après quelques jours de navigation à peine, Michele admit à contrecœur, que le système des Génois était meilleur.

Mais garder à bord tous ces gens, sans jamais les laisser descendre à terre, si ce n'est pour faire provision d'eau et de bois, sous le contrôle de soldats, arquebuses au poing, la mèche allumée, avait un autre corollaire, et Michele ne s'en rendit que trop bien compte après cette première conversation nocturne avec Grossebite. À force de cotoyer pendant des mois des corps nus ou semi-nus qui se touchaient ou s'effleuraient à tout moment, sans jamais pouvoir descendre à terre pour se défouler, nombre de ces hommes éprouvaient des envies qui auraient horrifié tout un chacun à terre et auraient aisément suscité l'attention des Inquisiteurs. À bord, en revanche, ces choses-là paraissaient si naturelles que l'on se souciait à peine de les dissimuler : la nuit, entre un passage et l'autre de la ronde, depuis nombre de bancs, on entendait des gémissements suffoqués et des bruits suspects, et tout le monde faisait mine de rien par une sorte d'accord tacite. Le premier soir, Michele s'était soustrait avec frayeur à l'invitation de son compagnon. Mais après quelques semaines de navigation, il se rendit compte avec stupeur que le corps du nègre luisant de sueur suscitait en lui une émotion intense, pas très différente de celle provoquée en lui par le corps de Bianca ou des rares femmes qu'il avait entrevues et touchées.

C'est Satan qui me tente, pensa-t-il en essayant de se faire une raison avec les outils que son éducation lui avait fournis ; et il se promit de rester le plus éloigné possible de cet homme, enchaîné à côté de lui.

Une fois rentrée en Italie, l'*Aquila* passa tout l'hiver dans le port de Messine, où trouvaient abri divers navires qui menaient la guerre de course avec des patentes du roi d'Espagne. Au début, messer Ettore, qui attendait des lettres de mission de Gênes et qui imaginait devoir repartir d'un moment à l'autre, n'avait pas voulu la désarmer. Amarrée au quai et recouverte d'une grande bâche à rayures hissée une fois pour toutes à l'arrivée, la galère était devenue une sorte de maison flottante. Enchaînés ou non, les rameurs ne descendaient jamais à terre, si ce n'est pour charger de l'eau, du bois et des vivres ; presque tous sommeillaient la majeure partie du temps, bien emmitouflés dans leurs manteaux de laine brute et dans les couvertures, tâchant de se défendre du froid et de l'humidité. Nombre d'entre eux toussaient toute la journée, et certains tombaient malades et mouraient, mais on ne pouvait rien y faire : le capitaine faisait venir un prêtre à bord, on célébrait un office et puis le cadavre était porté à terre et enterré dans la fosse commune des pauvres alors que l'*écrivain* tirait un trait dans son registre.

Vers la fin du mois de décembre, les lettres de Gênes étaient arrivées : l'*Aquila* avait l'ordre de passer l'hiver à Messine, et messer Ettore, pour faire baisser les coûts, se hâta de la désarmer. Les soldats et une grande partie des marins furent licenciés ; on démonta les mâts et tout le matériel, la galère fut mise en cale sèche sous un hangar de l'Arsenal, et tous les rameurs furent enfermés dans le bain des esclaves. Il s'agissait d'une petite tour adjacente à l'Arsenal, avec une cour fermée par une muraille et entourée de chambrées dépouillées, dans lesquelles les armateurs de Messine gardaient leurs esclaves quand on ne naviguait pas. Là, plus encore que sur la galère, les heures semblaient ne pas s'écouler et Michele eut le temps de réfléchir à sa situation et d'échafauder des plans pour l'avenir. Au moment de son engagement, il avait dû accepter de s'enrôler pour un an ; on ne lui donnait pas le choix, et il n'était pas en condition de refuser. Au pire, je m'échapperai, avait-il pensé avec une juvénile inconscience. Et puis, d'une façon ou d'une autre, il serait parvenu à retourner à Venise ; je sais bien, moi, ce qui s'est vraiment passé pendant le voyage de la *Loredana*, aurait-il dit, et en échange de ce secret, on l'aurait sans doute exempté de sa condamnation.

Pendant les longs mois de réclusion dans le bain des esclaves, ceux qui ne pouvaient rester dans l'oisiveté travaillaient à tresser des cordes ou à tricoter des chaussettes. Il y avait des négociants qui venaient apporter des outils et des matières premières et passaient ensuite retirer le travail fini et rétribuer les travailleurs d'une somme misérable, dont la moitié passait dans les poches des gardes et du capitaine. Michele découvrit stupéfait que Grossebite tricotait avec un certain plaisir et qu'il fabriquait ainsi beaucoup de paires de chaussettes, si bien qu'il lui restait de toute façon un peu de gain en main. Comme il était esclave, il n'avait pas de compte ouvert auprès de l'*écrivain* et ses gains lui étaient versés au comptant. Le nègre apprit à tricoter à Michele, qui se trouva bientôt en compétition de vitesse avec lui. Cependant, comme il était libre, les sous lui étaient crédités sur le registre. Michele n'avait pas encore compris s'il était plus dangereux de garder l'argent sur soi avec le risque de se le faire voler, ou que l'argent soit enregistré sur le livre avec le risque de se faire entourlouper par l'*écrivain*, et Grossebite, quand il lui posa la question, se mit à rire.

« Mais, de quoi tu te soucies ? Si le destin est qu'on te le dérobe, tu seras volé dans tous les cas, mon cher ! »

Belle satisfaction, pensa Michele, et il voulut rétorquer.

« Pourquoi dis-tu cela ? Si on se donne du mal, on peut aussi le changer, le destin ! »

Le nègre le regarda, tout à coup avec sérieux.

« Non, dit-il ensuite en secouant la tête. Le destin, on ne le change pas. Il est inscrit sur le front de chacun d'entre nous. »

Michele tressaillit. Et si c'était vrai ? Si mon destin était de crever sur cette galère sans jamais revoir Venise, ni embrasser Bianca et ma mère ?

« Et d'après toi, quel est mon destin ? » murmura-t-il.

Mais Grossebite le regarda avec étonnement.

« Je ne sais pas ! Je ne suis pas magicien tout de même. Seul Dieu le sait. »

Avec l'arrivée de la belle saison, le port de Messine se réveilla lentement, et même à bord de l'*Aquila*, la torpeur hivernale laissa place à l'activité. On fit sortir la chiourme des bains des esclaves et on l'enchaîna à nouveau aux bancs. Plusieurs militaires montèrent à bord pour discuter avec le capitaine et négocier les conditions de recrutement d'une compagnie d'infanterie à embarquer pour la saison de la course. Mais le problème le plus grave était celui des rameurs. Le commandant espérait obtenir des forçats du gouverneur, mais dans la rade, il y avait une autre galère génoise, qui appartenait à un armateur concurrent, et trois galères de l'escadre sicilienne ; et elles étaient toutes en train d'armer pour sortir en course. Quand il rentra de son entretien avec le gouverneur, messer Ettore écumait de rage.

« Quel vieil arnaqueur ! dit-il. Il n'a pas été capable de faire condamner à la galère plus de cinquante hommes pendant tout l'hiver, et il les destinait tous aux galères siciliennes, tu comprends ?

– Ils font toujours comme ça, dit Pasquale, le *comito*, avec philosophie.

– Nous avons dû sortir cinq ducats pour chaque forçat, pour en avoir dix chacun, nous aussi les Génois, et il continuait à dire qu'il y perdait ! Et puis il est apparu que lorsqu'il avait dit cinquante, c'était pour avancer un chiffre rond, mais qu'en réalité, il n'y en avait que quarante-huit, dont un mort en prison, si bien que pour nous il en restait dix-sept en tout et qu'on n'avait qu'à se les partager comme nous voulions. Et, quand j'ai dit que l'*Aquila* appartient à messer Ambrogio Negroni et qu'il avait droit à neuf rameurs, le capitaine de la *Donzella* a eu le toupet de prétendre que les Grimaldi ne cèdent la place à personne ! Pour un peu, je dégainais mon épée, je te le jure devant Dieu.

– Donc, à la fin, combien on nous en donne ?

– Huit à nous et huit à lui, tant pis, je ne pouvais vraiment pas perdre la face devant ce gars-là ! »

Les jours suivants, les galériens furent mis au travail sans ménagement pour charger des barils de vin, d'huile et de vinaigre, des tonneaux d'eau, des caisses de biscuit, du fromage et du poisson salé, des boulets de canon et de la poudre, et toutes sortes d'instruments de ferronnerie nécessaires pour lever l'ancre. Bien que le travail fût considérable, ils étaient tous contents de cette occasion de se dégourdir les jambes et de parler avec des personnes différentes de celles qui étaient enchaînées avec eux sur le même banc. Le grand sujet de conversation, surtout parmi les forçats, était le motif pour lequel chacun d'entre eux s'était retrouvé là. Michele fit la connaissance d'un propriétaire du Salento qui avait été condamné à cinq ans de galère pour avoir épousé trois femmes l'une à l'insu de l'autre ; d'un revendeur d'huile de Brindisi condamné à trois années pour avoir commis le péché de sodomie avec son commis ; d'un notaire de Mazara condamné à la galère à perpétuité pour hérésie ; d'un berger des Abruzzes lui aussi condamné à la galère à vie pour avoir violé une petite fille de treize ans. Les histoires de ces hommes, racontées tantôt avec indifférence, tantôt avec un étrange orgueil, suscitaient parfois la compassion, parfois l'horreur ; mais personne ne se défilait, tous écoutaient avec avidité et n'éprouvaient pas de gêne à partager le pain et la soupe avec des gens qui avaient fait pis que prendre : là, d'une certaine manière, l'anneau à la cheville et le petit béret rouge les rendaient tous égaux.

Alors qu'ils attendaient sur le quai l'arrivée d'une cargaison de cordages, Michele et d'autres de ses compagnons eurent le temps d'assister à une scène qui sembla stupéfiante au Vénitien, même si les autres lui assurèrent que, dans les ports du royaume de Naples et du royaume de Sicile, on assistait souvent à ce type de spectacle. Et l'un d'eux, un gars de Lecce, taciturne, brun comme un Maure, garantit même à Michele que, lui aussi, avait été recruté exactement de cette manière.

Le capitaine avait mis un banc au début de la jetée et l'*écrivain* de l'*Aquila* était derrière le banc avec un gobelet de dés et une pile de pièces d'or. Deux soldats, l'épée à leur flanc, se tenaient à ses côtés afin d'éviter les ennuis, et rapidement, autour d'eux, s'était formé un groupe de curieux.

« Allons, courage, braves gens ! criait l'*écrivain*. Qui veut tenter sa chance ? Cinq ducats ! Cinq ducats contre six mois de galère ! »

Il ne fallut pas longtemps pour qu'un homme s'approche ; il était encore jeune mais défiguré par une brûlure sur le cou et sur la joue et vêtu de haillons.

« Bravo ! lui dit l'*écrivain*. Voici tes cinq ducats, si tu as de la chance tu les ramènes à la maison. Avancez messieurs, qui veut tenter le sort ? »

L'homme, debout à côté de la table couvait des yeux les cinq pièces d'or qui avaient été mises devant lui. Les soldats ne le lâchaient pas des yeux. Quand il allongea la main, le soldat le plus proche porta la sienne au pommeau de son épée. Un regard de l'*écrivain* lui fit faire un pas en arrière. L'homme caressa du doigt le petit monceau de pièces et un soupir collectif se leva de la foule.

« Je viens, moi ! » dit un homme pieds nus avec un air de paysan, et la gueule défaite de celui qui, à cette heure-là, a déjà bu.

L'*écrivain* lui tendit la main avec un large sourire.

« Bravo ! Viens par ici. »

L'ivrogne s'approcha, titubant légèrement, et l'*écrivain* lui compta cinq ducats.

« Maintenant, messieurs ! dit-il ensuite d'une voix de stentor, alors que la foule se pressait encore plus autour de la table, chacun de vous a eu en prêt de l'Excellentissime messer Ettore Spinola, capitaine de la galère l'*Aquila*, amarrée dans ce port de la ville royale de Messine, la somme de cinq ducats en pièces sonnantes et trébuchantes. Êtes-vous prêts à les jouer ? »

Les deux hommes acquiescèrent. La foule se taisait, excitée.

« C'est à vous ! » dit l'*écrivain*, en tendant le gobelet et les dés à l'homme défiguré.

L'homme empoigna le petit gobelet, mit les dés dedans, le secoua longuement puis jeta les dés sur la table.

« Trois plus deux, cinq ! » dit l'*écrivain*, alors que l'homme pâlissait et que de la foule s'élevait un murmure de commisération.

L'ivrogne allongea la main, empoigna le petit gobelet de dés, le secoua et jeta les dés.

« Trois plus trois, six ! proclama l'*écrivain*, alors que les présents grommelaient et que l'homme défiguré se couvrait le visage de ses mains.

– J'ai gagné ? demanda l'ivrogne, incrédule.

– Bien sûr ! » confirma l'*écrivain* ; et il poussa rapidement vers lui les pièces de l'autre joueur.

L'ivrogne allongea la main avec une expression d'avidité.

« Un moment ! dit l'*écrivain*. Il faut faire les choses comme il se doit. Toi, continua-t-il en s'adressant au vainqueur, tu as gagné ces cinq ducats au cours d'une partie légitime, et ils sont à toi. Mais ceux que l'Excellentissime messer Ettore t'a prêtés, tu dois les rendre. »

Il tendit les mains, prit cinq des dix ducats et les fit disparaître dans son sac.

« Maintenant, prends tes sous et va-t'en ! » continua-t-il.

Puis, s'adressant à l'autre :

« Toi, tu as reçu en prêt cinq ducats et tu les as perdus. Comme tu n'es pas à même de les rendre, nous les considérerons comme une avance qui t'a été versée pour ton service de six mois sur la galère. Maintenant, tu es légalement tenu de ramer six mois sur l'*Aquila*, jusqu'à l'extinction de ta dette. Comment t'appelles-tu ? » continua-t-il sur un ton pratique en sortant son registre et l'encrier.

Alors que le vainqueur s'éloignait avec son argent, suivi de la foule excitée, et que le perdant déclinait d'une voix brisée son identité, le gars de Lecce s'adressa à Michele.

« C'est toujours comme ça qu'ils disent ! Jusqu'à la 'stinction de ta dette. Mais quelle 'stinction ! Si tu n'as pas un sou et que tu dois vivre six mois en galère ! On te décompte les vêtements, tu demandes un peu de vin, on te le décompte, à la fin des six mois, tu te retrouves à leur devoir plus de sous qu'avant ! Moi, je suis ici depuis trois ans, et je n'en ai pas vu l'ombre de cette 'stinction. »

À ce moment-là, sur le quai, apparut un groupe de porteurs chargés de caisses et le soldat qui accompagnait les rameurs leur ordonna rudement de s'activer. Michele et les autres soupirèrent et se mirent au travail.

Au début du mois de mai, alors que l'on avait fini de remplir la soute avec les provisions, que l'on avait embarqué une centaine d'arquebusiers et enrôlé tous les galériens qu'il avait été possible de trouver, l'*Aquila* leva l'ancre du port de Messine et mit les voiles vers le Levant, en longeant les montagnes de la Calabre. De nombreux rameurs maugréaient en songeant aux cinq ou six mois de dur labeur qui les attendaient. Mais Michele était heureux d'être sorti du port, de l'humidité sombre et bondée du hangar, de l'ennui des journées passées à faire du tricot ou à sommeiller. Les premiers jours, les vents favorables permirent à la galère de filer si vite que, en à peine deux jours, elle parvint à Otranto, sans même que les galériens n'aient besoin de toucher les rames. Le Calabrais faisait quand même les cent pas sur la coursie, son fouet sous le bras, mais il avait bien peu à faire. Pasquale était presque toujours à la proue en train de scruter l'horizon. À Otranto, il n'était prévu de s'arrêter qu'un seul jour, le temps nécessaire pour charger de l'eau fraîche, et pour s'informer des dernières nouvelles sur le trafic en mer : mais, déjà en fin de matinée, le temps commença à changer, de gros nuages menaçants barrèrent l'horizon, et avant le début de la soirée, il pleuvait. Le vent était si fort que messer Ettore, après avoir consulté les pilotes, décida que ce n'était vraiment pas le moment de sortir du port.

Pendant quatre jours, l'*Aquila* resta bloquée dans le port d'Otranto, la bâche fut à nouveau dressée, et l'ennui s'empara à nouveau de tout le monde. Le soir du quatrième jour, le commandant, impatient, décida que le vent était en train de faiblir et que l'on pouvait essayer de lever l'ancre, et ce, même si dans son dos, Pasquale secouait la tête. Avec la force de toutes ses rames, la galère sortit du port, et dès qu'elle fut parvenue au large, les marins commencèrent à hisser les voiles. Le trinquet, qui se déployait simplement en tirant l'écoute, s'ouvrit sans difficulté ; mais, pour la voile du grand mât, qu'il fallait hisser à la force des bras, ce fut une tout autre histoire. Les rafales de vent étaient si soudaines et si violentes que les hommes occupés avec les parties les plus hautes n'arrêtaient pas de chanceler et à se la laisser échapper des mains, et, à un certain moment, l'un d'eux tomba à la mer ; quand on le hissa à bord, il n'en finissait pas de protester, alors que tous autour de lui ricanaient. Les averses intermittentes trempaient la voile avant même qu'elle ne fût fixée, et l'antenne, chargée de ce poids, montait si lentement que certains marins allèrent chez le commandant le prier de revenir sur sa décision. Messer Ettore voulut à toute force qu'on continuât ; et Michele entendit Pasquale ronchonner avec le pilote monté à bord à Otranto :

« C'est un bon capitaine, mais en matière de voile, il n'a jamais compris grand-chose. »

Finalement la grand-voile fut hissée et le commandant, planté à côté du timonier, commença à donner des ordres pour la manœuvre. Le vent n'était pas tout à fait contraire mais presque, et la mer était si agitée qu'il fallait faire preuve d'une attention extrême pour ne pas se retrouver en difficulté. Il faisait nuit noire et les lumières de la côte indiquaient que la galère n'avait presque pas bougé, quand le vent, au lieu de flancher, commença à se renforcer. La coque dansait dangereusement sur les vagues, et plus personne n'avait envie de rire. Le pilote parlait à un rythme soutenu avec le commandant, qui l'écoutait les poings serrés ; les soldats dont la majeure partie prenait la mer pour la première fois, avaient déjà vomi tripes et boyaux, et ils gisaient, pâles comme des morts, se lamentant et priant ; et dans les bancs aussi, plus d'un se mit à prier.

À la fin, le commandant se rendit à la raison et céda.

« Qu'en dis-tu, Pasquale, il vaudrait mieux descendre le bâtard et hisser le marabout ? Il est plus petit, sans doute tiendra-t-il mieux. »

Pasquale, le visage terreux, secoua la tête.

« Il est trop tard pour changer de voile, Illustrissime, nous ne pouvons plus rien hisser ! Faites plutôt baisser l'antenne, et que Dieu nous protège ! »

Messer Ettore, obstiné, refusa de faire baisser la voile, et il ordonna au timonier de rentrer vers le port, mais avec ce vent et avec cette mer, la galère était devenue presque impossible à manœuvrer, et, qui pis est, elle embarquait de l'eau. Tous les galériens avaient les pieds immergés dans l'eau jusqu'aux chevilles, et les marins descendus dans la cale pour remonter des sacs de lest et les jeter à la mer remontèrent en prévenant que l'eau y montait jusqu'aux genoux. Michele, agrippé au manche de la rame, l'estomac sens dessus dessous, repensa soudainement à ce que lui avait dit Grossebite. Qui sait si son destin, et celui de tous les autres, étaient de sombrer dans la mer cette nuit-là. Il regarda le nègre qui tournait la tête à droite et à gauche d'un air atterré et lui donna un coup de coude.

« Dis, tu crois encore que notre destin est inscrit sur notre front ?

– Prie, cela vaut mieux ! rétorqua le nègre. Fais comme lui ! »

Blotti contre le plat-bord, l'aveugle Mahmud bey chuchotait de manière convulsive une prière, dans sa langue incompréhensible. Michele allait dire quelque chose, mais, à l'improviste, une vague plus haute que les autres recouvrit la galère avec une telle force que tout le monde à bord eut l'impression de se retourner, et tous ensemble ils hurlèrent, terrorisés. La galère, devenue folle, tourna sur elle-même et une autre vague vint la frapper du côté où était Michele en la submergeant un instant. Plusieurs rames se cassèrent d'un coup sec et quand la coque émergea à nouveau, on vit que le mât de misaine était brisé. Certains galériens, fous de terreur, commencèrent à demander en hurlant qu'on les détache de leurs fers.

« Silence ! hurla le commandant. Vos bérets dans la bouche ! »

Les galériens auraient dû prendre leurs bérets entre leurs dents comme ils avaient été dressés à le faire chaque fois qu'il ne fallait pas entraver la manœuvre et que l'on ordonnait le silence à bord ; mais ils étaient tellement terrorisés que presque personne n'obéit. Pasquale, qui était près du timonier et l'aidait à tenir ferme la barre, appela le Calabrais avec un hurlement qui dépassa le fracas des ondes, et lui parla brièvement. Celui-ci écarta ses bras en signe d'impuissance et alla parler au commandant. Entre-temps, les galériens avaient cessé de prier, de maudire le destin et d'invoquer la Vierge et les saints et tous ensemble ils criaient pour être libérés. Messer Ettore parcourait la coursie d'un bon pas pour vérifier combien de rames avaient été perdues. Quand le Calabrais lui cria quelque chose à l'oreille, il secoua la tête et le repoussa ; puis finalement il ordonna de baisser la voile et l'antenne descendit autrement plus vite qu'elle n'était montée, oscillant de manière folle et risquant au dernier moment de s'abattre sur le pont et de déchiqueter quelques marins ou de les jeter à la mer.

« Maintenant, écoutez-moi bien ! hurla le capitaine, en peinant à se faire entendre au milieu du fracas des immenses vagues. Une galère ne fait pas naufrage en haute mer ! Vous avez compris ? Tant que nous restons au large, il n'y a aucun danger ! Nous devons juste éviter que le vent ne nous emporte sur les rochers ! Donc, démenez-vous ! Vogue ! »

Pasquale commença aussitôt à souffler dans son sifflet. Certains galériens refusèrent d'obéir et continuèrent à hurler qu'ils voulaient qu'on leur enlève les fers, mais le Calabrais obtint aussitôt le silence à coups de fouet. Malgré l'effort, l'*Aquila*, à la merci des vagues, n'était pas en mesure de manœuvrer, et, poussée par le vent, elle se rapprochait des lumières de la côte. Les rares soldats qui parvenaient encore à rester debout s'étaient regroupés du côté de la terre et fixaient ces lumières avec anxiété ; ils n'avaient rien compris au discours du commandant et il leur semblait que lorsqu'ils auraient été assez près du rivage, ils seraient sauvés. Mais les marins savaient que c'était exactement le contraire, et ils se rendaient compte avec effroi que la galère, à la dérive, s'approchait de plus en plus des falaises. Malgré les efforts du Calabrais, qui s'impatientait et frappait, les galériens cessaient de ramer et priaient. Messer Ettore était à la poupe, pâle comme un mort, avec, auprès de lui, le pilote et le capitaine des arquebusiers ; jusqu'à un moment auparavant, ils avaient discuté furieusement et les paroles échangées avaient été telles qu'on avait failli dégainer les épées, mais à présent, tout le monde voyait qu'il n'y avait plus rien à dire.

« Attendons », dit messer Ettore.

Mais, tout à coup, le capitaine des arquebusiers, qui n'allait pas mieux que ses hommes et se tenait debout à grand-peine, se frappa le front avec la main.

« Il n'y a qu'une seule chose à faire », balbutia-t-il, et il commença fébrilement à fouiller ses vêtements.

Puis il leva le poing et montra à tous la chose qu'il contenait : un petit *Agnus Dei* en or, pendu à une chaînette, elle aussi en or.

« Il nous sauvera », s'exclama-t-il ; puis il s'agenouilla, ferma les yeux et commença à baiser frénétiquement l'*Agnus Dei* et à réciter une oraison.

Le commandant, le pilote et Pasquale, qui l'avaient rejoint, firent le signe de croix, s'agenouillèrent et s'unirent à la prière.

« Sauvez-nous, Seigneur ! » cria à la fin le capitaine, et avec un large geste théâtral, il lança à la mer le petit objet scintillant.

En guise de réponse, une vague effroyable vint frapper la galère et fit rouler tout le monde à terre. Trempés jusqu'aux os, les officiers eurent du mal à se relever. Les galériens recommencèrent à hurler qu'ils voulaient qu'on les libère de leurs fers, et à battre les chaînes en rythme sur les bancs ; Michele et Grossebite eux aussi criaient à gorge déployée, et Mahmud bey, lui aussi, sans rien comprendre, répétait le même cri de sa voix stridente.

Mais, alors que tout le monde hurlait, le vent tout d'un coup se calma, et la lumière ténue de la lune apparut à travers une déchirure des nuages. L'*Aquila* continuait à rouler, mais les vagues étaient moins violentes maintenant. Le commandant consulta fébrilement le pilote qui s'entêtait à indiquer une direction de la main, bien que dans l'obscurité on ne vît rien. Puis messer Ettore s'aventura en trébuchant jusqu'au grand mât accompagné de Pasquale.

« Allez, la tempête se calme, hurla-t-il de toutes ses forces. Aux rames ! Vogue ! »

Tous les galériens dont les rames n'avaient pas été réduites en morceaux s'accrochèrent aux poignées et commencèrent à ramer, alors que le *comito* s'acharnait avec son sifflet. Le vent, d'un coup, s'apaisa complètement et un croissant de lune très net se dessina dans le ciel. Une heure après, la galère, avec de l'eau dans la soute jusqu'à la taille d'un homme, douze rames cassées sur cinquante, le mât de misaine arraché, rentrait dans le port d'Otranto, sans même avoir perdu un seul homme. Le capitaine des arquebusiers était fêté par tout le monde ; il avait repris quelques couleurs et il expliquait, satisfait, que cet *Agnus Dei* lui avait coûté dix ducats et qu'il l'avait fait bénir par les prêtres capucins de Messine, avant de s'embarquer.

« On a eu de la chance ! » s'exclama Michele, qui, comme beaucoup d'autres à bord, maintenant que la frayeur était passée, fanfaronnait. Grossebite hocha la tête.

« Il n'était pas écrit que nous devions mourir cette nuit, déclara-t-il sérieusement.

– Et tu ne pouvais pas me le dire avant ? » dit Michele en riant et en lui donnant un coup de poing amical.

17

Il fallut plusieurs semaines pour que l'*Aquila*, après avoir réparé les dommages subis, fût prête à reprendre la mer. Les rames furent le problème majeur : chacun de ces bestiaux énormes, fait pour être manié par trois hommes au moins, était fabriqué avec un seul tronc de hêtre, et, parmi toutes les boutiques de rames d'Otranto, on n'en trouvait pas plus de huit déjà prêtes ; les autres, il fallut les fabriquer exprès, en envoyant abattre des arbres dans la forêt de la Sila et en transportant les troncs jusque-là, moyennant un coût tel que messer Ettore s'en arrachait les cheveux. Puis, quand tout fut prêt, la galère fut enduite de suif pour rendre la quille plus glissante et gagner en vitesse ; un système de rouages et de poulies permit de l'incliner le long du môle, à moitié soulevée en l'air, et une grosse barque passait le long de la partie de la quille restée à nu avec un chaudron de suif fondu que deux hommes étalaient pendant que, sur le môle, on continuait de faire fondre du suif dans les chaudières et que la chiourme se réfugiait le plus loin possible pour échapper à la fumée, à la puanteur et à la chaleur. Cette opération fut rondement menée, en moins de deux jours, car les pilotes avaient signalé que le vent était bon mais qu'ils ne savaient pas combien de temps cela durerait ; et, finalement, un soir, vers le crépuscule, la galère sortit en mer.

Quand le pilote d'Otranto qui les avait accompagnés hors du port prit congé et remonta sur sa barque pour rentrer, le commandant appela Pasquale et le pilote de bord. Sur la table il avait déplié la carte nautique, et, comme il y avait du vent, il l'avait bloquée avec le sextant et l'horloge.

« Écoutez un peu, vous deux, dit-il. J'ai décidé que nous allons nous poster à la sortie de Valona, et essayer de faire un bon coup. L'un de vous deux connaît-il cette île ? »

Du doigt, il montra une petite île qui semblait barrer l'entrée du port de Valona. Le pilote fit signe que oui.

« Il n'y a pas grand-chose. Elle n'est pas habitée. Mais il y a quelques criques ; et on y trouve de l'eau.

– Y compris du côté que l'on ne voit pas du port ?

– Il me semble bien que oui.

– Et il y a du bois ?

– D'après mes souvenirs, ce n'est que du maquis. »

Messer Ettore hocha de la tête, satisfait.

« Ça va ! Allons nous mettre là, installons un poste de vigie à la pointe de l'île, et le premier bateau qui remonte, nous l'interceptons. D'après ce qu'on m'a dit à Otranto, il y a pas mal de passage en cette période à Valona.

– Il y a surtout du transport de blé, d'après ce que j'ai entendu », commenta Pasquale, sèchement.

Le blé, en général, n'était pas un chargement assez précieux pour justifier les frais d'une expédition exprès pour.

« Tu veux que je te dise, Pasquale ? Par les temps qui courent, même le blé me conviendrait. La récolte ne sera pas bonne cette année non plus, on le sait déjà. Si ça se trouve, il sera plus aisé de vendre un chargement de blé que d'étoffe, tu verras. »

Pasquale n'était pas d'accord, mais il ne pouvait pas le dire, donc il se tut respectueusement. Si j'étais le commandant de cette galère, pensa-t-il, nous n'irions pas à la recherche de blé ! Mais cela aussi, c'était une chose à laquelle il valait mieux ne pas penser ; avait-on jamais vu qu'un *comito*, un gueux qui s'était fait tout seul parmi les marins pût devenir commandant de galère ? Une fois, quelqu'un lui avait dit que, chez les Turcs, les choses se passaient précisément ainsi, et qu'il arrivait souvent qu'un *comito* qui connaissait son métier fût promu *rais* ; mais tout le monde savait que ces gens étaient des barbares.

« Il y a autre chose encore, continua messer Ettore. D'après les informations parvenues à Otranto, la peste n'est pas encore arrivée à Constantinople ; en revanche, en Syrie et en Égypte, oui. Donc, quand nous nous emparons d'un bateau, avant de monter à bord, rappelons-nous de demander d'où il vient, d'accord ? »

Les autres manifestèrent leur assentiment en s'échangeant des regards significatifs. La peste, elle était toujours présente, ici ou là dans ce vaste monde, et surtout dans l'Empire turc, comme par une sorte de punition de Dieu contre les infidèles ; mais une chose était de le savoir en théorie, une autre de le savoir en pratique, en songeant qu'en mer on pouvait tomber sur un vaisseau qui était contagieux.

« Espérons que les choses iront pour le mieux », conclut Pasquale ; et il s'efforça de sourire.

Les pilotes avaient raison : le second jour de navigation, alors qu'on était déjà en vue des montagnes de la côte albanaise, le ciel se couvrit de nuages. Messer Ettore avait toussé toute la nuit, et maintenant encore, tandis qu'il scrutait l'horizon, il toussait toujours.

« Sale vie que cette vie de galère ! » ronchonna-t-il, de mauvaise humeur.

Pasquale, consulté, estima qu'ils ne parviendraient pas à atteindre l'île avant l'orage. Le capitaine des arquebusiers qui écoutait, fit le signe de croix. Après la tempête, une bonne moitié de ses hommes avait déserté, et ceux qui restaient n'avaient absolument pas l'air joyeux.

« Si nous prenons une autre bourrasque, je ne réponds plus de personne, dit-il sèchement. Essayez de nous conduire à l'abri. »

Messer Ettore et Pasquale le regardèrent de travers. Leurs regards disaient clairement : et qu'y pouvons-nous ? Les gens de la terre, de toute façon, ne comprennent rien et ne comprendront jamais rien. Cependant, pour satisfaire le capitaine, et démontrer qu'on avait fait tout ce qu'il était possible de faire, on mit la chiourme sous pression. Pasquale se planta au milieu de la coursie, les jambes bien écartées, et s'époumona dans son sifflet.

« Passe-vogue ! » hurla-t-il.

La vogue à l'arrachée était la plus fatigante de toutes pour les rameurs qui, à chaque tour de rame, devaient donner un coup sec de toutes leurs forces au lieu de simplement se laisser aller en arrière en l'entraînant de leur poids. La galère, qui avait déjà le vent en poupe, augmenta imperceptiblement sa vitesse ; mais le ciel s'assombrissait trop rapidement. Quelques minutes plus tard, de grosses gouttes de pluie commencèrent à tomber, et quelques soldats, pâles comme des linges, s'agenouillèrent pour prier. Michele, tendu dans l'effort et luisant de sueur, trouva cependant le temps de dire à Grossebite :

« Il me semble que ces gens s'effraient un peu vite ! »

Depuis qu'il était sur des galères, non seulement il avait considérablement développé les muscles de ses cuisses et de ses avant-bras, mais il avait aussi appris à gérer son souffle de manière à pouvoir échanger quelques commentaires avec ses voisins. Le nègre confirma ; lui aussi, comme tout le monde à bord, à l'exception des soldats, avait appris à lire les signes du ciel et à distinguer un orage d'une bourrasque.

« On va un peu danser, dit-il, et bien entendu, on serait mieux dans le port. Mais au final on se mouillera un peu et c'est tout. »

Peu après, le vent était si fort que l'*Aquila* dut baisser les voiles pour éviter d'être déséquilibrée par les rafales de vent, et elle continua à avancer à la seule force des rames. Maintenant, il pleuvait à verse et on ne voyait pas plus loin qu'un tir d'arquebuse, si bien que l'île, qui semblait proche tantôt, avait maintenant disparu derrière le rideau d'eau. Messer Ettore, après avoir consulté le pilote, décida que, dans ces conditions, il valait mieux rester au large au lieu de chercher à se rapprocher de la terre. On donna donc l'ordre de suspendre la vogue, et tous les gars, trempés et malheureux, attendirent que l'orage se calme, alors que les vagues ballottaient la galère comme une coque de noix.

Finalement, d'un seul coup, l'orage cessa, comme il était arrivé. Le ciel bleu perça entre les nuages et, aussitôt après, le soleil apparut alors qu'il se couchait derrière la ligne lointaine de la côte des Pouilles. Devant eux se dessinait nettement la montagne qui dominait la rade de Valona, et, plus proche encore, peut-être à une demi-heure de là, la petite île sans nom où messer Ettore avait décidé d'établir ses quartiers. On hissa les voiles pour épargner la chiourme, car on se trouvait malgré tout dans des eaux hostiles et gare si la galère se laissait surprendre par un ennemi plus fort alors que ses rameurs étaient épuisés ; et le vent, qui avait beaucoup baissé, poussa paresseusement l'*Aquila* vers sa destination. À bord tout le monde essayait de se sécher aux derniers rayons de soleil, en essorant les chemises et les caleçons trempés ; le capitaine des arquebusiers vérifiait les armes de ses hommes, en réprimandant vertement ceux qui, pendant l'orage, n'avaient pas réussi à garder au sec la poudre et les mèches.

« Que ferions-nous si les Turcs nous attaquaient maintenant, hein ? Et ça se dit soldat, ça ! » pestait-il ; et il cracha.

Le pilote penché à la poupe, un bras au-dessus de la tête du timonier, lui indiquait la direction à prendre pour doubler un petit cap qui entravait la route de la galère.

« Pas si loin par là-bas ! Prends garde ! Il y a un banc de sable. Reste le plus possible le long de la côte. Voilà, continue, continue comme ça, ça va bien. »

Un instant après l'*Aquila* dépassait le cap, découvrant une merveilleuse crique bleutée, bordée de sable immaculé. Et, soudain, plusieurs voix se mirent à crier, non en raison de la beauté à couper le souffle de la rade, mais parce que, à l'autre extrémité, il y avait un vaisseau.

« Une galère ! » hurla messer Ettore. Puis il rectifia sur-le-champ. « Non ! Une galiote ! Ce doit être un corsaire ! Allez, emparons-nous de lui ! Vogue ! »

Sur ordre de Pasquale, les galériens se mirent tous ensemble à ramer, alors que les quelques arquebusiers qui avaient encore des armes en état de fonctionner se pressaient à la proue, et les canonniers, surgis de la cale où ils avaient passé deux jours à jouer aux cartes, se mettaient à ouvrir une caisse de boulets. La galiote s'était sans doute réfugiée dans la crique pour se mettre à l'abri de l'orage, et pour se garantir une plus grande stabilité, elle avait démâté, démontant son unique mât ; la dernière chose à laquelle elle s'attendait était de pouvoir être attaquée par surprise. Nombre de ses hommes étaient à terre, sans aucun doute occupés à faire provision de bois et d'eau ; on voyait que les Turcs les plus proches couraient sur la grève pour rejoindre la chaloupe qui était en train de s'éloigner du rivage pour retourner à bord, alors que d'autres, paniqués, couraient tous azimuts. On aurait dit que le corsaire n'avait pas le moindre espoir de se sauver, ainsi, sans voile et avec une bonne partie de ses hommes débarqués ; mais les marins et les soldats qui, depuis la proue de l'*Aquila* ne quittaient pas des yeux la galiote eurent une exclamation de rage quand ils virent que le vaisseau dépourvu de mât bougeait et prenait le large sans attendre la barque, d'où provenaient des hurlements et des gestes désespérés. De toute évidence, le *rais* avait décidé de sacrifier les hommes qui étaient restés à terre, pourvu qu'il pût sauver le reste ; il avait confiance en ses rameurs et il avait bien calculé, car la galiote commença sans tarder à gagner du terrain. Pasquale, qui était lui aussi accouru à la proue et qui avait un regard de lynx, compta rapidement.

« Vingt-deux bancs, établit-il. Elle est hors de notre portée, on ne peut plus la rattraper. »

L'*Aquila*, avec ses vingt-cinq bancs avait tout juste trois rames de plus de chaque côté, mais elle était plus lourde que la galiote et transportait beaucoup plus de gens à son bord ; elle aurait pu la rejoindre avec un vent robuste en poupe, mais en cette journée de bonace, tout espoir de la rattraper était perdu. Messer Ettore qui, excité, avait cessé de tousser, fit une grimace de déception.

« Tire sur la barque », dit-il ensuite au canonnier en lui indiquant la chaloupe qui avait désormais renoncé à rejoindre la galiote et essayait de sortir en mer par ses propres moyens, espérant passer inaperçue.

Le canon de l'*Aquila* souleva un tourbillon d'eau à peu de distance de la barque ; un second tir, de plus ample volée, piqua dans l'eau un peu au-delà.

« Attends, voyons s'ils ont compris cette rengaine », dit le commandant, en arrêtant l'artilleur qui se préparait à tirer un troisième coup.

La barque, en effet, comprenant qu'elle pourrait être touchée, avait renoncé à pointer au large et s'était rabattue vers la grève ; un ou deux hommes à son bord s'étaient même jetés à la mer, et maintenant ils nageaient vers la rive.

« Accostons, ordonna messer Ettore. Signor Annibale, dit-il alors au capitaine des arquebusiers, préparez vos hommes ; nous descendons à terre et nous allons capturer ces gens. »

La galiote était désormais au large et elle était en train de dresser son unique mât, et quelques minutes après, elle était si loin que l'on entrevoyait à peine le petit triangle blanc de la voile. L'*Aquila* tourna sa proue vers la rive, et accosta prudemment. Le pilote et Pasquale, avec le fil à plomb, mesuraient la profondeur, alors que, à la proue, les canonniers pointaient leurs pièces vers la plage. La majeure partie des Turcs restés à terre avait disparu dans le maquis ; il n'en restait que quelques-uns en vue qui déchargeaient en vain leurs arquebuses contre la galère à l'approche.

« Six brassées. Arrête-là ! » dit le pilote.

Les rameurs s'arrêtèrent, le timonier manœuvra, et la galère, courant sur son erre, tourna lentement sur elle-même. Il fallut forcer un peu, à coups de rame, pour faire pointer la galère vers la rive, afin que les canons puissent être à portée de tir.

« Fais descendre la barque ! »

Les arquebusiers se pressèrent dans la barque mise à la mer, et messer Ettore les suivit, avec leur capitaine.

« Pasquale ! Tire sur ces gens, dégage-moi cette plage ! » ordonna messer Ettore, en enfonçant bien son chapeau sur sa tête et en tâtant de sa main le pommeau de son épée.

Puis, la barque, avec six marins aux rames, commença à s'approcher du rivage. Les Turcs tirèrent quelques coups d'arquebuse, mais les balles tombèrent dans l'eau très loin. Puis, la principale pièce d'artillerie de l'*Aquila*, un canon *colubrine* qui tirait des boulets de cinquante livres, tira dans un grand fracas. Le boulet alla se loger sur la grève à peu de distance des Turcs, en soulevant un grand tourbillon de sable, suivi aussitôt par les boulets des canons plus petits. Un instant après, la plage était vide. La barque rama jusqu'à deux pas du rivage, puis les hommes sautèrent dans l'eau et se rangèrent rapidement en formation ; messer Ettore et le capitaine des arquebusiers les précédaient, leurs épées dégainées.

S'enfonçant dans le sable, les soldats avancèrent jusqu'aux dunes couvertes d'arbustes qui entravaient la vue de la mer ; là, ils se déployèrent en éventail, en laissant une dizaine de pas entre un homme et l'autre et ils commencèrent à pénétrer dans le maquis. Depuis la galère, les hommes suivaient cette chasse avec attention, en commentant à haute voix et en pariant, pendant que la barque faisait marche arrière pour charger d'autres soldats. De temps à autre, on entendait, venant du fond du maquis, l'écho d'un coup tiré, et des hurlements qui révélaient qu'on avait trouvé la proie. La barque venait de débarquer sur la grève une autre douzaine de soldats lorsque l'on vit deux arquebusiers sortir des dunes en poussant devant eux trois hommes à moitié nus, les mains liées dans le dos. Poussés vers la barque, ces trois hommes furent conduits à bord, tandis que déjà il en arrivait d'autres à la plage. L'ensemble de l'opération dura moins de deux heures ; à la fin la petite île avait été ratissée et quatorze Turcs conduits sur l'*Aquila*.

Messer Ettore les examina un par un dans la cabine de poupe, avant qu'ils ne fussent ferrés à la cheville et mis aux rames ; la galère avait déjà trois galériens par banc, mais sur les sièges, il y avait de la place pour un quatrième et les rames avaient quatre manettes.

« Qu'en dis-tu, Pasquale ? disait, satisfait, le commandant, quand il en trouvait un particulièrement musclé. Celui-ci, à Messine, on nous le paiera bien cent écus, non ? »

Les prisonniers étaient tous marins ou janissaires, des gens solides et habitués à être en mer, le genre d'esclaves qui se vendait bien.

« Deux ou trois autres coups de ce genre et nous équilibrons nos frais », calculait messer Ettore ; et Pasquale acquiesçait.

Mais le commandant ne voulait pas seulement évaluer sa marchandise, il voulait aussi savoir à qui il avait eu affaire. Les plus dégourdis des prisonniers furent interrogés, sans besoin d'interprète, dans la *lingua franca* à base d'italien estropié que tous baragouinaient plus ou moins dans la Méditerranée. Un janissaire un peu plus âgé que les autres, avec une longue cicatrice qui lui balafrait le visage du menton au sourcil et quelques poils blancs parsemant ses grandes moustaches dont les pointes retombaient de chaque côté de la bouche, confirma que leur bateau était une galiote corsaire qui avait pour base Durazzo.

« Et le *rais*, c'est qui ? »

Le Turc dit qu'il se nommait Alì Ginoves. Les deux génois se regardèrent.

« Un renégat, n'est-ce pas ? »

Le Turc confirma, d'ailleurs, qu'une grande partie des *rais* des galiotes corsaires, tant du Levant que de Barbarie, étaient des renégats chrétiens, ce n'était un secret pour personne.

« Alì Ginoves, répéta messer Ettore, pensif. Il me semble avoir déjà entendu ce nom.

– Mais, bien sûr ! s'exclama Pasquale. Je l'ai déjà entendu moi aussi. Attendez ! Ce ne serait pas quelqu'un de Recco ?

– Bregante ! Gregorio Bregante, qui fut capturé par Ucciali à Tunis : j'en ai encore récemment entendu parler, c'est lui, il n'y a aucun doute. »

Le janissaire, qui suivait la conversation sans rien comprendre, en entendant ce nom hocha vigoureusement de la tête.

« Oui, oui, confirma-t-il, joyeux, Gregorio !

– Tiens donc », dit messer Ettore. Il se réjouissait comme s'il avait retrouvé un vieil ami. « Je m'en souviens très bien, c'était le *parone* d'une frégate. Tiens donc ! répéta-t-il. Et ainsi, il a sa base à Durazzo ? »

Le prisonnier confirma que la galiote était nichée dans ce port, et qu'elle ne laissait passer aucun vaisseau chrétien sans l'attaquer.

« La semaine dernière, on s'est emparés de deux petites embarcations, des marseillaises qui venaient de Venise, chargées de plus de cent tonneaux d'huile et des chevaux. »

Il apparut rapidement que tout le butin fut revendu séance tenante à Durazzo, le *rais* trouvant toujours des acheteurs ; s'agissant de bateaux vénitiens, la chose était illégale, puisque la République était en paix avec le Grand

Seigneur, mais le *cadi* de Durazzo fermait les yeux, étant donné que lui aussi y trouvait son compte.

« Les Vénitiens ne seront pas du tout contents », observa messer Ettore, satisfait ; et Pasquale rit.

Toute infortune qui pouvait s'abattre sur les Vénitiens était toujours source de satisfaction, et encore davantage si c'était le fait d'un Génois, même renégat !

« Mais comment se fait-il que les galères vénitiennes n'essayent pas de le coincer ? »

Le janissaire se mit à rire.

« Ce n'est pas possible ! Alì a des amis partout. Quand des galères sont en vue, ils l'avertissent par des signaux, de jour comme de nuit, à plus de cinquante milles à la ronde.

– Ah, ce bon Gregorio ! approuva messer Ettore. Je suis presque gêné de lui avoir fait si peur. »

Ayant terminé l'interrogatoire des prisonniers, le commandant décida de donner à manger à la chiourme et de se reposer quelques heures, mais de repartir dans tous les cas avant l'aube. La rencontre avec la galiote signifiait que cet endroit n'était plus sûr : même s'il pouvait se faire qu'Alì Ginoves fut rentré à Durazzo sans se soucier d'avertir Valona, il valait mieux ne pas courir de risques. À deux heures du matin le clairon sonna le réveil, et l'*Aquila*, poussée à nage forcée, prit le large en faisant route vers le sud. Ayant appelé Pasquale et le pilote, messer Ettore transmit ses ordres.

« Descendons jusqu'à Pazù », dit-il. C'est ainsi que, à l'époque, les Italiens nommaient ce qui est aujourd'hui l'île de Paxos, au sud de Corfou. « Là, nous avons des amis et nous pouvons attendre que passe quelque bateau marchand se dirigeant vers Parga. »

Le temps s'était mis au beau, le vent était léger mais stable, et la galère glissait sans peine vers le sud, faisant bien ses cinq ou six nœuds. Les Turcs capturés et enchaînés aux rames, après que le barbier les eut tous rasés et eut coupé sans pitié les moustaches des janissaires, avaient suscité, pendant un moment, l'intérêt de tous, mais presque aussitôt, cette nouveauté aussi s'était étiolée. Grossebite, lui, s'intéressait toujours à tout nouveau rameur qui était assigné aux bancs proches du sien, et comme l'un des esclaves pris sur l'île, un marin grec, petit, trapu et très jeune s'était retrouvé deux bancs devant, il avait admiré longtemps ses muscles, en donnant des coups de coude à Michele et en faisant toute sorte de commentaires obscènes. Michele était gêné par ces blagues au début, mais désormais, il les supportait patiemment ; il avait compris depuis un bout de temps que le nègre était ainsi fait, il aimait regarder et parler, mais il ne créait d'ennuis à personne, et, quand il n'en pouvait plus, il prenait son plaisir tout seul lorsque tout le monde était recroquevillé pour dormir.

La galère fit en sorte d'arriver la nuit à Paxos, en territoire vénitien, en restant bien loin des villages de pêcheurs. Elle accosta dans une crique isolée, et envoya à terre deux hommes dans une barque. Le jour suivant se déroula tout entier sans que personne ne se manifestât, alors que les forçats chargeaient de l'eau et coupaient du bois ; mais la nuit suivante, les deux hommes revinrent, et, peu après, un petit convoi de mules arriva à travers les montagnes, chargé de barils d'huile et de vin, de caisses de biscuits et de fromage, de poudre à canon. Les provisions furent chargées dans la soute, remplissant les vides laissés par les premières semaines de voyage, une somme d'argent passa de main en main, et aussitôt après, au cœur de la nuit, la galère repartit, en silence, comme elle était arrivée. Aux premières lueurs de l'aube, les hommes du tiers de poupe étaient en train de ramer et tous les autres sommeillaient à bord pour récupérer le manque de sommeil quand le marin de vigie cria très fort :

« Ohé ! Voile à tribord ! »

18

À bord de l'*Aquila*, ce signal suscita, comme à l'accoutumée, une agitation immédiate. À chaque rencontre en mer, on ne savait pas s'il fallait s'attendre à une proie à chasser, à un ennemi à combattre, ou à un ami avec lequel se limiter à échanger des informations, pour le cas où le vaisseau inconnu en question se révélerait être en provenance de l'un des royaumes du Roi Catholique, auquel les Génois étaient très fidèles. Il y avait aussi une quatrième éventualité, jamais vraiment avouée, mais somme toute assez fréquente, à savoir qu'il pût s'agir d'un bateau marchand appartenant à une puissance neutre comme la République de Venise ou le grand-duché de Toscane, qu'il n'y avait pas lieu de traiter avec respect. Dans ce dernier cas, au minimum, on montait à bord, et si on trouvait des marchands turcs ou juifs on séquestrait leurs biens ; mais si le chargement faisait envie, il se pouvait aussi que l'on prenne tout, sous un prétexte ou un autre, et, libre à elles, si les pauvres victimes voulaient protester.

« C'est un bateau de marchandises, Illustrissime », vint-on dire de la proue à messer Ettore.

L'éventualité de devoir combattre ayant été exclue, la tension à bord diminua, même si, surtout parmi les officiers, l'excitation de découvrir s'il y avait un butin possible et si oui de quelle nature il était, demeurait vive. On s'aperçut rapidement qu'il s'agissait d'une tartane, et à la manière dont elle calait, ceux qui s'y connaissaient dirent qu'elle devait transporter un chargement volumineux mais pas très lourd. Le commandant eut les yeux qui pétillèrent et il se frotta les mains.

« Tu vas voir, ce sont des épices, Pasquale », s'exclama-t-il.

Pasquale ne dit rien : il vivait en mer depuis moins de temps que messer Ettore, mais il avait appris à ne jamais rien donner pour acquis. La galère, poussée à toute allure, avec la chiourme tout entière qui voguait et le Calabrais qui jurait sur la coursie, prenait rapidement l'avantage, et peu de temps après, le chef canonnier décida qu'elle était à distance de tir. La tartane, ayant vu à l'horizon la voile de l'*Aquila*, s'était repliée vers la terre bien que le port de Parga fût encore loin, mais il était manifeste qu'elle ne réussirait pas à en réchapper.

« Ce sont des Turcs », dit Pasquale en voyant la manœuvre.

Et les marins dont la vue était la plus perçante confirmèrent : on apercevait des turbans.

« Tirons un coup de semonce », décida messer Ettore.

La colubrine retentit, rompant le silence et soulevant une gerbe d'eau à peu de distance de la tartane.

« Joli coup ! dit le commandant. Maintenant ça suffit », s'empressa-t-il d'ajouter, en craignant qu'un boulet trop bien ajusté ne fasse couler ce chargement fabuleux qu'il s'était déjà imaginé : des sacs et des sacs de poivre, de coriandre, de gingembre et de cannelle revendables chacun des centaines de ducats.

La tartane eut probablement la même crainte car elle ferla ses voiles. Quand la galère parvint à hauteur de la tartane, une escouade de marins se prépara à l'abordage, alors que les arquebusiers avaient à leur portée le pont du bateau.

« Eh, un moment ! se souvint Pasquale. Il faut d'abord leur demander d'où ils viennent !

– Malédiction, c'est vrai ! » dit le commandant, qui l'avait oublié.

Ils se frayèrent tous les deux un chemin jusqu'à la proue et montèrent sur la plate-forme d'abordage ; de là, Pasquale cria en *lingua franca* :

« D'où venez-vous ?

– De Tripoli, en Syrie », fut la réponse du patron, effrayé.

Pasquale fit un saut en arrière et jura.

« Malédiction ! Il y a la peste là-bas ! »

Le commandant et le *comito* se consultèrent rapidement, puis Pasquale retourna interroger le Turc en lui demandant quel était son chargement. La tartane avait des cèdres et des raisins secs qu'elle comptait vendre en Albanie.

Messer Ettore était déçu, mais pas trop : même si ce n'étaient pas des épices au sens strict, ce butin avait dans tous les cas une valeur considérable. D'une manière ou d'une autre, il fallait le transférer sur la galère ; et, en plus, il y avait l'équipage de la tartane, onze hommes en tout, et là aussi, c'était un butin auquel il n'était pas facile de renoncer.

« Toi, qu'en dis-tu ? » demanda-t-il au *comito*.

Pasquale plissa les yeux, réfléchissant.

« En attendant, demandons-lui, proposa-t-il. Comment allez-vous à bord ? Il n'y a pas la peste par hasard ? » hurla-t-il.

Il était clair que le patron de la tartane hésitait ; s'il avait répondu par l'affirmative, ils auraient pu le laisser passer, mais il y avait aussi le risque que, par prudence, ils ne les jetassent tous à la mer.

« Non, mais quelle peste ? Absolument pas », répondit-il ensuite à contrecœur.

Messer Ettore et le *comito* se regardèrent.

« Peut-on avoir confiance ? »

Pasquale continuait à réfléchir.

« Je dirais qu'on pourrait commencer par les laver, conclut-il. Eh, vous autres ! Déshabillez-vous et jetez toutes vos affaires à la mer ! »

Sur la tartane, les Turcs discutèrent un peu entre eux ; mais ils n'avaient pas le choix, et, d'autre part, cet ordre semblait indiquer que les chrétiens n'avaient pas l'intention de les jeter à la mer eux aussi. Maladroitement, ils se défirent de leurs haillons et de leurs turbans, jetèrent tout à l'eau et restèrent nus.

« Maintenant, venez en dessous ! » ordonna Pasquale ; et les marins de l'*Aquila* commencèrent à les arroser à grands seaux d'eau.

Le lavage continua un bon moment ; puis le Calabrais et deux marins montèrent sur la tartane, en s'efforçant de ne rien toucher et ils enchaînèrent aux bancs tout l'équipage car messer Ettore, toujours sur les conseils de Pasquale, avait décidé de remorquer la tartane.

« Nous l'emmenons à Otranto ? » proposa le *comito.*

Mais le commandant secoua la tête.

« Des marchandises de ce genre, on les vendra mieux à Palerme ou à Naples. Mais il est vrai, maintenant que j'y pense, que si nous entrons dans le port en remorquant la tartane, nous devrons déclarer d'où elle vient et ils sont capables de nous mettre tous en quarantaine. »

Pasquale ricana.

« Mais nous, si Votre Seigneurie en est d'accord, avant d'arriver, nous faisons monter les esclaves à bord ; quoi qu'il en soit, s'ils se portent tous bien, cela signifie qu'il n'y a pas de peste et nous emportons le chargement ; quant à la tartane, nous la coulons à pic. »

Messer Ettore était à ce point habitué à être tiré du pétrin par son *comito* qu'il n'y prêtait même plus attention, comme si les solutions étaient de son cru.

« Bien sûr et c'est ce que nous allons faire, approuva-t-il, satisfait. Le remorquage est prêt ? Alors, cap à l'ouest ! »

Parmi les galériens, le bruit selon lequel on avait pris un bateau en provenance d'un pays ravagé par la peste s'était répandu en un éclair, en partant des bancs que l'on nommait, qui sait pourquoi, des *coniglieri*, c'est-à-dire les derniers de proue, pour arriver instantanément aux premiers bancs de poupe, qualifiés de bancs des *spallieri*.

« Ils veulent notre mort à tous », protesta Michele.

La peste, il s'en souvenait vaguement, mais avec une immense frayeur ; il avait huit ou neuf ans quand elle avait dévasté Venise, emportant ses deux frères, et ce nom évoquait l'angoisse d'être enfermé à la maison pendant un temps qui lui avait semblé interminable, les adultes effrayés et impuissants, qui n'avaient que très peu de patience et le giflaient ou lui donnaient des coups de ceinture au moindre prétexte, l'odeur de la fumée des bûchers sur lesquels on brûlait le mobilier empesté, et l'image très vive de sa mère à laquelle quelqu'un tendait une miche de pain à travers la fenêtre.

« Eh ? Ça vous semble juste ? Ils vont tous nous faire crever ! » insista-t-il.

Depuis quelque temps, il avait envie de provoquer. C'était l'un des rares rameurs libres restés à bord, au milieu d'une multitude d'esclaves et de forçats, et il lui semblait que c'était le moment de le rappeler. Mais le Calabrais l'avait entendu ; et un instant après, le fouet siffla et le frappa sur les épaules. Michele jura mais baissa la tête.

« Silence dans les bancs ! hurla le chef de la chiourme. On n'est pas dimanche que je sache !

– Ici, ce n'est jamais dimanche, marmonna un autre à voix basse.

– Celui-là, un jour je vais le tuer, grommela Michele.

– Mais qui veux-tu tuer ! Ce gars-là, il ne fait que son travail. Laisse tomber », dit le galérien derrière lui ; et les autres furent d'accord.

Michele, déconcerté, chercha des yeux Grossebite.

« L'homme est ainsi fait, mon cher, rit le nègre. Tu le frappes, tu lui dis que c'est pour son bien, et lui, il est content. »

Puis, ils arrêtèrent de parler car il n'y avait plus un souffle de vent, et le commandant donna l'ordre de ferler les voiles et de se mettre à ramer.

Avec la tartane en remorque, l'*Aquila* était devenue plus lente et moins stable, et elle manœuvrait avec davantage de difficulté. Les galériens maudissaient ce butin dont, quoi qu'il arrive, ils ne verraient pas l'ombre d'un sequin et qui les contraignait à peiner davantage qu'avant. Comme cela se produit souvent en Méditerranée, les vents qui avaient favorisé le voyage de la galère vers le Levant l'entravaient dans son retour vers l'Occident, si bien que plusieurs jours furent nécessaires pour effectuer la traversée jusqu'à la côte des Pouilles. Après une escale pour faire provision d'eau et de bois, les deux vaisseaux unis par le câble de remorquage descendirent avec difficulté vers le sud et un matin tôt, au milieu des filaments de brume qui voilaient l'horizon, ils virent Santa Maria di Leuca. Messer Ettore avait doublé le nombre des marins de garde car c'était là un endroit connu pour les mauvaises rencontres qu'on y faisait ; et en effet, dès que le promontoire fut franchi, et aussitôt après avoir mis la barre en direction du sud-ouest, on vit une voile se détacher rapidement d'une crique cachée et on entendit le roulement d'un coup de canon.

« Galiote », décréta, sûr de lui, Pasquale, qui était accouru à la proue.

Et il se précipita chez le commandant pour lui en référer, alors que les canonniers descendaient en toute hâte dans la soute pour aller chercher les munitions et que les arquebusiers sortaient leurs armes.

« Que faisons-nous ? demanda messer Ettore, nerveux.

– Je dirais que nous attendons, conseilla le *comito*. S'ils sont assez fous pour se diriger vers nous, nous les prenons dans tous les cas.

– Hum ! Espérons qu'ils soient fous », conclut le commandant, pendant qu'il farfouillait dans sa cabine à la recherche de l'épée que, ce matin-là, il avait oublié de ceindre.

Mais le corsaire, qui, un instant, avait sans doute été leurré par le soleil et avait pris la galère et sa remorque pour une gabare, y voyait déjà plus clair maintenant, et la galiote filait, barre au vent, en cherchant à distancer la galère.

« Avec un vent pareil, nous pourrions la rattraper s'il n'y avait pas la tartane », dit messer Ettore, méditatif.

Pasquale acquiesça, découvrant ses dents en un sourire.

« Illustrissime, murmura-t-il ensuite, moi, je dis qu'il n'y a pas de peste.

– Tu as raison, décida messer Ettore. Donne les ordres ! »

En quelques minutes, les prisonniers capturés sur la tartane furent conduits à bord de l'*Aquila* et les marins commencèrent à transborder le chargement. La quantité de caisses qui s'accumulaient dans la cale était telle que la galère s'affaissa au point que son plat-bord affleurait le fil de l'eau ; puis, à un moment donné, la galère oscilla effroyablement et tous les galériens de bâbord se retrouvèrent à moitié submergés.

« Malédiction ! » dit Pasquale, et, passant au-dessus des têtes des galériens qui hurlaient, il se précipita vers l'écoutille de poupe où l'on était en train d'entasser le nouveau chargement. Arrivé là, il s'en prit au *parone* qui dirigeait les opérations, fit sortir toutes les caisses et recommença à les ranger dans la soute dans un ordre différent.

« Si nous ne parvenons pas à nous emparer de la galiote, ce sera ta faute ! lança-t-il à la tête du malheureux *parone*. Comment se fait-il que tu n'aies pas encore appris à charger ? »

Sous la direction de Pasquale, les caisses furent agencées, tant bien que mal, de manière à ne pas compromettre l'équilibre du vaisseau ; mais on avait perdu un temps précieux. Quand le câble de remorquage fut détaché, et que la tartane désormais vidée partit à la dérive, la galiote était déjà loin, en haute mer.

« Essayons quand même, ordonna messer Ettore après avoir jeté un coup d'œil aux voiles gonflées par le vent. Si le vent souffle encore aussi gaillardement, nous les aurons. »

La chasse commença. Le sifflet du *comito* scandait une cadence endiablée, les galériens trempés d'eau et de sueur arrivaient à peine à respirer, le Calabrais et d'autres marins parcouraient la coursie avec des fouets et des bâtons. Mais deux heures après, la galère n'avait gagné que quelques longueurs. L'argousin vint parler à l'oreille du *comito* ; Pasquale acquiesça et monta chez le commandant.

« On ne peut plus tenir cette cadence, Illustrissime, fit-il remarquer. La chiourme va bientôt être éreintée. »

Messer Ettore jura.

« Comment fait-elle pour filer ainsi ! s'exclama-t-il, en indiquant la galiote au loin.

– On essaye de changer les voiles ? suggéra le *comito*. On perd un peu de temps, mais à mon avis on y gagne. »

Le commandant haussa les épaules.

« Fais comme tu voudras. »

Sur ordre de Pasquale, les marins se mirent à la manœuvre et en un quart d'heure, la voile légère avec laquelle la galère avait voyagé toute la nuit fut remplacée par le bâtard, la voile la plus grosse et la plus lourde de toutes. Entre-temps, naturellement, la galiote avait gagné du terrain ; mais dès que la nouvelle voilure fut hissée, on vit que le *comito* avait eu raison, et maintenant la galère profitait mieux de ce vent soutenu. Au bout de cinq heures, la distance entre les deux embarcations s'était considérablement réduite.

« Nous sommes à portée de tir », déclara messer Ettore ; et il ordonna aux canonniers d'ouvrir le feu.

La colubrine s'enflamma en secouant toute la coque à cause de la détonation, mais le boulet tomba en mer, dans le sillage de la galiote, à plusieurs longueurs de distance.

« Attendons encore un peu », se corrigea messer Ettore, imperturbable.

Une autre heure s'écoula. Désormais, la galiote était assez proche pour permettre d'entendre le tambour scander la cadence de la vogue et de distinguer les couvre-chefs blancs des janissaires postés à la poupe et le miroitement de leurs arquebuses sous le soleil.

« Feu, maintenant, de toutes les pièces ! » ordonna le commandant.

La batterie de proue, en plus de la colubrine comprenait deux faucons et deux fauconneaux, pièces plus petites et de moindre portée, mais tout aussi meurtrières ; d'autant plus que le vaisseau corsaire, en présentant sa poupe, ne pouvait pas répondre avec son artillerie. Les premiers coups tombèrent, encore courts, mais très proches ; puis un boulet de la *colubrina* frappa en plein l'œuvre morte de la poupe, juste au milieu du rang des janissaires, en soulevant un ouragan d'éclats de bois. Des hurlements de douleur et d'effroi s'élevèrent de la galiote, auxquels répondit en chœur un hurlement de triomphe du vaisseau chrétien.

« Allons ! Droit devant ! » hurlait messer Ettore, en dansant d'excitation au point de trébucher sur son épée.

Mais le *rais* de la galiote était quelqu'un qui connaissait son affaire : se rendant compte qu'il risquait d'être réduit en pièces par l'artillerie, il manœuvra pour virer et le fit si rapidement que la galère ne parvint pas à la suivre. Lentement, mais inexorablement, la galiote amorça un ample tour qui la soustrayait à l'arc de tir de la colubrine, même si elle restait encore à portée des pièces mineures de bâbord, qui continuaient de la bombarder de coups. La galère, avec sa voilure plus lourde, mit tellement de temps à exécuter la même manœuvre qu'à la fin les deux vaisseaux se trouvèrent quasiment parallèles, mais orientés dans deux directions opposées. Les arquebusiers avaient commencé à tirer, et un nuage de fumée s'épaississait rapidement, ne permettant quasiment plus de viser. Poursuivant et poursuivi continuèrent de manœuvrer ainsi un bon moment sans qu'aucun des deux ne parvienne à se placer dans une position favorable pour tirer, et sans que la galère ne réussisse à s'approcher suffisamment pour éperonner la galiote et l'aborder. Messer Ettore et Pasquale, la voix rauque à force de crier des ordres, s'égosillaient en imprécations, les marins, exténués par l'effort, le fracas, et les balles d'arquebuses qui parfois sifflaient au milieu d'eux commençaient à perdre leur lucidité et à se tromper dans les manœuvres, et la vogue, en dépit des coups de fouet que le Calabrais faisait pleuvoir depuis la coursie, avait perdu toute cadence. Puis, tout d'un coup, le vent tomba et les voiles des deux vaisseaux s'affaissèrent en un instant.

« Allez, on va les avoir ! » hurla messer Ettore, et le sifflet du *comito* lança le signal, connu et craint de tous les galériens, de la vogue à l'arrachée.

Mais la chiourme était tellement exténuée que la galère acquit tout juste un peu de vitesse. Le Calabrais qui circulait sur le coursie semblait fou de rage et distribuait des coups de fouet à tort et à travers, mais sans résultat. Messer Ettore se précipita à la proue et vit que la galiote, elle aussi, voguait à nage forcée ; et sa chiourme d'esclaves, rompue à toutes les épreuves, tenait le coup. Ils n'étaient pas assez nombreux pour prendre le dessus sur la galère, mais s'ils continuaient ainsi, l'*Aquila* n'avait aucune chance d'atteindre sa proie avant la nuit. Les arquebusiers, à court de balles et de poudre, avaient cessé de tirer. Messer Ettore leva les yeux comme pour interroger le ciel, et, à ce moment-là, un dernier coup d'arquebuse partit de la galiote : on vit d'abord le jet de fumée, puis on entendit la détonation et le sifflement de la balle qui frappa le commandant à l'épaule. Messer Ettore cria, plutôt de surprise que de douleur, et il chancela ; un des nobles de poupe accourut pour le soutenir.

À ce moment précis, la tente de la cabine de poupe de la galiote s'ouvrit et un homme robuste avec un grand turban blanc s'appuya contre le fanal, chassant les janissaires qui s'étaient attroupés là pour voir.

« Ehi *padron* ! *Padrone* ! hurla-t-il.

– Que veux-tu ? rétorqua Ettore, grimaçant de douleur.

– Qui êtes-vous ? demanda le Turc, qui, curieusement, ne parlait pas en *lingua franca* mais en génois.

– L'*Aquila* de messer Ambrogio Negroni ! » répondit messer Ettore, avec orgueil.

Le Turc fit une petite révérence.

« Vraiment ? Portez-lui mes respects ! »

Pasquale, qui s'était approché, parla brièvement avec le commandant ; ce dernier écarquilla les yeux, puis acquiesça d'un ton décidé.

« Mais toi, qui es-tu ? Tu ne serais pas Gregorio Bregante ? hurla-t-il ensuite.

– Moi-même, en personne, toujours prêt à servir la République ! répliqua le Turc. Pourquoi nous avez-vous attaqués ? Vous ne savez pas que je ne m'empare que des bateaux vénitiens et que, quand j'ai des informations qui intéressent Gênes, je les transmets aussitôt au consul, à Raguse ?

– Et toi, pourquoi tu ne me l'as pas dit tout de suite ? Regarde ce que vous m'avez fait ! rétorqua messer Ettore en montrant son bras d'où coulait du sang.

– Patron, dit Gregorio. Il faut que tu prennes ton mal en patience car ce qui s'est produit devait arriver. C'était écrit sur notre front que cela devait t'arriver. C'est arrivé : on n'y peut rien.

– Ohé ! Gregorio ! intervint Pasquale. Nous t'avons tué beaucoup d'hommes ?

– Vous m'avez tué six janissaires, répondit l'autre.

– Eh bien, capitaine, répondit Pasquale, je te dis que c'était écrit sur le front que ces janissaires devaient mourir au cours de cette bataille, on ne peut pas aller contre la volonté de Dieu ! »

Le Turc écarta les bras pour montrer qu'on n'y pouvait rien, puis il s'adressa à messer Ettore.

« Patron, conclut-il, ce qui est fait est fait. La faute nous incombe à tous deux, à toi autant qu'à moi ; il faut avoir de la patience ; et qui est à l'origine du mal en subit les conséquences. »

Messer Ettore confirma, fatigué, puis ceux qui étaient autour de lui le portèrent dans sa cabine et l'allongèrent sur son lit. En l'absence d'ordre, la galère resta là, à flotter tranquillement sur l'eau lisse comme de l'huile, alors que la galiote, toujours poussée par ses esclaves, voguait à l'arrachée et disparaissait rapidement en haute mer. Le barbier de bord, qui était aussitôt accouru, aida le commandant à ôter sa veste, puis déchira la manche de sa chemise et vit que la blessure était peu profonde ; en quelques minutes, à l'aide d'une pincette qu'il maniait avec habileté, il sortit la balle, entre deux gémissements de douleur que messer Ettore s'efforçait héroïquement de réprimer.

« Illustrissime, nous allons à Messine ? » demanda respectueusement Pasquale.

Messer Ettore, pâle en raison du choc et de la douleur, reprit sans tarder quelques couleurs en se souvenant du chargement qu'il avait à son bord.

« Non, tu plaisantes ? dit-il rapidement. Je te l'ai dit que les raisins secs, on les vend mieux à Palerme. À Palerme, mon cher, à Palerme ! »

19

Michele s'était désormais habitué à la vie sur la galère génoise, si différente de celle qu'il avait connue sur la *Loredana.* Il ne trouvait plus étrange de porter l'anneau à la cheville ni d'être enchaîné au banc chaque soir et réveillé plusieurs fois par nuit par les contrôles de la ronde qui vérifiait l'état des fers. Il s'était aussi habitué à ne presque jamais descendre du vaisseau, si ce n'est pour aller charger du bois et de l'eau, et toujours sous la surveillance des soldats. De temps à autre, il était choisi pour ramer sur la chaloupe quand il fallait conduire à terre le commandant ou un autre officier ; dans ces cas-là, on choisissait toujours les rameurs les plus robustes qui présentaient le mieux, et Michele était devenu plus en plus robuste pendant l'année qui avait suivi sa fuite de Venise ; son visage, hâlé par le soleil, était devenu plus viril, ses bras et ses jambes étaient aussi musclés que ceux d'un lutteur, et, à sa grande joie, un soupçon de moustaches blondasses avait fait son apparition, si bien qu'avec le béret et la casaque rouges des galériens, il ne manquait pas de produire un bel effet. Et, même si ces escapades représentaient une distraction appréciée, il pouvait tranquillement s'en passer ; Grossebite lui avait appris à vivre ses journées avec philosophie, en peinant lorsqu'il fallait peiner, en se distrayant à regarder la mer ou le vol des mouettes pendant les interminables heures d'oisiveté, ou en savourant le biscuit distribué deux fois pas jour et la soupe de fèves ou de pois chiches des jours de fête.

Seuls les rêves venaient perturber la passivité presque animale dans laquelle il avait sombré. Il lui arrivait de rêver de son père, de s'agiter et de crier dans son sommeil, comme s'il était réellement en train de se battre contre les sbires, si bien que ses voisins, agacés, le réveillèrent plus d'une fois à coups de poings et de pieds. Il lui arrivait de rêver de Bianca et de jouir d'elle dans son sommeil et de se réveiller, poisseux et inexplicablement heureux, avant de se rendre compte avec une désillusion cinglante qu'il ne se trouvait pas sur le matelas avec elle mais sur le banc dur de la galère. Et puis, une fois, il lui arriva de rêver clairement qu'il prenait congé de l'*Aquila*, que l'*écrivain* soldait son compte sur son registre et commençait à compter à son profit une énorme quantité de pièces d'or qui s'étaient mystérieusement accumulées sur son compte ; après quoi, il débarquait par la coupée de poupe, avec un sac de sequins sur l'épaule et, à bord, tout le monde le saluait en soulevant son chapeau, y compris le commandant… Quand il se réveilla de ce rêve, Michele peina à revenir à la réalité ; toute la journée il continua à penser que ce rêve était sans doute prophétique et que les dix mille sequins enterrés dans l'île l'attendaient au terme de son odyssée. L'espoir de s'échapper de la galère avant le terme échu de son engagement lui paraissait de plus en plus ténu, mais, après tout, un an passait vite. Quand je serai à nouveau libre, se disait-il, tout reprendra rapidement sa place, tout rentrera dans l'ordre.

Après quelques jours de navigation tranquille, la galère entra dans le port de Palerme, en passant en contrebas des imposants châteaux qui en protégeaient l'accès. Messer Ettore, le bras en écharpe, encore très pâle, et souffrant, descendit à terre avec la chaloupe, et Michele fut l'un des six galériens choisis pour ramer. Une fois la barque amarrée au quai, ils restèrent là à attendre. L'attente dura presque toute la journée, que les galériens et les deux arquebusiers embarqués avec eux passèrent à bâiller et à sommeiller ; à un certain moment, ils eurent faim, et ils décidèrent d'envoyer quelqu'un chercher à manger à l'auberge, étant donné que, tous avaient, plus ou moins, quelques pièces dans leur bourse. Une grande marmite de pain trempé dans du bouillon et assaisonné de rate rôtie fut servie et tout le monde en mangea à satiété, heureux de cette variation inattendue qui changeait de leur habituelle et monotone pitance. Seul un des galériens refusa de manger et se contenta de mâcher le quignon de pain qu'il avait emporté dans sa chemise.

« Dis donc, compère, si tu n'as pas le sou, aujourd'hui ce sont les amis qui se chargent de régaler, tu as compris ? Aujourd'hui, c'est jour de fête ! » déclara un autre galérien, un Napolitain peu loquace d'habitude et avec de lourdes paupières qui lui donnaient l'air d'être à moitié endormi alors que, dessous, pétillaient deux pupilles attentives et à l'affût.

L'autre leva la tête et fit signe que non.

« Ces trucs-là, je ne peux pas les manger.

– Ha, non ? Vous, les Turcs, vous ne la mangez pas la rate ? demanda le Napolitain sur un ton de défi.

– Je ne suis pas Turc, je suis juif », dit l'autre, avec dignité.

Un des soldats se mit à rire la bouche pleine.

« Et, depuis quand tu es redevenu juif ? N'avais-tu pas dit que tu voulais devenir chrétien ? »

Le juif haussa les épaules.

« Eh bien, j'ai changé d'avis.

– Encore une fois ! dit l'homme en se fichant de lui. Mais connaissez-vous l'histoire de ce malheureux ? » continua-t-il en s'adressant aux autres.

Tous prêtèrent attention, tandis que le juif, avec une moue, retournait s'occuper de sa miche de pain. Il apparut que c'était un vrai Turc, capturé à Lepanto dix-huit ans auparavant. En galère, il s'était trouvé à ramer avec des juifs et ceux-ci l'avaient convaincu d'abandonner sa religion pour embrasser la leur. Cependant, par la suite, il y avait repensé et il avait commencé à envisager de se faire chrétien. Peut-être espérait-il, que, de cette manière, il pourrait être libéré, ou, du moins, qu'il serait mieux traité ; quand on lui avait expliqué que, de toute façon, baptisé ou non, il serait toujours esclave comme avant, il avait changé d'idée encore une fois.

« Prends garde que l'Inquisition n'en sache rien ! » ricana l'un d'eux.

Le Napolitain jeta au juif un regard de sous ses paupières lourdes, puis cracha.

« Moi, ces interdits, ne mange pas ceci et ne mange pas cela, je n'arrive vraiment pas à les comprendre, déclara-t-il avec arrogance. Et donc, tu ne bois pas de vin non plus ?

– Et pourquoi pas ? Bien sûr que si. Nous les juifs, nous en buvons, rétorqua l'autre, vexé.

– Épatant, l'ami ! Alors, écoute, compère, poursuivit le Napolitain, en s'adressant à l'un des arquebusiers, que dirais-tu si nous faisions venir aussi un peu de vin, car nous avons soif ?

– Mais, on n'a pas déjà assez dépensé comme ça ? » objecta Michele, qui, jusqu'alors, était resté silencieux.

Le Napolitain le regarda avec une moue de mépris.

« Tu nous prends pour des crève-la-faim ? » dit-il, menaçant.

Tous se turent ; puis un autre rameur se leva. C'était un Napolitain lui aussi, arrivé à bord depuis peu ; Michele savait qu'on l'appelait 'o Mussuto, même s'il ne savait pas qu'il s'était gagné ce surnom lorsqu'il faisait frire du poisson dans la rue et que ça voulait dire « la morue ».

« Vous avez entendu ce qu'a dit don Tommasino ? Vous avez soif ou non ? Allez, sortez vos sous ! »

Tous, y compris les arquebusiers, sortirent de l'argent. 'O Mussuto le compta, puis fit une profonde révérence à son compère.

« Don Tommasino, à vos ordres.

– Bravo, dit l'autre en claquant la langue. Alors, comme ça, tu me connais ?

– Et qui donc pourrait ne pas connaître Votre Seigneurie », répliqua 'o Mussuto, onctueux.

Michele suivait cet échange sans rien y comprendre, et avec une unique et ferme intention : celle, si possible, de ne plus rien avoir à faire ni avec l'un ni avec l'autre des deux Napolitains. Il resta silencieux, but son vin quand le soldat envoyé en chercher revint et en versa à tout le monde en commençant bien entendu par don Tommasino, lequel, cependant, comme Michele l'avait fort bien remarqué, avait été le seul à ne pas sortir un sou. Que ce fût en raison des panses pleines, de la chaleur, du vin, ou pour quelque autre raison encore, le silence était retombé sur le petit groupe. Ils restèrent ainsi à digérer et à sommeiller sur la chaloupe doucement bercée par le ressac jusqu'à ce que, vers le crépuscule, on vit réapparaître messer Ettore et

Pasquale sur le môle. On vit d'emblée qu'ils n'étaient pas contents du tout.

« Ce n'est pas possible d'être à ce point malchanceux ! Dis donc Pasquale, n'y aurait-il pas quelqu'un qui porte malheur sur cette galère ? Penses-y bien car, s'il y en a un, nous le laissons à terre, on ne peut pas continuer ainsi ! » protestait le commandant ; et Pasquale haussait les épaules.

Leur tentative pour vendre le chargement de la tartane avait été une faillite ; à peine deux jours auparavant un bateau venant de Raguse et chargé de raisins secs était arrivé à Palerme, et il n'y avait plus de demande sur le marché. Alors que la chaloupe les ramenait à bord, les galériens eurent le temps d'entendre le commandant qui disait :

« Tu sais quoi, Pasquale ? Qu'ils aillent au diable ! Nous, demain, nous repartons et nous allons le vendre à Naples ce chargement. Je voudrais bien voir, si nous n'avons pas de chance, là. »

Le *comito* approuva.

« C'est une bonne idée, Illustrissime. Si ce sirocco continue, nous y serons en deux ou trois jours. »

En entendant qu'on allait à Naples, Michele leva les yeux pour regarder les réactions des deux Napolitains. 'O Mussuto paraissait joyeux et ricanait. Mais don Tommasino continuait à ramer, regardant droit devant lui, de manière inexpressive, comme un reptile sous ses paupières baissées.

Comme l'avait prévu Pasquale, le voyage vers Naples fut rapide et sans événements notables, hormis un seul, qui n'émut que Michele et Grossebite : une nuit, après avoir tremblé de fièvre pendant quelques heures, le vieux Mahmud bey mourut. Ils s'en aperçurent à l'aube, au moment de repartir : il était déjà raide, si bien que l'argousin, que l'on appela aussitôt, eut du mal à le dégager de son banc, après lui avoir retiré ses fers. Ils le mirent dans un sac de toile que l'on cousit, et le jetèrent à la mer sans procéder à la moindre cérémonie, alors que l'*écrivain* tirait un trait dans la liste des esclaves. Michele se signa et Grossebite récita une formule dans une langue inconnue en se passant plusieurs fois les mains sur le visage alors que le cadavre glissait par-dessus bord et coulait au fond de l'eau. Le vieux n'avait plus sa tête, il n'avait jamais prononcé un mot compréhensible depuis que Michele était arrivé sur l'*Aquila*, et maintenant, non plus, il n'y avait rien d'autre à dire ; et pourtant, tous les deux avaient le cœur gros et n'avaient pas envie de parler.

Ils naviguaient depuis peu lorsque le Calabrais arriva, amenant le galérien destiné à remplacer le vieux. Surpris, et à vrai dire un peu inquiet, Michel vit que le nouveau venu était 'O Mussuto. L'autre aussi le reconnut et daigna lui faire un signe de tête ; il ignora Grossebite et s'installa confortablement à sa place. Il avait deux balluchons alors qu'aucun *buonavoglia* n'était autorisé à en avoir plus d'un, et il poussa sans ménagement celui de Michele pour faire place au sien. Le plus étrange était qu'il avait été placé en troisième position, en *terzicchio*, à l'endroit où l'on se fatiguait le moins et où, jusqu'alors, le vieux Mahmud bey, bien que mal en point, suffisait, alors que, avec les épaules qu'il avait, il aurait pu être apostis, *postizzo*, ou même vogue-avant, *vogavanti*, comme on nommait le *pianiero* sur les galères génoises. Il y a des injustices ici aussi, se dit Michele, assez ingénu pour s'en étonner encore.

À l'arrivée à Naples, l'*Aquila* amarra devant les tours de Castelnuovo, et le commandant descendit à terre avec Pasquale ; 'o Mussuto et don Tommasino furent à nouveau choisis pour ramer sur la chaloupe, mais pas Michele, lequel en profita pour commenter les faits avec son voisin, maintenant que finalement l'autre rameur n'était pas là pour les écouter.

« Dis donc, quels types, hein ? Ils vous donnent des frissons », avoua-t-il.

Grossebite le regarda sérieusement et ne dit rien ; il porta simplement un doigt devant ses lèvres.

« Mais, qu'est-ce qu'il y a ? dit Michele sans comprendre.

– Pas un mot, tu as compris ? Ces gens-là, il vaut mieux ne rien avoir à faire avec eux », murmura l'autre.

Le jour suivant, un marchand vint à bord de la galère examiner les caisses prises sur la tartane, et s'accorda sur le prix avec messer Ettore : le soir même les galériens furent mis au travail pour les décharger. Ce travail continua toute la journée du lendemain ; il fallait transporter le chargement jusqu'à un entrepôt qui était plutôt loin et Michele, comme les autres, dut faire plusieurs allers et retours en traversant le quartier du port de Naples, grouillant de *botteghe*, de faquins, de gamins, de chômeurs et de filles des rues, de gens qui mangeaient, dormaient et pissaient à la belle étoile. Le soir, quand ils rentrèrent à la galère, le temps s'était gâté ; une averse se préparait, et il fallut hisser la tente.

Une fois ce nouveau travail terminé, les galériens se mirent à attendre le rata du soir, lorsque, depuis la jetée, on entendit appeler le capitaine, avec une voix au fort accent espagnol et qui n'admettait pas de réplique. C'était un commissaire, un homme âgé, les cheveux et les moustaches blanches, tout de noir vêtu, accompagné d'une équipe de hallebardiers. Messer Ettore se pencha au château de poupe et un étrange dialogue commença entre eux.

Le commissaire avait été envoyé par le vice-roi pour faire une inspection de la galère. Une accusation anonyme prétendait que, à bord, il y avait des galériens dupés, qui avaient été embauchés pour d'autres services et fonctions et qui avaient été mis aux rames contre leur volonté, et d'autres dont le terme d'engagement était échu mais qui n'avaient pas été libérés. Le commandant répliqua sur un ton véhément qu'il n'y avait pas un mot de vrai et que celui qui avait porté cette accusation mentait. Le commissaire, virant au rouge vif, répondit qu'on allait voir qui mentait. Le commandant demanda si par hasard c'était de lui qu'il parlait. Le commissaire répondit qu'il ne se le serait jamais permis, mais qu'il avait l'ordre de vérifier personnellement cette affaire. Messer Ettore rétorqua qu'il pouvait procéder. Le commissaire demanda qu'on lève la tente, et le commandant fit signe à Pasquale de s'exécuter. Les galériens, qui avaient suivi dans un silence exceptionnel et avec une attention extrême cet échange de répliques, fixèrent avec avidité leurs regards sur le commissaire. Celui-ci s'avança et proclama à voix haute :

« Que ceux qui sont ici contre leur gré le disent. »

À ces mots, on entendit, depuis la poupe, la voix railleuse du commandant :

« Oh ! Pauvre messer Ambrogio Negroni, aujourd'hui tu vas te retrouver sans galère. Seigneur, ramenez-moi sur la terre ferme, car, moi, qui suis capitaine de cette galère et qui ai sous mes ordres tous ces hommes enchaînés et libres, cela fait de nombreuses années que je suis sur cette galère contre mon gré, et, si je pouvais rester à terre, j'y resterais. Imaginez donc ce que feraient ces hommes qui ont tout juste de quoi manger et boire et de surcroît des coups de bâton. »

Parmi les marins et la chiourme, nombreux furent ceux qui ricanèrent. Le commissaire haussa les épaules, monta à bord et commença à parcourir la coursie en répétant toujours la même question. Personne ne répondait ; la grande majorité des galériens était des esclaves ou des forçats, et parmi les volontaires, les *buonavoglia*, il n'y en avait pas un qui eût confiance dans le vice-roi de Naples. Alors que le commissaire s'approchait du banc de Michele, 'O Mussuto s'anima, fouilla dans sa bourse et en sortit une pièce de monnaie.

« Dis donc, tu veux gagner un *real* ? demanda-t-il à Michele, en lui montrant la pièce d'argent.

– Et comment ? demanda Michele, surpris.

– Quand le commissaire arrive, tu lui fais signe de s'approcher, et puis tu lui glisses à l'oreille qu'ici, à bord, il y a Tommasino Buttafuoco, Tommasino Crache-feu.

– Et alors ? continua Michele, soupçonneux.

– Et alors, rien, tu auras gagné un *real*, c'est tout », lui répondit l'autre.

Michele regarda Grossebite qui lui fit imperceptiblement signe que non.

« Et pourquoi tu ne le lui dis pas toi-même », rétorqua-t-il.

L'autre le regarda avec arrogance et cracha.

« Tant pis pour toi », dit-il, menaçant.

Le commissaire était arrivé à leur hauteur et il répéta encore une fois sa question : s'il y avait quelqu'un retenu contre sa volonté, qu'il n'hésite pas à le dire. Personne n'ouvrit la bouche, et le commissaire, raide et le visage rouge, continua d'avancer. Quand il eut fini son inspection, il retourna à la coupée de poupe, descendit sur la jetée et se tourna vers messer Ettore, qui avait assisté à la scène en ricanant.

« Bonne nuit, monsieur » dit-il avec une demi-révérence et en ôtant son chapeau.

Le commandant répondit avec une révérence plus profonde et le commissaire s'en alla, suivi par les hallebardiers.

Le lendemain, le bruit se répandit parmi les galériens que les *buonavoglia* auraient exceptionnellement la permission de descendre à terre. Messer Ettore, ravi d'avoir vendu avec profit le chargement de la tartane, et sans doute encore plus de la victoire qu'il avait remportée sur le commissaire, voulait les récompenser pour leur loyauté, du moins tel fut le bruit qui courut, et Michele y crut.

« Amuse-toi bien, lui dit mélancoliquement Grossebite. Et, si tu baises, souviens-toi bien de tout, et ensuite tu me racontes. »

Michele était triste pour le nègre, mais l'idée ne lui traversa même pas l'esprit que l'on aurait pu permettre, pour une fois, aux esclaves aussi de descendre à terre sans chargement sur les épaules ; les moustaches qu'il portait et le visage rasé de Grossebite signalaient tout de même qu'il y avait une différence ! Il sortit de son sac une chemise propre, plongea le bout de ses doigts dans le petit tonneau d'eau pour se rincer le visage, quand, tout à coup, on entendit du fracas sur la jetée, puis un cri très net :

« *Aquila ! Aquila !* Au secours ! »

Tous les marins et les *buonavoglia* qui ne portaient pas les fers et qui se trouvaient encore à bord s'attroupèrent sur le parapet, pour voir. C'était don Tommasino qui criait ; il avait été parmi les premiers à être descendus de la galère et il se promenait tranquillement sur le môle, habillé lui aussi avec des habits propres et des chaussures aux pieds, quand les sbires l'avaient arrêté. Don Tommasino s'était mis à hurler bien que deux hommes le retinssent par les bras et qu'un autre se préparât à le bâillonner. Un rugissement de rage s'éleva de la galère, et sans qu'aucun officier n'en ait donné d'ordre, les gens se pressèrent à l'échelle de coupée et se déversèrent sur le môle. Presque personne n'avait idée de qui était l'homme que l'on était en train d'arrêter, mais le simple fait que les sbires s'en prennent à un homme de l'*Aquila* avait suffi à leur faire perdre la tête à tous. Plusieurs soldats avaient le sabre au clair et tous les marins leur couteau. Tout se passa en un tour de main : le petit groupe de sbires qui essayait d'entraîner le prisonnier fut cerné par la foule et, un instant plus tard, l'un d'eux gisait sur la jetée piétiné et couvert de sang alors que les autres couraient pour sauver leur peau. Quelques-uns les poursuivirent jusqu'à l'embouchure de la jetée, puis, par prudence, préférèrent rebrousser chemin. Michele eut tout juste le temps de se pencher à l'échelle de coupée que les premiers à être descendus se dépêchaient déjà de remonter sur la galère.

« Eh bien ? Que s'est-il passé ? demanda Grossebite.

– Est-ce que je sais, moi ! Les sbires avaient attrapé quelqu'un, mais les nôtres leur ont fait voir de quel bois ils se chauffent ! » répondit Michele, excité et content.

Il s'assit à sa place en allongeant les jambes ; le *terzicchio* n'étant pas là, il y avait beaucoup plus d'espace. Les galériens qui avaient participé à la rixe regagnèrent bruyamment leurs bancs alors que les officiers, étourdis par la rapidité avec laquelle tout s'était déroulé, hurlaient vainement des ordres inutiles. Le bruit de ce qui s'était passé dut se répandre rapidement dans les ruelles de Naples, car, dans les heures qui suivirent, les soldats et les marins de l'*Aquila* qui étaient descendus à terre plus tôt revinrent tous à la hâte, les uns après les autres, par petits groupes, et plutôt effrayés ; 'O Mussuto revint parmi les derniers, à la nuit tombante, l'air bouleversé, et il reprit sa place sans dire un mot.

« Je n'ai jamais été aussi content d'être enchaîné à ce banc, dit Grossebite en riant. Vous autres, les gars, vous allez en passer un sale moment », prophétisa-t-il.

20

Le nègre avait été bon prophète. Cette nuit-là, sur la galère, personne ne dormit. Messer Ettore était furieux, mais surtout affolé parce qu'il devait encore récupérer les bénéfices de la vente et qu'un imbroglio avec le vice-roi était bien la dernière des choses dont il avait besoin. Après avoir vérifié rapidement les faits, il fit fouiller toute la galère à la recherche de Buttafuoco, mais en vain : après la rixe, le lascar avait disparu. On ne réussit pas davantage à découvrir qui avait porté le coup de couteau : au moment où cela s'était produit, plusieurs dizaines d'hommes étaient en train de descendre de l'*Aquila* ; quant à savoir qui exactement était suffisamment proche pour pouvoir en venir aux mains avec les sbires, ça, il était bien difficile de l'établir, d'autant que tous les hommes interrogés juraient leurs grands dieux qu'ils ne s'étaient aperçus qu'il y avait un homme mort que lorsqu'ils le virent, là, tout raide, par terre.

Le commandant, Pasquale et le Calabrais étaient en train d'interroger les derniers marins, avant de passer aux soldats et aux *buonavoglia*, lorsque l'on entendit, venant du môle, les pas d'un grand nombre de gens armés qui accouraient dans un bruit de ferraille. Messer Ettore se pencha et vit le commissaire qui était venu la veille accompagné d'un petit groupe de soldats, le sabre au clair et les mèches des arquebuses allumées. Comme on peut aisément l'imaginer, cet échange fut encore moins cordial que le précédent. Au nom du vice-roi, le commissaire exigeait qu'on lui remît sur-le-champ le banni, arguant que ledit Tommaso Buttafuoco avait été condamné au ban à perpétuité par le roi de Naples pour un nombre conséquent d'homicides, et qu'il risquait la potence s'il se faisait prendre. Messer Ettore dit qu'il regrettait beaucoup de ne pouvoir le lui remettre, pour cette bonne et simple raison qu'il n'était plus à bord. Le commissaire répliqua qu'il désirait s'en assurer personnellement. Messer Ettore répondit que ce n'était pas une galère du roi et que personne ne monterait à bord sans son autorisation. Le commissaire rétorqua qu'il voudrait bien voir ça et que, quoi qu'il en soit, on devait lui livrer l'assassin du sbire. Messer Ettore répondit que, en tant que commandant de galère, c'était à lui qu'il revenait de mener l'enquête et de rendre justice. Le commissaire répliqua qu'il n'en était rien et montra des documents que messer Ettore prétendit ne pas pouvoir lire car il faisait déjà nuit et qu'il ne faisait pas assez clair. Le dialogue avait quelque difficulté à se poursuivre, ne fût-ce que parce que, par prudence, la galère s'était éloignée d'une dizaine de mètres de la jetée, en remontant la petite échelle de coupée. À bord, tout le monde retenait son souffle pour ne pas perdre un seul mot de cet échange. Finalement le commissaire avertit qu'il reviendrait, et qu'on verrait bien alors qui avait raison.

Les officiers de l'*Aquila* continuèrent les interrogatoires toute la nuit, sans aboutir à aucun résultat. Une douzaine d'arquebusiers et de marins durent admettre qu'ils étaient descendus à quai en entendant les appels au secours de l'homme arrêté et c'étaient précisément ceux-là même que Pasquale et quelques nobles de la poupe se souvenaient avoir reconnus, mais personne n'ouvrit le bec, encore moins pour dénoncer un camarade. Michele, qui, comme tous les *buonavoglia*, ne portait pas les fers et avait été autorisé à descendre à terre, fut interrogé à son tour ; il dit la vérité, à savoir qu'il était tout juste arrivé à la petite échelle de coupée quand tout était déjà fini ; évidemment, on ne le crut pas car pratiquement tous disaient la même chose, mais comme ils n'avaient rien contre lui ils le renvoyèrent à son banc.

Il essayait de somnoler un peu en dépit du raffut et malgré la lumière de l'aube qui commençait à poindre derrière les collines, quand, venant de la jetée, où on avait laissé de garde un arquebusier, on entendit de nouveaux appels. Cette fois c'était un officier espagnol avec un grand chapeau à plumes et une écharpe rouge nouée en bandoulière qui, après avoir fait appeler messer Ettore, lui intima une deuxième fois l'ordre de lui remettre immédiatement le banni Buttafuoco et de livrer l'assassin du sbire. Le commandant se récria de nouveau, et l'officier lui dit alors que le vice-roi don Juan de Zúñiga, comte de Miranda, lui accordait vingt-quatre heures pour les trouver et les livrer, faute de quoi il ferait feu sur la galère ; et avec un geste provocateur, il indiqua la masse menaçante du Castelnuovo qui se réfléchissait dans l'eau. Tous ceux qui entendirent ces mots se tournèrent pour regarder et virent que, effectivement, sur les tours maîtresses, les pièces d'artillerie étaient pointées en direction de l'*Aquila*.

Messer Ettore, très nerveux, décida qu'il valait mieux aller parler directement à Son Excellence et descendit à terre. Il ne revint que le soir, la mine sombre, et s'en alla dormir aussitôt sans adresser la parole à quiconque. Peu après, tout le monde dormait, aussi bien à bord de la galère que sur la jetée, où les soldats de garde s'étaient enveloppés de leur mieux dans leurs manteaux.

Michele, comme ses compagnons, dormait lui aussi, lorsque, tout à coup, il fut tiré de son sommeil par un corps nettement plus gros que celui d'un rat qui bougeait près de lui. Cela ne pouvait pas être un rat parce que les occupants de la galère y étaient habitués et ne se réveillaient plus quand ils leur couraient entre les jambes. Michele ouvrit les yeux, et, avant même d'avoir pu entrevoir la silhouette sombre d'un homme debout au-dessus de lui, il entendit un grognement désespéré, rapidement étouffé, et fut heurté par 'o Mussuto, qui agitait de manière désordonnée bras et jambes alors qu'un moment plus tôt, il ronflait sur le banc. Le tout ne dura que l'espace d'un instant, le bruit cessa brusquement et le corps du *terzicchio* retomba, inanimé. Autour de lui, plusieurs rameurs s'étaient réveillés et ronchonnaient, mais personne ne savait quoi faire au juste. C'était une nuit sans lune, et seul un chat aurait pu y voir quelque chose. Michele, cependant, se rendit compte que l'homme étendu sur le banc n'était pas dans une position naturelle, et peu après il sentit qu'un liquide chaud et visqueux coulait sur lui. Il se décida alors à appeler le garde-chiourme, et, parmi les bougonnements et les protestations des galériens qui avaient été réveillés, le Calabrais arriva enfin, en se frottant les yeux encore lourds de sommeil, une torche allumée à la main. Ce n'est qu'alors que tous virent, avec surprise et horreur, que 'o Mussuto avait été poignardé à mort, égorgé comme un mouton. Le Calabrais se pencha sur le cadavre et vit qu'une grande feuille de papier imbibée de sang avait été accrochée sur sa poitrine.

« Qui sait lire ? » demanda l'argousin.

Il n'eut pour réponse que murmures et rires. Hors de ses gonds, le Calabrais remonta le pont et arriva à la cabine de poupe où, entre-temps, la tente s'était ouverte et où messer Ettore, encore en chemise, était apparu. On lui apporta la feuille et le commandant la lut à mi-voix, assez fort toutefois pour qu'on puisse en saisir les termes et qu'aussitôt ceux-ci fassent le tour de la galère. Sur la feuille était écrit en lettres capitales : TOMMASINO BUTTAFUOCO, et juste en dessous en plus petits caractères : « La même fin attend qui me trahir entend. »

« Eh bien ! dit messer Ettore, frappé d'admiration. Pasquale, viens donc un peu par ici ! ordonna-t-il ensuite.

– Me voici, Illustrissime, dit le *comito* en se frayant un chemin parmi les gens.

– Écoute un peu, Pasquale. Tu trouves normal que cet individu puisse monter et descendre de la galère à sa convenance ? Hein ? »

Pasquale haussa les épaules.

« Excellence, commença-t-il, mais messer Ettore l'interrompit.

– Laisse tomber l'Excellence ! Depuis quand s'adresse-t-on au capitaine en lui disant Excellence ? J'en ai par-dessus la tête que l'on se fiche de moi, tu as compris, Pasquale ? »

Le *comito* se tut, prudemment.

« Maintenant, tu vas me dire qui faisait partie du dernier tour de garde, que je leur retienne une semaine de paye, comme cela, la prochaine fois, ils ne dormiront peut-être pas !

– *Sissignore*, acquiesça Pasquale.

– Et puis, tu vas me raconter une bonne fois pour toutes ce que c'est que cette histoire. Qui est ce Buttafuoco ? Et, ne me raconte pas de fadaises, hein : je te préviens que juste après toi j'appelle le Calabrais et je me fais donner sa version des faits et gare à toi si elle ne correspond pas à la tienne. »

Pasquale comprit qu'il valait mieux dire tout ce qu'il savait.

« Voilà, Illustrissime, commença-t-il, ce gars a embarqué l'année dernière lorsque nous avons fait escale à Naples ; il était vêtu comme un pauvre diable, mais il était accompagné par des chevaliers, qui m'ont pris à part et m'ont expliqué qu'il devait s'éloigner de Naples un certain temps, parce que, à Naples, ça sentait le roussi pour lui, mais que c'était un de leurs amis et qu'à le bien traiter je ne pouvais qu'y gagner.

– Et combien tu y as gagné ? l'interrogea messer Ettore.

– Vingt pièces de huit, répondit Pasquale sans hésitation.

– Menteur ! Si tu me dis vingt, ça veut dire que c'était au moins cinquante. Pasquale, ça ne se passe pas comme ça sur ma galère. Ces choses-là, je veux les savoir. Et en guise de punition, les vingt pièces de huit, tu vas les mettre dans la caissette de Santa Barbara.

– *Sissignore* », dit Pasquale, contrit.

En réalité, de ces pièces de huit, les amis de Tommasino ne lui en avaient pas donné vingt, mais cent.

« Et l'autre ? reprit messer Ettore. Celui à qui on a tranché la gorge ? ».

Pasquale haussa les épaules.

« Celui-là, je ne le connaissais pas. Mais les Napolitains sont des gens dangereux. Qui sait de quel affront il devait se venger ?

– En tout cas, poursuivit le commandant, maintenant un peu plus tranquille, à quelque chose malheur est bon. Maintenant, le vice-roi sera forcé de nous croire quand on lui dira que le gaillard en question, on ne le gardait pas caché dans la cale. Et puis maintenant nous avons un mort nous aussi, nous sommes à égalité.

– Si je puis ajouter une chose, Illustrissime, commença le *comito*.

– Dis !

– D'après moi, le sbire aussi, c'est Tommasino qui l'a tué. »

Messer Ettore tira sur la pointe de sa moustache droite, pensif.

« Je crois que tu as tapé dans le mille, tu sais, Pasquale, renchérit-il. Ce ne peut être que lui. Et maintenant que j'y pense, quelqu'un l'a sans doute vu, non ?

– Je crois bien que oui, Illustrissime, confirma Pasquale, sérieux.

– Eh bien, trouve-moi ceux qui l'ont vu et ensuite, dès aujourd'hui, nous irons parler au vice-roi. Quant à moi, Pasquale, je m'en retourne dormir car il fait nuit. »

Quelques marins se chargèrent de prendre le corps de 'O Mussuto et de le porter à terre, et, dans la confusion générale, ses affaires disparurent aussi. Il ne resta plus qu'une grande tache de sang sur le cuir du banc et sur les planches du fond ; Michele cria qu'on lui apporte un seau d'eau, mais il s'entendit répondre qu'il n'avait qu'à attendre le lendemain, et qu'il n'avait qu'à s'en occuper lui-même, sans bassiner ceux qui avaient autre chose à faire. Le matin, quand on le détacha de ses fers, Michele lava de son mieux le sang, vigoureusement, à grands seaux d'eau de mer. Et il ne resta plus la moindre trace de l'homme qui avait été *terzicchio* au sixième rang, si ce n'est dans le registre de l'écrivain de bord ; et, là aussi, il n'y a aucun doute que le compte fût clos et très proprement soldé, à la satisfaction de tous.

Quelques jours de négociations furent nécessaires pour que le vice-roi de Naples acceptât de laisser repartir la galère. Au moment de lever l'ancre, on amena au banc de Michele le rameur qui devait remplacer le mort. Après avoir passé une année avec cette chiourme, Michele connaissait, au moins de vue, plus ou moins tous les galériens de l'*Aquila*, et il attendait avec curiosité de voir qui allait arriver. L'homme qui s'assit entre lui et le plat-bord et fut immédiatement enchaîné au banc par la cheville se révéla être le Turc qui s'était fait chrétien puis juif et dont peu de temps auparavant il avait entendu l'histoire. Il se nommait Mami, et avait été vendeur d'eau à Constantinople avant d'être enrôlé de force dans la flotte du sultan.

« J'avais une femme et cinq filles, raconta-t-il amèrement. Ils ne devaient pas me prendre, l'édit du sultan disait clairement que seuls les *scapoli* étaient obligés de ramer sur les galères.

– Et alors, comment ça se fait qu'ils t'aient pris ? » demanda Michele.

L'autre fit une grimace.

« Mais justement pour ça ! Tous les *scapoli* se sont cachés ou ont fui la ville. Tout le monde était comme devenu fou, les boutiques fermaient, on ne trouvait plus à manger. On avait peur que la flotte chrétienne ne vînt tirer à coups de canon sur Constantinople, mais pour ce qui est de s'embarquer pour défendre la ville, personne n'avait envie d'y aller lui-même ; tout le monde pensait : que quelqu'un d'autre s'y colle. Jamais, de mémoire d'homme, le sultan n'avait recruté de force dans la capitale, tu comprends ; c'était aux paysans de servir aux galères de force. » Et l'homme, pour mieux faire sentir son mépris à l'égard de ces pauvres diables, se racla la gorge et cracha : « Mais nous, gens de la Ville, jamais ! Et voilà que, au contraire, cet édit est promulgué, alors tout le monde a perdu la tête. Bref, les janissaires ont barré toutes les voies d'accès à mon quartier et l'ont ratissé maison par maison, et, comme ils ne réussissaient pas à trouver de *scapoli*, ils ont fini par s'énerver et ils ont pris n'importe qui, au hasard.

– Et c'est comme ça que tu as fini sur une galère, commenta Michele.

– Exactement ! Oh, ça, pour me payer, ils m'ont payé, il n'y a rien à redire. Le sultan avait donné l'ordre de donner trente écus par tête et nous étions payés rubis sur l'ongle.

– Tu plaisantes ? Trente écus ! Vous êtes si riches que ça là-bas ? » demanda Michele, stupéfait.

Avec une pointe d'orgueil, Mami confirma.

« Notre sultan est l'homme le plus riche du monde, déclara-t-il. Et comme il ne voulait pas d'injustices, il ordonna que l'on paie trente écus, ce qui, chez nous aussi, admit-t-il, est une coquette somme. Mais, malgré ça, personne ne voulait s'embarquer, car sur les galères on mène une vie de chien, et beaucoup meurent de la peste, et puis on avait tous grand peur des chrétiens, dont on disait qu'ils avaient construit la plus grande flotte jamais vue. Et c'était bien le cas : ils nous ont réduits en pièces dans la grande bataille. Moi, c'est une galère génoise qui m'a capturé. Mon premier patron était le prince Andreetta Doria, ajouta-t-il fièrement.

– Et tes trente écus ? intervint Grossebite, curieux.

– Grâce à Dieu ! Je les ai laissés à ma femme ! Je voulais les emporter sur la galère mais elle a su si bien m'amadouer qu'elle m'a convaincu de les laisser à la maison. Elle a juré que je les retrouverais intacts au retour, et qu'elle me dédommagerait de tous ces mois de séparation, comme elle savait bien le faire, elle… Je croyais pouvoir être de retour pour la fin de l'été, vous comprenez ! Comme j'étais naïf ! Cela fait maintenant dix-huit ans que je suis loin de chez moi, et qui sait si elle est vivante ou morte ; quant à mes filles, elles sont probablement toutes mariées à cette heure ! »

L'homme se tut et tourna son regard vers la mer, en s'essuyant les yeux. En entendant ces propos, Michele eut lui aussi le cœur gros : jusqu'à présent, il avait toujours été convaincu que, d'une manière ou d'une autre, il ne tarderait pas à rentrer chez lui et que bientôt il reverrait sa femme, mais, en attendant, lui aussi désormais était parti depuis plus d'un an, et il n'avait aucune idée de ce qu'avait bien pu devenir Bianca entre-temps.

« Et comment se fait-il que tu te sois fait chrétien ? Raconte-nous un peu, espèce de mécréant ! » dit Grossebite pour rompre le silence.

Mami sourit de sa bouche édentée.

« Qu'est-ce que tu veux ! Moi, j'ai toujours aimé réfléchir à ces choses-là. J'habitais à Pera ; là, c'est plein de chrétiens, il y a même le monastère de San Francesco, et j'aimais bien parler avec eux, même si je n'avais jamais mis les pieds à l'église pour éviter les ennuis. Parfois, l'été, quand il faisait très chaud, j'allais boire du vin à la taverne ; tout le monde y allait : les Turcs, les juifs, et les chrétiens, même si, nous autres, on devait faire davantage attention à ne pas se faire pincer par la patrouille. Là, j'ai compris que, si on croit en Dieu et qu'on ne fait pas de mal aux autres, on est sauvé, et que c'est aussi bien de prier à la mosquée qu'à la synagogue ou à l'église, car dans tous les cas, Dieu t'écoute. Vos saints chrétiens sont eux aussi une bonne chose, ils peuvent beaucoup t'aider. Et nous aussi, les Turcs, on a nos saints, et eux aussi sont bons. »

« Tu dis “Nous, les Turcs”, mais est-ce que tu ne t’es pas d’abord fait chrétien, puis juif ? intervint Grossebite, agacé.

– Il faut bien choisir ! rétorqua Mami. Moi, j’ai réfléchi et j’ai vu que les chrétiens se battent pour imposer leur religion, et les Turcs, eux aussi, combattent pour la même chose ; seuls les juifs ne se battent pas et ne veulent convertir personne. C’est pourquoi je crois que leur foi est meilleure que celle des autres. Et puis il faut ajouter que sur la galère où je ramais alors, la *Marchesa* du prince Doria, ceux qui cherchaient à me convaincre insistaient sur le fait qu’il ne faut pas manger de porc, et qu’il faut être circoncis, mais que, en revanche, on peut boire du vin, et qu’il ne faut pas célébrer le vendredi mais le samedi ; moi, je faisais semblant de croire à toutes ces histoires, mais ce n’est pas ce qui m’intéresse. Moi, s’il faut manger du porc, j’en mange, et comme ça personne ne sait que je suis juif, et je n’ai jamais eu d’ennuis.

– Mais, ce n’est pas toi qui, l’autre jour, ne voulais pas manger le pain avec de la rate ? objecta Michele.

– Ça n’a rien à voir ! Je n’aime pas la rate, c’est tout », répondit Mami, en écartant les bras en signe d’évidence.

Grossebite se mit à rire.

« Eh bien, bravo ! Mais, raconte-nous tout : tu ne t’es pas aussi fait baptiser à un moment donné ? l’asticota-t-il.

– Mais non, qu’est-ce que tu racontes ? Je n’en ai pas eu le temps. Mais, à vrai dire, ça aussi c’est une bonne chose. L’eau te lave de tes péchés, ça, c’est certain. Sauf qu’après on en commet aussitôt d’autres. Tiens, je me souviens, quand j’étais Turc, on se lavait souvent, et cette eau aussi nous lavait de nos péchés, exactement comme celle du baptême. Les juifs, eux, en revanche, n’y croient pas, mais ils se trompent. »

Michele n'avait pas l'habitude d'entendre ce genre de discours et il en était très impressionné, c'était comme s'il découvrait un monde totalement nouveau dont il n'avait jamais même soupçonné l'existence. Une fois ou deux, il essaya de trouver des objections aux raisonnements du juif et de défendre la supériorité de la foi chrétienne, en soutenant par exemple que la Vierge Marie était une protectrice très puissante, mais l'autre le confondit très vite, en souriant avec douceur et en confirmant que, oui, assurément Marie aussi était bonne et qu'on faisait bien de lui adresser à elle aussi des prières. Grossebite, en revanche, était plus combatif, mais en fin de compte tout son raisonnement consistait à répéter avec obstination qu'une fois qu'on a pris un engagement, on ne peut pas revenir en arrière.

« Chez les chrétiens, si quelqu'un se fait baptiser et qu'il change ensuite d'avis, ils l'envoient au bûcher, il doit bien y avoir une raison !

– Mais pourquoi ? Ça te plairait de me voir aller au bûcher ? »

Grossebite s'énervait.

« Mais ça n'a rien à voir ! Bien sûr que non ! Mais ils auraient raison ! »

Mami raconta qu'un hiver, aux bains de Gênes, des forçats chrétiens avaient dénoncé certains esclaves *moriscos*, des morisques, chrétiens de fraîche date, qui avaient été capturés en Espagne au temps de la grande rébellion, en faisant valoir que ces derniers, bien que baptisés, n'en avaient pas moins continué de suivre la religion des Maures. Ils avaient en effet vu que, un jour de fête, où, exceptionnellement, de la viande salée avait été distribuée, ils n'avaient pas voulu en manger ; et surtout qu'ils se lavaient plusieurs fois par jour alors qu'on était en décembre et que cela, aucun chrétien n'aurait imaginé le faire. Cette dernière accusation avait paru si révélatrice que l'Inquisition les avait aussitôt arrêtés.

« Et ils les ont brûlés ? demanda Michele.

– Finalement non, reconnut le juif. Ils les ont soumis au supplice de la corde, mais comme ils n'avouaient pas et que cette année-là le prince était à court de rameurs, ils les ont renvoyés aux galères.

– En tout cas, le coupa Michele, d'après moi, il n'est pas juste de changer de religion. Tu nais dans une religion et c'est dans cette religion que tu dois mourir. »

Grossebite acquiesça ; pour lui aussi, c'était une évidence.

« Mais comment faire pour savoir quelle est la meilleure religion si tu ne les as pas toutes essayées ? objecta Mami.

– Comment ça quelle est la meilleure ! C'est évidemment celle que l'on t'a enseignée qui est la meilleure, non ? » déclara Grossebite ; et Michele approuva, d'un ton tout à fait convaincu.

« Et donc laquelle ? » rit le juif en les interrogeant du regard à tour de rôle. Tous les deux étaient sur le point de parler mais ils restèrent la bouche ouverte, se regardèrent et se mirent à rire eux aussi.

« Faisons comme ça, dit Mami. Nous trois, ici, nous sommes un juif, un chrétien et un Turc, n'est-ce pas ? Quand on mourra, on verra ce qu'il adviendra de nous ; s'il y a le Paradis des chrétiens, Michele nous recommandera pour que nous deux aussi ils nous prennent, s'il y a celui du Prophète, tu t'en chargeras, toi, le Maure, et s'il y a celui des juifs, je vous y fais rentrer moi, d'accord ?

– Mais pour ça il faut que nous mourrions tous les trois en même temps ? objecta Michele.

– Et pourquoi ? Comment crois-tu donc que ça va se passer ? Attends que la peste arrive à bord, ou que nous

nous trouvions tous au milieu d'une bataille et tu verras si on ne meurt pas tous ensemble !

– Moi, dit Michele, d'un air suffisant, en octobre, quand la galère désarmera, je m'en vais. Je ne veux pas passer ma vie entière à ramer. »

Après tout, pensa-t-il avec orgueil, il était un homme libre, lui, et chrétien de surcroît, et, même si aux rames on avait l'impression d'être tous dans la même galère, ses compagnons n'en étaient pas moins des esclaves et des infidèles.

« Ah oui ? » demanda le juif, et il le regarda avec commisération.

Michele, piqué au vif, se tourna vers Grossebite pour demander confirmation de ce qu'il venait de dire ; mais il s'aperçut que le nègre aussi le regardait en secouant la tête.

« Tu crois vraiment qu'ils te laisseront partir ?

– Pourquoi pas ? demanda Michele étonné.

– Mais tu ne sais pas encore comment fonctionne leur petit manège ? Je les ai vus faire si souvent qu'il me semble impossible qu'il y ait encore quelqu'un qui ne le sache pas.

– À moi aussi, confirma Mami.

– Quel petit manège ? demanda Michele.

– C'est très simple ! expliqua Grossebite. Tu as ton compte sur le livre de l'écrivain de bord, n'est-ce pas ? C'est là que ta paye est créditée, non ? Et, chaque fois que tu sollicites une avance, ils te la défalquent de ton compte, vrai ?

– Oui, et alors ?

– Et alors, tu ne t'en rends pas compte, parce que chaque fois tu as l'impression de ne prélever que quelques sous, mais, à la longue, il apparaît que finalement ils t'ont donné plus que la somme qui te revenait, ne serait-ce que parce qu'ils défalquent tout ce que tu portes sur toi ; ce qui fait que, au terme de ton engagement, tu découvres que c'est toi qui leur dois des sous. Et comment fais-tu pour payer ? Tu ne peux pas, et comme ça, tu continues à ramer ! J'en ai vu beaucoup qui croyaient ne faire qu'une saison et qui sont restés à la rame jusqu'à leur vieillesse, mon cher.

– Mais moi, j'ai toujours dépensé très peu ! objecta Michele.

– Dans ce cas, intervint Mami, ils inventeront quelque dette dont tu ne te souviens pas. Va ensuite prouver que ce n'est pas vrai ! Saurais-tu lire, par hasard ? »

À ces propos, le visage de Michele s'assombrit. Il savait que rentrer à Venise, négocier la révélation de la cachette des dix mille sequins contre la condamnation qui pesait sur sa tête signifiait affronter un gros risque, mais depuis un certain temps, il était prêt à le courir ; en revanche, il n'avait jamais songé que, déjà, arriver jusqu'à Venise pouvait se révéler chose impossible. Les paroles de ses deux amis lui firent voir, pour la première fois, sa situation avec un regard extérieur, et ce qu'il vit ne lui plut pas du tout.

À l'escale suivante, qui se trouva être Messine, ville d'où messer Ettore voulait repartir pour une dernière incursion dans le Levant avant que la mauvaise saison ne le contraignît à rentrer au port, Michele profita d'un moment d'oisiveté pour aller voir l'*écrivain* et lui demander à quel point en était son compte, car, au moment où l'*Aquila* désarmerait, son intention était de prendre congé. Il revint à son banc avec une mine si sombre que les deux autres comprirent immédiatement ce qui était arrivé.

« Ça s'est mal passé, hein ? dit le juif.

– Il dit que j'ai déjà mangé toute ma paye et même que je lui dois encore une lire et cinq sous », leur dit Michele. Il s'assit à sa place et se prit la tête entre les mains. « Laisse-moi tranquille ! » hurla-t-il à Grossebite qui lui avait passé un bras autour des épaules.

L'autre obéit en lançant un regard significatif à Mami qui lui répondit par un geste de résignation. Michele resta ainsi un moment, sans dire mot, sans pleurer ; mais il n'avait jamais été capable de tout garder pour lui.

« Moi, pas question que je reste ici, dit-il finalement en regardant d'abord Mami, puis Grossebite.

– Tais-toi ! lui dit ce dernier avec brusquerie. Ce ne sont pas des choses à dire ! »

Mais le juif, qui, pourtant, avait aussitôt mis un doigt sur sa bouche pour lui intimer la prudence, avait les yeux qui brillaient.

« Ce ne sont pas des choses à dire maintenant, et surtout pas en parlant à voix haute, murmura-t-il. Mais si tu parles sérieusement, on en reparle, et toi aussi, le Maure, tu verras que ces discours t'intéresseront. »

21

Après être repartie de Messine, l'*Aquila* continua son voyage pendant plusieurs semaines vers le Levant. Personne à bord, hormis Pasquale, ne connaissait les intentions du commandant, et tout le monde était surpris en voyant que la galère, après avoir longé les côtes de la Morea et de la Crète, ne s'arrêtant que le temps minimum et indispensable pour charger du bois et de l'eau dans les escales habituelles, mettait le cap à l'Orient.

« On va à Chypre », conclurent au bout d'un moment les galériens les plus expérimentés.

Et, en effet, telle était l'intention de messer Ettore. Depuis que, vingt ans auparavant, le Sultan Selim l'avait arrachée aux Vénitiens, l'île n'était plus aussi accueillante pour les corsaires chrétiens, mais, si on se tenait éloigné de Famagosta, où une escadre de galères avait ses quartiers, il était encore possible de se cacher dans quelque crique hors de portée, en achetant le silence des paysans locaux, et de rester aux aguets en attendant une bonne occasion. La saison était désormais trop avancée pour lancer une attaque contre les transports des pèlerins qui revenaient de La Mecque, après le grand *hadj*, mais, sur la route d'Alexandrie et sur celle de Tripoli de Syrie, il y avait toujours autant de va-et-vient au moins jusqu'à l'hiver, et, avec un peu de chance, on pouvait espérer intercepter un des navires marchands qui exportaient du coton chypriote.

Cette année-là, il ne restait plus à l'*Aquila* qu'à faire contre mauvaise fortune bon cœur. Durant plusieurs semaines, la galère croisa le long des côtes méridionales de l'île, passant le plus clair de son temps dématée, dans une petite crique non loin de Paphos, et cabotant la nuit jusqu'à la pointe de Limassol, mais elle ne rencontra pas un seul voilier sur sa route, hormis quelques grosses gabares chargées de sel en provenance des Salines, qu'il ne valait même pas la peine d'aborder. Plus les jours passaient et plus les officiers devenaient nerveux, car, malgré toutes les précautions qu'ils prenaient, il pouvait toujours se faire que quelqu'un avertisse les autorités de leur présence et que les galères de Famagosta sortent pour se lancer à leur poursuite.

L'*aga* du village le plus proche était un noble grec qui s'était fait turc après la conquête et à qui le sultan avait concédé à titre de fief les terres dont il était auparavant le seigneur, et depuis toujours il existait entre lui et les corsaires chrétiens une entente solide : ses hommes fournissaient la galère en vin, huile et riz, et, comme ils étaient très bien payés, il n'y avait pas lieu de craindre une trahison. Mais les paysans des autres villages, qui vivaient beaucoup mieux sous le gouvernement turc que sous celui des Vénitiens, n'étaient pas aussi fiables.

Le jour vint où messer Ettore convoqua Pasquale, le pilote et le capitaine des arquebusiers, et les informa qu'il n'avait pas l'intention de courir davantage de risques : le lendemain, la galère, plutôt que de rester à l'abri des côtes, mettrait les voiles pour rentrer chez elle.

« En somme, nous avons fait ce voyage en pure perte, observa le capitaine, dont le contrat prévoyait que sa rémunération, comme celle de ses hommes, était, pour l'essentiel, une quote-part du butin.

– Ce sont les risques du métier, fit remarquer messer Ettore.

– On pourrait cependant débarquer et capturer quelques esclaves », dit le capitaine, qui devait y songer depuis un bon bout de temps.

Messer Ettore ne comprenait pas.

« Remonter jusqu'à la côte turque est trop dangereux. Là-bas, des escales sûres, il n'y en a pas. Il suffit qu'une galère sorte d'Antalya pour nous mettre dans un sérieux pétrin.

– Pourquoi aller jusque-là ? demanda le capitaine. Prenons-les ici ! »

Messer Ettore le regarda fixement. Le capitaine était originaire des États pontificaux et se nommait Annibale da Fermo. Il s'habillait toujours de manière voyante, en rouge et argent, et ses manières n'étaient pas très policées ; messer Ettore s'était rendu compte qu'il ne savait pas bien utiliser sa fourchette. Au reste, comme la plupart des soldats, il venait de la montagne, et l'on ne pouvait pas s'attendre à des manières très raffinées de la part de ces gens-là.

« Mais, ici, ils sont chrétiens, objecta le commandant.

– Ils sont peut-être chrétiens, mais, en attendant, ils ne sont pas catholiques ; et, de toute façon, ce sont toujours des sujets du Turc, et je n'ai pas l'impression qu'ils méritent autant d'égards », s'exclama le capitaine en tirant sur les pointes de ses moustaches.

Pasquale commença à lui expliquer patiemment que, même s'ils avaient capturé des esclaves chrétiens, les revendre aurait été tout sauf facile, et qu'ils auraient même risqué d'avoir des ennuis. Mais messer Ettore l'interrompit.

« Tu sais, Pasquale, il se peut qu'il y ait du bon dans l'idée de *signor* Annibale. Dans tous les villages, désormais, il y a aussi des Turcs qui sont venus y habiter. Et l'on m'a dit qu'il y a aussi beaucoup de juifs. Si les chrétiens nous livrent les Turcs et les juifs, on les laissera tranquilles ; et s'ils sont riches, on leur fera payer une rançon…

– Les juifs sont toujours riches, l'interrompit l'autre.

– Et, si ce n'est pas le cas, on en fera des esclaves. Ce n'est pas une mauvaise idée, mon cher capitaine. »

Pasquale était sur le point de dire quelque chose, mais il s'interrompit. Cette histoire lui semblait risquée, et il aurait préféré que messer Ettore n'en retînt pas l'idée, mais il savait par expérience qu'il n'était pas opportun de le contredire en public. On verra, pensa-t-il de mauvaise humeur ; quoi qu'il en soit, il se promit *in petto* que, en tout cas, lui, il resterait à bord et ne prendrait pas part à la razzia.

Cette nuit-là, l'*Aquila*, après avoir pris le large comme tous les soirs et croisé pendant quelques heures en direction des Salines, retourna en arrière et remonta la côte jusqu'à un cap derrière lequel se dressait un village du nom de San Giorgio. D'après les informations dont disposait messer Ettore, l'*aga* du village était un Turc et des marchands juifs y vivaient également. Au cœur de la nuit, la galère se rapprocha le plus près possible de la côte, puis la chaloupe commença à débarquer des soldats. L'aube n'était pas encore là que toute la compagnie était à terre, et le capitaine conduisit les soldats, arquebuses à l'épaule, jusqu'au village, en passant par le haut du promontoire. Les soldats avaient endossé leurs chemises sur leurs armures pour éviter que la lumière de la lune, en brillant sur l'acier, ne permît qu'on les repérât de loin, et ils marchaient en essayant de ne pas faire trop de bruit dans le silence nocturne. Messer Ettore était avec eux, accompagné du Calabrais et d'une douzaine de mariniers armés. Dans le village, de temps à autre, un chien aboyait. Les soldats s'arrêtèrent à une centaine de pas des premières maisons ; ils s'assirent par terre, et attendirent. Quand, à l'Orient, le ciel commença à s'éclaircir, le capitaine dit tout bas :

« Qu'en dites-vous, messer Ettore, l'heure est-elle venue ? »

Messer Ettore approuva de la tête et tous les deux dégainèrent leurs épées.

« En avant ! Sus à San Giorgio ! » cria le capitaine.

Tous les hommes s'élancèrent à l'attaque et, avec des hurlements sauvages, ils envahirent le village, dévastant sur leur passage jardins potagers et poulaillers. Les habitants, en proie à la terreur, commencèrent à sortir à moitié nus de leurs maisons et les soldats, en les repoussant et en leur donnant force coups de bâton, les rassemblèrent sur la place. Lorsque les habitants se barricadaient chez eux, les soldats défonçaient les portes et faisaient irruption en capturant les gens et en les poussant dehors. Les hurlements désespérés des femmes se mêlaient aux jurons des soldats qui poursuivaient les fuyards entre les maisons. Annibale plaça deux arquebusiers devant la porte de l'église, en donnant l'ordre de ne laisser entrer personne, pour éviter qu'il ne vienne à l'idée de quelqu'un de toucher aux ornements sacrés, puis il commença à interroger les gens pieds nus, qui hurlaient et pleuraient à chaudes larmes, et que les soldats avaient finalement réussi à regrouper ; mais aucun d'eux ne comprenait son italien.

« Quelles canailles ! Il y a encore vingt ans ils le parlaient l'italien, et comment ! Ils ont tôt fait de l'oublier ! » s'exclama-t-il, fou de rage.

L'un des marins qui parlait grec dut jouer les interprètes.

« Où est la maison de l'*aga* ? » demanda le capitaine.

Les paysans lui indiquèrent la seule et unique maison à deux étages qui s'élevait sur la place, avec un toit en tuiles surmonté d'une petite tour crénelée. Le portail de la maison comme celui de l'écurie étaient grand ouverts.

« Allez voir ! » ordonna le capitaine.

Les soldats se précipitèrent dans la maison et en ressortirent en poussant devant eux des femmes terrorisées.

« Où est l'*aga* ? Où est-il passé ? Y a-t-il des chevaux dans l'écurie ? » criait le capitaine, de plus en plus nerveux.

Les femmes tombèrent à genoux et cherchèrent à baiser son habit, mais Annibale les repoussa à coups de pied. L'interprète, à grand-peine, car elles n'étaient pas grecques mais turques, réussit à comprendre que, à l'arrivée des soldats, le maître de maison avait sauté à cheval et réussi à s'enfuir.

« Fouillez la maison et sortez tout ce qui a de la valeur ! ordonna le capitaine. Quant à elles, attachez-leur les mains dans le dos et mettez-les à part », ajouta-t-il en désignant les femmes.

Puis, il retourna se planter, jambes écartées, devant les gens terrorisés.

« Les Turcs ! Les Turcs, par ici ! » hurla-t-il.

L'interprète traduisit. La foule en désigna certains qui furent mis à l'écart et poussés hors du groupe.

« Ici, derrière ! Attachez-les ! » ordonna le capitaine.

Les soldats s'emparèrent des malheureux ; il s'agissait pour la plupart d'hommes, mais aussi de femmes et de quelques jeunes filles paralysées par la peur.

« Les juifs ! Y a-t-il des juifs ici ? »

Cette fois, l'interprète dut discuter plus longtemps ; puis il s'adressa au capitaine.

« Ils disent qu'il n'y a qu'une seule famille. Ils ont le magasin là-bas », et il indiqua une construction basse au loin. « Ils habitent là, mais il n'y a personne.

– Qui est allé là-bas ? Quelqu'un a bien dû y aller, malédiction ! » jura Annibale ; et puis, comme aucun de ses soldats ne répondait, il en envoya quelques-uns voir.

« Vite ! Dépêchez-vous ! Avec un peu de chance ils ne se sont pas encore enfuis ! Cherchez partout, au grenier, dans la cave, dans le puits ! »

À ce moment-là, on entendit, provenant de l'une des maisons du village, le cri perçant d'une femme. Les personnes regroupées sur la place s'agitèrent et les soldats durent les retenir de la pointe de leurs épées. La femme hurla à nouveau puis elle s'interrompit tout d'un coup, comme si quelqu'un l'avait bâillonnée.

« Capitaine, contrôlez vos hommes », intima messer Ettore, le visage pâle.

Le capitaine se tourna vivement vers lui.

« Qu'y faire ? Ce sont des soldats. N'ayez crainte, ils ne tuent personne », dit-il, moqueur.

Messer Ettore serra sa main sur le pommeau de son épée mais vit que les arquebusiers tout autour de la place ne le lâchaient pas du regard. Il comprit qu'il ne pouvait pas faire grand-chose.

« Ça va, dit-il, résigné. Mais ne traînons pas. »

Les hurlements de la femme avaient repris. Quelques soldats commencèrent à s'éloigner sans permission dans cette direction.

« Ici ! On ne bouge pas ! » hurla Annibale en voyant que la situation était en train de lui échapper.

Les hommes obéirent de mauvaise grâce.

Juste à ce moment-là, un soldat arriva en courant de la maison des juifs.

« Capitaine ! Il n'y a personne, mais il y a un entrepôt rempli de balles de coton ! »

Le capitaine et messer Ettore firent volte-face simultanément, une lueur de cupidité dans les yeux.

« Allons voir ! »

Les gens restèrent rassemblés sur la place, entourés par les arquebusiers. Nombre d'entre eux étaient tombés à genoux et priaient. On n'entendait plus la femme qui avait hurlé.

Les deux commandants revinrent tout excités.

« Il y a de quoi remplir la soute ! disait messer Ettore.

– On a besoin de gens pour le charger. Faisons-leur faire le travail », dit le capitaine, en indiquant les paysans.

Messer Ettore secoua la tête.

« Je n'ai pas confiance. Je préfère que ces gens restent ici. Je fais débarquer les galériens, plutôt. »

Au pied de la maison de l'*aga*, s'était accumulée une montagne de meubles, de tapis et de vaisselle. Ses femmes, accroupies contre le mur de l'église, les poignets liés, pleuraient en silence. Désormais, le soleil était haut dans le ciel, et il faisait chaud. Les soldats permirent aux gens de s'asseoir par terre. Une femme, le visage sillonné de sang parce qu'on lui avait arraché ses boucles d'oreilles, implora qu'on lui donne un peu d'eau ; messer Ettore envoya les marins en prendre un seau au puits et le fit circuler parmi les gens. Le Calabrais, entre-temps, était descendu en courant vers la mer ; il revint presque une heure après, avec une cinquantaine de galériens. Parmi eux, il y avait Michele, Mami et Grossebite.

« Mais que se passe-t-il ici ? » s'exclama Michele, horrifié, en voyant les gens accroupis par terre, les soldats avec les arquebuses en joue, les maisons avec les portes défoncées et le mobilier jeté par les fenêtres.

« Qu'est-ce que tu croyais ? rétorqua Mami. Quand les corsaires débarquent, ce n'est pas la fête.

– Allez, les gars ! criait le Calabrais, en poussant les galériens vers l'entrepôt. Là, au fond. Chargez le coton et ramenez-le à la galère ! Bougez-vous ! »

À ce moment précis, une flèche siffla dans l'air et alla rebondir sur la cuirasse du capitaine.

« Malédiction ! » s'exclama Annibale, en sursautant.

D'autres flèches sifflèrent, se plantant au sol.

« Ce sont sans doute les paysans, dit messer Ettore, essayant de comprendre d'où arrivaient les flèches. Mais, où sont-ils ?

– Je ne sais pas où ils sont, mais je vais leur faire un sort ! s'exclama le capitaine. Tambour, à moi ! Donne le signal de rassemblement ! »

Le tambour, un jeune garçon estropié, commença à battre le rassemblement et les soldats, qui s'étaient dispersés et saccageaient les maisons, accoururent sur la place et se positionnèrent, certains d'entre eux, les poches pleines de butin, d'autres reboutonnant leurs caleçons.

« Il y a quelqu'un là-bas ! » dit Annibale, qui avait couru jusqu'aux dernières maisons, là où la route poussiéreuse se perdait au milieu de la campagne, et qui revenait maintenant, hors d'haleine, enfonçant son casque sur sa tête. « C'est de là-bas qu'ils tirent, on va aller les prendre. »

« Amenez d'abord les esclaves sur la plage ! » cria messer Ettore.

Un caporal et une équipe de soldats firent se lever les hommes et les femmes, les bras attachés derrière le dos, et avec la pointe de leurs épées et les crosses de leurs arquebuses ils les poussèrent vers le sentier qui descendait vers la grève. Pendant ce temps, les premiers galériens sortaient de l'entrepôt, portant les balles de coton sur leurs épaules. Mais, se rendant compte que des flèches volaient dans l'air, ils se jetèrent tous à terre sans attendre quelque ordre que ce fût.

« Debout, canailles ! » hurla le Calabrais, le visage pourpre de colère ; sa voix cependant s'étouffa dans sa gorge car une flèche lui traversa le cou, et le sang se mit à gicler.

Le Calabrais chancela un instant, agitant les bras en l'air, puis s'écroula dans la poussière.

Le capitaine, en jurant horriblement, conduisit les soldats hors du village. Un groupe de cavaliers, qui avait poussé jusque-là et tiré les flèches, s'éloigna au galop, soulevant un nuage de poussière. Quand ils furent hors de portée des arquebusiers, ils s'arrêtèrent en criant quelque chose et en agitant leurs cimeterres en signe de défi. De nombreux autres cavaliers apparurent au loin et s'approchèrent au grand galop ; leurs longues piques oscillaient dans l'air.

« Malédiction, les Turcs arrivent ! s'exclama Annibale.

– L'*aga* est sans doute allé les avertir », commenta messer Ettore.

Les deux hommes se regardèrent.

« Je dirais qu'il est grand temps de partir, dit le capitaine.

– En laissant le coton ici ? objecta messer Ettore. Vous ne pouvez pas résister un peu ? »

Annibale hésita, incapable de décider entre l'avidité et la prudence.

« Je n'ai pas de piquiers. Avec les arquebusiers on ne peut pas tenir la cavalerie à distance.

– Et si vous vous retranchiez dans les maisons ?

– Essayons ! » se résigna le capitaine.

Dans le lointain, la cavalerie continuait de grossir. Les soldats étaient manifestement nerveux.

« Alors, messieurs les soldats ! Nous sommes tous des hommes d'expérience et d'honneur ! Prouvons-le à ces chiens ! hurla le capitaine.

– Quant à vous, vite, portez ce coton à la galère », ordonna, en revanche, messer Ettore, en s'approchant des galériens et en agitant son épée dans les airs.

Les hommes qui étaient à terre, se relevèrent de la poussière et chargèrent à nouveau les balles de coton sur leurs épaules. Les arquebusiers postés derrière les clôtures des potagers avaient commencé à tirer et l'air vibrait sous les détonations.

Sur la place, il n'y avait plus que quelques soldats, qui surveillaient les gens accroupis par terre et regardaient nerveusement autour d'eux.

« Écoutez ! fit dire messer Ettore par le biais de l'interprète. Nous sommes tous chrétiens ; et on ne fera aucun mal aux chrétiens ! Restez là, ne vous interposez pas, et, sous peu, nous partirons ! »

À ce moment-là, une rafale désordonnée de coups d'arquebuse traversa le ciel, suivie par des hurlements désespérés, et quelques soldats sans leurs armes apparurent en courant sur la place.

« Ils arrivent ! Sauve qui peut ! »

À ces mots, les rares arquebusiers qui étaient encore là s'enfuirent à toutes jambes et les gens, faute d'être surveillés, commencèrent à vociférer et à courir dans tous les sens. Les galériens qui portaient des balles de coton, voyant ce qui était en train d'arriver, se mirent eux aussi à courir à l'aveuglette, jetant leur chargement à terre. Michele, Mami et Grossebite entrèrent dans une maison dont la porte avait été arrachée. À l'intérieur, tout était dévasté. Les trois hommes montèrent à toute vitesse l'escalier qui conduisait au premier étage. Là, dans un désordre indescriptible, il y avait les restes d'un lit, un matelas et des oreillers éventrés, et, blottie dans un coin, les yeux exorbités de terreur, une jeune fille nue, du sang dégoulinant le long de ses jambes.

« Tais-toi, pour l'amour de Dieu », lui dirent-ils, essoufflés ; mais la jeune fille ne semblait même pas s'être rendu compte de leur présence. Elle tremblait et murmurait quelque chose, fixant le vide. Les trois hommes se pressèrent dans l'angle opposé, essayant de ne pas la regarder. Ils restèrent ainsi un moment tandis que les hurlements s'éloignaient peu à peu, jusqu'à ce que le silence revienne sur la place, rompu seulement par quelque détonation dans le lointain.

« C'est fini », dit Grossebite se levant.

Ils couvrirent les épaules de la jeune fille avec un drap, et essayèrent de lui parler, mais elle continuait à murmurer en se parlant à elle-même, sans répondre. Alors qu'ils étaient auprès d'elle, on entendit dehors le bruit assourdissant d'une multitude de pas, entrecoupé de hennissements et d'un brouhaha confus qui grossissait de plus en plus.

« Regardons par la fenêtre ! » suggéra Michele.

Ils se penchèrent. Une escouade de Turcs à cheval était en train de traverser la place en traînant une demi-douzaine de soldats attachés à leurs selles par les poignets. Parmi eux, ils reconnurent le capitaine Annibale sans son casque, le visage couvert de sang, l'expression effarée. Sur les bords de la place, une foule de paysans s'était réunie ; ils vociféraient en direction des soldats ; certains ramassaient des pierres, qu'ils leur lançaient. Les Turcs laissaient faire. Arrivés devant l'église, celui qui semblait être le commandant, et qui avait deux têtes coupées accrochées à sa selle, mit pied à terre et essuya la sueur qui coulait sous son turban. Les paysans poussèrent devant lui une dizaine d'autres hommes nu-pieds et sanguinolents et les trois hommes à la fenêtre reconnurent des marins et des galériens capturés. Ils furent interrogés en turc ; ceux qui étaient des esclaves musulmans répondirent avec joie dans la même langue, et aussitôt les Turcs les firent se lever, leur donnèrent à boire et commencèrent à les nettoyer maladroitement, laissant les autres à genoux dans la poussière.

Mami et Grossebite se regardèrent, joyeux.

« Ami, qui l'eût cru ? dit le premier.

– Non, vraiment, je croyais que je mourrai enchaîné à cette rame ! répondit le nègre, tout ému. Manifestement, ce n'était pas écrit. »

Puis, il se souvint de Michele qui s'était réfugié au fond de la pièce, pâle comme un mort.

« Et lui ? » dit-il.

Mami se gratta la tête.

« Et oui ! Ils vont le remettre à la rame.

– Ce n'est pas juste, il faut le cacher », dit Grossebite.

Le juif hésita.

« Allons ! C'est un brave garçon. Donnons-lui sa chance, insista le nègre.

– D'accord, dit l'autre, nerveux. Mais pas ici, dit-il en indiquant la jeune fille. S'ils le trouvent avec elle, ils lui feront la peau. »

Avec précaution, ils descendirent au rez-de-chaussée. Par chance, personne n'était encore rentré. La maison avait deux pièces, l'une qui donnait sur la place, avec la porte arrachée, et l'autre, avec une petite porte sur l'arrière, encore fermée par un loquet. Ils l'ouvrirent et virent qu'elle donnait sur une sorte de remise où autrefois il y avait peut-être eu du bétail. Maintenant elle était vide, pleine de ronces et d'orties, et le toit s'était à moitié écroulé.

« Là-dedans ! » décida Mami.

Ils poussèrent Michele à l'intérieur, lui recommandèrent de ne pas bouger de là, et refermèrent la porte à clé.

« Maintenant, allons nous montrer, dit le nègre. Qu'Allah nous protège ! »

22

Trois jours durant, Michele resta caché dans la cabane, au milieu des orties et des toiles d'araignées, dans une chaleur suffocante. Le village était en proie au désespoir ; même si les chrétiens n'avaient emmené que les habitants turcs, toutes les maisons avaient été dévastées et pillées et de nombreuses femmes violées. Les spahis des alentours, qui étaient accourus pour combattre les corsaires, s'étaient réparti les prisonniers et s'en étaient retournés allègrement vers leurs propriétés ; les marchands juifs, sortis des maquis où ils avaient réussi à se réfugier, avaient fait ramener le coton dans leurs dépôts, mais l'*aga*, qui avait perdu toutes ses femmes, était fou de douleur, et les habitants restaient cloîtrés chez eux, effrayés et hébétés. Avant de repartir, les Turcs exigèrent du prêtre orthodoxe qui, durant le drame, s'était enfermé à clé dans la cave, qu'il accueille chez lui et remette sur pied les prisonniers musulmans libérés. Mami et Grossebite furent, eux aussi, accueillis avec bienveillance lorsqu'ils réapparurent sur la place et qu'ils racontèrent, en turc, leur histoire, et bien que le premier fût juif et le second nègre, ils reçurent le même traitement que les autres. Le deuxième jour, un forgeron venu d'un hameau voisin scia l'anneau que tous portaient à la cheville et les ex-esclaves remplacèrent leurs bérets et leurs chemises rouges par des vêtements usagés mis à leur disposition par des paysans.

Dans la maison de la jeune fille violée, d'où s'élevaient nuit et jour des plaintes continuelles, des femmes ne cessaient d'aller et venir. Par chance, personne n'était allé fouiner dans la remise, mais Mami et Grossebite ne savaient comment faire pour apporter à manger ou au moins à boire à Michele.

« Il va mourir par cette chaleur », prédisait le nègre, très inquiet.

À la fin, ils décidèrent de courir le risque de tout raconter au prêtre. Le brave homme fut épouvanté et déclara qu'il ne voulait rien savoir ; mais les deux hommes, à force d'insister, réussirent à obtenir un pain et un pot de lait, et la deuxième nuit, sous prétexte de sortir pour respirer un peu à cause de la chaleur, ils poussèrent jusqu'à la cachette. Michele était à demi-mort de soif et engloutit avidement le lait qu'ils lui avaient passé à travers le petit toit défoncé.

« Essayez de me faire sortir d'ici, dit-il ensuite d'une voix rauque. Je ne sais pas si je vais pouvoir résister encore longtemps. »

Cette nuit-là, dans un coin de l'église qui avait été tapissée de paille pour faire dormir les galériens, les deux amis discutèrent de ce qu'il convenait de faire.

« Raisonnons, disait Mami. Lui, il est Vénitien, il n'y a aucune raison pour qu'ils s'en prennent à lui.

– Pas du tout, objecta Grossebite. C'est avant tout un galérien chrétien, avec les fers aux pieds. S'ils le prennent, ils comprendront aussitôt que c'était un des gars de l'*Aquila*, et ils le revendront comme esclave.

– Alors, la première chose à faire est de lui ôter ces fers. Et ensuite, le faire sortir et l'emmener en ville, où personne ne prêtera attention à lui. »

Le lendemain, le prêtre alla dire à l'*aga* que, désormais, tous les hommes s'étaient remis, et il lui demanda que, pour l'amour du ciel, il veuille bien leur donner l'ordre de s'en aller de chez lui, car ils étaient en train de le ruiner. L'*aga* cracha de mépris, mais se rendit tout de même à l'église. C'était un homme âgé, gras, avec quelques rares cheveux blancs et une expression de souffrance qui ne l'abandonnait plus depuis le jour de la tragédie.

« Eh bien, musulmans ! dit-il aux prisonniers, qui, à son entrée, s'étaient levés en signe de respect. Maintenant que vous êtes des hommes libres, que voulez-vous faire ? »

Les hommes, mal à l'aise, ne savaient que répondre. La plupart étaient esclaves des chrétiens depuis si longtemps qu'ils n'avaient plus aucun endroit où aller. L'*aga* expliqua qu'à Chypre, après les terribles pertes que la population avait subies au moment de la guerre, il y avait du travail pour tout le monde et que le sultan accordait des aides aux musulmans qui désiraient s'établir sur l'île. Si, en revanche, certains désiraient partir, ils étaient libres de s'embarquer et de s'en aller là où Dieu les mènerait. En tout cas, son conseil était d'aller en ville, à Nicosie, de se faire enregistrer, et, là, de voir quelles occasions le destin leur offrirait.

Les hommes, après une brève discussion, décidèrent de suivre ce conseil. L'*aga* promit qu'il ferait un bout du trajet avec eux, et qu'il donnerait dix aspres à chacun, en guise de viatique. À ces mots, tous tombèrent à genoux et lui baisèrent les mains et les pans de ses vêtements.

« Vous partirez demain, ou plutôt, non, après-demain : demain, reprenez encore des forces aux frais de ce chrétien ! »

ordonna l'*aga*, et tout le monde se mit à rire, sauf le prêtre qui écoutait depuis la sacristie et avait envie de s'arracher les cheveux.

« Que faisons-nous ? demanda Grossebite à Mami.

– Il faut trouver comment partir d'ici par nos propres moyens. Si nous partons avec eux, il sera impossible de faire sortir Michele. J'ai trouvé ! Comment ai-je fait pour ne pas y avoir pensé plus tôt ? On voit que je n'ai pas été juif assez longtemps. Que fait un juif dans cette situation ? »

Le nègre le regarda, perplexe.

« Il demande de l'aide aux juifs de l'endroit ! Peu importe qu'ils soient plus ou moins avares, entre juifs on s'entraide toujours. »

Le jour même, Mami se rendit auprès des marchands juifs propriétaires de l'entrepôt, et raconta son histoire. Les marchands, deux frères, l'écoutèrent avec méfiance. Dans leur vie, ils avaient vu toutes sortes d'hommes, mais un juif comme celui-là, ils n'en avaient encore jamais rencontré. Heureusement, eux non plus n'étaient pas des théologiens, aussi n'eurent-ils pas l'idée de l'interroger plus avant sur sa foi, mais on voyait qu'ils ne voulaient pas d'ennuis.

« Qu'est-ce que tu attends de nous ?

– Une lettre de recommandation, très chers messieurs, pour pouvoir arriver à Nicosie, et là, trouver le moyen d'embarquer pour la terre ferme.

– Nous ne te connaissons pas, dit l'aîné des deux frères. Si tu y tiens, on te fait ta lettre, mais en disant que nous ne pouvons pas fournir de garantie.

– Il me suffit de pouvoir dire à l'*aga* que je pars à Nicosie avec une lettre de vous. Ainsi, je partirai dès ce soir, avec mes deux compagnons, sans attendre les autres. »

À ce moment-là, une femme apporta sur un plateau trois petits verres de *raki*. C'étaient des verres minuscules. Les deux frères en prirent chacun un et indiquèrent le troisième à Mami.

« Que ce ne soit pas le dernier ! dit l'hôte, et tout le monde but.

– Et pourquoi veux-tu justement partir sans attendre les autres ? Qui sont tes compagnons ? Sont-ils juifs eux aussi ? »

En apprenant qu'il s'agissait d'un nègre musulman et d'un chrétien italien, les deux frères s'assombrirent encore plus.

« Non, frère, là, il y a quelque chose qui ne va pas, maintenant dis-nous la vérité, sinon ça va mal finir », dit sèchement l'aîné.

Ne sachant comment s'en sortir, Mami finit par tout avouer. Les deux marchands pâlirent et commencèrent à suer à grosses gouttes.

« Nous sommes dans de beaux draps ! Un fuyard infidèle caché ici au village ! Tu ne sais donc pas qu'il y a de quoi finir empalé ?

– Voilà la situation, désormais on ne peut plus rien y faire. Mais, si vous m'aidez, demain nous serons loin.

– Et pourquoi devrions-nous t'aider ? intervint le plus jeune, d'un ton agressif.

– Par charité », dit Mami.

Les deux marchands, à présent, étaient vraiment en colère.

« Non, frère, maintenant tu sors d'ici, et en vitesse ; et surtout ne reviens jamais. Nous, on ne sait rien et on n'a rien entendu. »

Avec l'énergie du désespoir, Mami rétorqua :

« Si je m'en vais d'ici et que j'essaie de faire sortir le chrétien du village sans votre aide, il est probable que nous serons découverts. Et, s'ils nous prennent, ils verront que je suis juif et ils ne croiront jamais que vous ne m'avez pas aidé. Je le dirai. Les deux frères ? je dirai ; les marchands ? Bien sûr qu'ils m'ont aidé, ils savaient tout ; à qui d'autre pouvais-je m'adresser ? Voilà ce que je dirai. »

Les deux frères se regardèrent.

« Mais si nous t'aidons, tu partiras cette nuit ?

– Oui, Illustrissime, confirma Mami.

– Et de quoi as-tu besoin ?

– Seigneur, cette nuit nous pouvons faire sortir notre ami de sa cachette ; ce ne sera pas difficile ; le mur est en torchis et le toit est déjà à demi écroulé. Le problème ce sont les fers ; nous ne pouvons pas nous montrer sur la route de Nicosie tant qu'il a cet anneau à la cheville. Il faudrait que vous fassiez venir un forgeron, lui faire jurer de garder le secret, et lui faire scier l'anneau.

– Et ensuite ?

– Et ensuite, écrire une lettre à vos associés de Nicosie disant que le juif Mami et ses deux compagnons ont été libérés de l'esclavage et que vous les recommandez afin qu'ils puissent trouver à s'embarquer. »

Le marchand le regarda les lèvres pincées.

« Sors un instant. Mon frère et moi devons parler. »

Mami sortit et la femme qui avait servi le *raki* le fit asseoir sur un banc.

Mais il n'eut pas longtemps à attendre : les marchands le rappelèrent au bout de quelques minutes.

« C'est entendu, lui dirent-ils. Nous ferons tout ce que tu nous as demandé pour l'amour de Dieu. Mais après, disparais à jamais. »

Mami tomba à genoux et leur baisa les mains.

« Nous viendrons dès que la nuit tombera », promit-il.

Cette nuit-là, plus mort que vif, Michele fut extrait de la remise et amené à l'entrepôt. Là, les marchands avaient fait apporter du vin, de la soupe de lentilles et du *halva* ; ayant appris qu'il était à jeun depuis trois jours, ils avaient peur qu'il n'ait pas assez de forces pour partir tout de suite, or, ils avaient grande hâte de se débarrasser de lui. Le forgeron vint et, après avoir juré de garder le secret, il scia l'anneau ; les trois amis se mirent alors en route. Michele, habillé d'une chemise usagée et d'un béret de pêcheur en laine, claudiquait et avait du mal à se tenir debout, au point qu'ils durent lui donner un bâton. Après avoir quitté la bourgade, ils marchèrent pendant un peu plus d'une heure, puis durent s'arrêter pour dormir sur le bord de la route, parce que Michele n'arrivait plus à avancer. En plus de la lettre, les marchands leur avaient donné une besace avec quelque chose à manger, une outre de vin et quelques aspres pour être bien sûrs qu'ils arriveraient à Nicosie, où personne ne se soucierait de savoir si, parmi les marins libérés de la galère chrétienne, il y avait un homme de plus ou de moins.

Les jours suivants, les trois amis marchèrent d'un bon pas, en s'arrêtant pour dormir seulement aux heures les plus chaudes de l'après-midi, achetant à manger dans les fermes et voyageant de nuit. La fameuse lettre de recommandation était un document suffisant pour les tirer d'affaire s'ils tombaient sur un poste de garde ; mais Mami et Grossebite craignaient surtout que les autres galériens, partant du village frais et dispos, pussent les rattraper, auquel cas Michele pouvait être reconnu et dénoncé.

Ils marchèrent six jours durant à travers des montagnes arides et inhospitalières ; à nombre d'endroits, la végétation clairsemée se réduisait à des souches d'arbres brûlés et la lande était couverte de cendre blanche à cause des incendies provoqués par la canicule estivale. Finalement, ils atteignirent la plaine de Nicosie, et, s'approchant de la ville, ils commencèrent à traverser un paysage plus civilisé avec des champs de coton et d'orangers. Le soir du septième jour, ils entrèrent dans la ville ; la lettre qui racontait leur affranchissement et les adressait au chef de la communauté juive fut remise aux soldats du poste de garde, avec les derniers aspres qui restaient dans la besace, et grâce à cette dernière précaution, elle fut jugée suffisante pour les laisser passer.

C'était l'heure de la prière du soir et, du haut de tous les minarets, les muezzins appelaient les fidèles. Michele qui n'avait jamais entendu quelque chose de ce genre, fut encore plus frappé et étonné lorsqu'il vit les Turcs, dans la rue, interrompre toute activité, dérouler, lorsqu'ils en avaient un, leur tapis de prière, et se mettre à quatre pattes, alors que les habitants grecs et juifs, tout en les contournant et en restant respectueusement à l'écart, poursuivaient leurs propres activités. Grossebite chercha un coin pas trop sale et s'agenouilla lui aussi, tandis que Mami et Michele attendaient à quelques pas de là.

« À la maison, je ne le faisais jamais, avoua le nègre en riant quand la prière fut terminée. Mais maintenant, il me semble que le moment est venu de remercier Dieu !

– Et vous faites ça tous les soirs ? demanda Michele, avec curiosité.

– Tous les soirs ? Tu veux dire cinq fois par jour ! » répondit Grossebite avec orgueil.

Michele siffla.

« Il faut avoir du temps à perdre ! »

Heureusement, le nègre ne prit pas la mouche.

« Chacun fait à sa manière », dit-il avec philosophie.

Alors qu'ils cherchaient la maison de rabbi Abram Abravanel, chef de la communauté juive, ils virent que Nicosie, bien que pleine de boutiques, d'entrepôts, d'églises et de mosquées, portait encore de nombreuses traces de la guerre survenue vingt ans auparavant, du bombardement et du terrible sac au cours duquel toute la population chrétienne avait été tuée ou réduite en esclavage. Sur la place de la cathédrale catholique, que les autorités ottomanes avaient transformée en mosquée, les palais nobiliaires construits en style vénitien étaient encore en ruine et à l'abandon, les cours encombrées de décombres et de mauvaises herbes, et, sur les murs, on voyait les restes de l'incendie. Les trois hommes s'arrêtèrent pour regarder bouche bée.

« La guerre ! » dit Mami.

À cet instant, un homme déboucha d'une ruelle et s'arrêta pour regarder avec eux. Il était habillé comme un paysan et était passablement éméché. Il fit un geste du bras et dit quelque chose en grec. Quand il s'aperçut qu'ils ne le comprenaient pas, il le répéta en turc.

« Il demande si nous avons vu ce qui s'est passé », traduisit Mami à Michele.

En entendant parler italien, l'homme sursauta.

« Tu es Italien ? » dit-il à Michele d'un ton hostile.

Michele confirma, sur la défensive.

« Vénitien », dit-il.

L'homme cracha avec mépris.

« T'as vu ce qui est arrivé aux Vénitiens ? s'exclama-t-il dans un italien approximatif, en montrant d'un large geste de la main les façades délabrées des palais. Ils traitaient les paysans comme des esclaves. Oui, vraiment, comme des esclaves, du pareil au même, insista-t-il. Ce n'étaient pas des maîtres, c'étaient des diables. Ils les faisaient travailler comme des bêtes. Et voilà ce qui leur est arrivé : les Turcs sont venus, et ils les ont tous tués, conclut-il, satisfait.

– Venez, on s'en va, dit Mami en entraînant les deux autres.

– Tous ! Pas un n'en a réchappé ! » lui lança l'ivrogne tandis qu'ils s'éloignaient.

Dès qu'ils furent loin, Mami donna un coup de coude à Michele.

« Tu vois que tu n'as pas intérêt à rester ici. Chypre n'est pas un endroit pour un Vénitien.

– C'est vrai », reconnut Michele, d'un ton sec.

Pendant le voyage, les trois hommes avaient longuement parlé de leur avenir. Mami était décidé à retourner à Constantinople et, avec l'aide de ses coreligionnaires, il y serait certainement parvenu, mais au fond de lui-même, il avait peur de ce qu'il trouverait ; cela faisait dix-huit ans qu'il était absent et qui sait ce qu'étaient devenues sa femme et ses filles entre-temps. Mais surtout, s'il les retrouvait, jamais il ne pourrait avouer qu'il était devenu juif : les musulmans, comme les chrétiens, punissaient de mort l'apostasie.

« Eh bien, je redeviendrai Turc. Cela fait un moment que j'y songe. J'ai la nostalgie de la mosquée », disait cet homme bizarre.

Grossebite n'avait nulle part où aller ; à Tunis il avait été esclave, ici, maintenant, il était un homme libre.

« Je resterai ici. S'il est vrai qu'il y a du travail pour tout le monde, je m'arrangerai », déclarait-il en souriant.

Michele, quant à lui, depuis leur libération inattendue de la galère, avait élaboré un nouveau plan. Il savait que, à Constantinople, résidait en permanence un *bailo*, un envoyé de Venise qui représentait le gouvernement de la Sérénissime et veillait aux intérêts des marchands vénitiens. S'il allait se présenter à lui, il pourrait lui raconter l'affaire des dix mille sequins de la *Loredana* sans courir le risque d'entrer en territoire vénitien, où il pouvait être arrêté à tout moment. Si cet argent pouvait vraiment être le prix de sa liberté, il valait mieux le découvrir là où les autorités vénitiennes ne pouvaient rien contre lui. Il ne pouvait pas, bien entendu, dire la vérité à ses amis, et il fit mine de se laisser séduire par les arguments de Mami, qui voulait le convaincre de venir avec lui à Constantinople au lieu de rester à Chypre avec Grossebite.

« Ici, il y a peut-être du travail, mais, dans la Ville, il y a le monde entier », disait-il, les yeux rêveurs. « Là-bas, qui sait quelle occasion peut se présenter ? »

Ils discutaient encore quand ils arrivèrent devant la maison de rabbi Abram. C'était un riche palais qui attestait de l'importance de son propriétaire.

« Les juifs sont bien installés ici », ne put s'empêcher d'observer Michele, avec une pointe d'acrimonie.

Surpris, Mami le regarda.

« C'est grâce à ces juifs que tu pourras trouver un travail ou un moyen de t'embarquer ! C'est une chance pour toi aussi qu'ils vivent bien, me semble-t-il. »

Michele comprit que sa remarque était injuste, mais on lui avait appris toute sa vie à éprouver haine et mépris pour les juifs et ce n'était pas facile de se libérer de cette éducation. Certes, Mami aussi était juif, au moins pour le moment, mais lui, c'était différent. Cette affaire était trop compliquée. Gêné, Michele haussa les épaules.

Rabbi Abram fit attendre longtemps les trois hommes dans l'antichambre ; il était pris par un entretien avec un secrétaire du *beylerbeyi*, le gouverneur turc de Chypre, et les entretiens de ce genre, dont d'ordinaire le secrétaire ressortait avec une sacoche plus lourde qu'à son arrivée, constituaient une partie essentielle de l'activité politique du rabbin. Quand finalement il les reçut, il avait l'air fatigué mais satisfait, et il était manifeste qu'il avait hâte de se débarrasser de ces importuns ; toutefois il les écouta sans montrer le moindre signe d'impatience. Mami, qui connaissait le monde, abrégea le plus possible son récit et montra la lettre. Le rabbin la parcourut rapidement.

« Eh bien ! dit-il avec bienveillance. Que puis-je faire pour vous ?

– Illustrissime, dit Mami, le chrétien et moi, nous voudrions embarquer pour Constantinople. Aidez-nous et Dieu vous récompensera. Le Maure, en revanche, voudrait trouver du travail ici. »

Le rabbin l'observa attentivement.

« Un juif, un musulman et un chrétien, dit-il, pensif. On dirait vraiment que quelqu'un veut me mettre à l'épreuve ! Il y a une nouvelle qui… », mais il s'interrompit. « Que pouvez-vous en savoir, vous ? Mais, toi, le juif, raconte-moi quelque chose de plus sur toi. D'où viens-tu ? »

Mami était bien embarrassé. Il s'était longuement demandé si, en présence d'autres juifs, il valait mieux raconter la véritable histoire de sa conversion ou faire semblant d'être juif de naissance, et il avait décidé que cette seconde solution était la meilleure. Il s'était aussi inventé une histoire selon laquelle ses parents, juifs de Constantinople, étaient morts lorsqu'il était enfant, et qu'il avait été élevé grâce à la charité des voisins, ce qui expliquait qu'il n'avait aucun souvenir de sa famille ni de son pays d'origine. Le rabbin l'écouta jusqu'au bout et puis, tout à coup, il lui adressa la parole non plus en turc mais dans une langue que Mami ne connaissait pas. Désarçonné, Mami, resta là avec un sourire hébété.

« Si tu es un juif de Constantinople, comment se fait-il que tu ne parles pas ladino ? » demanda sévèrement le rabbin, revenant au turc. Michele, qui ne pouvait comprendre un seul mot de toute cette conversation, regardait tantôt Mami, tantôt le rabbin, tantôt Grossebite qui, lui, parlait le turc et commençait à suer à grosses gouttes.

Mami essaya de se justifier.

« Illustrissime, je sais que ma famille ne venait pas d'Espagne mais d'Orient, en revanche, je ne sais pas d'où, peut-être même de Baghdâd, votre ladino, on ne l'a jamais parlé ! »

Le rabbin resta un moment silencieux, tout en les observant. Il avait eu d'emblée l'impression qu'il s'agissait de trois filous et maintenant il en avait la confirmation. Je devrais les faire jeter dehors en leur ordonnant de ne plus oser se montrer, pensa-t-il. Mais il s'aperçut qu'il n'avait pas envie de le faire. N'était-ce pas moins fatigant, somme toute, de les aider ? Ils demandaient si peu, et ce serait une œuvre agréable à Dieu. Qui sait si Dieu ne les lui avait pas envoyés exprès pour mettre sa charité à l'épreuve. On aurait vraiment dit la nouvelle de Boccace que le rabbin avait lue de nombreuses années auparavant dans une traduction castillane et qu'il n'avait jamais oubliée. Un rabbin et les trois religions du Livre…

« Ne dis plus rien, intervint-il brusquement. Je ne veux rien savoir d'autre. Je vous aiderai, pour l'amour de Dieu. Toi, le Maure, dit-il en s'adressant à Grossebite, tu veux travailler ? Dans mes entrepôts, on a toujours besoin de bras. Je te donnerai un billet pour mon administrateur. Vous deux, en revanche, vous voulez aller à Constantinople ? Bien, je vous recommanderai. Le mois prochain, un galion devrait arriver de là-bas pour charger du coton. Si c'est moi qui le lui demande, le patron vous prendra à bord, mais il faudra travailler, et même ramer si nécessaire, compris ? »

Les trois hommes tombèrent à genoux et lui baisèrent les mains.

« Ça va, ça suffit comme ça, soupira le rabbin. Maintenant allez en bas, on vous donnera de quoi manger et on vous indiquera un endroit où dormir. »

Plus tard, alors qu'ils mangeaient une soupe de fèves et de riz, les trois hommes se regardèrent, émus.

« Nos routes se séparent, dit Mami.

– Vous savez quoi ? dit Grossebite. Le Coran dit que le juif et le chrétien qui accomplissent de bonnes actions seront sauvés eux aussi. Jusqu'à présent, je n'avais pas compris, ça me paraissait impossible. Mais, maintenant, j'ai compris, conclut-il les yeux embués de larmes.

– Moi, ça, je ne l'avais jamais entendu dire, dut admettre Michele. Mais, maintenant, j'y crois, moi aussi », ajouta-t-il, et il se moucha dans la manche de sa chemise pour cacher son émotion.

23

Bianca n'était jamais entrée dans un palais aussi grand que celui des Bernardo, et, les premières semaines, souvent, elle s'y perdait. Au premier étage habitait ser Alvise avec sa femme et leurs domestiques, et il était rare qu'on l'y envoie ; ser Lorenzo et donna Clarice occupaient tout le deuxième étage, mais outre le grand escalier, ils disposaient d'un petit escalier indépendant qui descendait au jardin, et d'un autre, du côté opposé, qui débouchait dans l'entrée en péristyle ouverte sur l'embarcadère du Grand Canal. Il y avait aussi de petits escaliers étroits qui menaient au grenier et descendaient à la cuisine, aux resserres situées à l'arrière et à une cave humide, au-dessous du niveau du canal, dans laquelle, autrefois, assura à Bianca une souillon pas très éveillée, les maîtres enfermaient les domestiques qui étaient punis – mais ce n'était pas vrai, et donna Clarice se mit à rire quand Bianca le lui raconta.

Au début, Bianca fut surprise par le nombre considérable de marches qu'il fallait continuellement monter ou descendre. Pendant un certain temps, elle eut les chevilles endolories, et un jour elle décida de compter toutes les marches qu'elle devait faire, mais, arrivée à trois cent cinquante-six, elle perdit le compte et renonça. Lors du bref entretien qu'elle eut avec sa patronne au moment où elle fut engagée, tandis que le marieur négociait en son nom les conditions et le salaire, Bianca fut frappée par l'acuité du regard de donna Clarice, par la précision et l'économie avec lesquelles elle trouvait et maniait les mots, et aussi par la gaieté qui, par moments, éclairait son regard, malgré la fatigue de sa grossesse qui ne se lisait que trop dans ses traits alourdis. Je me plairai ici, s'était-elle dit, confiante ; et elle ne se trompait pas.

Le travail, bien sûr, était dur. Bianca dormait dans un coin de la chambre des deux époux, à portée de voix du grand lit clos par des rideaux de brocart qui trônait au milieu de la pièce ; le domestique du maître dormait, quant à lui, dans l'antichambre, sur un matelas, juste derrière la porte. Bianca se levait avant l'aube et, s'il faisait froid, elle allait allumer le feu dans la cheminée. Généralement, il y avait encore les braises de la veille car ser Lorenzo aimait rester lire jusqu'à tard devant le feu, mais, parfois, les braises étaient éteintes, et il fallait alors trafiquer longuement avec le briquet et l'amadou, dans le noir, et les doigts engourdis. Mais Bianca apprit très vite à descendre à la cuisine et à demander un peu de braises au cuisinier, qui, à cette heure-là, était déjà tout à son affaire et en pleine activité, puis à remonter à la hâte avant qu'elles ne s'éteignissent dans la bassinoire de cuivre.

Dès qu'il y avait un peu de lumière, elle et les autres domestiques faisaient le ménage dans les pièces, tendant l'oreille vers la chambre à coucher, au cas où la patronne viendrait à se réveiller. Habituellement, ser Lorenzo se levait lui aussi très tôt et disparaissait dans ses appartements, où il prenait son petit-déjeuner avant de se mettre au travail avec son secrétaire, tandis que donna Clarice, maintenant qu'elle était enceinte, restait, sur les conseils de son médecin, le plus longtemps possible au lit. Quand la patronne, fatiguée de rester seule dans noir, l'appelait, Bianca accourait, ouvrait les rideaux du lit et les tentures, et entrebâillait la fenêtre, bien que les médecins eussent déconseillé à donna Clarice de trop s'exposer à l'air froid ; elle aidait sa patronne à enfiler ses mules et sa robe d'intérieur, puis elle descendait à la cuisine et remontait avec la collation : un calice de vin de Chypre, quelques biscuits ou un peu de confiture. Parfois, pendant qu'elle mangeait, donna Clarice gardait Bianca près d'elle pour bavarder, puis elle retournait au lit, la laissant libre alors de descendre à la cuisine pour avaler à son tour une assiette de soupe.

Le dimanche, quand il fallait aller à la messe, ou les jours où l'on attendait des visites, donna Clarice se coiffait, mettait ses bijoux et s'habillait ; Bianca était toujours présente, pour apprendre, mais, au début, deux autres domestiques, plus expertes, faisaient presque tout le travail qui, pour les occasions solennelles, demandait plusieurs heures. La mode du moment exigeait en effet que l'on portât des coiffures très compliquées, avec des rangs de perles tressés dans les cheveux : toutes les femmes la maudissaient, y compris donna Clarice, mais il n'y avait rien à faire. Sinon, la patronne restait toute la journée en robe d'intérieur, au lit, ou dans un fauteuil devant la cheminée, et appelait à tour de rôle le cuisinier, la gouvernante et la nourrice, discutant des achats et des dépenses, de sucre, d'orge et de vin, d'objets et de linge de maison ; puis elle faisait venir sa petite fille, Francesca, qui commençait tout juste à marcher, et elle s'amusait à jouer avec elle.

Bianca et les autres domestiques, cinq en tout, finissaient de tout nettoyer et s'occupaient du linge, qui, bien vite, étant donné son expérience, finit par être confié presque entièrement à la direction de celle-ci. C'était la première fois qu'elle se trouvait dans la situation de donner des ordres à quelqu'un, et, au début, cela lui sembla anormal ; mais elle s'y habitua, et aucune des autres domestiques ne protesta, car donna Clarice ne tolérait ni querelles ni jalousies au sein de ses gens de maison, et quiconque aurait été à l'origine de disputes ou de factions, savait qu'il courait le risque d'être congédié. Les maîtres prenaient leur repas ensemble, mais c'étaient les domestiques de ser Lorenzo qui servaient à table, tandis que les femmes mangeaient à la cuisine. C'étaient elles ensuite qui desservaient et faisaient la vaisselle, même si le gros du travail incombait toujours à la souillon.

L'après-midi, s'il n'y avait pas de visites, donna Clarice touchait le clavecin, et ser Lorenzo écoutait volontiers ; puis tous deux se promenaient dans le jardin, lisaient ou jouaient aux échecs. Ce jeu était une marotte de donna Clarice, et ser Lorenzo ne s'y prêtait à chaque fois qu'avec crainte, car il gagnait toujours et que les conséquences sur l'humeur de sa femme étaient imprévisibles ; mais donna Clarice s'entêtait à vouloir jouer, proclamant à chaque partie que peut-être cette fois serait la bonne et que finalement elle allait gagner. Ser Lorenzo se disait souvent qu'il devrait faire exprès de perdre, au moins une fois ; mais c'était plus fort que lui, il n'y parvenait vraiment pas.

Si, en revanche, son mari était absent à cause de ses affaires, comme cela arrivait assez souvent, donna Clarice aimait alors réunir ses femmes, et tandis qu'elles cousaient ou raccommodaient, elle aimait se faire raconter les commérages des *botteghe*, les nouveautés du marché, les mille petits événements de la maison. Elle riait volontiers avec elles en écoutant le récit d'un marchand lubrique qui ne manquait jamais une occasion de tenter sa chance ou d'un portefaix qui avait eu une répartie grivoise, et aucune domestique n'avait le souvenir que quoi que ce soit qui fût sorti au cours de ces conversations ait ensuite été utilisé contre elles. Mais Bianca ne tarda pas à se rendre compte que, tout en vivant recluse dans ses appartements, donna Clarice finissait toujours par tout savoir, et que, lorsqu'elle donnait un ordre, c'était toujours un ordre juste.

De Bianca non plus, elle ne tarda pas à tout savoir. Quand elle l'avait engagée, elle s'était contentée d'apprendre qu'elle cherchait du travail parce que son mari s'était embarqué comme galérien ; la parole de sior Nicolò, qui avait connu sa famille et s'était occupé de la marier, avait suffi. Sans en avoir l'air, et sans jamais insister, donna Clarice avait ensuite fait de temps à autre allusion à ce mari lointain, au malheur de devoir gagner sa vie en faisant un travail si dur, et même au fait que, de toute façon, avec l'arrivée de l'hiver, les galères désarment et que, généralement, les rameurs rentrent chez eux. Elle avait tout de suite perçu que Bianca était embarrassée et qu'elle ne répondait pas volontiers, encore moins en présence d'autres femmes. Et, en parlant avec les autres domestiques de la maison, elle avait eu la confirmation que la nouvelle ne s'était confiée à personne. Intriguée, la jeune patronne attendit de se trouver un soir seule avec Bianca, qui la déshabillait pour le coucher ; ser Lorenzo était absent, loin, à Padoue, pour régler des affaires de famille.

« Alors, Bianca ! lui dit-elle, tandis que la jeune femme la démaquillait avec un tampon de coton. Parle-moi un peu de toi ; depuis combien de temps es-tu mariée ?

– Tout juste un an, à Pâques, répondit Bianca, après un moment de réflexion.

– Et depuis combien de temps es-tu seule ?

– Pauvre de moi ! Nous n'avons été ensemble que trois mois.

– Mais, dis-moi, quand vous vous êtes mariés, il ramait déjà sur une galère ?

– Oh que non ! dit Bianca, sans réfléchir. Non, il travaillait avec son père. Ils étaient maçons.

– Comment se fait-il alors qu'il se soit embarqué ? » lui demanda aussitôt Clarice.

Bianca, qui était en train de lui enlever les épingles des cheveux, et en avait deux dans la bouche, en profita pour ne pas répondre tout de suite ; elle fit comprendre par un grognement qu'elle ne pouvait desserrer les lèvres. Mais, quand elle les eût déposées et qu'elle commença à peigner les longs cheveux blonds de sa patronne, cette dernière répéta la question, avec gentillesse, mais fermement. Comme Bianca ne répondait toujours pas, sa patronne se retourna et vit qu'elle avait les lèvres serrées et une expression de frayeur sur le visage.

« Tu sais, à moi, tu peux vraiment me le dire, lui dit-elle, avec douceur. Tu peux être tranquille, Bianca, quoi que ce soit, tu n'as pas à avoir peur. Et, moi, je veux tout savoir concernant mes femmes. »

Bianca hésitait.

« Allons, assieds-toi ici et raconte-moi tout », insista donna Clarice, en la faisant se blottir à ses pieds et en lui caressant les cheveux.

Bianca, gênée, mais en même temps rassurée, commença à raconter. Elle s'attendait à ce que la patronne s'irritât au récit des fautes commises par le vieux Matteo et en entendant que Michele avait fui pour échapper à la justice ; mais elle s'aperçut que l'affaire, du point de vue moral, la laissait totalement indifférente.

« Et tu dis qu'on l'a condamné au bannissement. Il faudrait voir si l'on peut faire annuler sa condamnation », réfléchit Clarice.

Bianca n'avait jamais imaginé qu'une telle chose fût possible. La patronne vit sa stupeur et éclata de rire.

« Tu ne crois pas que ce soit possible ? Mais cela arrive tous les jours, crois-moi ! »

En la voyant rire, Bianca aussi sourit.

« Mais je ne sais même pas par où commencer », avoua-t-elle.

Clarice lui passa la main dans les cheveux en les ébouriffant.

« Tu n'as pas à t'en mêler. S'il y a quelqu'un qui doit s'en occuper, c'est bien ta patronne. Mais, explique-moi un peu que je comprenne bien : tu me dis qu'il s'est enfui et que, depuis, tu ne l'as plus vu, comment sais-tu alors qu'il s'est embarqué ? C'est un mensonge ?

– Oh, non », dit Bianca en rougissant ; et elle lui raconta l'histoire de la lettre.

« Et où est cette lettre ? » demanda, curieuse, donna Clarice.

Bianca expliqua qu'elle était dans la malle où elle gardait ses affaires.

« Va la chercher, je veux la lire », ordonna la maîtresse. Bianca obéit et revint, peu de temps après, avec le billet qu'elle avait retrouvé au milieu de ses chemises et de ses chaussures. Clarice le prit, le déplia et le lut rapidement à voix basse.

« Mais ici, observa-t-elle tout de suite, en levant les yeux du feuillet, il est écrit qu'il compte revenir en novembre, quand la galère désarmera, et c'est de novembre dernier qu'il parle, il y a presque un an. »

Bianca, mortifiée, haussa les épaules.

« Je n'en sais rien, Madame. Il n'a plus jamais donné de nouvelles. Peut-être... », et elle s'interrompit.

Clarice la pressa.

« Peut-être ? Que voulais-tu dire ? »

Bianca, gênée, tripotait son tablier entre ses mains.

« On m'a dit qu'on pouvait savoir si la galère était revenue et qui avait débarqué, mais je ne savais pas comment faire. Peut-être Madame pourrait-elle m'aider. »

Clarice réfléchit un instant.

« Pourquoi pas ? Commençons par là. »

Un certain temps s'écoula sans que la patronne ne revînt sur le sujet ; puis, un matin, alors qu'elle avait un entretien avec son régisseur, elle la fit appeler. Clarice possédait plusieurs maisons, qu'elle louait, et elle prêtait de l'argent à intérêts. Lors des négociations pour le contrat de mariage, elle avait exigé que la moitié des biens provenant de sa dot restât entre ses mains, contrairement à l'usage qui était d'en confier l'entière gestion au mari, et son père, indulgent, avait accepté d'insister sur cette condition. Ser Alvise et ser Lorenzo avaient longuement discuté, mais finalement ils étaient parvenus à un accord, pourvu que Clarice acceptât de s'appuyer sur l'administrateur désigné par son beau-père. Ser Agostino, le notaire, était grand, imposant, rubicond et se vêtait avec élégance ; on voyait que ses activités rapportaient bien.

« Voici Bianca », dit vivement Clarice. Le notaire regarda d'un œil bienveillant la jolie jeune femme. « Eh bien, raconte ton histoire à ce monsieur et montre-lui la lettre. »

Ser Agostino savait déjà tout, mais la simplicité avec laquelle Bianca racontait son histoire amusait Clarice, et, en outre, elle voulait voir si, en la racontant à un étranger, Bianca n'en viendrait pas à en changer quelque détail. Le notaire écouta attentivement.

« Il s'agit donc de la *Loredana*, armée au mois de juillet de l'an dernier faisant route vers Candia, et qui devait rentrer en novembre, résuma-t-il. Fort bien Madame, nous allons vérifier et je vous tiendrai informée dans les plus brefs délais. Et toi, sois tranquille, dit-il en s'adressant à Bianca avec un grand sourire, quand donna Clarice se prend d'affection pour quelqu'un, tout s'arrange. »

Quelques jours plus tard, le notaire revint et rapporta à Clarice ce qu'il avait découvert. La *Loredana* était en effet rentrée vers la fin décembre pour désarmer ; elle avait tardé, pour quelque raison, à repartir de Crète et les vents contraires l'avaient retenue longtemps à Zante et en Céphalonie avant qu'elle ne parvienne à rejoindre l'Adriatique. Les galériens avaient tous été congédiés, mais Michele, fils de Matteo, le maçon, n'était plus à bord ; sur le livre de bord, il était écrit qu'il avait reçu tout son dû à Candia et qu'ensuite il ne s'était plus présenté, bref, qu'il avait déserté.

« Mais tout cela ne serait rien, et même au fond il vaut mieux qu'il en ait été ainsi, car, autrement, tôt ou tard on aurait fini par l'arrêter, continua le notaire. Reste que je me suis permis malgré tout, Madame, d'aller consulter le registre des condamnations. »

Clarice approuva ; cet homme, elle le savait, empochait un pourcentage un peu trop élevé des entrées qu'il administrait, mais il la servait bien. Ser Agostino raconta que Matteo avait été condamné par les Dix à avoir la langue tranchée pour cause de sédition et de trahison, et qu'il était mort en résistant à son arrestation et que Michele avait essayé de l'aider à fuir et qu'il avait ensuite été condamné lui aussi au bannissement par contumace, accusé lui aussi de sédition et de trahison.

Donna Clarice s'indigna.

« Et cela, ce serait sédition et trahison ? Avoir cherché à empêcher les sbires d'arrêter son père ? »

Le notaire haussa les épaules.

« Vous savez bien comment cela se passe.

– C'est à croire que ces Messieurs ont peur même de leur ombre ! renchérit Clarice, combative.

– Ce n'est pas à moi d'en juger, répondit prudemment ser Agostino. Sachez cependant que lors de la réunion du Conseil qui prononça la sentence, il y avait aussi votre éminent beau-père.

– J'aimerais vraiment lui en parler, conclut Clarice. Merci, ser Agostino, je savais qu'on peut toujours compter sur vous. »

Cet après-midi-là, donna Clarice se promenait dans le jardin avec son mari. Désormais on était en automne, et bien que ce jour-là il y eût du soleil, bientôt, vu son état, il ferait trop froid pour sortir. Ser Lorenzo venait de rentrer de Padoue, où il avait tenté, en vain, de convaincre le vicaire de l'évêque d'appuyer sa demande d'un canonicat pour son cousin prêtre. Mais, comme devant sa femme il cachait toujours sa mauvaise humeur, Clarice ne s'aperçut pas que ce n'était pas le bon moment de lui parler.

« Je voulais vous demander si Monsieur votre père fait toujours partie des Dix, commença-t-elle, en prenant les choses de loin, tandis qu'elle cueillait les dernières roses à ramener à la maison.

– Non, répondit son mari. Sa santé est trop fragile et il a préféré ne plus être réélu. Mais pourquoi cela vous intéresse-t-il ? » ajouta-t-il, frappé par une question aussi insolite.

« Oh, pour rien. Un bannissement des Dix ne peut être annulé que par eux, pas par le Sénat, n'est-ce pas ? répondit Clarice. Une de mes femmes me racontait que son mari a été condamné au ban, qu'elle ne le voit pas depuis plus d'un an, et, pis encore, qu'elle ne sait même pas où il peut être. »

Ser Lorenzo lui expliqua que, en effet, les bannis qui avaient subi une condamnation des Dix étaient toujours exclus des amnisties.

« Donc, pour obtenir la grâce il faudrait s'adresser aux Dix, insista Clarice.

– Exactement, confirma ser Lorenzo. Quant à moi, continua-t-il en s'échauffant, je ne suis absolument pas d'accord avec cette habitude d'accorder les grâces aussi facilement. Une condamnation est une condamnation, s'exclama-t-il. C'est une honte de voir des bannis célèbres qui obtiennent la grâce uniquement parce qu'ils promettent qu'ils recruteront des soldats ou des rameurs, ou parce qu'ils ont bonimenté le nonce apostolique. Mais de toute façon, tout le monde est d'accord, et qui proteste se fait du mauvais sang pour rien, conclut-il amèrement, tel est le monde dans lequel nous vivons et il faut bien le prendre comme il est. »

Mais, sur ces derniers mots, il resta la bouche ouverte, car Clarice était soudain devenue toute pâle et cherchait le soutien de son bras.

« Qu'y a-t-il ? Vous ne vous sentez pas bien ?

– Un peu de nausée, dit Clarice en s'efforçant bravement de sourire. Et il bouge à nouveau. Oui, c'est bien ça, touchez. Oh là là, voyez comme il donne des coups de pied ! »

Elle prit la main de son mari et la posa résolument sur son ventre.

« Vous sentez ? Oui, juste là. Voilà, encore ! »

Ser Lorenzo était tout ému et en même temps un peu embarrassé, et il avait déjà oublié la raison pour laquelle sa femme avait abordé cette conversation.

« Rentrons, dit-il. L'air, aujourd'hui, ne vous fait pas de bien. »

Rentrons donc, pensa Clarice, en passant son bras sous celui de son mari. Mais tu verras que tu vas m'aider à obtenir la grâce pour ce garçon, que cela te plaise ou non.

24

La grossesse suivit son cours, et vint le moment où donna Clarice fut sur le point d'accoucher. Son ventre était devenu si énorme qu'elle avait du mal à le porter et qu'elle passait le plus clair de son temps au lit. Le bébé lui donnait des coups de pied très souvent, lui arrachant des gémissements de douleur, et à voir la forme bien nette de l'arrondi saillant de son ventre, les femmes avaient déclaré d'une seule voix que cette fois ce serait un garçon. Depuis deux semaines déjà, ser Lorenzo ne dormait plus dans la chambre conjugale, et il s'était transféré dans une autre pièce du palais, cependant que deux sages-femmes dormaient toutes les nuits près du lit de Clarice ; le jour, deux couturières, engagées à cet effet, travaillaient à préparer le linge dans la pièce attenante, aidées par toutes les domestiques qui disposaient d'un moment de libre. Dans une autre pièce s'entassaient les ornements, les rubans et les guirlandes que l'on emploierait après l'accouchement pour décorer la chambre nuptiale et recevoir dignement les visites. Quand elle quittait son lit, Clarice se mettait à tout vérifier, à approuver ou à rejeter ; elle donnait de nouveaux ordres, faisait appeler d'autres artisans, en sorte que le palais Bernardo n'était qu'un incessant va-et-vient. La petite Francesca, qui désormais commençait à courir et à balbutier quelques mots, venait tous les jours voir sa mère, mais Clarice était vite fatiguée et elle la renvoyait auprès de sa nourrice, non sans lui avoir auparavant offert quelque ruban.

« Les enfants, c'est beau, certes, mais c'est bien fatigant », confiait-elle. Bianca, à vrai dire, estimait que la si jeune maman restait bien peu de temps avec sa fille ; elle, dans son enfance, pour autant qu'elle s'en souvenait, était toujours restée dans les jupes de sa mère. Mais les patrons, c'est bien connu, entendent tout à leur manière.

« Et toi, comment se fait-il que tu n'en aies pas eu ? poursuivit Clarice, agitant l'air en jouant de son éventail. Ouvre un peu la fenêtre, on étouffe ici, ordonna-t-elle, bien que dehors il fît froid.

– Qu'est-ce qu'on y peut ? Au début, Notre Seigneur ne nous en a pas envoyé. On croyait qu'on avait tout notre temps ! » répondit Bianca après avoir entrouvert avec grande précaution la fenêtre tant ses petites vitres rondes étaient fragiles.

Elle préféra garder pour elle que, les premiers mois de leur mariage, quand ils pensaient avoir tout le temps devant eux, Michele et elle avaient fait leur possible pour ne pas en avoir.

« Nous, au contraire, il nous en a donné un tout de suite, par bonheur, continua Clarice. Tu sais ce que dit ser Lorenzo ? dit-elle avec un petit sourire. Qu'il suffit de me regarder pour que je tombe enceinte ! »

Bianca rougit et alla ajouter une bûche dans la cheminée.

« Si vraiment c'est un garçon, tu sais qui sera le plus content de tous ? Monsieur mon beau-père, continua Clarice. Il dit toujours qu'il ne lui reste plus beaucoup de temps à vivre, et que s'il voit que j'ai donné naissance à un héritier, il mourra heureux.

– On naît, on meurt, c'est la vie », commenta Bianca, répétant quelque chose qu'elle avait souvent entendu dire à sa mère et à Zanetta.

« C'est bien vrai, confirma Clarice. Aïe ! gémit-elle ensuite. Voilà qu'il recommence à bouger. »

Elle avait pâli et Bianca s'approcha vivement du lit.

« Ça fait mal ?

– Je ne sais pas... murmura Clarice, qui souffrait. Les sages-femmes sont bien là ?

– Elles sont à la cuisine, en train de manger », répondit Bianca, avec une pointe de mépris.

Les sages-femmes étaient deux matrones, bien en chair, et depuis qu'elles étaient là, elles n'avaient rien fait d'autre que boire et manger.

« Va les chercher, dit Clarice. Non ! Attends ! Ça passe. Ferme cette fenêtre. Il n'entre que de l'humidité. Est-il possible que je ne trouve pas une position plus confortable ? protesta-t-elle, en s'agitant maladroitement au milieu de ses oreillers. Quel supplice ! Et dire que l'on est obligée de passer la moitié de notre vie comme ça !

– Vous devriez allaiter vous-même votre enfant, hasarda Bianca, d'une voix hésitante. Tant qu'on allaite, il n'en vient pas d'autre. Ma maman disait que, dans son pays, elles allaitaient jusqu'à l'âge de trois ans, et comme ça, elles étaient sûres de ne pas en avoir trop. »

Clarice la regarda avec un sourire condescendant.

« Pour nous, les nobles, c'est différent. Il est de notre devoir de faire des enfants à nos maris, et moi je veux que mon mari soit fier de moi. Et puis, allaiter, ça enlaidit, ça fait maigrir et perdre les cheveux ! Tu ne veux tout de même pas me voir maigre, non ? »

À peine eut-elle dit cela que Bianca la vit pâlir de nouveau.

« Un autre élancement ? Je vais appeler les femmes, dit-elle.

– Attends encore un instant, la retint Clarice. La dernière fois, ça a duré comme cela pendant des semaines, avant que ce ne soit la bonne. Je ne les veux pas dans mes pattes maintenant. Je suis fatiguée.

– Vous voulez dormir ? »

Clarice secoua la tête.

« Non, je suis même fatiguée de dormir. Et voilà, maintenant j'ai de nouveau chaud. C'est tout simplement impossible ! Le dernier mois est le pire. Ma mère me disait que c'étaient les premiers mois qui étaient les pires ; elle, me disait-elle, elle vomissait tout le temps. Moi, je ne m'en suis pour ainsi dire jamais aperçue, ni la dernière fois ni celle-ci. En revanche, à la fin, je n'en peux plus. Avec ce ventre qui ressemble à un tonneau… »

Elles se mirent à rire toutes les deux.

« Madame a effectivement beaucoup grossi, dit Bianca, gagnant en confiance.

– Qu'y faire ! Ça vous donne une de ces faims ! Je n'ai rien fait d'autre que manger ! »

Bianca se souvint de ces femmes qu'elle avait connues, qui, y compris durant leur grossesse, n'avaient mangé que du pain, et rien de plus, et même pas toujours à leur faim. Ces femmes-là, se souvint-elle, n'avaient pas tant grossi.

« À propos, dit Clarice, maintenant aussi j'ai faim. Va me chercher un peu de sucre et des fruits confits. Et une coupe de vin de Chypre. »

Bianca descendit à la cuisine. Pendant qu'elle attendait que le plateau fût prêt, une des souillons se mit à parler à une femme qui était assise auprès du feu avec les deux sages-femmes et la montra du doigt. La femme la regarda, se leva, et s'approcha d'elle en souriant. Elle était grande et se déplaçait avec aisance, comme si elle était jeune, et ce n'est que lorsqu'elle fut toute proche que Bianca vit qu'elle avait le visage ridé et les cheveux striés de fils blancs.

« C'est toi, Bianca ?

– Oui, madame », répondit Bianca, qui était habituée à traiter avec respect les personnes âgées.

La femme se mit à rire.

« Tu ne me connais pas, mais moi je te connais bien. J'ai même connu ton pauvre beau-père. Je m'appelle Foscarina, ajouta-t-elle. Écoute-moi bien. J'ai à te parler. Je suis même venue exprès pour cela ce matin. »

Bianca s'appuya contre le mur et croisa les mains. D'un coup d'œil, elle s'était aperçue que l'échanson n'était pas encore revenu avec le vin.

« Parlez donc, dit-elle.

– Avant tout, je tiens à te dire combien je suis touchée par ton malheur », commença la femme.

Elle savait ce qui était arrivé à Matteo, elle savait que Michele avait disparu, et elle savait même qu'après la fameuse lettre il n'avait plus donné de ses nouvelles.

« Je sais bien ce que cela signifie que de rester seule, sans un homme dans son lit. Moi, depuis que le mien est mort, paix à son âme, je n'ai jamais pu dormir comme il faut une seule nuit. »

Bianca écoutait, tout étonnée.

« Pour toi qui es jeune, cela doit être encore pire, continuait la femme. Écoute-moi bien maintenant. Il y a un jeune homme qui t'a remarquée à l'église, et cela fait bien des dimanches qu'il te regarde. Peut-être t'en es-tu aperçue », insinua-t-elle.

Bianca fit non de la tête.

« Eh bien ! Tu t'en apercevras, dimanche prochain. Regarde du côté des bancs des hommes, il s'asseoit toujours à ta hauteur, il porte un pourpoint lie-de-vin et a une petite barbe rousse, taillée court. Il est beau, tu sais ? Si j'étais jeune, je le voudrais pour moi. »

Bianca vira au rouge vif.

« Je suis une femme mariée, dit-elle, les yeux brillants. Comment osez-vous me faire de telles propositions ? »

Foscarina ne sourcilla pas.

« Es-tu bien sûre d'être encore une femme mariée ? Avec un homme dont on ne sait où il a fini et qui n'a plus donné de ses nouvelles.

– Il reviendra, dit Bianca, avec obstination.

– Si cela te plaît d'y croire, grand bien te fasse ! dit Foscarina en riant. Quoi qu'il en soit, écoute-moi bien, dimanche à la messe, jette un coup d'œil à ce jeune homme ! Je ne te demande rien d'autre. Prends ton temps. Regarde-le bien, et puis je reviendrai et tu me diras. Il s'appelle ser Giacomo, il possède une boutique d'épices tout près d'ici, au campo Sant'Aponal. Il a une bonne situation, tu sais ! Et si tu veux, avec lui, tu pourras en avoir une toi aussi. Au revoir, ma belle, à bientôt. »

La femme lui envoya un baiser de la main et sortit, tandis que Bianca, recouvrant ses esprits, courait chez le sommelier qui l'attendait en affichant un air de reproche.

Bianca eut du mal à trouver le sommeil cette nuit-là. Malgré elle, elle ne pouvait s'empêcher de penser à la femme et à sa proposition. Jusque-là, elle s'était accrochée de toutes ses forces à son attente, à l'idée que Michele allait revenir, et elle n'avait jamais voulu avouer à personne, pas même à elle-même, que, désormais, elle avait peine à y croire. Trop de temps s'était écoulé depuis qu'elle avait reçu cette seule et unique lettre, laquelle n'avait jamais été suivie d'aucune autre. Savoir que la galère sur laquelle Michele s'était embarqué était revenue depuis déjà un bon moment pour désarmer et qu'il n'était plus parmi les galériens avait tranché le dernier fil qui la reliait à lui et lui permettait encore d'imaginer où il pouvait être et ce qu'il pouvait bien faire. Cela faisait presque un an et demi qu'elle ne l'avait pas vu et le souvenir des quelques mois pendant lesquels ils avaient vécu ensemble commençait à s'estomper. Sa patronne lui avait promis de l'aider à le retrouver, et même de faire lever sa condamnation, mais bien du temps s'était aussi écoulé depuis cette promesse, et Clarice, absorbée qu'elle était par sa grossesse, n'en avait jamais plus parlé. Garde-toi de faire confiance aux patrons, pensait Bianca, les yeux grands ouverts dans la nuit, sans réussir à trouver le sommeil…

Le dimanche, Clarice voulut aller à la messe alors que pendant deux jours elle n'avait pas quitté le lit. Son mari et son beau-père tentèrent de la convaincre qu'il valait mieux ne pas courir de risques, mais en vain.

« De mon temps, un gentilhomme pouvait faire venir le prêtre chez lui pour qu'il dise la messe, grommelait ser Alvise, irrité.

– De votre temps, on faisait bien des choses qui n'étaient pas nécessairement bonnes, répliqua Lorenzo. Aujourd'hui, c'est interdit et il est juste qu'il en soit ainsi. Mais là n'est pas la question ! Le fait est, poursuivit-il en s'adressant à Clarice, qui le regardait depuis le lit d'un air de défi, que je me suis informé. J'ai demandé à mon confesseur et il m'a assuré que, dans votre état, il n'y a aucune obligation d'aller à la messe.

– Je n'en doute pas, répondit la jeune femme, pâle, mais obstinée. Mais cet enfant, c'est moi qui le porte en moi et c'est à moi de le mettre au monde, et cela peut arriver d'un jour à l'autre, et si avant que cela ne commence, je veux écouter la messe, personne ne pourra m'en empêcher. »

En fin de compte, la seule chose que les deux hommes, exaspérés, obtinrent fut que l'on prenne l'avis des sages-femmes ; ils sortirent de la pièce tandis que les deux femmes commencèrent à l'examiner avec des gestes très doux. Une fois Clarice rhabillée, ser Alvise et ser Lorenzo furent admis de nouveau dans la chambre et les obstétriciennes déclarèrent qu'elles étaient toutes deux d'accord pour dire que Madame pouvait encore aller à l'église, pourvu qu'elle y aille en chaise à porteurs et qu'elle revienne à la maison aussitôt après.

Bianca avait attendu le dimanche en proie à un tourbillon de sentiments contradictoires. L'irritation qu'avait provoquée en elle l'impudence de l'entremetteuse ne s'était pas encore dissipée. J'irai à l'église et je regarderai droit devant moi, se disait-elle fièrement. Mais, en même temps, savoir que depuis qui sait combien de temps un homme la regardait pendant la messe et la désirait excitait sa curiosité. Bien sûr, elle était mariée à Michele, et elle n'avait pas le droit de se laisser regarder par un autre homme. Mais lui, qui sait où il est, pensait-elle tristement, et avec qui. S'il m'aimait, il aurait trouvé le moyen de me donner ses nouvelles. Au fur et à mesure que le dimanche approchait, l'idée que, de toute façon, il n'y avait rien de mal à ce qu'un homme la regardât et la curiosité de voir quelle tête il avait devinrent de plus en plus fortes. Ce matin-là, elle fut si distraite pendant qu'elle habillait et coiffait sa patronne qu'elle reçut une sévère réprimande.

L'église San Polo était bondée, et Bianca, qui, malgré toutes ses bonnes intentions, ne cessait de jeter des regards autour d'elle à la dérobée, craignait de ne pas réussir à repérer l'homme. Par chance, Clarice prit appui sur elle pour avancer dans la nef centrale, entra la première dans les bancs des Bernardo et lui fit signe de s'asseoir à côté d'elle, en sorte qu'ainsi Bianca se retrouva dans la position la meilleure, à la place la plus proche des bancs de la travée des hommes. Elle ne voulait pas regarder trop ouvertement de leur côté, de peur que sa maîtresse ne s'en aperçût, mais à peine réussit-elle à jeter un coup d'œil qu'elle tressaillit, car il y avait bien là un homme avec une petite barbe rousse bien taillée, vêtu d'un pourpoint de velours lie-de-vin, qui ne cessait de la regarder.

Bianca éprouva un inexplicable sentiment de triomphe, et, tout le temps que dura la messe, elle lutta contre elle-même pour ne pas se retourner à nouveau ; elle sentait sur elle les yeux de l'homme comme s'il la touchait. En revanche, de la messe, elle n'en entendit pas un mot. Et c'est tout juste si, voyant que tout le monde se levait, elle se rendit compte que la messe était finie et qu'il était temps de rentrer à la maison. Clarice voulait attendre que la foule des fidèles se soit dispersée, et, lorsqu'elles se dirigèrent vers la sortie, il ne restait plus que quelques personnes éparses. L'homme à la petite barbe rousse se trouvait près de la porte ; quand les deux femmes passèrent à côté de lui, il s'approcha de Bianca, comme pour sortir derrière elle, et d'un mouvement rapide, il se pencha vers elle et lui chuchota à l'oreille :

« Tu es belle, tu sais ? »

Puis, il disparut, tandis que Bianca, à ces mots, manquant de trébucher, faillit faire tomber sa maîtresse.

Trois jours plus tard, Foscarina revint au palais des Bernardo et arrêta Bianca dans l'escalier au moment où elle montait chez sa patronne avec de l'eau chaude pour sa toilette.

« Il te fait dire qu'il est amoureux de toi, lui dit-elle avec des yeux rieurs. Maintenant que vous vous êtes parlé, il n'a plus aucun doute.

– Mais nous ne nous sommes pas parlés ! s'exclama aussitôt Bianca. Moi, je ne lui ai pas parlé du tout », ajouta-t-elle.

La femme, toutefois, ne manqua pas de remarquer que cette phrase n'avait pas été prononcée avec une grande énergie.

« Tu lui parleras la prochaine fois, dit-elle malicieusement. Attends ! s'exclama-t-elle, voyant que Bianca, impatiente, voulait monter avant que l'eau ne refroidisse, et elle la retint par le bras. Ser Giacomo t'envoie cela, dit-elle, en tirant de sa poitrine un petit paquet. Il voulait t'offrir une bague, mais je lui ai dit qu'il valait mieux ne pas le faire ; ta patronne, ma chère, a les yeux partout, je la connais, et si elle voit que tu as une nouvelle bague au doigt, elle s'en apercevra aussitôt. Je lui ai dit que c'était beaucoup mieux comme ça. Allons, ouvre la main. »

Bianca voulait refuser mais cette fois encore sa curiosité l'emporta, et elle obéit. La femme défit le petit paquet, qui était en fait un petit mouchoir en soie brodé, et laissa tomber dans sa main une chaînette en or. Bianca écarquilla les yeux.

« Tu vois qu'il est sérieux ? Avec quelqu'un comme lui, ta fortune est faite, ma chère ! poursuivit allègrement Foscarina, cependant qu'en un tour de main elle enveloppait de nouveau la chaînette dans le petit mouchoir et le glissait dans le sein de la jeune fille. Mais prends garde de ne la porter que sous ta chemise, pour que ta maîtresse ne la voie pas.

– Maintenant, il faut que j'y aille », dit Bianca, toute confuse.

Heureusement, elle savait que sa patronne attendait impatiemment l'eau chaude.

« Va, ma belle, va, l'encouragea la femme. Et attends-moi, je reviendrai un de ces jours et nous parlerons plus calmement, d'accord ? »

Bianca s'esquiva et monta à toutes jambes l'escalier. Madonna Clarice l'attendait, assise au bord du lit, à demi-nue, et contemplait son ventre proéminent. Bianca, le visage empourpré, versait l'eau dans la bassine, mais, pour une fois, sa patronne ne prêta pas attention à son trouble.

« Il donne des coups de pied, susurra-t-elle. Il veut sortir. D'ici peu, il commencera à pousser. »

Elle était si attendrissante, si effrayée et tellement sans défense que Bianca en fut toute étonnée. En lui donnant la serviette, elle murmura :

« Ne vous inquiétez pas, la Vierge Marie vous aidera, tout ira bien. »

Clarice se signa, imitée aussitôt par Bianca.

« Je prie vraiment pour que cette fois ça ne fasse pas aussi mal », dit-elle, essayant de sourire.

Bianca ne savait quelle attitude adopter ; elle avait déjà vu d'autres fois que Clarice ne se gênait pas pour la traiter avec une certaine familiarité et elle aurait voulu l'encourager, mais on lui avait appris qu'on ne gagne rien à être familier avec les patrons, et elle ne réussissait pas à être spontanée.

« Ça fait si mal ? demanda-t-elle sans la regarder. Ma mère disait que non, qu'il n'y a pas à avoir peur, que cela fait un peu mal, mais qu'on y arrive sans problème, et que quand tout est fini tu ne t'en souviens même plus.

– La mienne aussi disait la même chose, confirma Clarice. Je crois que toutes les mères disent les mêmes choses à leurs filles. Et, tu sais une chose ? Moi aussi je dirai cela à Francesca. Il n'est pas bon qu'une jeune mariée sache tout de suite comment c'est vraiment.

– C'est si terrible ? demanda Bianca, effrayée.

– Je croyais que j'allais mourir. Ça a duré un jour et une nuit entiers, et tout ce temps, j'ai cru que j'allais mourir. Je criais en suppliant la Vierge et le bon Dieu qu'ils m'emportent tout de suite et que j'en finisse. »

Clarice vit que Bianca avait pâli et elle lui prit la main.

« N'aie pas peur, va ! Je vais avoir besoin de toi aussi, et tu dois garder la tête sur les épaules le moment venu. Qu'y pouvons-nous ? Nous sommes des femmes et c'est notre destin. Je crois que si nos maris pouvaient nous voir en ces moments-là ils s'évanouiraient, eux qui savent toujours tout et qui ont réponse à tout. Mais nous, nous devons tenir bon jusqu'au bout sans défaillir, tu as bien compris, Bianca ?

– Oui, madame », acquiesça la jeune fille, en ravalant sa salive.

« Catastrophe ! »

L'imprécation jaillit de la bouche de Clarice avec tant de véhémence que Bianca, surprise, se retourna pour la regarder.

« Elle s'est cassée », dit Clarice, irritée, et elle lui montra une boucle d'oreille.

« Oh, quel dommage ! » s'exclama Bianca, compatissante.

C'étaient ses plus belles boucles d'oreilles, celles que ser Lorenzo lui avait offertes à la naissance de sa fille, et que Clarice voulait mettre pour recevoir les visites après l'accouchement, désormais proche.

« Il faut les faire réparer tout de suite, décida la patronne.

– J'appelle quelqu'un ? » demanda Bianca.

Clarice se mordit les lèvres.

« Ça m'ennuie que toutes le sachent. Elles sont capables de penser que c'est un mauvais présage. Écoute, tu sais où se trouve la boutique de mon orfèvre ? Sur la rue qui va à San Stae, juste au niveau du pont. Vas-y, toi. Demande ser Vincenzo, dis-lui que tu viens de ma part, qu'il les répare tout de suite, attends sur place, et ramène-les-moi.

– Oui, madame », dit Bianca, et elle sortit le mouchoir qui avait enveloppé la chaînette pour empaqueter les boucles d'oreilles.

– Quel beau mouchoir, s'émerveilla Clarice.

– Vraiment ? C'est un souvenir », balbutia Bianca, en le faisant disparaître dans son sein. Elle s'était déjà rendu compte que le mouchoir, de belle facture, avait dû coûter très cher et elle se traita d'idiote pour l'avoir sorti.

« J'y vais, madame, dit-elle en essayant de se donner une contenance.

– Tu fais bien attention à ces boucles d'oreilles, Bianca, n'est-ce pas ? », et Clarice, sur cet avertissement, la congédia.

Et c'est ainsi que Bianca, qui ne sortait jamais de la maison si ce n'est pour accompagner sa patronne, ou plus rarement pour aller voir Zanetta, se retrouva à l'improviste toute seule dans la rue. Elle n'avait pas encore fermé la porte derrière elle que les paroles de Foscarina lui revinrent à l'esprit : il tient un commerce d'épices à Sant'Aponal. À vrai dire, pour aller à San Stae, point n'était besoin de passer par là, mais, somme toute, c'est à peine si cela allongeait un tout petit peu le trajet. Sa curiosité était si forte que ses pieds la portèrent tout seuls dans cette direction sans qu'elle l'eût vraiment décidé. Arrivée au *rio* Sant'Aponal, elle commença à regarder autour d'elle, et comme elle ne s'y retrouvait pas, elle demanda à un petit vieux s'il connaissait la boutique de ser Giacomo, le marchand d'épices.

« Passe sous le *sottoportico* et quand tu sors du porche, prends à gauche, tu trouveras un four à pain, et le marchand d'épices se trouve juste en face », lui dit-il.

Bianca traversa à la hâte le porche sombre et boueux. Dans la *calle* sur laquelle il débouchait flottait l'odeur du pain. Elle s'approcha de la porte de la boutique et jeta un regard à l'intérieur. Il était là, cette fois vêtu de noir, une cape sur les épaules, à cause du froid, disposant des pots sur une étagère avec un apprenti. Le local n'avait pas de fenêtre, et au peu de lumière qui pénétrait par la porte s'ajoutait celle d'une lampe à huile pendue aux poutres du plafond. Les deux hommes travaillaient et on pouvait voir leur haleine qui se condensait dans l'air. À un moment, ser Giacomo se tourna vers la porte et Bianca fit un rapide pas en arrière ; elle ne voulait pas qu'il sache que la curiosité l'avait attirée jusque-là. Puis, elle l'entendit donner des ordres à l'apprenti, d'une voix posée, et elle se pencha encore un peu, pour y voir mieux.

« Mais c'est qu'il fait froid ! dit ser Giacomo. Ferme donc un peu la porte ; si quelqu'un vient, il frappera. »

Bianca fit un bond en arrière, tourna les talons, et se dirigea à petits pas rapides vers San Stae, le cœur battant à tout rompre.

Foscarina tint parole. Trois jours n'étaient pas encore passés que Bianca la trouva devant elle, à la cuisine, où elle était descendue pour manger, après avoir servi le dîner à donna Clarice, qui ne quittait plus son lit. La femme était en bons termes avec les filles de cuisine, qui avaient l'habitude de la voir aller et venir dans la maison, et aussi de recevoir de temps à autre des petits cadeaux de sa part ; elles savaient fort bien pour quoi elle était là, et avaient commencé à jaser dans le dos de Bianca, curieuses de voir comment tout cela finirait.

« Viens ! Assieds-toi ici », lui dit la femme, assise sur la marche de la cheminée, une assiette de soupe sur les genoux.

Bianca, indécise, regarda autour d'elle ; apparemment, personne ne prêtait attention à ce qu'elle faisait. Elle s'approcha de la femme, tout en restant debout, et commença à avaler bruyamment sa soupe, en attendant de voir ce qui allait arriver.

« Tiens, regarde », dit Foscarina, quand elle eut fini de manger, et elle sortit un autre petit paquet. Il contenait cinq petits mouchoirs en soie.

« Ce sont les compagnons de celui que tu as déjà. C'est ser Giacomo qui te les envoie, comme gage. Mais, maintenant, poursuivit-elle en baissant la voix et en lui posant une main sur les épaules, toi aussi tu dois lui donner un gage.

– Et pourquoi donc ? » se raidit Bianca.

Foscarina la regarda très sérieuse.

« La chaînette, tu l'as prise, non ? » lui susurra-t-elle.

Évidemment, pensa Bianca, tu me l'as mise dans les mains ! Mais, à vrai dire, l'idée qu'il y avait un homme qui la désirait au point de lui envoyer de tels cadeaux ne lui déplaisait pas du tout. Ce peu d'or, pour une personne comme elle, était déjà une petite fortune. Et s'il en arrivait d'autre ? Et derrière l'or – un homme, un homme sur lequel s'appuyer quand on en a besoin. Il faut bien que je pense un peu à moi, se dit-elle pour se justifier.

« Je ne te demande rien de bien difficile, continuait Foscarina. Un gage, c'est tout !

– Et que puis-je bien lui donner ? » murmura Bianca.

Foscarina sourit.

« Une de tes jarretières fera l'affaire. Tu n'as qu'à aller maintenant même en prendre une dans ton coffre et tu me la portes ici, en bas, pendant que je me réchauffe encore un peu au coin du feu. Il pleut dehors, tu sais ? Et je me suis déjà assez trempée pour toi, heureusement que cela en vaut la peine. »

En montant l'escalier, Bianca avait un nœud dans la gorge. Elle savait fort bien qu'en faisant ce pas elle ne pourrait pas se rétracter, et toute une partie d'elle la poussait à faire marche arrière, à dire tout de go à la femme qu'on n'allait pas plus loin, à lui restituer la chaînette et les mouchoirs. Mais une autre partie d'elle-même cédait à l'envie d'aller à la rencontre de cet homme qui était prêt à se donner tant de mal pour elle ; cet homme bel et bien vivant, en chair et en os, qui était là, à Venise, à deux pas d'elle, et qui pensait à elle continuellement…

Elle fouilla dans sa malle, pour trouver une jarretière en ruban noir, elle la mit en boule dans son poing, revint en bas et la glissa dans la main de la femme. Foscarina la prit avec un large sourire.

« C'est bien, ma petite Bianca ! Maintenant, écoute, je vais tout de suite la lui porter. Tu ne peux savoir combien il va être heureux. Il t'aime vraiment. Et ce n'est pas la peine que je perde mon temps à revenir ici encore une fois. Mettons-nous d'accord tout de suite. Tu sais où il habite ?

Juste là, derrière, dans la *calle* qui va à Sant'Aponal, celle où il y a le four à pain. »

Bianca se garda bien de lui dire qu'elle le savait, et comment !

« La *bottega* se trouve juste à côté, et lui, il habite juste au-dessus, continua la femme. Ce soir demande à ta patronne si elle peut t'accorder deux heures demain pour aller voir ta belle-mère à l'hospice. Cela fait un bail que tu n'y vas pas, non ? »

Bianca était mal à l'aise. Clarice, c'était vrai, avait continuellement besoin d'elle et ne la laissait pas sortir volontiers, et Zanetta perdait de plus en plus la tête : la dernière fois qu'elle était allée à San Giovanni e Paolo, c'est à peine si elle l'avait reconnue. Bianca en avait un peu honte, mais, à vrai dire, elle n'avait plus tellement envie d'aller la voir. Elle ne dit rien, et baissa la tête.

« Bon, alors, tu diras à ta patronne qu'avant que ne naisse le bébé tu voudrais y aller encore une fois, qu'ensuite, tu le sais bien, il y aura trop de choses à faire, et tu verras qu'elle te laissera y aller demain ou après-demain ; et, quand tu sortiras, n'oublie pas de dire à tout le monde que tu vas voir ta belle-mère, et, à la place, tu iras à la *bottega* de ser Giacomo, et tout se passera très bien, tu verras. »

Bianca se tut un instant, puis décida de franchir le pas.

« D'accord, murmura-t-elle.

– Et surtout, sois gentille avec lui. C'est un homme en or. Il te rendra heureuse. Mais nous sommes entre femmes, et je n'ai pas besoin de t'apprendre certaines choses, pas vrai ? »

Le lendemain, Bianca, sans oser regarder sa patronne en face, lui demanda la permission d'aller encore une fois voir sa belle-mère. Clarice vit bien qu'elle était embarrassée, mais, bien qu'elle fût habituée à lire dans l'âme de ses gens, cette fois elle se méprit : elle pensa qu'elle avait peur d'être réprimandée parce qu'elle voulait s'éloigner de la maison alors que la naissance était imminente.

« Vas-y donc, c'est tout à fait normal, déclara-t-elle. Mais vas-y aussi vite que possible. Dès demain matin. »

Aussi, le lendemain, Bianca se leva-t-elle plus tôt que d'habitude, se débarrassa au plus vite de tout le travail qu'elle put, et, à l'heure où les boutiques commencent à ouvrir, elle passa une chemise propre et ses habits du dimanche, se signa et sortit.

25

Il faisait un froid piquant et il pleuviotait. Les *calli* étaient quasiment désertes. L'humidité suintait des murs de briques ; sur les toits, les cheminées crachaient une fumée grise. Bianca marchait en rasant les murs des maisons pour ne pas abîmer dans la boue ses mules à talon. Elle atteignit en quelques minutes le commerce d'épices, où un ouvrier était encore en train de démonter les planches de bois qui, la nuit, fermaient la boutique. On ne voyait personne d'autre dans les rues.

« Je cherche ser Giacomo », dit Bianca d'un trait.

C'est à peine si l'ouvrier la regarda.

« Le patron est à l'étage, dit-il en pointant du menton le balcon qui donnait sur la rue, dont les volets étaient encore fermés.

– Je dois le voir, insista Bianca, obstinée. C'est lui qui m'a dit de venir, ajouta-t-elle.

– Alors, viens. »

L'homme posa avec précaution la planche qu'il avait à la main et lui fit signe de le suivre. À l'arrière de la boutique, il y avait une porte qui ouvrait sur un petit escalier sombre.

« Par là, dit-il. Quand tu seras là-haut, frappe. »

Bianca prit son souffle et monta. Elle espérait que ce serait l'homme qui viendrait lui ouvrir, mais ce fut une vieille domestique qui, la dévisageant avec hostilité, se présenta à la porte.

« Je cherche ser Giacomo, répéta Bianca en lui rendant son regard.

– Attends un peu », dit la femme avec brusquerie, et elle se dirigea en traînant les pieds vers l'intérieur sombre de la maison.

Bianca resta plantée là, triturant avec ses ongles le bord de son tablier jusqu'à ce que la femme réapparaisse.

« Viens », dit-elle, et elle lui montra le chemin.

Elles traversèrent une pièce glacée, avec un pavement à carreaux noirs et blancs et une cheminée éteinte, puis la femme l'introduisit dans une pièce et referma la porte derrière Bianca. C'était une chambre à coucher, un peu moins froide, avec un poêle au milieu et un grand lit contre le mur du fond, dont les rideaux étaient tirés. L'épicier était assis à une petite table, devant la fenêtre, fixant attentivement avec une expression de perplexité une tasse fumante.

« Tu es venue », s'exclama-t-il ; et il alla à sa rencontre, ouvrant tout grand ses bras.

Bianca vit qu'il était plus jeune qu'il ne lui avait semblé, légèrement grêlé, et avec des cheveux encore plus roux que sa barbe.

« Je suis venue, dit-elle en baissant les yeux.

– Tu as froid ? demanda Giacomo en la prenant dans ses bras. Viens ici, près du feu. »

Il prit une chaise qui était contre le mur et la plaça entre le brasier et la table. Bianca s'assit et il la contempla en souriant.

« Comme c'est gentil d'être venue », dit-il.

Décidément, ce n'était pas un grand causeur, mais Bianca n'y accorda pas d'importance. Elle sourit elle aussi, et attendit.

Un silence embarrassé s'ensuivit.

« Oh ! s'exclama-t-il après un certain temps, comme si quelque chose lui était revenu à l'esprit. Tu tombes bien. Viens, je vais te faire goûter quelque chose que tu n'as jamais goûté. »

Il prit la tasse et la lui tendit. Elle contenait un liquide sombre et dense qui dégageait une odeur forte. Bianca devait avoir une mine étrange, parce que l'homme se mit à rire.

« N'aie pas peur, je ne vais pas t'empoisonner ! »

Il en but une gorgée et s'interrompit pour savourer.

« Je ne dis pas que c'est bon. Il y manque encore quelque chose. Je suis en train d'essayer toutes les épices. Là, il y a de la cannelle et du gingembre. Allez, goûte ! »

Bianca prit maladroitement la tasse chaude à deux mains, et en but une gorgée. Cela avait un goût qui ne ressemblait à rien de tout ce qu'elle connaissait.

« Mais, qu'est-ce que c'est ? » demanda-t-elle.

L'épicier se mit à expliquer.

« On appelle ça du *chocolate*. C'est fait avec une baie que les Espagnols ont ramenée des Amériques. Eux, ils en boivent, et ça leur plaît beaucoup. On m'en a rapporté un sac tout récemment. Mais je ne suis pas sûr de l'avoir préparé comme il faut.

– Non, c'est bon, dit Bianca, pensive. Mais, vous avez raison, il y manque quelque chose. Avez-vous essayé d'ajouter du sucre ? »

Ser Giacomo la regarda, étonné.

« Du sucre ? Non, mais c'est une idée. Je vais immédiatement demander qu'on m'en monte un peu. »

L'apprenti apporta un petit pain de sucre, et ser Giacomo en émietta un peu dans la tasse.

« Goûte-le, toi », dit-il.

Le visage de Bianca s'illumina.

« C'est délicieux ! »

L'épicier goûta à son tour, et sourit.

« Tu as raison, c'est vraiment délicieux ! Vraiment bravo, ma petite Bianca ! Tu m'as déjà fait faire une affaire. »

Il s'approcha d'elle et l'étreignit. Bianca se laissa aller dans ses bras, et, quand il chercha sa bouche, elle ne se déroba pas. Ils avaient tous deux le goût du *chocolate* sucré.

« Viens par là », murmura Giacomo en l'amenant vers le lit.

Bianca se laissa faire, mais, une fois arrivée au lit, elle s'assit sur le bord.

« Attends, comme ça, j'abîme mes vêtements, protesta-t-elle.

– Alors, enlève-les », dit l'homme.

Il était derrière elle, assis sur le lit, et il commença à lui embrasser la nuque et le cou. Bianca sentit l'odeur d'un homme excité qui la désirait, et elle s'affaira avec empressement sur ses lacets, pendant que lui continuait de l'embrasser et de la mordiller par-derrière. Quand elle ne fut plus qu'en bas et en chemise, elle se tourna et roula dans le lit, s'enfonçant dans le matelas moelleux. L'homme referma les rideaux et se pencha sur elle dans la pénombre.

« Il y a si longtemps que je te désire, lui chuchota-t-il.

– Moi aussi, répondit Bianca sans savoir vraiment ce qu'elle disait.

– Tu sens comme je te désire, poursuivit-il en lui prenant la main et en la lui posant entre ses jambes.

– Oh que oui ! » rit Bianca, toute gênée.

Il dégagea un sein du décolleté de sa chemise et se mit à le tripoter. Le mamelon se raidit ; il approcha ses lèvres et le lécha.

« Tu me chatouilles », rit Bianca en se démenant pour se soustraire à la caresse.

Puis elle l'attira à elle pour l'embrasser. Ses mains se mirent à lui caresser le dos puis à descendre plus bas. Elle commençait à être excitée elle aussi.

« Tu me plais », murmura-t-elle entre deux baisers.

Puis elle écarquilla les yeux parce qu'il était déjà en train de pousser pour la pénétrer.

« Fais doucement, tu me fais mal, murmura-t-elle.

– Oh que non, je ne te fais pas mal, reste tranquille », lui dit-il fermement ; et il se mit à pousser de nouveau.

Bianca gémit.

« Allons, allons, sois gentille, reste tranquille », répétait Giacomo.

Il poussa encore et il fut tout entier en elle. Bianca, le souffle coupé, s'agrippa à ses épaules et le griffa de tous ses ongles. Lui se mit à rire, se dégagea et lui bloqua les bras.

« Ne griffe pas », s'exclama-t-il en continuant à rire ; et il lui ferma la bouche avec la sienne tout en continuant de bouger au-dessus d'elle.

« Ne jouis pas en moi », lui dit-elle, anxieuse, dès qu'elle réussit à libérer sa bouche.

« Sois tranquille, sois tranquille, petite. Dieu que tu me plais », répétait l'homme sans cesse.

Et il tint parole ; presque immédiatement, lui arrachant un gémissement de douleur, il sortit brusquement d'elle, juste à temps ; puis, avec un grognement de satisfaction, il se retourna et s'étendit sur le dos.

« C'est merveilleux, dit-il d'une voix rêveuse. Je t'ai attendue si longtemps. »

Bianca sourit, un peu honteuse, tout en s'essuyant avec le drap. Elle n'était pas sûre d'avoir aimé ça, et maintenant elle sentait que cela la brûlait furieusement entre les jambes. Mais c'était la première fois qu'elle avait un homme depuis que Michele avait disparu, et cela avait réveillé dans tout son corps des sensations assoupies depuis trop longtemps.

« Je t'aime », dit-elle, sans savoir elle-même si elle mentait ou non.

Quand elle revint, elle trouva donna Clarice qui s'ennuyait ferme et qui avait envie de bavarder. Elle s'enquit de sa visite auprès de sa belle-mère, et Bianca commença aussitôt à s'embrouiller.

« Elle est gâteuse, déclara-t-elle, elle ne m'a même pas reconnue. »

Cette manière de répondre lui semblait le moyen le plus sûr de se tirer d'affaire, comme ça, elle n'avait pas besoin d'inventer quoi que ce soit ; mais au même moment elle se dit que le prétexte d'aller voir Zanetta pourrait encore lui servir à l'avenir.

« Mais cela lui a fait très plaisir de me voir », se corrigea-t-elle.

Clarice leva un sourcil.

« Mais elle t'a reconnue ou elle ne t'a pas reconnue ? »

Maudissant sa propre stupidité, Bianca essaya de remédier à sa bévue.

« Oui, finalement, oui », improvisa-t-elle sans regarder sa patronne, et s'apercevant avec désarroi qu'elle avait rougi.

Par chance, Clarice ne manifesta pas un intérêt plus poussé pour la belle-mère de sa chambrière, et la conversation s'arrêta là.

En descendant pour manger, Bianca s'attendait à trouver Foscarina ; et, en effet, la femme était là et elle vint à sa rencontre, toute joyeuse. Elle la prit dans ses bras, et après avoir regardé furtivement autour d'elle et constaté que personne ne les regardait, elle lui glissa dans la main une paire de boucles d'oreilles. Elles ressemblaient à celles que Bianca avait mis en gage et qu'elle n'avait pas encore réussi à racheter, au point qu'en les prenant dans ses mains elle tressaillit et qu'une foule de souvenirs refirent surface et s'imposèrent à son esprit.

« C'est lui qui te les envoie. Tu l'as rendu heureux et il a hâte de te revoir », poursuivait Foscarina joyeusement, sans imaginer ce qui se passait dans la tête de Bianca.

« Très bien, soupira-t-elle, se faisant violence. Mais je ne sais pas quand je pourrai, avec la patronne dans cet état. »

« Peu importe. On trouvera bien un moyen, dit la femme. Bien sûr, cela ne pourra pas durer éternellement comme ça. Il faudra que tu demandes ton congé et que tu ailles vivre avec lui. »

Bianca sursauta.

« Mais comment je peux rendre mon tablier ? C'est hors de question ! » s'exclama-t-elle.

Foscarina la regarda froidement.

« Au point où tu en es, ma chère, tu n'as aucun intérêt à faire marche arrière. Rends-toi compte, il est complètement fou de toi, il te couvrira de cadeaux.

– Je ne sais pas, dit Bianca, en évitant le regard de la femme.

– En plus, imagine que ta patronne apprenne ce qui s'est passé. Elle te mettra dehors en un rien de temps, tu le sais bien. Et, alors, qui sait si, lui, il n'aura pas changé d'avis. Écoute-moi, il vaut bien mieux pour toi que tu te décides, et vite. »

Le ton de Foscarina contenait un soupçon de menace qui n'échappa guère à Bianca.

« Je vais y réfléchir », murmura-t-elle.

Puis, par chance, on l'appela et elle partit en courant.

Le samedi, donna Clarice déclara que le lendemain matin elle n'irait pas à la messe et elle ordonna à Bianca d'aller, avec les autres domestiques, à celle du matin tôt pour ne plus avoir à sortir de la journée.

« Je sens que c'est imminent », dit-elle avec un sourire forcé.

Cette nuit-là, toutes deux dormirent très mal. Clarice se réveillait sans cesse, elle demandait à boire, elle envoyait Bianca ouvrir la fenêtre, et aussitôt après lui demandait de la refermer, elle avait l'impression d'étouffer. Au matin, elle était blême, et ser Lorenzo, qui était venu la saluer, s'effraya.

« Je ne peux pas vous y obliger, mais si vous m'aimiez un tant soit peu vous feriez venir le médecin. »

Clarice le foudroya du regard.

« Ne recommençons pas avec cette histoire ! Ce sont des affaires de femmes, et on n'y mêlera aucun médecin. Vous m'aviez déjà concédé ce point la dernière fois, ne vous en souvient-il pas ? »

Ser Lorenzo grommela quelque chose. Clarice lui sourit, comme pour se faire pardonner.

« Allez, prenez votre petit-déjeuner avec moi. Et jouons une partie, voulez-vous ? »

On prépara l'échiquier sur une petite table à côté du lit. À peine rentrée de la messe, Bianca apporta un plateau de biscuits et une petite carafe de vin, puis elle se mit à coudre dans un coin, pendant que tous deux jouaient. Mais, peu après, un gémissement venant du lit la fit sursauter. Clarice, très pâle, les yeux écarquillés, se tenait le ventre à deux mains. Bianca accourut auprès d'elle.

« Cette fois, nous y sommes, pour de bon, dit la patronne d'une voix altérée. Cours, et va chercher les femmes. Quant à vous, s'il vous plaît, sortez, dit-elle, en s'adressant à son mari. Il n'y a plus de place pour les hommes ici. »

Ser Lorenzo, pâle lui aussi, se leva, lui baisa le front et s'en alla, l'air angoissé. Les sages-femmes, qui étaient remontées précipitamment de la cuisine, enlevèrent draps et couvertures, et sans faire de manières, examinèrent Clarice entre les jambes.

« Je ne sais pas, dit la première, peu après. C'est trop tôt, on ne voit rien pour l'instant. »

Juste à ce moment-là, Clarice eut un autre élancement, et, avec un gémissement de douleur, elle porta ses mains à son pubis, avant de retomber en arrière sur les oreillers. Les sages-femmes se regardèrent.

« Ça, pour y être, on y est ! »

On envoya Bianca chercher un linge pour rafraîchir le front de la parturiente, et des quatre coins de la maison accoururent les domestiques et les couturières, prêtes à se rendre utiles. En un instant, une douzaine de femmes se retrouvèrent autour du lit de la maîtresse, commentant, lissant les couvertures, la caressant, l'assurant que tout irait bien. Et chaque fois que Clarice gémissait, elles l'encourageaient toutes en chœur, essayant de l'apaiser. Presque toutes étaient déjà dans la maison à l'époque de son premier accouchement, et les comparaisons fusèrent.

« Vous vous souvenez de la chaleur qu'il faisait la dernière fois ?

– C'était l'été. La fin du mois d'août.

– C'était le lendemain de l'Assomption, corrigea une autre, plus précise.

– Cette fois-là aussi, ça avait commencé le matin.

– Et Francesca est née la nuit.

– Dis plutôt le lendemain matin.

– Mais, cette fois, ça ira plus vite, prophétisa la gouvernante, en se penchant tendrement sur Clarice, qui haletait entre deux contractions. La première fois est toujours la plus difficile. J'en sais quelque chose, moi qui en ai fait neuf ; à partir du deuxième, tout va plus vite, la route est déjà ouverte.

– Espérons-le », murmura Clarice, le regard perdu. « Aïe ! » cria-t-elle aussitôt après, toute contractée. « Celle-ci était plus forte », dit-elle, le front couvert de sueur.

Bianca la rafraîchit avec le linge. Deux femmes, agenouillées de chaque côté du lit, tenaient les mains de la femme en plein travail, les caressant avec douceur. De temps à autre, l'une des deux sages-femmes s'approchait, repoussait les couvertures, se penchait pour regarder, puis se relevait en secouant la tête.

« Ça n'a pas encore vraiment commencé », déclarait-elle.

Clarice protestait en soufflant, irritée. Parfois dix minutes s'écoulaient, ou même un quart d'heure, sans que rien ne se passât, les femmes commençaient à se lancer des regards, comme pour se demander si, après tout, elles ne s'étaient pas trompées ; puis, de nouveau, Clarice gémissait de douleur, et toutes deux se penchaient sur elle. Finalement, après une contraction plus douloureuse que les autres, la sage-femme qui était en train de l'examiner s'écria :

« Donnez-moi un linge. »

Elle essuya Clarice entre les jambes puis montra à tout le monde le linge, taché de mucus et même d'un peu de sang.

« Maintenant, oui, ça a commencé », dit-elle, d'un ton satisfait.

Après cinq heures de travail, Clarice, épuisée et trempée de sueur, cessa de gémir pour se mettre à crier à chaque contraction. Certaines femmes, les plus jeunes, étaient très impressionnées. Bianca, qui était debout derrière elle, continuait à lui humecter le front, comme on lui avait donné l'ordre de le faire. Elle n'avait jamais vu un accouchement et ne se sentait pas très bien ; seule la tranquillité affichée des sages-femmes, qui plaisantaient avec la gouvernante et encourageaient rudement la parturiente, l'aidait à tenir, parce qu'elle pensait que s'il y avait eu un quelconque danger, elles ne se seraient pas comportées de cette manière.

« Qu'en dis-tu, c'est le moment de manger un morceau, non ? » dit l'une d'elles. Clarice lui lança un regard féroce, mais en réalité, on voyait bien que cette tranquillité lui faisait du bien à elle aussi.

« Madame, disait l'autre, donnez l'ordre au cuisinier de préparer quelque chose pour toutes ces femmes, le ventre plein elles vous serviront mieux que le ventre vide. »

Clarice eut à peine le temps d'acquiescer ; puis elle écarquilla les yeux et, bien qu'elle tentât de résister, elle hurla, comme si elle était à l'agonie.

« Vierge Marie, je vais mourir, je me meurs, aide-moi », murmura-t-elle, une fois la douleur passée.

Les sages-femmes se regardèrent à nouveau.

« Regarde un peu », dit la plus âgée.

L'autre s'agenouilla, demanda aux femmes de s'éloigner parce qu'elles lui ôtaient la lumière, et repoussa les couvertures. Sans ménagement, elle appuya ses mains sur les cuisses de Clarice et examina sa fente.

« Peut-être bien que oui, dit-elle ensuite. Attendons la prochaine. »

Pendant deux ou trois minutes, elles restèrent là, à attendre, en silence. Puis, soudain, Clarice hurla et se cambra, et, mettant les mains sous ses reins, elle heurta la sage-femme avec ses jambes.

« Ça ne peut pas aller ! » dit celle-ci, agacée, cependant que Clarice continuait de hurler. « La prochaine fois, tenez-lui les bras et les jambes. »

La contraction terminée, Clarice ferma les yeux et se recroquevilla au milieu des oreillers. Voyant qu'elle n'objectait rien, les femmes lui prirent les poignets et les chevilles.

« Écartez-lui les jambes, ordonna la sage-femme, et tenez-la fort. »

Après avoir attendu trois minutes encore, dont on avait l'impression qu'elles ne finiraient jamais, Clarice recommença à hurler et à se débattre. Mais, cette fois, elle ne pouvait plus bouger et la sage-femme se pencha pour regarder entre ses jambes. Quand elle se releva, elle affichait un large sourire.

« Lâchez-la ! Bravo, madonna Clarice, ça y est, ça s'ouvre. Et toi, jeune fille, dit-elle à Bianca, qui était pâle comme la mort, ne fais pas cette tête ! Descends, va voir si le repas est prêt, car bientôt il va falloir qu'on se retrousse les manches pour de bon. »

Bianca détala, trop heureuse de s'éloigner ; elle était encore dans les escaliers lorsqu'elle fut rattrapée par un autre hurlement de Clarice, d'abord étouffé, comme si la femme tentait de se retenir, puis aussi sauvage que celui d'un animal blessé. Elle allait ouvrir la porte qui donnait sur la cuisine, lorsque la porte s'ouvrit de l'extérieur, et, tout soudain, elle se retrouva nez à nez avec ser Giacomo.

« La voici ! » sourit l'homme allègrement, et il ouvrit grand les bras.

Bianca, surprise, recula d'un pas.

« Allons, viens là, j'ai très envie de te prendre dans mes bras ! Pourquoi as-tu disparu pendant tout ce temps, hein ?

– Mais maintenant je ne peux pas, dit Bianca d'un trait. Il faut que je retourne là-haut, ma patronne est en train d'accoucher !

– Je sais, on me l'a dit, dit l'homme, redevenant sérieux. Mais je n'y tenais plus, j'avais trop envie de te voir. Allez, donne-moi au moins un baiser. »

Bianca céda, se laissa embrasser ; puis elle se dégagea.

« Laisse-moi partir, maintenant. »

Elle courut à la cuisine, le cœur battant à tout rompre. À un autre moment peut-être ne lui aurait-il pas déplu d'embrasser Giacomo, de sentir sa douce barbiche rousse lui chatouiller le cou, mais maintenant elle était trop accaparée par le drame qui se jouait là-haut, dans la chambre de sa patronne. Quand elle repassa par l'escalier, pour remonter, Giacomo était encore là.

« Péage », dit-il, en lui barrant la route.

Bianca n'avait pas envie de se disputer, elle lui donna un baiser sur la bouche, puis s'échappa.

« Je t'attends en bas, reviens vite ! » lui recommanda l'homme.

Dans sa hâte, elle n'y fit même pas attention. Elle remonta et, le souffle court, leur dit que l'on avait préparé à manger et que les femmes pouvaient, si elles le voulaient, descendre, chacune à son tour. Clarice continuait de crier à chaque contraction, puis elle retombait en arrière, épuisée, trempée de sueur ; les femmes, tout autour, la touchaient, lui parlaient ; les couvertures avaient été définitivement enlevées et on les avait entassées sur le coffre de la dot, si bien que la parturiente gisait les jambes nues, exposée aux yeux de toutes. La plus âgée des sages-femmes descendit manger avec quelques autres et revint une demi-heure plus tard, en essuyant ses lèvres grasses du revers de la main. Clarice était au beau milieu d'une contraction et hurlait désespérément, cambrant le dos. La sage-femme se pencha pour regarder.

« C'est bon ! décréta-t-elle, satisfaite. Descends vite, dit-elle à l'autre sage-femme, désormais, ça peut venir d'un moment à l'autre. »

Celles qui n'avaient pas encore mangé se pressèrent pour descendre. Clarice, à présent, avait fermé les yeux, et, entre deux contractions, demeurait recroquevillée, les bras croisés sur la poitrine ; Bianca, debout derrière elle, lui rafraîchissait le front et ne pouvait pas s'empêcher de regarder du coin de l'œil ces jambes qui, toutes les deux ou trois minutes, ruaient, comme si la patronne était à l'agonie, et ce ventre rond, qui dans peu de temps aurait dégonflé comme une vessie percée, laissant glisser hors de lui l'enfant. Une autre demi-heure passa, au cours de laquelle Clarice ne cessa de hurler et de se débattre au moins dix fois, puis, la porte s'ouvrit, et les femmes rentrèrent. Clarice les accueillit avec un regard de gratitude, puis elle se tourna vers Bianca.

« Mais, toi, tu n'as pas mangé.

– Ça n'a pas d'importance, Madame », répondit Bianca.

Mais Clarice plissa le front.

« Bien sûr que si ! J'ai besoin que tu prennes des forces. Descends manger. »

Bianca obéit et partit en courant. En descendant les escaliers, elle se souvint que Giacomo l'attendait et elle pensait qu'il lui tomberait dessus mais elle ne le rencontra nulle part. Elle mangea rapidement une assiette de soupe, debout près du foyer, et remonta. Elle arriva juste à temps ; toutes les femmes se pressaient déjà près du lit et un brouhaha s'élevait, anxieux et joyeux à la fois.

« Elle les a perdues ! Elle les a perdues ! » disaient-elles.

Bianca s'approcha et vit que l'une des sages-femmes passait un linge entre les jambes de Clarice ; la parturiente, quoique défigurée par la douleur, avait les yeux qui brillaient d'un éclat nouveau.

« Aïe ! » cria-t-elle tout à coup, et elle porta ses mains à l'aine.

« C'est le moment de commencer à pousser, ma belle dame, dit la sage-femme. Et vous, écartez-vous, vous l'étouffez ! »

Clarice, suant à grosses gouttes, essaya d'obéir, mais, tout de suite, elle se tordit de nouveau, agitant les jambes et hurlant de douleur.

« Non, comme ça, ça ne va pas ! dit sévèrement la sage-femme. Vous voulez vraiment que je demande que l'on vous tienne les jambes ! Soyez gentille, ce n'est tout de même pas la première fois, non ? Et cette fois ce sera plus facile. Allez, poussez ! »

Clarice, les yeux écarquillés et retenant à grand-peine ses hurlements, s'appliqua de toutes ses forces. Bianca, fascinée, ne levait pas les yeux de l'aine de sa patronne.

« Tu as vu, Bianca ? lui dit Clarice, tâchant de sourire. Souviens-toi de ça quand ce sera ton tour. Ce n'est pas difficile. C'est comme chier. »

Certaines des femmes ne purent retenir un petit rire embarrassé, mais la plus âgée des sages-femmes acquiesça d'un air satisfait.

« C'est exactement ça. Madame a raison. Allez, poussez ! »

Mais la tête de l'enfant n'apparaissait toujours pas. Au bout d'un moment, Clarice ne parvint plus à se maîtriser et à retenir ses hurlements. Les deux sages-femmes s'agenouillèrent pour l'examiner, puis, après s'être consultées, elles commencèrent à appuyer avec précaution sur le ventre, de part et d'autre. Clarice criait désespérément et invoquait la Vierge pour qu'elle la délivre. Toutes les femmes avaient reculé et se taisaient, attendant. L'attente dura longtemps, et les sages-femmes, à présent, ne souriaient plus.

« Je ne comprends pas, murmura l'une d'elles en tâtant le ventre. Et pourtant il me semble qu'il est dans la bonne position, c't enfant.

– Pourvu qu'il n'ait pas le cordon autour du cou, dit l'autre femme, à mi-voix.

– Tais-toi ! la foudroya du regard la première. Ne dis pas ce genre de choses, même pas pour rire ! » et elle se signa rapidement.

Puis, elle regarda Clarice pour voir si elle avait entendu.

« Je le savais que c't enfant allait me tuer ! cria tout à coup Clarice.

– La Vierge va vous venir en aide. Que faites-vous encore là, femmes ? Allons, à genoux, et récitez un *Ave Maria.* »

La pièce s'emplit du murmure monotone des prières, interrompu par les hurlements toujours plus aigus de Clarice. Bianca avait ébauché le geste de s'agenouiller elle aussi, mais sa patronne la retint en s'agrippant à son bras.

« Reste là », murmura-t-elle, et Bianca demeura là, à lui caresser les cheveux trempés de sueur.

« Il ne vient pas », dit à mi-voix une des sages-femmes, d'un air sombre.

Elle avait parlé très bas, mais Clarice l'entendit.

« Et je fais quoi, moi ? » hurla-t-elle, désespérée.

Soudain, devant les yeux de Bianca, surgit un souvenir d'enfance enfoui depuis des années au plus profond de sa mémoire. L'étable, la chaleur qui émanait des vaches, dehors l'obscurité de l'hiver, une femme étendue sur la paille, la sœur de sa mère, entourée de femmes, comme Clarice en ce moment, en sueur, hurlant et terrorisée ; et puis une des femmes, une vieille, qui la forçait à changer de position, à se mettre à quatre pattes. « Les vaches vêlent bien ainsi, pourquoi les chrétiennes ne pourraient-elles pas en faire autant », avait dit la vieille.

« Madame », murmura Bianca, hésitante.

Clarice la regarda avec des yeux vitreux.

« Dans mon pays on dit que lorsque l'enfant ne sort pas, il faut se mettre à quatre pattes », dit Bianca d'un trait.

Pendant un instant, on eût dit que Clarice n'avait pas entendu, mais aussitôt toutes virent qu'elle s'appuyait sur ses coudes et essayait de se retourner.

« Mais qu'est-ce que tu racontes comme bêtises, jeune fille ! la sermonna la moins âgée des deux sages-femmes.

– C'est pourtant vrai, intervint une autre femme. Dans mon village aussi on fait comme ça.

– C'est comme ça que les vaches mettent bas… et les paysannes ! » rétorqua la sage-femme.

Clarice secoua la tête.

« Et moi aussi. Je n'en peux plus », balbutia-t-elle ; et, de toutes ses forces, elle se souleva et se mit à quatre pattes.

La plus jeune des sages-femmes regarda son aînée. Cette dernière haussa les épaules.

« Cela ne change rien. Ce n'est pas le moment de se disputer », murmura-t-elle.

Clarice s'était remise à hurler. Les femmes, toujours agenouillées, se remirent à prier. Les sages-femmes, elles aussi, changèrent de position, et Bianca, maintenant que Clarice ne pouvait plus s'agripper à son bras, s'agenouilla, elle aussi, aux côtés de sa patronne.

Puis, l'une des sages-femmes s'exclama :

« Le voilà ! Dieu soit loué ! »

Toutes les femmes se relevèrent et accoururent.

« Place ! Place ! » criaient les sages-femmes.

Elles saisirent Clarice chacune par une cuisse, les écartant le plus possible.

« Il arrive ! Il arrive ! »

« Vierge Marie ! »

Clarice hurla de nouveau : comme un cochon qu'on égorge, pensèrent au même moment toutes les femmes qui avaient été paysannes. Maintenant, sur le drap, au-dessous d'elle, s'était formée une flaque de sang ; mais dans l'ouverture quelque chose remuait. La plus âgée des sages-femmes plongea sa main à l'intérieur, Clarice hurla de nouveau, et l'instant d'après la sage-femme était debout et secouait énergiquement un petit paquet qui dégoulinait de sang et de mucus. Encore quelques secondes et, du petit paquet, jaillit un vagissement désespéré.

« Il est né ! Et c'est un garçon, madame ! » annonça la sage-femme, triomphalement.

Clarice, hagarde, se laissa tomber sur le côté et essaya de sourire.

« De l'eau chaude, vite ! Et des serviettes ! lança la sage-femme. Et, toi, jeune fille, dit-elle à Bianca, va donc chercher du bois en bas, avant que le feu ne s'éteigne ! Jusqu'à présent, Madame a transpiré, mais, maintenant, il n'est pas question qu'elle prenne froid ! »

Bianca, confuse, se précipita vers les escaliers, descendit à la cuisine et, de là, elle arriva dans la première cour, où se trouvait la cabane à bois. Mais, à peine fut-elle sortie dans le froid de cet après-midi d'hiver, qu'elle s'arrêta tout net : là, enveloppé dans son manteau, se tenait Giacomo.

« Enfin ! Tu t'es fait attendre, tu sais !

– La patronne a accouché ! C'est un garçon ! » annonça Bianca, le souffle court.

L'homme ôta son béret.

« Félicitations ! s'écria-t-il, avec un sourire. Et, toi, où cours-tu ?

– On m'a envoyé chercher du bois », dit Bianca, en montrant la porte du bûcher : c'était un cabanon fait de briques enduites, de la hauteur d'un homme, et surmonté d'un petit toit de tuiles disjointes.

« Ça m'a l'air d'être une excellente idée. Là-dedans nous serons tranquilles ! » dit ser Giacomo.

Bianca pâlit.

« Mais je n'ai pas le temps ! Il faut que je remonte avec le bois !

– Moi non plus, je n'ai pas le temps et pourtant je t'ai attendu toute la journée. Allez, sois gentille, rentre et ne fais pas tant d'histoires », dit l'homme, qui ne souriait plus.

26

Bianca ouvrit la porte de la cabane à bois et l'homme l'accompagna à l'intérieur en lui passant un bras autour des épaules ; puis il referma la porte. C'est à peine s'il y avait de la place pour bouger entre le mur et la pile de bois. Le plafond était si bas que Giacomo devait se pencher, et seul un rai de lumière pénétrait dans la pièce à travers les jointures des planches de la porte. Il faisait très froid. L'homme l'embrassa, et Bianca, troublée, le laissa faire. Ses mains lui serraient la taille, puis descendirent plus bas. Bianca essaya de se dégager en se débattant.

« Je ne peux pas ! Aujourd'hui, je ne peux pas ! S'il te plaît ! implora-t-elle.

– Juste un instant. Je n'en peux plus d'attendre. Sois gentille, répétait l'homme dans un souffle. Allez, appuie-toi là », ajouta-t-il en la prenant par les épaules et en la plaquant contre le tas de bois.

Bianca se mordit les lèvres. Un reste de cette envie qui, l'autre matin, l'avait poussée à se rendre à la *bottega* bouillonnait encore en elle, mais la terreur que quelqu'un ne les découvrît, le souci de devoir retourner tout de suite auprès de sa maîtresse, l'inconfort dû au froid glacial, à l'obscurité, au contact rêche du bois, étaient plus forts. Malgré tout elle se pencha en avant et attendit. Giacomo remonta ses vêtements jusqu'à la taille, puis il s'affaira pour défaire son pantalon. Un instant après elle le sentit contre elle, puis en elle.

« Fais vite, murmura-t-elle, en serrant les dents à cause de la douleur.

– Oui, ma jolie, ne t'en fais pas, je te laisse partir tout de suite, sois tranquille, mais, toi, bouge, petite, bouge. Voilà, comme ça… » lui susurrait Giacomo, d'une voix béate, tandis qu'il pressait ses hanches.

Bianca se rendit compte que le plaisir qu'il prenait ne provoquait plus en elle ni désir ni excitation, mais seulement l'envie que tout finisse au plus vite.

« Ne jouis pas en moi », le prévint-elle lorsqu'elle s'aperçut que sa voix s'enflammait et que sa respiration devenait plus rapide.

L'homme ne répondit pas. Bianca, prise de panique, se débattit et d'un mouvement brusque le fit glisser hors d'elle un instant à peine avant qu'il ne fût trop tard. Giacomo grogna de plaisir et de désappointement à la fois.

« Maintenant, je dois filer », dit Bianca, fermement, après s'être essuyée du mieux possible avec un pan de son tablier. Giacomo ouvrit la porte, sortit au grand air et s'étira, satisfait.

« Je t'aime », dit-il, au moment où elle sortait, les bras chargés de bûches. « La prochaine fois, je t'offrirai un beau cadeau, ajouta-t-il.

– Oui, mais maintenant, adieu ! » dit Bianca, pressée, et elle partit en courant.

Le jour même, le lit de Clarice fut démonté et transporté dans la salle de réception au rez-de-chaussée du palais. Tandis que les sages-femmes prenaient soin de la jeune mère épuisée, enduisant ses déchirures d'onguents parfumés et lui faisant boire du vin chaud et du bouillon de poule, les domestiques, à l'aide d'escabeaux et de crochets, suspendaient aux murs les nouvelles tapisseries, que le vieux ser Alvise avait commandées spécialement pour l'occasion. Les tapisseries représentaient la naissance d'Hercule et ses prouesses alors qu'il était encore au berceau, telle la strangulation des serpents qui voulaient le dévorer, et les femmes de la maison les admiraient bouche bée, gênant les ouvriers qui voulaient passer. Avant même que l'on eût fini de mettre en place toute la décoration, les femmes de la famille commencèrent à arriver : deux des sœurs de Lorenzo, une de donna Clarice, six cousines du côté des Bernardo et quatre du côté de sa famille à elle, les Pesaro. Si bien qu'à la fin le salon était empli de femmes, toutes vêtues d'encombrants habits d'apparat, et, malgré leurs efforts pour ne pas parler trop fort par respect pour l'accouchée, leur bavardage était si animé qu'il en devenait étourdissant ; mais ce n'était rien en comparaison de celui que l'on entendait dans l'antichambre, où patientaient les domestiques que ces dames avaient amenées avec elles. Elles étaient toutes venues chargées de cadeaux, et sur une table dressée à cet effet près du lit s'empilaient de coûteuses friandises, de belles pièces de soie et de velours et des coffrets à bijoux en argent.

Dans la pièce adjacente, la nourrice, que l'on avait fait venir depuis un mois déjà des propriétés que les Bernardo possédaient à la campagne, près de Trévise, donnait le sein à l'enfant, qui s'appellerait lui aussi Alvise. Le père et le grand-père n'eurent le droit de l'admirer qu'au soir, lorsque la pièce fut entièrement parée. Clarice, pâle et abattue, avait été maquillée avec des couleurs vives, ses cheveux étaient arrangés en une coiffure débordant de fausses boucles et entrelacée de rangs de perles, et par-dessus sa chemise de nuit elle portait un négligé en brocart. Les deux hommes restèrent solennellement debout, au pied du lit, la regardant avec des yeux brillants d'émotion et de fierté.

« J'ai toujours su que ce mariage assurerait la prospérité de notre famille ! déclara ser Alvise.

– C'est le plus beau jour de ma vie, après celui où je t'ai épousée », dit ser Lorenzo ; puis il prit un petit coffret qu'un domestique, derrière lui, portait sur un plateau.

Il le déposa sur le lit devant Clarice et l'ouvrit ; il en tira une chaîne en or avec des pendentifs faits d'émeraudes et la noua, maladroitement, au cou de sa femme, s'empêtrant avec les boucles de ses cheveux qui s'emmêlaient autour du fermoir.

« Merci, Monsieur. Elle est magnifique », dit Clarice, en la palpant avec les doigts et en la soupesant.

« Ce sera toujours trop peu par rapport à tout ce que vous avez fait pour moi. »

Ser Alvise fit à son tour un signe et un autre domestique entra avec un plateau, qu'il présenta à Clarice. Sur le plateau était disposé un minuscule échiquier, dont les cases étaient en porphyre et en jaspe, et les pièces, magnifiquement ciselées, en or et en argent.

« Avec ça, vous battrez votre mari », plaisanta le vieillard.

Heureuse, Clarice sourit et examina les pièces en les prenant entre ses doigts ; mais on voyait qu'elle était fatiguée. La sage-femme la plus âgée s'avança et, respectueusement, mais fermement, elle pria ces messieurs de bien vouloir se retirer : il était temps pour l'accouchée de se reposer et de rester tranquille. Ce qui, bien entendu, ne voulait pas dire rester seule : toute la nuit, ses plus proches parentes, les deux sages-femmes et Bianca restèrent avec elle. Au début, le remue-ménage, l'excitation et les cris de l'enfant dans la pièce voisine, les empêchèrent toutes de dormir, puis, l'une après l'autre, elles commencèrent à sombrer dans le sommeil. Clarice, épuisée et souffrante, s'endormit la première, puis toutes les autres s'assoupirent ; les dames dans leurs fauteuils auprès du lit, les sages-femmes et Bianca sur des matelas préparés à cet effet dans la pièce contiguë ; à trois heures, après la deuxième tétée de l'enfant, elles dormaient toutes.

Dès que la lumière du jour commença à filtrer à travers les persiennes, tout le palais Bernardo s'éveilla et se prépara pour un nouveau jour de fête. Toutes les parentes qui, la veille, n'étaient pas restées dormir revinrent de bonne heure pour tenir compagnie à l'accouchée, et le flux des visites et des cadeaux reprit presque aussitôt. Bianca remarqua avec amusement que les hommes entraient dans la pièce avec précaution, voire maladresse : ils ne savaient pas où se mettre, et, après avoir présenté leurs compliments à Clarice, ils restaient là, debout, empruntés, parlant peu, et se contentant, faute de mieux, d'admirer les tapisseries, tandis que les femmes se comportaient en maîtresses des lieux, tout à fait à leur aise, donnant des ordres aux domestiques, comme si elles étaient chez elles, toutes les fois qu'elles devinaient ou imaginaient un désir de Clarice, ou qu'elles décelaient un signe de fatigue sur son visage maquillé aux traits tirés. Toute la journée défilèrent parents, amis, clients, associés en affaires, locataires des Bernardo, habillés et apportant des cadeaux chacun selon son rang, et, malgré son épuisement et sa souffrance, Clarice reçut tout le monde princièrement, toujours entourée de femmes qui lui parlaient, la félicitaient, lui épongeaient la sueur, lui apportaient à boire ou à manger ; toute la journée on but du vin de Chypre, on grignota des friandises, et l'on tendit l'oreille aux cris de l'enfant, commentant avec admiration son énergie, et envoyant les domestiques s'enquérir de son appétit. Bianca n'eut pas un instant de répit et, le soir, elle était si fatiguée que Clarice s'en aperçut et l'envoya dormir à l'étage, pour qu'elle puisse avoir quelques heures de sommeil.

Le lendemain se révéla en tout point identique à la veille : il y avait manifestement encore beaucoup de personnes liées aux Bernardo qui n'avaient pu être reçues à cause de la cohue du jour précédent ; beaucoup de dames qui étaient déjà venues la veille apporter leurs présents revinrent prendre des nouvelles de la santé de la mère et de l'enfant ; et les parentes ne donnaient aucun signe de vouloir s'en aller. Clarice allait décidément mieux : son rôle de reine au milieu de sujets déférents lui allait à merveille et, ce jour-là, il n'y eut plus besoin de maquillage pour donner des couleurs à ses joues et faire briller son regard. Bianca aussi, malgré sa fatigue, s'amusait : pour la première fois elle goûtait, dans toute sa signification, son rôle de chambrière personnelle de la patronne, et elle avait envie de rire quand elle voyait que quelque visiteur de condition plus modeste la traitait avec déférence. Mais la première fois qu'on l'envoya à la cuisine pour une commission, elle fut brusquement ramenée à la réalité, car, dans l'antichambre, ser Giacomo l'attendait à nouveau.

« Il y a de grandes réjouissances ici, n'est-ce pas ? lui dit-il, en la saluant.

– Eh oui, répondit Bianca, embarrassée.

– Ta patronne se porte-t-elle bien ?

– Grâce à Dieu et à la Vierge, ils vont bien tous les deux ! s'exclama Bianca.

– Parfait, dit l'homme, et il fouilla dans sa poche. J'ai là quelque chose pour toi », et il lui montra une petite bourse en soie, agrémentée de perles.

Bianca, malgré tout, ne put s'empêcher de l'admirer et elle tendit la main. Giacomo, pour rire, fit mine de soustraire la petite bourse, puis, voyant la mine déçue de Bianca, il la lui glissa dans la main.

« Mais elle coûte un baiser, plaisanta-t-il et, sans attendre, il l'embrassa. Écoute, Bianca, reprit-il après qu'ils se furent écartés l'un de l'autre, quand finissent ces fêtes ?

– Je ne sais pas ! s'étonna-t-elle. Pourquoi ?

– Parce que, répondit l'homme en la regardant fixement, lorsqu'elles finiront, il sera temps que tu viennes vivre avec moi. »

Bianca sentit le ciel lui tomber sur la tête.

« Mais, mais je ne sais pas ! » balbutia-t-elle.

L'homme se fâcha.

« Comment ça, tu ne sais pas ? Tu plaisantes, j'espère ! Tu as bien couché avec moi, pourtant ! Et mes cadeaux, tu les as pris ! »

Bianca, les joues en feu, bégaya quelque chose d'incohérent.

« Pas de blague, hein, reprit l'homme d'un ton péremptoire. On a couché et maintenant tu ne peux plus reculer. Je t'offre de venir vivre avec moi, qu'est-ce que tu veux de plus ? Quelle espèce d'ingrate es-tu ?

– Mais je ne sais pas si ma maîtresse me laissera, murmura Bianca, faute de trouver un autre prétexte.

– Tu aurais intérêt à la convaincre ! s'exclama Giacomo. Sinon il se pourrait bien que quelqu'un lui raconte certaines choses, et il vaudrait mieux pour toi que l'on n'ait pas à en arriver là ! ajouta-t-il, avec un soupçon de menace.

– D'accord », dit Bianca qui, à cet instant, aurait dit n'importe quoi, pourvu qu'il la laisse partir.

L'homme se détendit.

« C'est bien ! Allez, souris. Chez moi tu ne manqueras de rien, tu verras.

– D'accord, répéta Bianca, acquiesçant avec précipitation. Maintenant je dois y aller.

– Bon, on se revoit donc quand les fêtes seront finies ! » lui cria l'homme pendant qu'elle s'éloignait.

Ce soir-là, ser Lorenzo vint rendre visite à sa femme. Clarice avait fait venir auprès d'elle l'enfant et la nourrice et elle assistait à la tétée, fatiguée mais les yeux brillants de satisfaction. Ser Lorenzo s'assit près d'elle et tous deux restèrent là à couver des yeux le nouveau-né qui suçait avec une avidité bestiale le sein gonflé de la nourrice. Lorsque l'enfant, rassasié, s'endormit, la nourrice l'emporta, et Clarice et son mari restèrent seuls pour la première fois depuis longtemps. Lorenzo, manifestement ému, prit les mains de sa femme entre les siennes.

« Elles sont chaudes, remarqua-t-il, inquiet. Vous n'auriez pas de fièvre par hasard ? »

Clarice secoua la tête.

« Je vais bien », assura-t-elle en souriant, et elle attira son mari contre elle.

Après l'avoir embrassée, Lorenzo se tranquillisa.

« Oui, vous êtes fraîche. Je vous en prie, prenez garde à ne pas tomber malade.

– Je ne vais pas tomber malade », déclara Clarice, d'un ton assuré.

Lorenzo se tut un instant, puis s'éclaircit la voix.

« Je veux encore vous dire, commença-t-il, timidement, combien nous sommes tous fiers de vous. »

Clarice sourit et le caressa. Ce geste familier fit perdre le fil à ser Lorenzo qui se tut et l'embrassa à nouveau, plus longuement.

« Et je veux vous dire, reprit-il ensuite, que je ne me suis pas encore acquitté de ma dette. »

Clarice rit.

« Je n'ai fait que mon devoir.

– Oh non, insista Lorenzo, sérieux. Demandez-moi ce que vous voudrez. J'en ai parlé à mon père, lui aussi pense la même chose. »

Clarice s'étira voluptueusement au milieu de ses oreillers. De son visage et de son corps, encore déformés par la grossesse et l'accouchement, émanait un éclat qui produisait un intense effet sur Lorenzo.

« Vraiment ? dit la jeune mère. Eh bien, vous vous souvenez de ma chambrière, Bianca ? Vous vous souvenez que son mari a été banni et qu'à l'époque je vous avais demandé d'obtenir qu'il soit gracié ? »

Lorenzo écarta les bras en signe d'assentiment.

« Oui, je m'en souviens. Mais je me souviens aussi vous avoir expliqué que c'était impossible.

– Non, le corrigea Clarice. Vous m'avez expliqué que vous n'étiez pas d'accord.

– Et quand bien même il en aurait été ainsi ? rétorqua Lorenzo, sur la défensive.

– Eh bien, maintenant, vous avez dit que je pouvais vous demander ce que je voulais. J'ai votre parole. »

Lorenzo se tut.

« Donc obtenez-moi cette grâce. Bien du temps s'est écoulé depuis, et il s'agissait d'une erreur de jeunesse. Vous et Monsieur mon beau-père êtes des personnes qui comptent à Venise. Il m'est difficile de croire que vous ne pouvez pas y parvenir. »

Lorenzo plissa le front, puis il soupira profondément.

« Je préférerais que vous me demandiez autre chose », dit-il ensuite.

Clarice soupira.

« Il y a une chose que vous ne savez pas, dit-elle. Si votre fils est né, c'est à Bianca que vous le devez. »

Et elle lui raconta que c'était elle qui avait suggéré la position à prendre pour que l'enfant puisse sortir.

« Les sages-femmes n'y avaient pas pensé. Si ça n'avait dépendu que de ces deux-là, je ne sais pas si nous serions ici à parler », conclut-elle.

Ser Lorenzo, embarrassé, avait écouté en détournant les yeux ; puis, pendant un moment, il garda le silence.

« Eh bien ? » insista Clarice.

Ser Lorenzo se ressaisit d'un geste vif.

« Jouons ! dit-il gaiement en montrant du doigt l'échiquier. Si vous gagnez, je vous ferai cadeau de la grâce pour cet homme. »

Clarice le regarda avec des yeux qui lançaient des éclairs.

« Monsieur ! s'exclama-t-elle. Moi, je ne joue pas la vie d'un homme aux échecs, et vous non plus. Je comprends, d'après ce que vous me dites, qu'obtenir la grâce pour ce pauvre malheureux n'est pas chose impossible. Alors, votre parole que je peux vous demander ce que je veux, vous me l'avez donnée ou non ? »

Lorenzo serra les poings. À cet instant précis, de la chambre voisine, on entendit les pleurs de l'enfant qui s'était réveillé. Les regards du mari et de la femme se croisèrent. Lorenzo soutint le regard de sa femme un moment, puis baissa les yeux, vaincu.

« Entendu, madame, vous l'aurez votre cadeau », déclara-t-il.

Il se leva et s'apprêta à sortir. Clarice s'agita sous les couvertures, en sortit un petit pied nu et effleura la jambe de l'homme, qui s'arrêta, surpris.

« Et je l'aurai de mon mari, en signe de son amour et de la confiance qu'il a en moi », dit à mi-voix la femme, et elle tendit les mains vers lui.

Ser Lorenzo hésita un instant, ouvrit la bouche pour rétorquer, puis la referma, secoua la tête en riant et se laissa attirer dans ses bras.

« Absolument, murmura-t-il tendrement, avant de l'embrasser. Je ne l'aurais pas mieux dit moi-même. »

Cette nuit-là Clarice eut du mal à s'endormir. Les déchirures provoquées par l'accouchement étaient loin d'avoir cicatrisé, et, malgré les onguents des sages-femmes, elles la tenaillaient ; bien que le feu fût presque éteint, elle avait l'impression qu'il faisait une chaleur étouffante dans la pièce. Lorsque la voix familière du campanile de San Paolo sonna trois heures elle n'y tint plus et réveilla Bianca pour qu'elle lui apporte à boire.

« Écoute un peu », dit-elle, et, posant sur la table de chevet la coupe en cristal, elle lui fit signe de venir s'asseoir sur un coussin au pied du lit. « Tu n'as toujours pas eu de nouvelles de ton mari ? »

– Non, madame », répondit Bianca, surprise.

Clarice eut un petit sourire malicieux.

« Eh bien, je vais t'en donner, moi.

– Vous, madame ?

– Oui, moi ! Je voulais attendre que tout fût terminé, mais j'ai vraiment trop envie de te le dire maintenant. Messer Lorenzo, mon mari, va le faire gracier ! »

Bianca ouvrit grand la bouche, incrédule.

« Oh, Madame ! » dit-elle d'une voix étranglée.

Puis elle lui prit les mains et les baisa.

« Allons, allons », dit Clarice, à laquelle, cependant, de telles démonstrations de gratitude ne déplaisaient pas du tout. « Encore s'agit-il déjà de le retrouver, ajouta-t-elle, mais tu verras que nous y parviendrons. »

Quelques instants plus tard, elle s'aperçut que, malgré cette bonne nouvelle, Bianca sanglotait.

« Mais tu pleures ! s'exclama-t-elle. Qu'as-tu à pleurer ? »

Bianca, confuse, voulut essuyer les mains de sa maîtresse, qu'elle avait trempées de larmes et de morve, avec la manche de sa chemise.

« Laisse tomber ! » dit Clarice, avec impatience, et elle s'essuya avec un mouchoir. « Allons, parle », dit-elle un peu plus doucement, en prenant entre ses doigts le menton de la jeune fille et voyant que des larmes continuaient de ruisseler sur son visage.

Bianca, apeurée et malheureuse, lui raconta, avec beaucoup d'hésitations, beaucoup d'omissions et quelques enjolivements, ce qui lui était arrivé avec ser Giacomo.

« Et donc tu lui as promis d'aller vivre avec lui ? » conclut Clarice, qui connaissait assez bien la musique pour savoir exactement comment s'était déroulée l'affaire, malgré les réticences de Bianca.

La jeune fille fit signe que oui et se remit à pleurer.

« Arrête ! ordonna Clarice, sèchement. Il ne peut tout de même pas t'y obliger !

– Mais que puis-je faire d'autre ? sanglota Bianca, pleurant de plus belle.

– Pourquoi donc ? Tu n'attends pas un enfant tout de même ? » la pressa Clarice, qui ne comprenait pas.

Bianca secoua vigoureusement la tête ; puis, entre deux sanglots, elle dit que madame ne la garderait certainement pas à son service, maintenant qu'elle savait ce qui était arrivé ; et Giacomo, en le racontant, pouvait la faire chasser de n'importe quelle autre place : il ne lui restait pas d'autre choix que de se soumettre.

Clarice aimait de plus en plus la situation. Elle était là, la nuit, dans le palais endormi, avec sa chambrière favorite qui pleurait désespérément à ses pieds et il ne dépendait que d'elle de mettre un terme à toute cette souffrance. Comme c'est merveilleux d'être patronne, pensa-t-elle, parcourue d'un frisson de jouissance.

« C'est vrai, dit-elle, pesant ses mots. Je devrais te mettre à la rue. »

Puis, comme les pleurs de Bianca se transformaient en gémissements et qu'on aurait pu les entendre depuis les pièces voisines, elle se hâta de poursuivre :

« Mais je ne le ferai pas. Et arrête tout de suite de pleurer, je vais te dire ce que nous allons faire. »

Bianca leva vers elle deux yeux rouges et interrogateurs.

« D'abord, la patronne, ici, c'est moi, et c'est moi qui décide si je chasse ou non l'un de mes serviteurs, or, il se trouve que, toi, je n'ai nulle envie de te chasser, c'est clair ? »

Bianca ouvrit la bouche, mais resta sans voix et hocha la tête ; puis, elle se remit à baiser convulsivement les mains de sa patronne.

« Ensuite, c'est moi qui décide si ce que tu as fait est grave ou non, si cela mérite une punition, et, si oui, laquelle, et si quelqu'un d'autre doit ou non en avoir connaissance. Par exemple, je dis que quand ton mari reviendra, il n'est absolument pas nécessaire qu'il l'apprenne, qu'est-ce que tu en dis, Bianca ? Lui, il est on ne sait où depuis des années et qui sait ce qu'il a fait pendant ce temps, et toi tu es une femme sage et tu ne le lui demanderas jamais, n'est-ce pas ? Lui, en revanche, comme les hommes ne sont pas sages, il voudra tout savoir de toi, et toi, de cette histoire que tu m'as racontée cette nuit, tu ne lui diras rien, tu as bien compris ? C'est un ordre de ta maîtresse, j'en assume les conséquences, tu ne dois savoir qu'une chose, je t'ai donné un ordre et c'est ton devoir d'y obéir. »

Bianca, à présent, avait cessé de pleurer ; elle restait agrippée aux mains de Clarice et les baisait à chaque instant. Mais, tout à coup, elle recula et regarda, désemparée, sa maîtresse.

« Mais ser Giacomo ! Lui, il le dira à tout le monde ! » s'écria-t-elle, terrifiée. Clarice la regarda en plissant le front.

« Tu crois ? C'est ce que nous allons voir ! » s'exclama-t-elle.

27

Deux jours plus tard, un homme du palais Bernardo se rendit à la *bottega* de ser Giacomo et dit que sa maîtresse voulait lui parler sur l'heure. Le marchand d'épices, plutôt inquiet, endossa vivement son manteau et le suivit. Arrivé à l'accès qui se trouvait à l'arrière du palais, on le fit entrer et traverser le jardin et le potager jusqu'à la porte de l'escalier qui menait au premier étage. Couchée, Clarice l'attendait dans la pièce où l'on n'avait pas encore enlevé les décorations de fête, et ser Giacomo, le béret à la main, s'avança, quelque peu embarrassé, sur les tapis qui couvraient le sol.

« C'est toi, Giacomo, le marchand d'épices ? l'apostropha Clarice.

– Pour vous servir », dit l'homme, en faisant une révérence.

Clarice l'examina longuement, sans égards. Bel homme, pensa-t-elle, approuvant le choix.

« Alors, comme ça, tu es amoureux de Bianca ? » lui demanda-t-elle à brûle-pourpoint.

Le roux sursauta.

« B'en, je... balbutia-t-il ; mais Clarice l'interrompit.

– Tais-toi ! Je sais déjà tout. Tu l'as vue à l'église. Et tu t'es permis d'envoyer chez moi une entremetteuse pour lui faire ta cour », dit-elle sévèrement.

L'homme transpirait et tripotait son béret entre ses doigts.

« Madame, je… commença-t-il.

– Tais-toi, t'ai-je dit ! Tu lui as envoyé une entremetteuse et tu l'as couverte de cadeaux. Il ne manquait plus que tu lui envoies de l'argent ! Il est beau l'amoureux ! »

L'homme ouvrit la bouche pour parler, mais il y renonça aussitôt.

« Ah ! Il est beau ser Giacomo ! Il tombe amoureux des femmes mariées et les courtise dans la maison d'autrui ! continuait Clarice. Et oui, mon cher monsieur, Bianca est mariée, et ne me dis pas que tu n'en savais rien !

– Mais son mari, à l'heure qu'il est, doit déjà être mort ! se récria le pauvre homme.

– Silence ! C'est ce que tu crois, toi ! Tu vas en avoir encore des surprises, mon cher ! Heureusement, lorsque le mari de Bianca reviendra, il n'aura aucune raison pour venir te trouver armé d'un couteau, puisqu'elle a eu le bon sens de tout me raconter, et que, malgré tes cadeaux, il ne s'est rien passé.

– Mais c'est complètement faux ! s'écria l'homme, s'échauffant. Madame, si cette menteuse vous a dit cela… »

Clarice le fixa d'un regard si glacial que l'homme en fut désarçonné et se tut de nouveau.

« Ser Giacomo, comprenons-nous bien. Je t'ai déjà dit que je sais tout, absolument tout, c'est clair ? dit Clarice, en insistant sur le mot *tout*. Donc je sais que tu as fait la cour à Bianca, que tu lui as envoyé des cadeaux et qu'elle s'est bien gardée de céder, et que, au contraire, elle m'a aussitôt tout raconté, et c'est mieux ainsi, bien mieux, parce que si tu me l'avais souillée, si tu avais déshonoré ma chambrière, chez moi ou ailleurs, tu ne t'en tirerais pas à si bon compte. Tu as bien compris ? »

Ser Giacomo n'était pas un imbécile. Malgré l'embarras dans lequel l'avait plongé la tournure inattendue qu'avait pris la conversation, il comprit parfaitement ce que la dame était en train de lui dire.

« Oui, madame, j'ai compris, dit-il, en ravalant sa salive.

– Tu en es sûr ? Prends garde, insista Clarice. Parce que si je venais à découvrir que tu n'as pas compris et que tu t'es imaginé des choses, ou même que, Dieu t'en garde, par hasard tu en as parlé à quelqu'un », et, là, elle marqua un temps, puis reprit, en baissant la voix et en scandant chaque mot d'un ton sinistre, « alors, ser Giacomo, gare à ton cou. »

Le marchand d'épices fixait la pointe de ses chaussures et tripotait son béret.

« J'ai compris, madame, répéta-t-il en un souffle.

– Encore une chose, ajouta Clarice.

– Dites.

– Tu sais, ces cadeaux que tu as envoyés à ma chambrière. »

Ser Giacomo ne savait pas quoi répondre et il rentra la tête dans ses épaules.

« Eh bien, elle les a déjà oubliés, et c'est bien comme ça. N'en parlons plus. Tu peux disposer, dit royalement Clarice. Ah, encore un instant ! se reprit-elle. Tu es épicier, m'a-t-on dit.

– Oui, madame.

– Et ta *bottega* est dans la *calle* qui va de San Paolo à Sant'Aponal, si je ne m'abuse ? Et tu habites à l'étage, juste au-dessus de ta boutique, m'a-t-on dit ?

– Oui, madame », confirma ser Giacomo ; et pour la première fois depuis qu'il était entré dans la pièce, il laissa échapper un sourire en coin.

« Qu'as-tu à rire ? le morigéna Clarice ; mais elle aussi riait. Maintenant, écoute-moi bien, ser Giacomo, il se peut que l'un de mes serviteurs vienne acheter un peu de poivre et peut-être même du sucre et des chandelles. Je ne suis plus satisfaite de l'épicier chez qui je me servais jusqu'à présent.

– Madame me fait trop d'honneur, dit ser Giacomo, en faisant une révérence.

– C'est vrai, confirma Clarice. Mais j'ai l'impression que tu es homme à comprendre les choses, et si tu me sers bien nous nous entendrons. Maintenant, va.

– Je ne sais comment vous remercier, madame », déclara l'épicier ; il fit une nouvelle révérence et se dirigea vers la porte.

« Ser Giacomo ! Souviens-toi que tordre le cou d'un homme est l'affaire d'un instant ! » lui cria Clarice alors qu'il s'éloignait, déjà inquiète de l'avoir trop rassuré.

À peine la porte se fut-elle refermée et les pas de ser Giacomo éloignés dans les escaliers que Clarice se tourna vers l'autre porte, entrebâillée, qui donnait sur la pièce voisine.

« Bianca ! Sors de là », appela-t-elle.

Bianca entra, les yeux baissés et les joues en feu.

« Bel animal que tu t'étais choisi ! s'exclama Clarice, sur un ton de réprimande. S'il n'y avait pas eu ta patronne pour te tirer d'affaire… » ajouta-t-elle.

Bianca se taisait, embarrassée.

« Eh bien ? l'interrogea Clarice.

– Madame, je… » murmura Bianca.

Clarice avait très envie de rire.

« Ne fais pas cette tête ! s'exclama-t-elle. Oui, un bel animal, comme tous les hommes ! Dis-moi, continua-t-elle sur un ton badin, elle pique cette barbe ? »

Bianca leva timidement la tête et elle vit que les yeux de sa maîtresse étincelaient de joie. Voyant cela, elle se rassura.

« Un peu ! » avoua-t-elle, en se mettant à rire elle aussi.

Clarice était sur le point de lui demander autre chose, mais elle se rendit compte que c'était s'avancer un peu trop loin dans les confidences. Cela lui était déjà arrivé avec une autre femme de chambre et elle avait appris qu'il n'en sortait rien de bon.

« N'en parlons plus, conclut-elle. Allons, viens ici et coiffe-moi. »

Parvenus à ce point, se greffe sur notre histoire celle d'un dossier qui, depuis quelque temps déjà, prenait de l'épaisseur sur le bureau de messer Zuanne Morosini, l'un des Signori Capi du Conseil des Dix. Le dossier était né trois mois auparavant, à l'issue d'un long entretien privé entre messer Zuanne et messer Simone Guoro, *Sopramasser all'Abbondanza*, autrement dit l'homme qui avait la responsabilité de nourrir la ville de Venise, en évitant que les fours manquent de pain. Il suffisait de regarder le visage de messer Simone et ses yeux rougis pour comprendre que cette tâche lui avait procuré nombre de nuits d'insomnie : à la suite d'une deuxième mauvaise récolte consécutive, les gens, cet hiver-là, avaient commencé à mourir de faim dans toute la région du Pô et les foules de mendiants se faisaient partout de plus en plus nombreuses et menaçantes. La République, par chance, était riche et possédait des navires et des comptoirs dans le Levant, mais, malgré cela, faire arriver chaque jour à la ville assez de blé pour éviter les émeutes n'était certainement pas une tâche enviable. Mais ce que messer Simone devait raconter à messer Zuanne était si inquiétant que tous deux en discutèrent à voix basse et à huis clos ; et lorsque le *Sopramasser* quitta le palais Morosini, le maître de maison s'accouda à la galerie qui donnait sur le *Canal Grande*, juste en face du palais que le petit peuple continuait d'appeler la Ca' d'Oro, même si les dorures de la façade extérieure avaient disparu depuis longtemps ; et il resta là un long moment à réfléchir. Puis il rentra, s'assit à son bureau, prit une feuille de papier et commença à écrire : « Mémoire consignant que, aujourd'hui, 28 novembre 1589, le Magnifique messer Simone Guoro *Sopramasser all'Abbondanza* est venu me trouver, moi, messer Zuanne Morosini et m'a rapporté que… » Il écrivit longtemps et remplit tout le feuillet ; puis il le plia en quatre, le scella avec un peu de cire à cacheter et y apposa le sceau avec la bague qu'il portait au doigt. Après avoir réfléchi encore un peu, il prit une feuille plus grande, en papier épais et rigide, la plia en deux pour en faire un dossier, y glissa le feuillet cacheté et écrivit sur la couverture ces trois mots apparemment anodins : « Blés de Constantinople ».

À partir de ce jour, le dossier resta enfoui au milieu des autres, sur le bureau du Clarissime Morosini, s'ouvrant de temps à autre pour engloutir un nouveau document. Il s'accrut ainsi d'extraits d'informations anonymes en provenance de Constantinople, d'Alexandrie et de Tripoli de Soria, envoyées par des consuls, des marchands et des espions qui opéraient dans ces ports turcs. Y entrèrent également des procès-verbaux d'interrogatoires de marchands vénitiens, turcs et juifs, convoqués en grand secret au siège des Dix, le compte-rendu d'un second entretien avec messer Simone Guoro, la déclaration sur l'honneur d'un certain ser

Zaccaria da Candia, propriétaire d'un chébec crétois, et la transcription, que messer Zuanne fit de sa main en grand secret plutôt que de la confier à un secrétaire, de certains passages tirés des dépêches officielles de l'ambassadeur vénitien, le *bailo*, près la Sublime Porte – l'homme dont dépendaient les rapports entre la Sérénissime et le plus puissant, imprévisible et dangereux de ses voisins, et dont la charge était considérée comme la plus prestigieuse de toutes celles qu'un diplomate vénitien pouvait être appelé à exercer. Puis, un beau jour, Morosini prit le dossier, le glissa dans une sacoche qu'il voulut porter lui-même jusqu'au Palais ducal et le contenu du dossier fit l'objet d'une très longue conversation entre messer Zuanne et le doge Pasquale Cicogna, qui, commencée au début de l'après-midi, se prolongea tard dans la nuit.

Quelques jours passèrent, et le dossier réapparut, encore plus gros, sur la table des Signori Capi lors d'une réunion du Conseil des Dix. On en sortit plusieurs documents, on en rompit les sceaux lorsque ce fut nécessaire, et messer Zuanne les lut à mi-voix, au milieu d'exclamations d'incrédulité. Puis, lorsqu'il n'y eut plus rien à lire et que tous les présents reconnurent qu'aucun doute n'était possible, un silence soucieux s'installa.

« Il faut le rappeler, dit l'un d'eux, d'un ton résigné.

– Il faut lui faire subir un procès, dit un autre, avec le ton de qui est conscient de proférer une énormité.

– Et le scandale ? » intervint un troisième.

Tous se turent. Puis le doge dit ce que son rôle lui imposait de dire.

« Il n'y a pas de scandale qui compte quand il y va de l'honneur de la République.

– Toutefois, objecta quelqu'un, s'il était possible de l'éviter… »

Cette fois le silence dura un peu plus longtemps.

« Nous verrons, conclut messer Zuanne. En attendant, je mets aux voix la proposition d'envoyer quelqu'un là-bas pour le ramener.

– Ne vaut-il pas mieux se contenter de le rappeler ?

Messer Zuanne secoua la tête ; l'ingénuité de ses collègues n'en finissait pas de le surprendre, et dire que c'était là le Conseil des Dix ! Il n'y avait pas lieu de s'étonner si, au Sénat, où les votants se comptaient par centaines, parvenir à une décision sensée demandait chaque fois que l'on déploie tant d'efforts. Quel bonheur ce serait que de n'être pas une république, pensa-t-il en son for intérieur, comme cela lui arrivait souvent.

« Le rappeler avant l'échéance de son mandat ? Et avec quel prétexte ? Et quand bien même l'on trouverait un prétexte, vous pensez qu'il tomberait dans le panneau ? Vous ne savez donc pas quel genre d'homme il est ? »

Tous reconnurent qu'il avait raison.

« Il n'y a rien d'autre à faire, dit messer Zuanne. Quelqu'un doit aller le chercher.

– Vous voulez dire l'arrêter ? » demanda quelqu'un.

Messer Zuanne acquiesça.

« Forcément. Il faudra écrire à la Porte, tout expliquer, et demander l'autorisation, impossible de faire autrement. »

Les autres acceptèrent, à contrecœur. Personne n'aimait devoir raconter au Turc les misères de la République ni devoir demander sa permission pour l'arrestation mais, cette fois, tous voyaient bien qu'il n'y avait pas d'alternative.

« Et qui enverrons-nous ? » demanda le doge.

Chacun évitait de regarder ses collègues. La mission qui se profilait était si délicate et si importante qu'elle projetterait la personne qui l'assumerait dans la sphère la plus étroite des puissants de la République, mais elle était aussi si dangereuse et si problématique qu'elle en donnait des frissons.

« Il faut que ce soit quelqu'un en qui nous ayons pleinement confiance, dit l'un d'entre eux.

– Ce doit être quelqu'un qui soit déjà allé là-bas, avança un autre.

– Ce doit être quelqu'un de jeune et qui sache manier l'épée, car il pourrait être contraint d'utiliser la force », décréta le doge ; et plus personne n'osa ajouter quoi que ce soit.

« Et comme ça, tu l'as promis ? » demanda le vieux ser Alvise.

Son fils haussa les épaules.

« Je sais bien que je n'aurais pas dû, admit-il, mécontent.

– Ta femme est une grande dame », dit tout à coup ser Alvise ; et ser Lorenzo, étonné, s'aperçut que son père n'était pas aussi irrité qu'il l'avait craint.

Clarice l'a charmé lui aussi, pensa-t-il, hésitant entre admiration et inquiétude.

« Le fait est, ajouta-t-il, que je suis désormais contraint de me démener afin d'obtenir la grâce pour quelqu'un que, non seulement je n'ai jamais vu, mais, qui plus est, dont hier encore j'ignorais jusqu'à l'existence. »

Car le problème était justement là : s'il s'était agi d'un parent, ou même simplement d'un de leurs domestiques, les Bernardo auraient trouvé normal d'user de leur influence pour le faire acquitter. La famille ne pouvait qu'y gagner si l'on venait à savoir à Venise que ceux qui étaient sous leur protection pouvaient faire ce qu'ils voulaient, même briser le cou à un sbire impunément.

« Mais, cette femme, depuis combien de temps est-elle au service de ton épouse ? » demanda ser Alvise, qui, manifestement, était en train de se faire le même raisonnement.

Ser Lorenzo secoua la tête.

« Depuis peu. Quand l'incident est survenu, ils habitaient dans une autre paroisse. »

Il se leva de sa chaise, alla à la fenêtre, tira le rideau. Dehors il continuait de pleuvoir. Mauvais signe, pensa-t-il machinalement. Un hiver pluvieux donne de mauvaises récoltes. Hiver pluvieux, an disetteux, et cet hiver-là il n'avait cessé de pleuvoir, même sur la Terre-Ferme. Et l'année précédente il en avait été de même : ser Lorenzo, alors podestà d'Udine, avait encore le souvenir de la désolation des champs flagellés par la pluie hivernale, sans un manteau de neige pour les protéger, et du blé rare et malingre qui avait poussé au printemps et des visages sombres des paysans au moment de la moisson. S'il ne neige pas, pensa-t-il, ce sera la troisième mauvaise année consécutive, et alors, que Dieu nous vienne en aide.

Ser Alvise était couché, cloué au lit par une nouvelle attaque de goutte. Mais cette nuit-là, la douleur à la jambe l'avait tenu éveillé ; du reste, à son âge, il n'avait plus besoin de beaucoup de sommeil.

« Écoute », dit-il en caressant sa longue barbe blanche, qu'il avait laissée pousser ces derniers temps. « Maintenant tu ne peux plus éviter de le faire, tentons donc d'en tirer un avantage.

– Ah, ça oui, il y a un avantage certain : si jamais je dois armer une galère, j'aurai gagné un rameur », répliqua son fils, sarcastique.

Alvise eut un petit sourire.

« Tu veux savoir une chose que j'ai apprise au cours de toutes ces années ? Les gens croient qu'en sollicitant une faveur on s'affaiblit, parce que, ensuite, on est redevable envers les gens qui vous l'ont accordée.

– Et donc ? demanda ser Lorenzo, surpris.

– Et donc, dit le vieillard, satisfait, il n'en va pas du tout ainsi. Demander une faveur, c'est comme demander un prêt pour l'investir dans une grosse affaire. On contracte une dette bien sûr, et, tôt ou tard, il faudra la rembourser. Mais, en attendant, celui qui t'a prêté l'argent est devenu, pour ainsi dire, ton associé. Il a intérêt à ce que tu réussisses dans ce que tu as entrepris, et non à ce que tu échoues. Il t'a rendu un service et il veut que tu sois en mesure de rembourser ta dette. Il veut que l'on sache que ceux auxquels il a accordé une faveur réussissent dans leurs entreprises.

– Il veut que l'on sache que tu t'es rendu chez lui le chapeau à la main », objecta ser Lorenzo.

Ser Alvise eut un geste d'agacement.

« C'est possible ! Mais il n'est pas toujours déshonorant d'ôter son chapeau. Le tout est de le faire devant la bonne personne. Ceux qui peuvent se permettre de demander une faveur au doge ne se sentent certes pas humiliés de le faire. Bien au contraire, tous les autres les regarderont avec respect et envie, parce que ceux-là peuvent demander une faveur au doge et pas eux.

– Et donc ? » poursuivit ser Lorenzo, qui commençait à comprendre.

« Et donc, ce que je dis c'est : à qui faut-il la demander cette faveur ? Le garçon a été banni par les Dix, et, sans un avis des Dix, on ne lui accordera jamais la grâce. Moi, cette année », dit-il comme pour s'excuser, faisant un signe vers les bandages qui entouraient sa jambe, où transparaissait une tache jaunâtre de pus, « je suis hors de combat, mais, et quand bien même je serais encore au Conseil, il n'est pas dit que cela suffirait. Je dirais même que c'est une chance que les choses s'agencent de cette manière. »

Il s'arrêta car le souffle lui manquait.

« Ne vous fatiguez pas trop », dit ser Lorenzo, inquiet.

Ser Alvise fit signe que non, et il se tut un instant, attendant que sa respiration redevienne normale.

« Pour obtenir cette grâce, il faut que les Dix se prononcent. Or, je suis sûr que personne ne se souvient de ce malheureux et le cas est si dérisoire que nul ne s'opposera si la proposition est mise à l'ordre du jour par les Signori Capi. Donc tu te rendras chez Morosini, qui est de nos amis, et tu lui demanderas cette faveur. Mais ne lui parle pas de Clarice », dit-il en souriant.

Lorenzo rit.

« Non, cela vaut sans doute mieux.

– Dis-lui que c'est un homme à nous, le mari d'une femme de chambre et c'est tout. Il ne te demandera rien d'autre, il s'en fiche complètement.

– Et puis ?

– Et puis, c'est tout ! Alors Morosini se souviendra de toi. Il se souviendra que tu lui dois une faveur. Il se souviendra que tu es allé lui en demander une. Toi, maintenant que tu as un peu d'expérience, il est temps que tu te portes candidat à une magistrature plus importante, surtout maintenant que je suis immobilisé par cette maudite jambe. Et messer Zuanne est de ceux qui peuvent beaucoup. »

Messer Zuanne n'en pouvait plus de poser. Le riche habit de pourpre ourlé d'hermine, symbole de sa très haute charge, pesait sur ses épaules, et il avait envie de se gratter la tête et de se moucher et de manière plus générale il avait envie de s'occuper de tout autre chose ; mais le peintre l'avait prié de bien vouloir patienter encore une demi-heure, l'ébauche de la tête était presque terminée, et il s'était résigné. Mais lorsqu'on vint lui dire que le Magnifique messer Lorenzo Bernardo demandait à être reçu, il décida que c'était un excellent prétexte pour interrompre la séance.

« Vous m'en voyez navré, ser Iacopo, revenez demain, si cela vous est possible. Au reste, j'ai l'impression que la lumière est en train de baisser. »

Le Tintoret s'inclina en signe d'obéissance et commença à ranger ses affaires. Messer Zuanne descendit du siège sur lequel il était assis, passa près de la toile montée sur le chevalet et y jeta un coup d'œil. Le portrait était à peine esquissé, mais la tête et le visage étaient déjà bien reconnaissables. La ressemblance était saisissante, admit-il. Même trop : il n'y avait pas une ride autour des yeux, pas un sillon sur le front, pas une bouffissure des joues, qui n'ait été reproduit. Les paupières mi-closes, le regard froid et hautain, la bouche cachée par la barbe garnie et très soignée lui plurent davantage. J'ai bien fait de m'adresser à lui, décida-t-il. Dommage pour ces poches sous les yeux, si gonflées et craquelées, comme n'en ont que ceux qui dorment peu ou boivent trop. Qui passe sa vie à prendre soin de la République finit par avoir le même visage que les ivrognes qui perdent leur temps à la taverne, pensa-t-il, irrité.

Dans l'antichambre, il alla à la rencontre de ser Lorenzo, s'excusant de le recevoir vêtu d'une manière si solennelle, et lui en expliquant la raison. Cette visite l'intriguait : il connaissait bien le vieux ser Alvise, qui, plus d'une fois, lui avait donné du fil à retordre au Conseil, mais il ne savait presque rien de ce fils qui n'avait entamé sa carrière que depuis quelques années, occupant des magistratures mineures dans le Domaine de Terre-Ferme. Il savait néanmoins qu'il venait d'avoir un héritier et il l'en félicita.

« Voilà », dit ser Lorenzo lorsqu'ils eurent épuisé les civilités d'usage, « je suis venu vous importuner pour vous demander une faveur. »

Et, sans perdre de temps, il lui expliqua le cas de Michele et dit qu'il désirait obtenir pour lui la grâce.

Messire Zuanne ne se souvenait pas du tout de l'affaire et elle ne lui revint même pas à l'esprit après que ser Lorenzo lui en eut rappelé les détails ; mais, précisément pour cette raison, il comprit qu'il ne serait pas très difficile d'exaucer sa requête. Si lui-même ne s'en souvenait pas, il était peu probable que quelqu'un d'autre s'en souvînt ; et, en tout état de cause, qui aurait voulu s'opposer à lui et avancer une objection s'il proposait, sous un prétexte quelconque, de gracier ce malheureux ?

Morosini réfléchissait vite, parce que son hôte attendait. Avait-il ou non intérêt à prendre cet engagement ? Si le fils du vieil Alvise venait solliciter une faveur auprès de lui, il était clair que le sens de ce geste allait bien au-delà de ce cas particulier. Lorenzo, qui, maintenant, était, lui aussi, père de famille et avait un héritier mâle, se préparait à prendre la place de son père dans la vie politique de Venise et il ne voulait pas le faire sans son appui et son amitié. C'est bien, pensa messire Zuanne. C'est même très bien. Il suffisait seulement de ne pas donner l'impression que la chose était aussi simple qu'elle ne l'était en réalité.

« Il faudra voir, marmonna-t-il en tirant sur sa barbe. Mais, pardonnez-moi, comment se fait-il que la maison Bernardo s'intéresse à cette affaire seulement maintenant ? »

Ser Lorenzo haussa les épaules.

« À l'époque des faits, cet homme ne faisait pas partie de notre maison. Ce n'est que plus tard que sa femme est entrée à notre service.

– Et c'est une servante de donna Clarice ? demanda Morosini, avec vivacité.

– Sa chambrière personnelle », précisa ser Lorenzo.

Les deux hommes se regardèrent dans les yeux ; puis, s'apercevant qu'ils se comprenaient au vol, ils éclatèrent de rire.

« Ser Lorenzo, reprit le maître de maison, j'ai tout compris, on ne peut rien refuser à une femme dans ces moments-là, n'est-ce pas ? »

Ser Lorenzo vit qu'il était inutile de nier.

« C'est ainsi, malheureusement », admit-il.

Son père se serait arraché les cheveux en voyant le peu de diplomatie dont faisait preuve son fils, mais cette franchise ne déplut pas à Morosini. Et puis, tout à coup, en regardant de plus près l'homme qui était assis devant lui, robuste, encore jeune mais déjà mûr, au point que ses courts cheveux blonds commençaient à se clairsemer sur le devant du front, il lui vint une drôle d'idée.

« Je serais très heureux d'accorder une faveur à votre épouse donna Clarice, en récompense de quoi je lui demanderais d'accepter que je vienne lui baiser la main, lorsque j'aurais obtenu le verdict, commença-t-il. Mais puisque nous sommes tous deux ici, parlons encore un peu. À ce qu'il me semble, aucune charge ne vous a encore été confiée cette année, n'est-ce pas ? »

Lorenzo confirma : l'administration de ses propriétés de Terre-Ferme et la grossesse de sa femme l'avaient empêché d'en prendre une.

« Mais maintenant je pense poser ma candidature pour un poste », ajouta-t-il aussitôt.

Morosini le fixa attentivement.

« Et s'il s'agissait de faire un long voyage ? »

Les semaines passaient et il continuait de pleuvoir. Le froid vif de l'hiver devenait un peu moins poignant, mais les gens continuaient à grelotter et à tousser et les passants se pressaient dans les *calli* pleines d'eau et de boue. Les cheminées continuèrent de cracher dans le ciel des nuages de fumée jusqu'à ce que le prix du bois n'attînt de tels sommets que les pauvres durent cesser de se chauffer. Comme les années précédentes, le mois de mars fut rigoureux et il plut sans interruption ; une chape de nuages gris plana en permanence sur Venise et l'on ne vit presque jamais le soleil.

« Depuis qu'ils ont changé le calendrier, les saisons ont perdu la tête ! » se plaignaient les femmes.

Ser Lorenzo tenta patiemment d'expliquer à Clarice les raisons, liées à des questions d'astronomie, qui avaient poussé le pape Grégoire XIII, huit ans auparavant, à introduire le nouveau calendrier, en supprimant dix jours et en passant directement du 4 au 15 octobre 1582, mais Clarice refusa obstinément de les admettre.

« Le fait est que maintenant on dit que nous sommes en mars, alors que nous sommes encore en février, il n'est donc pas étonnant qu'il fasse si froid ! Forcément ! Fallait-il vraiment aller modifier les saisons faites par Dieu pour faire plaisir aux astronomes », s'exclama-t-elle.

Même ser Alvise était perplexe.

« Ce que je n'ai toujours pas compris, disait-il, c'est comment un lundi a pu devenir un vendredi. En effet, si l'on calcule comme il faut, ce fameux 15 octobre tombait un lundi. Et alors les dimanches ne sont plus des dimanches ! Mais un jour est-il un dimanche parce que l'homme a décidé de l'appeler ainsi ou parce que c'est le septième jour que le Seigneur a fait ?

– Mais ce n'est pas comme ça ! reprenait ser Lorenzo, qui était sur le point de perdre patience. Il faut voir la chose autrement : le 4 octobre, un jeudi, on a décidé que le jour suivant, un vendredi, au lieu de s'appeler le 5 octobre, s'appellerait le 15. Mais c'était toujours un vendredi ! Et les dimanches sont toujours des dimanches ! Ce n'est que le chiffre qui a changé !

– Sans doute », répondit ser Alvise, peu convaincu.

Début avril, grâce à Dieu, le temps se rétablit un peu et le soleil commença à montrer plus souvent le bout de son nez à travers les nuages. Dans le jardin, les premières feuilles commençaient à poindre sur les arbres et la boue à sécher lentement, si bien qu'un jour, après le repas, Clarice proposa à son mari d'aller prendre un peu l'air. Depuis quelques jours, ser Lorenzo voulait lui parler, mais il n'avait pas encore trouvé le moment propice, et il fut ravi de l'accompagner au jardin.

Mais sa femme anticipa ses paroles.

« Vous ne m'avez plus parlé de la grâce de ce pauvre garçon, lui dit-elle, à peine furent-ils seuls entre les haies de lauriers.

– Ah, oui ! Je voulais justement vous en parler », dit gravement Lorenzo.

Le sérieux de son expression n'échappa pas à Clarice et elle accentua l'étreinte de ses doigts sur son bras.

« Parlez donc, l'invita-t-elle, avec une pointe d'appréhension.

– C'est chose faite, dit Lorenzo. Le Conseil des Dix ne s'y opposera pas. Après-demain l'affaire devrait passer au Sénat, en même temps que cinq ou six autres demandes de grâces, toutes accompagnées d'un avis favorable.

– Donc la demande passera à coup sûr ? demanda Clarice.

– Je pense que oui », confirma Lorenzo.

La femme se détacha de son bras pour pouvoir mieux le voir en face.

« Merci ! Je n'en ai jamais douté. Mais alors permettez-moi de vous demander pourquoi vous avez l'air si grave.

– Cela n'a rien à voir avec cette affaire ! dit ser Lorenzo, étonné par la remarque de sa femme. C'est que je dois vous donner une autre nouvelle.

– Bonne ou mauvaise ? s'enquit la femme, le cœur tremblant.

– Bonne, si vous ne vous faites pas trop de souci pour moi ! »

Ils se turent tous deux un instant, puis Clarice brisa une brindille.

« Vous devez partir », avança-t-elle.

Lorenzo écarquilla les yeux.

« Comment avez-vous deviné ? »

Les hommes sont tous pareils, pensa Clarice, et elle soupira.

« Peu importe. Dites-moi tout.

– Je vais à Constantinople.

– À Constantinople ! Et pour quoi faire ? »

Ser Lorenzo s'arrêta, indécis.

« Je ne devrais le dire à personne », déclara-t-il.

Clarice le regarda droit dans les yeux jusqu'à ce que son mari ne baisse les siens.

« Vous ne pouvez pas ne pas me le dire », déclara-t-elle en toute simplicité.

Lorenzo l'attira contre sa poitrine, respirant le parfum de ses cheveux.

« Vous ne le direz à personne, jamais, tant que je ne serai pas rentré. »

Ce n'était pas une requête, mais un ordre, et Clarice le comprit.

« Je le jure, dit-elle.

– Eh bien, notre *bailo* à Constantinople vole la République. Il achète du blé dans le Levant, il triche sur les prix et empoche la différence. »

Clarice était fille de patriciens vénitiens et elle connaissait les règles.

« Mais c'est une chose gravissime ! s'exclama-t-elle.

– Et qui lui coûtera sa tête, confirma Lorenzo, sérieux. Mais il faut parvenir à l'arrêter et à le ramener à Venise avant qu'il ne sache qu'il a été découvert. C'est pourquoi personne ne doit le savoir, vraiment personne, vous avez compris Clarice, même pas mon père.

– Et c'est vous qu'ils ont choisi pour aller l'arrêter ?

– Oui, et c'est grâce à vous, vous savez, Clarice, dit Lorenzo.

– Grâce à moi ?

– C'est Morosini qui me l'a proposé. Si je n'étais pas allé lui demander votre grâce, il n'y aurait jamais pensé. »

Clarice ne savait pas si elle devait rire ou pleurer.

« C'est une charge très importante, n'est-ce pas ?

– En effet, dit Lorenzo. Mon avenir peut en dépendre. Si je n'échoue pas, ajouta-t-il gravement.

– Vous n'échouerez pas », affirma Clarice, d'un ton convaincu. Puis elle pâlit. « Mais ce sera très dangereux ? » demanda-t-elle.

Ser Lorenzo haussa les épaules.

« Oh, trois fois rien. Figurez-vous qu'il ne s'agit que de traverser la moitié de l'empire du Turc, d'arriver à Constantinople et de les persuader de me laisser arrêter le *bailo*, puis d'aller le prendre chez lui sans qu'il n'ait rien subodoré, puis de traverser de nouveau dans l'autre sens l'empire du Turc et de le ramener ici.

– Et c'est vous qu'ils ont choisi ! s'exclama Clarice, les yeux brillants de fierté. Oh, vous allez voir ! » ajouta-t-elle, sans préciser quoi. Puis une autre question lui vint à l'esprit.

« Et qui est ce *bailo* ?

– Je ne sais pas si vous le connaissez. Cela fait plus d'un an qu'il est là-bas. Girolamo Lippomano. »

Clarice réfléchit.

« Lippomano ? Je ne pense pas le connaître », dit-elle enfin.

28

Le samedi après Pâques, le Sénat, auquel on n'avait pas révélé le véritable but de l'expédition, confirma la nomination de Lorenzo Bernardo comme envoyé extraordinaire à Constantinople et lui ordonna de partir dès que possible sur une galère mise expressément à sa disposition. À la suite de quoi le Conseil des Dix et les Inquisiteurs contre la propagation des secrets d'État ajoutèrent que Lorenzo, après avoir arrêté Lippomano, devait le renvoyer à Venise sous escorte et rester provisoirement là-bas pour y remplir les fonctions de *bailo* jusqu'à ce que l'on nomme un successeur. Ser Lorenzo eut encore besoin de trois jours pour finir de préparer ses bagages, décider quels domestiques l'accompagneraient et recruter des hommes de peine, puis il alla en bateau jusqu'au Lido pour parler avec le *sopracomito*. Après une parenthèse de beau temps, le ciel s'était à nouveau couvert de nuages et le vent froid de la tramontane s'était mis à souffler. Le *sopracomito* s'appelait Giambattista Calbo, et il l'accueillit en écartant les bras, résigné.

« Par ce temps, comme vous pouvez le voir, on ne peut pas partir ! »

Ser Lorenzo eut un mouvement d'impatience.

« Mais le temps presse, messer Giambattista, il presse vraiment !

– Je sais ! » dit le *sopracomito*.

Un secrétaire du Collège venait de lui apporter ses ordres : la galère *Calba* devait embarquer l'Illustrissime sieur Bernardo avec toute sa suite, et l'amener là où ce même Illustrissime sieur voudrait, sans poser de questions et sans connaître à l'avance la destination, qui devait rester secrète pour ne pas nuire au succès de l'affaire. Un tel ordre ne pouvait qu'attiser la curiosité du *sopracomito*.

« Dites-moi au moins quelle sera notre première escale.

– Quand nous pourrons appareiller je vous le dirais », coupa court ser Lorenzo.

Il fallut encore trois jours avant qu'un homme ne vînt du Lido au palais Bernardo pour annoncer que le temps était prometteur et que l'on pouvait partir l'après-midi même. Cela faisait déjà un bon moment que les bagages avaient été chargés sur la galère ; quant aux serviteurs, ils avaient embarqué la veille. Au Lido, ser Lorenzo rencontra le secrétaire Francesco Vianello, le *dragomanno* Marchetto Spinelli et le capitaine des sbires du Conseil des Dix, Filippo Casalini, qui devaient l'accompagner dans son voyage. Le secrétaire était un homme jeune, au long nez et qui riait plutôt facilement ; le capitaine, lui aussi, malgré son métier, était du genre jovial et rieur ; en revanche, le *dragomanno*, l'interprète officiel, un homme d'un âge avancé, replet, et affligé d'une toux grasse, se serait volontiers passé de ce voyage. Mais, à Venise, il n'y avait personne d'autre qui sût le turc et à qui l'on pût faire confiance dans une affaire aussi scabreuse ; c'est pourquoi Spinelli avait reçu de la Seigneurie l'ordre péremptoire de se préparer à partir.

« Pourvu que tout se passe bien ! » dit-il en montant péniblement l'échelle de coupée de la galère ; et il se signa.

Le vent était tombé et les eaux de la lagune, désormais calmes, scintillaient. Le *sopracomito* dit une prière à haute voix, face à la chiourme et à l'équipage à genoux ; puis le clairon sonna le signal du départ, les galériens se courbèrent sur leurs rames et la galère quitta le quai. Ser Lorenzo s'attendait à ce que le *sopracomito* vînt lui demander la route, mais il n'en fut rien. Pendant que la galère mettait le cap sur la haute mer, messer Giambattista resta à la proue, accoudé à la rambarde d'abordage à manger une pomme. Il était manifeste que le fait d'être obligé de dépendre de quelqu'un d'autre à bord de sa propre galère l'irritait et qu'il n'avait aucune intention de collaborer. Ser Lorenzo pensa qu'il valait mieux chercher à l'amadouer.

« Monsieur le *sopracomito*, dit-il en s'accoudant à côté de lui, quand vous le voulez, nous pouvons regarder ensemble la carte et décider de la route.

– C'est vous qui commandez, grommela Calbo, en jetant le trognon à la mer.

– Non, déclara Lorenzo, c'est vous qui commandez la galère et nous obéissons tous deux aux Sérénissimes Seigneurs. Venez, voulez-vous, car j'ai besoin de m'entretenir avec vous sur la route à suivre. »

Un homme corpulent, vêtu de noir, parcourait la nef droite de la basilique de San Marco, se signant de temps à autre devant les images. Quand il arriva au fond, un autre homme se détacha de l'ombre des colonnes et s'approcha de lui. L'homme corpulent regardait en l'air, comme perdu dans la contemplation de l'or des mosaïques.

« Parlez donc », murmura-t-il.

L'autre, regardant autour de lui avec une désinvolture feinte, entama un long récit. L'homme corpulent écoutait attentivement, et à un certain moment il sursauta.

« Vous êtes sûr ? dit-il dans un sifflement.

– Malheureusement oui, Illustrissime, s'excusa l'autre. J'ai vu moi-même les ordres avant qu'ils ne soient cachetés. »

L'homme corpulent baissa le regard et soupira.

« Vous nous avez toujours été très dévoué. Vous serez récompensé », dit-il ; et il tendit sa main grasse, scintillante de bagues. L'autre la lui baisa, s'inclina profondément, et s'éloigna. À cette heure-là, il n'y avait pratiquement personne dans la basilique. L'homme corpulent y demeura encore un peu, s'agenouillant pour prier dans plusieurs chapelles ; puis il décida qu'il avait suffisamment attendu. Il sortit d'un pas étonnamment preste compte tenu de son âge et de sa corpulence ; à l'extérieur, un serviteur qui était resté à l'attendre assis à l'ombre se leva d'un bond et le suivit avec déférence.

Une demi-heure plus tard l'homme corpulent était assis dans le bureau de ce même palais des Carmini, où habitait, avant de partir pour Constantinople, le sénateur Lippomano. L'homme en question était son frère, plus connu sous le nom de prieur Lippomano, car il vivait d'un riche bénéfice ecclésiastique à Brescia quoiqu'il ne se fût pas encore donné la peine de recevoir les ordres sacrés, ce qui en faisait un laïc, à tous les effets. Tandis que le soir tombait sur Venise et que les cris stridents des mouettes se perdaient au loin dans les canaux, le prieur réfléchit longuement jusqu'à ce que la pièce fût plongée dans l'obscurité. Il fit alors allumer les chandelles et ordonna à son domestique :

« Va me chercher le Mulet. »

Quelques minutes plus tard, l'homme était debout devant lui. C'était un frère bâtard des deux Lippomano, à qui l'on avait donné ce surnom précisément pour cette raison, et qui avait toujours été élevé chez eux comme le plus fidèle des serviteurs.

« Mulet, écoute, dit le prieur. Il s'agit d'une affaire très sérieuse dont tu vas devoir te charger. »

En peu de mots, il lui expliqua qu'il avait su, de source sûre, que l'envoyé extraordinaire à Constantinople avait reçu l'ordre du Conseil des Dix d'arrêter le sénateur et de le renvoyer sous escorte à Venise. Le Mulet écoutait, impassible.

« Bernardo est parti hier, avec la galère du *sopracomito* Giambattista Calbo. Personne ne sait quelle route il veut suivre. Écoute-moi bien, Mulet, il faut que tu partes immédiatement. Mon frère ne sait rien, et c'est une question de vie ou de mort que de l'avertir avant que Bernardo n'arrive là-bas. Tu lui porteras cette lettre », ajouta-t-il, tout en prenant une plume et un encrier et en commençant à écrire d'un geste pressé.

Le Mulet, curieux, aiguisa son regard et vit que la lettre était chiffrée ; vu la rapidité avec laquelle le prieur écrivait, on voyait bien qu'il avait l'habitude d'utiliser ce code. Lorsqu'il eut fini, il prit la cire, inclina la chandelle et cacheta la feuille pliée en quatre avec l'une des bagues qu'il portait aux doigts.

« C'est tout ? » demanda le Mulet, laconique.

Le prieur le regarda de haut en bas.

« Non, continua-t-il. Je t'ai dit que personne ne sait quelle route suivra Bernardo. Mais tu pourrais le découvrir. Loue une frégate, arrête-toi dans chaque port, enquête et trouve sa trace. Je n'ai pas besoin de t'expliquer comment faire.

– Non, Illustrissime, ricana l'autre.

– Lorsque tu l'auras trouvé, vois un peu si une occasion se présente. Ne te hâte pas, suis-le pendant quelques jours, il sera toujours temps pour toi de prendre de l'avance : il suffit que tu arrives à Constantinople avant lui.

– Mais si l'occasion se présentait ? » demanda le Mulet.

Le prieur Lippomano détourna le regard.

« Évidemment, si Bernardo n'arrivait jamais à Constantinople, pour mon frère, ce serait encore mieux, on s'est compris ?

– On s'est compris, dit l'autre.

– C'est bien ! Prends, et ne regarde pas à la dépense », ordonna le prieur, sortant d'un tiroir une bourse déjà prête et bien garnie.

« J'y vais », dit l'homme.

Il s'inclina en ôtant son béret, découvrant ainsi, sous ses cheveux, que la mode imposait de porter très courts, une oreille entière et l'autre à moitié mutilée par un coup d'arquebuse bien des années auparavant, à Lepanto.

« Va, je te bénis », dit le prieur ; et il le congédia d'un geste lent de la main.

Au début, le voyage de la *Calba* se déroula sans encombre ; mais le troisième jour le vent changea. La galère, qui s'était arrêtée le soir précédent dans le petit port de Veruda juste en dessous de Pula, ne put plus en sortir et fut contrainte d'y rester trois jours. Ser Lorenzo, qui n'avait pas beaucoup l'habitude de la mer, trépignait, mais à bord tout le monde prenait la chose avec une telle tranquillité qu'il se persuada que l'on ne pouvait rien y faire ; aussi tua-t-il le temps en faisant de longues promenades sur la plage, à l'ombre des pins maritimes, s'étonnant de la blancheur du sable extraordinairement fin et des reflets changeants de l'eau.

Le 1er mai au matin, le temps sembla se mettre au beau et le *sopracomito* déclara que, si l'amélioration se confirmait, on pourrait appareiller le soir même ; mais à peine eût-il dit cela qu'un marin vint prévenir que l'on avait aperçu une voile qui s'approchait.

« Une frégate, affirma messer Giambattista, après l'avoir observée un moment.

– Dès qu'elle entre dans le port, faites monter le patron à bord », dit ser Lorenzo, qui avait reçu l'ordre d'interroger tous les patrons des bateaux en provenance du Levant, et de voir s'ils portaient des lettres de Constantinople.

C'était une frégate de Cattaro, et quand on interrogea le patron, celui-ci répondit immédiatement que oui, en effet, il allait bien à Venise et qu'on lui avait confié un paquet de lettres. Ser Lorenzo lui ordonna de les porter à bord de la galère ; l'homme, bien que perplexe, finit par obéir. On ouvrit le paquet et on y trouva une douzaine de lettres, dont un certain nombre portaient le sceau du *bailo* de Constantinople.

« Comme vous le savez, je suis habilité à les ouvrir », déclara ser Lorenzo.

Le *sopracomito*, le secrétaire et le *dragomanno*, qui étaient avec lui dans la cabine de poupe, acquiescèrent.

« Ser Francesco, dressons un procès-verbal, ordonna ser Lorenzo à Vianello. Vous, messieurs, ayez la bonté de sortir. »

Une fois seuls, le secrétaire brisa les sceaux.

« Elles sont chiffrées ! » s'exclama-t-il en voyant les lettres.

Ser Lorenzo confirma.

« C'était prévisible. On m'a aussi donné le code de Constantinople. » Et il mit sur la table un petit cahier relié.

« Au travail, ser Francesco. »

Le secrétaire commença à déchiffrer laborieusement les lettres et les transcrivit sur le procès-verbal. Il lui fallut quelques heures ; au début, ser Lorenzo, impatient, se penchait par-dessus son épaule pour lire les lignes déjà transcrites, puis, au bout d'un moment, il se fatigua et se contenta d'attendre. Le vent était tombé, la galère ne tanguait plus, c'eût été le moment idéal pour repartir, mais il était trop important de vérifier ce qu'écrivait Lippomano. Une fois la transcription achevée, ser Lorenzo la parcourut rapidement. Les lettres avaient été écrites entre le 15 mars et le 4 avril et elles étaient semblables à toutes celles que la Seigneurie recevait, une fois toutes les deux ou trois semaines, de tous ses ambassadeurs. Le *bailo* avait été invité à un repas donné chez l'*aga* des janissaires, dans une de ses villas de la Corne d'Or, et lors d'une conversation qui s'était déroulée dans le jardin, le dignitaire lui avait assuré que le sultan aimait la paix et qu'il en appréciait les avantages ; un esclave napolitain qui peignait un mur de l'antichambre du Grand Vizir avait entendu une conversation au sujet de certains espions en partance pour Venise et était venu en référer au *bailo*, certain qu'il était d'obtenir une récompense ; à l'Arsenal, il n'y avait pas de préparatifs manifestes et aucun personnel supplémentaire n'avait été recruté, signe évident que la flotte turque ne sortirait pas cet été ; dans le quartier juif, on avait découvert quelques cas suspects de peste, qui ne suscitaient cependant pas encore d'inquiétude car c'était la même chose tous les ans ; le *bailo* avait dû engager une dépense imprévue pour des réparations sur le toit du palais ; à Constantinople, le cours des céréales grimpait, ce qui, en cette saison, était inévitable, et les marchands rapportaient qu'il était encore plus élevé à Salonique car on ne s'attendait pas à ce que la récolte fût bonne. Sachant ce qu'il savait sur les combines de Lippomano, ser Lorenzo fit une grimace en lisant ces dernières lignes, puis il s'adressa à Vianello.

« C'est bon. Remettons les lettres dans le paquet et cachetons-le en ajoutant une lettre de notre part adressée à Sa Sérénité dans laquelle nous expliquons où et quand nous avons brisé les sceaux. Et, maintenant que j'y pense, ser Franceso, ne serait-il pas prudent d'écrire aussi aux Inquisiteurs contre la propagation des secrets d'État pour les prévenir que nous avons lu ces lettres ?

– On n'est jamais trop prudent, il vaut mieux tout consigner », confirma le secrétaire qui, malgré son jeune âge, avait déjà appris comment on se maintient à flot dans les méandres de la bureaucratie.

« Faisons-le, alors. Encore un peu de travail pour vous », sourit Lorenzo ; puis il sortit pour prévenir le *sopracomito* qu'ils pourraient lever l'ancre sous peu.

La galère repartit le soir même ; elle traversa le golfe de Quarnero ; puis, comme il y avait de la brume à l'horizon et que le pilote déconseillait d'entrer en haute mer, elle s'enfonça dans les étroites passes entre les îles. À certains moments, la côte montagneuse était si proche que l'on avait l'impression de naviguer plutôt sur un fleuve qu'en mer. Une légère tramontane permettait d'avancer à la voile, et de ne recourir à la chiourme que lorsqu'il fallait résister à un courant ou accoster pour la nuit.

« C'est presque un voyage d'agrément », dit Vianello à Spinelli.

Le *dragomanno* répondit par un grognement, et le secrétaire, vexé, décida de ne plus faire attention à lui.

Le soir du 5 mai, ils entrèrent dans le port de Curzola et ser Lorenzo prit à part Calbo. Jusque-là, suivant les instructions qu'il avait reçues, il avait discuté chaque soir avec lui de la route à prendre, et ils prévoyaient ensemble le trajet approximatif qu'ils pourraient emprunter le lendemain ; mais, désormais, la dernière étape du voyage par mer approchait.

Le *sopracomito* étala sur la table de la cabine la carte nautique. Elle était dessinée à la main, sur du parchemin ; et là où la peau de chèvre formait une pointe correspondant au cou de la bête, on avait peint avec des couleurs vives la Madonna del Soccorso. Les possessions vénitiennes dans l'Adriatique et la mer Ionienne étaient signalées par le lion écarlate de San Marco et un autre lion, beaucoup plus grand, indiquait Venise ; il était si grand que la ville recouvrait la moitié de l'Italie septentrionale. En comparaison, Gênes n'était qu'une petite tache insignifiante, comme le remarqua ser Lorenzo avec satisfaction.

« Peut-on arriver à Raguse demain soir ? » demanda-t-il.

Chaque fois qu'il lui adressait une question aussi directe, messer Giambattista haussait les épaules, écartait les bras en signe d'impuissance et se retranchait derrière les vents et la Providence, évitant de répondre ; mais ser Lorenzo s'y était vite habitué.

« Je vous le demande, précisa-t-il, parce que Spinelli doit débarquer à Raguse. »

Le *sopracomito* le regarda, étonné. Il pourrait m'en dire davantage, pensa-t-il. Ser Lorenzo le lut dans ses yeux.

« Soyez patient, messer Giambattista, je ne fais qu'obéir aux ordres. Alors, peut-on y arriver demain ? »

Le *sopracomito* fit mine d'examiner attentivement la carte nautique et de réfléchir.

« Si le vent ne change pas, oui », admit-il enfin.

Mais l'après-midi du jour suivant, le vent changea pour de bon. En manœuvrant avec les voiles on pouvait continuer d'avancer, mais la vitesse avait nettement diminué. Ser Lorenzo, impatient, regardait le soleil qui descendait rapidement derrière les montagnes verdoyantes de l'île.

« Passons aux rames ! » ordonna-t-il.

Aussitôt le battement des rames sur l'eau commença à former un long sillage blanc derrière la poupe de la galère. Malgré tout, messer Giambattista et le pilote déclarèrent qu'ils n'arriveraient pas à Raguse avant la nuit.

« Si c'était l'un de nos ports ils nous feraient entrer même dans le noir, mais les Ragusains ne le feront jamais », prédit le *sopracomito* ; et il cracha.

Ce mépris pour les Ragusains était partagé par tout le monde à Venise : voilà une ville qui prétend être chrétienne mais qui paye le tribut au Grand Seigneur et l'informe de tout ce qui se passe dans la Chrétienté, et, comme si cela ne suffisait pas, elle jouit de privilèges commerciaux dans l'empire du Turc qui nous seraient bien utiles, à nous Vénitiens, alors qu'on nous les refuse ! Il y avait là largement de quoi souhaiter qu'un jour ou l'autre Dieu en ait assez de l'hypocrisie des Ragusains et les anéantisse, eux et leur maudite ville. Mais, en attendant, il fallait faire contre mauvaise fortune bon cœur, et, à vrai dire, disposer d'un lieu de rencontre et d'échange à la frontière entre les deux mondes n'était pas inutile non plus pour les autres chrétiens : une terre n'appartenant à personne où traiter nombre d'affaires qui, autrement, n'auraient pu être conclues.

« On peut accoster un peu avant, si l'on trouve un lieu adéquat, suggéra ser Lorenzo. Nous y débarquons le *dragomanno* et demain il pourra aller à Raguse.

– Et nous, on n'y va pas ? demanda le *sopracomito*.

– Non, messer Giambattista, nous nous allons à Cattaro. Et là probablement je vous rendrai votre liberté. »

J'ai compris, pensa le *sopracomito*, tu vas à Constantinople. Jusqu'à ce soir il avait cru que, probablement, leur destination était Raguse mais, si Bernardo se faisait conduire jusqu'à Cattaro, la dernière possession vénitienne dans l'Adriatique, et s'il le faisait en s'entourant de tant de secret et qu'ensuite il débarquait pour poursuivre son voyage par voie de terre, alors il ne pouvait se diriger que vers la capitale du sultan. Mais pourquoi diable le *dragomanno* devait-il s'arrêter à Raguse ? Oh, bon, qu'ils fassent ce qu'ils veulent, puisque c'est une affaire si secrète, pensa-t-il, avec une pointe de rancœur.

Peu avant le coucher du soleil, la galère accosta à quelques milles de Raguse. Parmi les pêcheurs du lieu il s'en trouva un qui parlait italien et on l'envoya chercher un cheval ou une mule pour conduire le *dragomanno* en ville. En attendant son retour, ser Lorenzo donna à Spinelli les dernières instructions. D'après les calculs qu'il avait faits avant de partir, pour transporter tous les gens de la suite et les bagages, il fallait louer trente-six chevaux.

« Tâchez de les obtenir à un bon prix, mais ne perdez pas trop de temps à négocier, nous sommes pressés, recommanda ser Lorenzo.

– Ils voudront des arrhes », fit remarquer le *dragomanno*.

Ser Lorenzo acquiesça.

« C'est tout à fait normal. »

Il se fit apporter le petit sac qui contenait les fonds pour la mission, il en retira un certain nombre de pièces d'or, les compta scrupuleusement, et fit signer un reçu à Spinelli.

« Et pour l'escorte, qu'en pensez-vous ? »

Le *dragomanno* haussa les épaules. Tout le monde savait que, pour voyager dans l'Empire ottoman sans risquer d'inutiles vexations de la part des autorités locales, pour trouver facilement l'hospitalité dans les caravansérails ou chez les notables de l'endroit et pour ne pas devoir toujours mettre la main à la bourse, il fallait avoir des accompagnateurs officiels en mesure d'attester que les voyageurs étaient sous la protection du Grand Seigneur et de menacer des pires châtiments ceux qui s'emploieraient à dresser des obstacles sur leur route.

« L'idéal serait un *ciaus* », observa ser Lorenzo.

C'était le titre que les Turcs donnaient aux envoyés personnels du sultan, particulièrement craints et auxquels on obéissait toujours sur-le-champ où qu'ils aillent, avec leurs énormes turbans blancs et la masse d'armes qui était le signe de leur rang. En apprenant qu'un *ciaus* était sur le point de se présenter chez lui, il n'y avait pas un gouverneur de province qui ne tremblât, se demandant s'il ne lui apportait qu'un ordre à exécuter, ou au contraire la notification de sa destitution, à moins que ce ne fût un ruban de soie pour qu'il se laisse docilement étrangler.

« Le tout est de savoir s'il y en a un à Raguse qui doive retourner à Constantinople ; c'est possible, il y en a toujours beaucoup sur les routes, dit Spinelli. Mais ça coûtera très cher, prévint-il.

– Sinon cherchez deux ou trois spahis ou des janissaires », ordonna ser Lorenzo, sachant que les militaires turcs refusaient rarement de gagner quelques sequins en servant d'escorte à des voyageurs chrétiens et de boire du vin à leurs frais tant que durait le voyage. « Mais surtout, vous devez négocier sans dire pour le compte de qui vous le faites, ni où il faut aller. Je ne veux pas que les Ragusains informent la Porte qu'un envoyé vénitien est sur le point d'arriver. Vous les conduirez à Cattaro et, là, ils sauront tout. »

Quelques heures avant l'aube, le *dragomanno* partit pour Raguse avec une mule et un serviteur, et la galère prit la mer faisant voile vers le sud. À midi, elle s'enfonça dans les eaux basses des Bouches de Cattaro, longeant la forteresse turque de Castelnuovo. Tous regardèrent avec respect et un peu d'appréhension les puissants bastions, d'où l'artillerie avait tiré si souvent, au cours des guerres passées, contre les vaisseaux vénitiens qui tentaient de pénétrer dans les passes étroites pour porter secours à la ville assiégée ; mais, maintenant, la Sérénissime et le Grand Seigneur étaient en paix, et le château, reconnaissant le drapeau de San Marco qui flottait à la poupe, ne tira qu'une salve à blanc en signe de salutation.

Le soir, après un long et tortueux périple à travers les bas-fonds, la galère entra dans le port de Cattaro : à partir de là, il n'y avait plus aucun port sur les côtes qui ne fût tombé aux mains des Turcs. Ser Lorenzo descendit à terre et alla discuter avec le gouverneur afin de décider avec lui l'itinéraire à suivre pour leur voyage par voie de terre : là, parvenaient des nouvelles toutes fraîches des sandjak turcs limitrophes et on était beaucoup mieux informé qu'à Venise. Le gouverneur, qui venait de finir de dîner, insista pour que l'on prépare un nouveau repas et convoqua en toute hâte trois ou quatre des plus riches marchands de la ville, pour connaître leur opinion. On en discuta, attablés jusqu'à tard dans la soirée, en buvant la malvoisie du gouverneur.

Les marchands étaient hésitants sur la meilleure route à prendre. Bien que s'efforçant de parler en italien, de temps à autre ils se consultaient entre eux en langue slave et l'on comprenait que volaient des mots rudes. À la fin, le gouverneur résuma l'avis de la majorité : la chose la meilleure était de continuer en galère jusqu'au port d'Alessio et, de là, prendre la voie de terre, en traversant le territoire gouverné par le sandjak-bey turc de Scutari, plutôt que de prendre directement la route à partir de Cattaro, ce qui obligerait à traverser le district du sandjak-bey de Ducagini.

« Dommage ! soupira ser Lorenzo. J'espérais ne pas avoir à remonter à bord de la galère. Mais si, comme vous le dites, la route n'est pas sûre, nous passerons par celle de Scutari.

– C'est la bonne décision. Le sandjak est un bon ami et nous entretenons avec lui des rapports de bon voisinage », garantit le gouverneur ; et les marchands, soulagés, acquiescèrent.

Tout est clair, se dit ser Lorenzo : le sandjak-bey de Ducagini doit avoir augmenté le pourcentage qu'il empoche pour fermer les yeux sur la contrebande, et ces braves gens, qui sont engoncés dans ces affaires jusqu'au cou, n'ont pas encore réussi à se mettre d'accord avec lui.

« Par ailleurs, poursuivit-il en s'adressant au gouverneur, vous enverrez sur-le-champ quelqu'un au sandjak-bey de Scutari, puisque c'est un si bon ami, afin qu'il nous fasse la faveur de nous écrire des lettres de recommandation pour le voyage. »

En remontant à bord de la galère, ser Lorenzo ne put s'empêcher de partager ses impressions avec le secrétaire.

« Quelle belle bande d'honnêtes hommes ! s'exclama-t-il. D'eux ou des Turcs, je ne saurais dire lesquels sont les voleurs les plus aguerris.

– C'est bien vrai, commenta ser Francesco, avec un rire forcé. Mais d'un autre côté il faut les comprendre. Ils vivent ici, disons-le, à la merci des Turcs. Il faut bien qu'ils s'adaptent s'ils veulent survivre ! »

Le lendemain, Spinelli arriva de Raguse. Il n'avait pas trouvé de janissaires mais il s'était mis d'accord avec un convoyeur, un *caravanbascì* comme l'appelaient les Turcs, pour louer trente-six chevaux jusqu'à Constantinople. L'homme était venu avec lui pour conclure l'affaire ; il était habillé à la mode turque, mais assurait qu'il était chrétien et disait qu'il se nommait Xarco. C'était un homme aux cheveux noirs, au regard trouble, avec deux énormes moustaches sur un visage de buveur. Au début, il était joyeux, mais, lorsqu'il vit que l'affaire tombait à l'eau, il s'assombrit.

« Je vous avais fait un bon prix ! Qui d'autre vous aurait donné autant de chevaux à neuf cent cinquante aspres l'un ? dit-il durement, en turc.

– Ça fait combien en ducats ? demanda ser Lorenzo à Spinelli, après que celui-ci eut traduit.

– Quinze sequins, au change d'ici, répondit du tac au tac le *dragomanno*.

– Ce n'est vraiment pas cher, s'exclama ser Lorenzo, agréablement surpris.

– C'est que l'aspre se dévalue. Ils n'ont plus d'argent et ils les frappent de plus en plus légers. Pour nous qui venons de la Chrétienté et qui avons de l'or, c'est un avantage. Dès qu'ils sauront que nous sommes chrétiens, vous allez voir, tous voudront être payés en sequins plutôt qu'en aspres.

– Le fait est que l'on ne part plus d'ici, mais d'Alessio. Demandez-lui un peu s'il peut nous faire avoir des chevaux là-bas. »

L'interprète traduisit ; il s'en suivit une conversation longue et tendue en turc, à laquelle ser Lorenzo ne comprit rien, si ce n'est que l'autre était de plus en plus irrité.

« Il dit que ce n'est pas possible, traduisit enfin, en résumant, Spinelli.

– Eh bien, envoyez-le au diable », conclut sèchement ser Lorenzo ; et il fit mine de se lever.

Mais l'autre, le visage rouge de colère, frappa du poing sur la table.

« Toi, tu envoies pas moi au diable, chien de Vénitien », proféra-t-il, dans un italien laborieux, mais parfaitement compréhensible.

Ser Lorenzo rougit et porta la main au pommeau de son épée.

« De grâce ! » cria le *dragomanno* ; et lui faisant littéralement violence il l'obligea à s'asseoir, avec l'aide du secrétaire qui avait fait le même geste de son côté.

« Nous devons traiter cet homme avec égards ! C'est le fils d'un frère de l'*aga* de Castelnuovo, expliqua-t-il, très agité.

– Mais il n'avait pas dit qu'il était chrétien ? demanda ser Lorenzo, abasourdi.

– Et alors ? Ici tout arrive et il ne faut s'étonner de rien. »

Xarco fit comprendre, en parlant moitié en turc et moitié en italien, qu'il était profondément offensé.

« Et qu'est-ce qu'il veut ? » demanda, à la fin, ser Lorenzo, exaspéré, mais décidé à clore tout de même l'incident.

Le *dragomanno* réfléchit un instant.

« Je lui avais donné quatre sequins d'arrhes. Je crois que si nous les lui laissons ça devrait suffire. »

L'homme secoua la tête et ajouta quelque chose.

« Il en veut un de plus, traduisit l'interprète.

– Qu'on le lui donne, et finissons-en », conclut ser Lorenzo, soulagé, en l'envoyant au diable en son for intérieur, puisqu'il ne pouvait pas le faire ouvertement.

Après avoir renvoyé Xarco à Raguse, on recruta huit porteurs pour la litière que ser Lorenzo avait emmenée avec lui, en prévision d'un voyage long et fatigant. Les marchands, réunis à nouveau en conseil, lui suggérèrent de prendre aussi avec lui un *dragomanno* spécialement pour le slave, qui était parlé par une grande partie des sujets du Turc ; ser Lorenzo accepta et on trouva un certain messer Vincenzo Pitcovich qui, en échange d'une rétribution adéquate, accepta de se joindre à l'expédition jusqu'à Constantinople.

Les jours suivants, le vent d'est continua de souffler avec force, poussant la galère vers le large, et obligeant le *sopracomito* et le pilote à ordonner de fréquents arrêts. Dans les rares instants où le vent tombait, la galère pouvait avancer à la rame et, à un moment donné, un peu de mistral lui permit d'augmenter sa vitesse pendant quelques heures ; mais, dans l'ensemble, ser Lorenzo avait l'impression de ne pas avancer.

« Je n'en peux plus de cette façon de voyager ! commentait-il, lorsque les gens de la mer ne l'entendaient pas, heureusement que l'on descend bientôt et que l'on continue à pied. »

Dans un village de pêcheurs situé juste en dessous de Ducagini, où ils avaient fait halte pour s'approvisionner en bois et en eau, ser Lorenzo prenait son repas chez le prêtre dont il était l'hôte lorsqu'un homme vint frapper à la porte du presbytère et demanda s'il était l'Illustrissime sieur Bernardo.

« C'est bien moi », dit Lorenzo, surpris.

C'était précisément lui qu'il cherchait, dit-il, et il se rendait à Ducagini où il pensait le trouver ; mais apercevant depuis la route la galère à l'ancre près du rivage il avait eu la bonne idée de venir voir. Il apportait deux lettres de l'homme que le gouverneur de Cattaro avait envoyé au sandjak-bey de Scutari ; ser Lorenzo lut la première, puis pesta.

Le secrétaire et les deux *dragomanni*, qui prenaient part au repas, le regardèrent surpris.

« Oh, une vétille ! Vous savez le sandjak-bey de Scutari, le si bon ami de notre ami, et avec lequel Monsieur le gouverneur vivait en excellent voisinage ? Eh bien, il faut croire qu'ils étaient un peu trop amis, parce qu'il a été remplacé, il est déjà parti et personne ne sait qui viendra à sa place.

– Ça commence bien, s'exclama le secrétaire.

– Messieurs, quand on voyage dans le pays du Turc c'est toujours comme ça, il faut être prêt à tout, avoir de la patience et confiance en Dieu, dit Spinelli. Mais il y a une autre lettre, me semble-t-il. »

Ser Lorenzo la décacheta et lut.

« C'est mieux ! Comme il n'arrivait à rien à Scutari, notre homme a pensé qu'il valait mieux se rendre à Alessio, et il a engagé des convoyeurs ; il dit que, pour ce qui est de chevaux, il y en a. Il a aussi trouvé un guide et deux janissaires, mais il n'a encore rien conclu parce qu'ils demandent trop. »

Le groupe se rasséréna.

« Les janissaires, Votre Seigneurie pourrait en demander à l'*aga* de Ducagini », suggéra Pitcovich.

Ser Lorenzo acquiesça. Le prêtre chez qui ils s'étaient arrêtés avait préparé à manger sous une pergola devant le presbytère, à l'abri du soleil qui, à cette heure-là, frappait fort ; une très légère brise apportait un peu de fraîcheur et, en contrebas, la mer scintillait, immobile. Dans les pins, tout autour, les cigales chantaient à tue-tête.

« Comme on est bien ici ! Il faudrait pouvoir y rester un peu et ne pas avoir une mission à remplir », sourit ser Lorenzo.

Les autres approuvèrent en riant. Le vin du prêtre était bon et surtout, frais, tout droit sorti du cellier, raison pour laquelle ils en avaient déjà bu pas mal.

« Et ne pas avoir à s'embarquer sur cette maudite galère », ajouta Spinelli, dont la toux n'avait pas été guérie par l'humidité des nuits en mer.

« On fera comme cela, décida ser Lorenzo. Vous, messer Pitcovich, vous irez demain à Alessio pour trouver des chevaux et des informations sur la meilleure route à prendre. Quant à vous, continua-t-il en s'adressant à Spinelli, vous irez à Ducagini pour parler avec l'*aga* et essaierez de trouver vaille que vaille deux janissaires. Moi, je resterai ici pour vous attendre. Lorsque tout sera fixé, nous nous ferons conduire en bateau jusqu'à Alessio avec nos gens et nos affaires.

– Et plus de galère, alors ? demanda Spinelli, satisfait.

– Plus de galère », acquiesça ser Lorenzo ; et il lança un regard sombre au secrétaire Vianello qui, à cette nouvelle, avait levé comiquement les bras pour remercier le Ciel.

29

Le jour suivant, vers le soir, Pitcovich revint accompagné d'une foule de gens : outre deux marchands turcs, il amenait avec lui plusieurs notables du lieu, des Albanais et des Monténégrins, pour discuter avec eux de la location des chevaux. Il fallut donner à manger et à boire à tout ce monde, assis, là, sur des coussins, à l'intérieur de la maison du prêtre, car le temps s'était gâté et qu'il pleuviotait. Ser Lorenzo demanda le prix des chevaux ; le plus vieux des deux Turcs, qui portait le turban vert des *hadjis* qui sont allés à La Mecque, répondit gravement qu'il devait consulter ses amis, que le prix dépendait de la distance et qu'il n'était pas du tout sûr de pouvoir trouver tous les chevaux que voulait ser Lorenzo ni qu'on l'autorise à les emmener si loin. Les notables, plongeant avec avidité leurs doigts dans le riz, les moustaches tachées de gras, débattirent longtemps en différentes langues. L'affaire traînait en longueur, ser Lorenzo s'impatientait, le *raki* du prêtre coulait dans toutes ces gorges comme si c'eût été de l'eau. Finalement ils parvinrent à un accord : on pouvait trouver des chevaux, mais il n'était pas possible de les leur confier jusqu'à Constantinople, quel que soit le prix. Les notables, tout en mangeant du *halva* et en finissant le *raki*, suggérèrent qu'il pouvait les prendre jusqu'à Salonique et en changer là-bas ; mais le *hadji* secoua fermement la tête. Il n'avait pas assez confiance pour laisser ses bêtes aller si loin. Si l'Excellentissime *signore* voulait bien prendre la route d'Elbasan, alors il lui donnerait les chevaux jusqu'à Elbasan précisément, pour quatre-vingt-dix aspres l'un.

« Si peu ? » s'étonna ser Lorenzo. Messer Pitcovich, au lieu de traduire, lui expliqua qu'Elbasan n'était qu'à trois jours de marche.

Ser Lorenzo soupira.

« Si tous les trois jours il faut recommencer à négocier, nous n'arriverons jamais. Sommes-nous sûrs, au moins, que là-bas nous trouverons d'autres chevaux ? »

Les deux Turcs lui firent de grands sourires : sans doute aucun, ils le lui garantissaient.

Il faisait déjà nuit lorsque Spinelli arriva avec deux janissaires qu'il avait trouvés à Ducagini et qui avaient accepté d'accompagner l'expédition jusqu'à Constantinople. Après quelques heures de sommeil, les affaires furent chargées sur une barque, les serviteurs montèrent sur l'autre, Bernardo prit congé du *sopracomito* de la galère, monta sur le caïque, et la flottille s'engagea dans l'embouchure de la Drina.

Ils mirent deux heures pour atteindre Alessio, à cause de la lenteur des barques et de la difficulté de naviguer à contre-courant. Le cours d'eau était placide et marécageux, bordé de roseaux et de saules et infesté de moustiques.

« Nous trouverons une église catholique à Alessio ? demanda ser Lorenzo aux janissaires. Nous sommes dimanche ! » ajouta-t-il, s'adressant au capitaine Casalini, qui acquiesça : il ne manquerait plus que, étant sur le point d'entreprendre un voyage si dangereux, ils ne pussent pas écouter la messe.

Les janissaires se mirent à rire.

« Ils disent que nous pouvons être tranquilles, traduisit Spinelli. Bien sûr qu'il y a une église, et on pourra y écouter toutes les messes qu'on voudra. »

À entendre leur rire grossier, il était évident que les janissaires avaient ajouté quelque chose de plus irrévérencieux, mais le *dragomanno* s'abstint de le traduire.

Dans l'écurie du rez-de-chaussée d'un palais de Raguse, une jument était en train de mettre bas. Les autres chevaux, agités, ruaient et hennissaient. Une lanterne sourde, posée sur la mangeoire, éclairait les garçons d'écurie qui se tenaient debout autour de la bête, la caressaient et lui parlaient à voix basse. Le maître, un peu à l'écart, regardait, les mains sur les hanches, en mâchouillant un brin de paille. Quand un serviteur vint le chercher, il fit un geste d'impatience, mais, finalement, il se retourna pesamment et le suivit jusqu'à la porte de l'écurie. À la lumière de la lune, se détachait l'ombre imposante d'un homme enveloppé dans un manteau.

« C'est vous, Xarco ? » demanda l'homme.

L'autre répondit que oui.

« On m'a dit, continua l'homme, que vous louez des chevaux. »

Xarco approuva et lui proposa d'entrer. L'homme accepta avec une brève révérence. Ils s'assirent autour d'une table et un serviteur alluma une chandelle.

« Où devez-vous aller ? » demanda Xarco dans un mauvais italien.

L'homme s'éclaircit la voix.

« À Constantinople », dit-il.

L'autre haussa un sourcil.

« C'est un long voyage. Quelle route voulez-vous emprunter ? »

L'homme ébaucha un petit sourire.

« Ça dépendra des informations que vous pourrez me donner. Je paye bien », se hâta-t-il d'ajouter, mettant sa bourse sur la table et en en desserrant les cordons pour montrer l'éclat de l'or.

« N'auriez-vous pas, par hasard, loué des chevaux à un monsieur vénitien, accompagné d'une suite nombreuse ? »

Xarco réfléchit un instant. Dans l'écurie, les chevaux hennissaient. Les sequins resplendissaient à la lumière de la chandelle.

« Finalement non, je ne les lui ai pas donnés, dit-il enfin avec regret. Nous ne nous sommes pas mis d'accord. Mais ils sont bien passés par ici, si c'est ce que vous voulez savoir. »

L'homme assentit.

« Et quel chemin ont-ils pris ?

– Ils sont allés à Alessio, après je ne sais pas.

– On peut prendre plusieurs routes à partir de là-bas.

– On peut prendre la route de Scutari ou celle d'Elbasan. Mais celle de Scutari est plus sûre, dit Xarco. Alors, vous le voulez ce cheval ? Ce sera mille aspres, jusqu'à Constantinople.

– Marché conclu », dit le Mulet.

En contrebas du château d'Alessio se dressait effectivement une église catholique, desservie par un trio de franciscains mal en point. Ser Lorenzo voulut que tous les gens de sa suite assistent à la messe et laissa une aumône importante afin que Dieu les accompagnât dans cette nouvelle partie du voyage. Puis le groupe entra dans la ville et alla s'installer pour la nuit au caravansérail, qui était sale et à moitié abandonné. Deux marchands vénitiens y logeaient, de retour de Salonique, et ser Lorenzo se mit à parler avec eux du prix du grain. Dans tout le caravansérail il n'y avait personne d'autre qu'eux et leurs serviteurs.

« Comment se fait-il qu'il y ait si peu de passage ? » demanda ser Lorenzo.

Les deux marchands haussèrent les épaules.

« C'est à cause des brigands albanais, répondirent-ils. Personne n'ose passer par ici. »

Ser Lorenzo aurait voulu leur demander comment il se faisait que, eux deux, au contraire, n'eussent pas peur, mais il se rendit compte qu'il valait mieux ne pas poursuivre.

Le lendemain, il fit se lever tout le monde deux heures avant l'aube, mais il fallut tellement de temps pour charger les bagages que, lorsqu'ils partirent, le soleil était déjà haut dans le ciel. Les porteurs, recrutés à Cattaro, n'avaient, de l'avis de ser Lorenzo, guère envie de travailler. La litière avait été chargée sur deux chevaux, loués à cet effet, pour la porter tant qu'on n'en aurait pas besoin, et ces gens-là ne travaillaient pratiquement pas ; pourtant, ils étaient toujours les derniers. Ser Lorenzo, qui ouvrait la route à cheval, accompagné du secrétaire, du capitaine, des deux interprètes, des janissaires et des domestiques qu'il avait emmenés de chez lui, ne cessait de se plaindre de la lenteur avec laquelle la caravane avançait. Le soleil était brûlant ; après avoir quitté Alessio, ils avaient traversé une zone de marécages ; la route était inondée, les chevaux avaient de l'eau jusqu'aux genoux, et ils s'étaient fait dévorer par les moustiques. Ils finirent tant bien que mal par quitter les marais pour s'enfoncer dans un bois de peupliers et, deux heures plus tard, ils débouchèrent sur une plaine plantée d'avoine et de blé. Sur leur gauche, une crête de montagnes austères et rocailleuses leur barrait l'horizon, tandis qu'à leur droite, au détour de certains tournants, on pouvait apercevoir la mer jusqu'à Ducagini. Les champs étaient déserts sous le soleil, et l'on ne voyait nulle part aucune maison.

« Pour sûr, on pourrait mourir de faim ici ! » commenta Casalini, en regardant autour de lui, étonné.

Au début de l'après-midi, ils arrivèrent en vue d'un village.

« Nous passerons la nuit ici, annonça Pitcovich. L'*aga* est un parent du bey de Ducagini, il a déjà été prévenu et il nous hébergera.

– Mais il est encore tôt. Nous avons à peine marché cinq ou six heures ! Nous n'avons peut-être même pas fait dix-huit milles, objecta ser Lorenzo, consterné.

– En pays turc, on ne compte pas en heures, ni en milles, mais uniquement en journées, informa l'interprète. D'Alessio à ici, il y a une journée de voyage, parce que, si on continue d'avancer, on ne trouvera pas d'endroit où dormir et on risque de devoir passer la nuit à la belle étoile sur les terres des brigands. »

Ser Lorenzo se résigna, mais, le jour suivant, il voulut que tout le monde se levât encore plus tôt. La petite caravane se mit en route avant l'aube, et commença par traverser une plaine aride entourée de collines.

« Ici, dit Pitcovich avec fierté, on est dans la grande et célèbre campagne de Skanderbeg, dite Tirana. »

Ser Lorenzo connaissait le nom du héros grâce auquel l'Italie tout entière avait appris la résistance des chrétiens albanais contre l'invasion turque, mais ce fut en vain qu'il regarda alentour à la recherche d'un monument célébrant sa grandeur : il n'avait devant les yeux qu'un village poussiéreux avec un minaret en mauvais état.

« C'est là-haut que vivent les brigands, poursuivit l'interprète, montrant du doigt quelques bourgades perdues au loin parmi les monts. De là-haut ils voient tout, et, quand passe un voyageur isolé, ils descendent l'attaquer. En ce moment ils nous voient, mais ils ne viendront pas parce que nous sommes trop nombreux.

– Espérons-le », dit ser Lorenzo, sur la réserve ; mais il ressentit un petit frisson.

Les accords conclus entre les marchands et ces fameux brigands ne devaient pas être si rares, car, en traversant la plaine de Tirana, ils croisèrent diverses caravanes de chevaux chargées de blé qui se dirigeaient vers Alessio.

« La récolte a déjà commencé dans le pays du Turc, observa Spinelli.

– Et apparemment elle sera bonne, ajouta le secrétaire. Et dire qu'en Italie on crie famine ! »

Ser Lorenzo s'adressa à Pitcovich.

« Messer Vincenzo, lorsque vous retournerez, vous devriez acheter de ce blé et l'envoyer à Venise. Ce serait rendre un grand service à la République, en cette année d'extrême pénurie.

– Il faudrait des capitaux, répliqua messer Vincenzo, prudent.

– C'est l'occasion de faire un bon profit, se dépêcha d'ajouter ser Lorenzo. Pensez-y ! Je suis sûr que, si vous proposez l'affaire à quelques-uns de ces marchands d'Alessio, il s'en trouvera bien un pour être d'accord.

– Je vais y réfléchir », concéda Pitcovich.

Le lendemain, après une étape éreintante de seize heures à cheval sur une route caillouteuse qui grimpait à travers monts, ils atteignirent enfin Elbasan. Ser Lorenzo, qui ne supportait plus les secousses du cheval, décida qu'il était temps de se servir de la litière. Sur les tronçons aisés, l'encombrant engin restait attaché aux deux chevaux, mais, à certains endroits où la route était si escarpée que les chevaux n'y arrivaient plus, les porteurs devaient les remplacer. Les cahots de la litière, portée sur les épaules de ces huit hommes, n'étaient pas moins pénibles que ceux que ser Lorenzo aurait endurés s'il était resté en selle ; mais, au moins, dans la litière, il pouvait s'étendre, et même somnoler un peu. Le seul avantage était qu'en gravissant la montagne la chaleur devenait moins suffocante ; mais, dans l'après-midi, une fois passé un col, la route commença à descendre, et ils se retrouvèrent de nouveau dans la plaine. Là, enserrée dans un cercle de très anciennes murailles, se dressait Elbasan, hérissée de minarets.

« C'est une bonne ville, il y a deux caravansérails et beaucoup de commerce », précisa Pitcovich, content.

À la porte, les janissaires expliquèrent aux gardes qu'il s'agissait d'un envoyé vénitien qui allait chez le Grand Seigneur et les voyageurs n'eurent pas d'ennuis.

« Il faudra aller présenter nos hommages au sandjak, fit remarquer Pitcovich.

– Quel genre de personne est-ce ?

– Il s'appelle Mehemet bey. C'est le frère d'un seigneur persan qui, lors de la dernière guerre, a prêté allégeance au grand Turc. Il aime les cadeaux, répondit l'interprète.

– Le contraire m'eût étonné ! » commenta Vianello.

Dans le caravansérail, il y avait beaucoup de gens, des marchands turcs et italiens, et un petit groupe qui attira l'attention de ser Lorenzo : quelques grands gaillards à l'air peu recommandable et un esclave menotté. Ce dernier paraissait plongé dans l'apathie la plus profonde, mais, en entendant parler italien, il tressaillit ; il échangea quelques mots avec ses gardiens, puis, se leva, et, toujours menotté, il vint se présenter à Bernardo.

« Pardonnez-moi, monsieur, vous êtes Italien ? » demanda-t-il, avec un accent napolitain.

Ser Lorenzo acquiesça avec courtoisie et, se sentant un peu ridicule, il demanda en quoi il pouvait lui être utile.

« Vous pouvez noter mon nom et, lorsque vous retournerez en Italie, donner de mes nouvelles », dit l'homme, montrant ses poignets d'un air dramatique.

Il s'appelait Polidoro Apricola et c'était un noble de Positano. Il raconta que des pirates barbares l'avaient capturé quelques semaines auparavant au cours d'une de leurs incursions le long de la côte napolitaine ; et, comme c'était un homme de bonne condition, le *rais* avait décidé de l'envoyer en cadeau au sultan.

« C'est pourquoi ils me conduisent à Constantinople et, là-bas, je ne sais pas ce qu'il adviendra de moi », conclut d'un ton tragique messer Polidoro.

Ser Lorenzo l'assura qu'il ferait tout ce qu'il pourrait pour lui, mais, par prudence, il ne lui dit pas qu'eux aussi faisaient route vers Constantinople.

« Voulez-vous que je paye quelque chose à ces hommes pour qu'ils vous ôtent vos menottes ? » demanda-t-il plutôt.

Le Napolitain fit une grimace éloquente.

« Je vous remercie ! Mais ils me les remettraient dès que vous serez repartis. »

À ce moment, ses maîtres le rappelèrent et l'homme retourna s'asseoir avec eux ; ser Lorenzo remarqua que, malgré les menottes, il parvenait à manger assez bien le riz et le mouton que les pirates s'étaient fait servir. Plus tard, ce soir-là, sa conscience le tenaillait un peu, mais il se dit qu'il avait fait la seule chose qu'il pouvait faire dans ces circonstances. Il était un serviteur de la République, chargé d'une mission de la plus haute importance, et il ne devait la mettre en péril en aucune façon. Des esclaves chrétiens capturés par des corsaires, il y en avait tant et plus, et il existait des institutions dont la tâche était de pourvoir à leur libération, ce n'était pas à lui de s'en charger. Ser Lorenzo se jura à nouveau que, à son retour en Italie, il ferait une offrande spéciale aux frères de la Mercede.

Le jour suivant, après avoir renvoyé les chevaux aux marchands d'Alessio, ils se mirent à la recherche de nouvelles montures. Comme ser Lorenzo l'avait pressenti, ce fut loin d'être facile ; par bonheur, le sandjak, satisfait des cadeaux qu'ils lui avaient offerts, leur procura un sauf-conduit et mit à leur disposition quatre spahis pour escorter la caravane. Le secrétaire Vianello, qui tenait les comptes, s'arrachait les cheveux à l'idée qu'il faudrait payer tous ces gens, mais, pour les propriétaires des chevaux, cette garantie supplémentaire fut décisive, et, après deux jours de négociations laborieuses, on put repartir avec des chevaux jusqu'à Monastir.

Il pleuvait à verse et, au cours de leur trajet, les voyageurs furent surpris par une terrible tempête de grêle ; le chemin grimpait au milieu de montagnes caillouteuses, parmi de sombres forêts de pins, en sorte qu'il fallut presque toujours porter la litière à la force des bras. Le soir, ils passèrent la nuit dans une ferme de paysans très pauvres, d'une saleté qui vous prenait à la gorge. Il n'y avait pas de pain et les voyageurs durent consommer le biscuit qu'ils avaient pris avec eux ; pis encore, il n'y avait pas de vin et la provision qu'ils avaient embarquée à Venise était épuisée.

« Pas de vin ! répétaient Vianello et Casalini en se regardant, consternés. Quel pays ! »

Spinelli et Pitcovich, qui connaissaient les lieux, prenaient des airs supérieurs.

« Chers messieurs, dirent-ils, dorénavant il faudra vous habituer, plus le pays est habité par des Turcs, et moins nous trouverons de vin ! »

Vianello fit rire tout le monde en faisant remarquer que les janissaires et les spahis, tout à leur frugal repas dans un coin de l'unique pièce, avaient suivi avec une grande attention la conversation entre l'interprète et les paysans au sujet du vin et qu'eux non plus n'avaient pas l'air très heureux du résultat. Les janissaires, les jours précédents, n'avaient jamais reculé face à l'idée de trinquer.

« Que voulez-vous y faire ? dit Spinelli. Les janissaires sont tous nés chrétiens, le Grand Seigneur les prend très jeunes, il les raccourcit et en fait des mahométans – en disant « il les raccourcit », le *dragomanno* voulait parler de la circoncision –, mais le vin, ils y ont été habitués dès l'enfance et c'est dur de se défaire de telles habitudes ! Ceux qui sont nés Turcs, au contraire, s'en passent très bien. »

Pitcovich rétorqua que ce n'était pas vrai et qu'il avait, quant à lui, croisé un très grand nombre de mahométans de naissance qui buvaient comme des Allemands ; il s'ensuivit alors une discussion animée qui égaya une soirée qui, autrement, eût été plutôt triste. Puis, tous allèrent se coucher sur des tas de paille, une partie dans la maison et une partie dans l'étable, tandis que la pluie battante continuait de tambouriner sur le toit.

Le lendemain, le cortège atteignit un immense lac et le longea quasiment toute la journée.

« Le lac d'Ocrida, dit Pitcovich en se frottant les mains. Ici nous trouverons de quoi bien manger. »

Ils s'arrêtèrent pour la nuit dans un gros village au bord du lac.

« À présent, déclara l'interprète, nous venons de sortir de l'Albanie, c'est là le premier endroit de la Bulgarie. Les Bulgares sont des chrétiens, ils parlent une langue slave et suivent le rite grec », expliqua-t-il.

Ser Lorenzo remarqua avec émotion que les cigognes faisaient leur nid sur les toits de chaume des maisons. Il ne savait pas pourquoi mais il avait toujours aimé les oiseaux : à Venise, quand il était petit, il pouvait rester des heures à regarder les mouettes depuis le balcon du palais Bernardo.

« Quelle merveille », s'exclama-t-il, indiquant les grands oiseaux qui traversaient le ciel d'un vol empreint de solennité. « Et personne ne leur fait de mal ? » ajouta-t-il.

Pitcovich secoua la tête.

« Au contraire, tout le monde les respecte, parce qu'ils croient que ces oiseaux sont de bon augure pour les lieux où ils nichent.

– Qu'en dites-vous, messer Pitcovich, à combien sommes-nous de Salonique ? » demanda ser Lorenzo ce soir-là.

L'interprète compta sur ses doigts.

« Nous pourrons y être en une semaine si tout va bien.

– Et, de là à Constantinople, combien faut-il compter ?

– Avec un peu de chance, deux semaines de plus. »

Ser Lorenzo réfléchit. On était le 21 mai : ils pouvaient être à Constantinople pour la mi-juin.

Il pleuvait à verse. La caravane traversait les plaines fertiles, où l'on cultivait le blé ; et ser Lorenzo ne pouvait s'empêcher de contempler cette mer d'épis déjà prêts pour la moisson, et de penser à la famine qui, depuis trois ans déjà, frappait l'Italie. Avant que Lippomano ne partît pour Constantinople, c'est à peine s'il le connaissait et il ne s'était forgé aucune opinion à son sujet, si ce n'est qu'il était un peu hautain à l'égard de ses pairs. Lorsque Morosini lui avait expliqué sa mission, il avait surtout été étonné par l'audace de la fraude et était persuadé qu'un homme capable d'échafauder une telle escroquerie était un danger pour la République. Mais, maintenant, il se rendait compte de l'immoralité d'une pareille escroquerie qui faisait monter le prix du blé distribué par le gouvernement alors que les gens mouraient de faim : et les gains, extorqués aux ventres vides des pauvres, finissaient dans les poches du sénateur Lippomano. J'aimerais bien savoir ce qu'en pense Clarice, se dit ser Lorenzo ; et l'absence de sa femme se fit sentir en lui plus douloureusement qu'à l'ordinaire. Mais on lui avait enseigné qu'un patricien vénitien doit être prêt à sacrifier ses sentiments et son bonheur domestique pour le bien de San Marco.

La fatigue de ce voyage épuisant et monotone commençait à lui peser ; tous étaient devenus plus silencieux. Ser Lorenzo voyageait presque toujours en litière, et bien que les porteurs n'osassent pas protester, on voyait bien qu'ils étaient mécontents : chaque jour ils mettaient plus de temps pour se préparer à partir et, pour qu'ils se relèvent et se remettent en route après un repas, il fallait même les rappeler à l'ordre et les menacer. Pendant un certain temps, ils longèrent un autre grand lac, puis ils s'arrêtèrent dans une ferme pour le repas ; sur le toit, les cigognes, vaguement alarmées, observaient tous ces hommes et tous ces chevaux. Le paysan, qui avait apporté du pain noir, du fromage frais et du vin, les prévint qu'à partir de là la route devenait dangereuse.

« Pourquoi dangereuse ? voulut savoir ser Lorenzo.

– Les assassins, répondit Pitcovich, après avoir longuement interrogé le paysan avec lequel il communiquait à grand-peine. Le bois est un lieu d'embuscades. »

L'homme expliqua, moitié par mots, moitié par gestes, et en se signant à tout bout de champ que, justement là, la veille même, un voyageur avait été tué ; et il proposa de les accompagner pour leur montrer.

« Nous voilà bien partis ! » dit Vianello, en guise de plaisanterie ; mais personne n'avait envie de plaisanter.

Le paysan les conduisit le long du chemin, jusqu'à l'endroit où le sentier s'enfonçait dans les bois.

« Voilà, c'est là. »

Sur le bord de la route on voyait une grande mare de sang figé, au milieu de traces mêlées de pieds et de sabots.

« Qui était-ce ? » s'informa ser Lorenzo.

Le paysan expliqua que la victime était un Turc, envoyé par son maître à Salonique afin d'acheter des vivres pour des noces.

« Pauvre homme », commenta Vianello.

Ser Lorenzo ordonna que tous ceux qui étaient à cheval aient leurs armes prêtes et que les chevaux de somme et les gens à pieds avancent au milieu des cavaliers armés. Lui-même chevaucha à l'avant-garde, avec Casalini et les deux janissaires, arquebuses chargées et mèches allumées. Le bois, en soi, était une hêtraie des plus communes, pleine d'oiseaux qui prenaient bruyamment leur envol au passage des voyageurs ; mais il parut à tous d'un aspect spectral, d'autant plus qu'ils avançaient en silence, l'oreille tendue pour entendre le moindre bruit révélateur. À tout moment ils s'attendaient à voir briller une arme entre les troncs lisses et luisants des hêtres.

« Attendez ! dit ser Lorenzo. Qu'est-ce que c'est ? »

Derrière eux on entendait le trot d'un cheval. Tous les quatre, méfiants, se retournèrent. Mais ce n'était que Vianello qui avait éperonné son cheval pour les rejoindre.

« Illustrissime, dit-il, il y a quelqu'un qui nous a suivis et qui demande s'il peut se joindre à nous, par crainte des brigands.

– Et qui est-ce ? demanda ser Lorenzo.

– Un Vénitien. Un agent de la maison Dolfin, qui va à Salonique. »

Ser Lorenzo haussa les épaules.

« Pour moi, c'est d'accord », dit-il, avec une pointe de morgue.

Les Bernardo et les banquiers Dolfin, sans être à proprement parler ennemis, n'avaient jamais entretenu beaucoup de relations entre eux. Vianello éperonna encore son cheval et, peu après, le nouveau venu les rejoignit. D'un regard, il reconnut, à l'habit et à l'attitude, lequel des quatre était ser Lorenzo.

« Mon seigneur, dit-il, je suis votre humble serviteur. Permettez-moi de vous remercier, sans votre compagnie je n'aurais jamais osé parcourir ce tronçon de chemin. »

L'homme ôta son béret, dévoilant un beau visage viril, des cheveux très courts d'un gris fer et une oreille mutilée. Ser Lorenzo fit un geste condescendant.

« Vous êtes au service des Dolfin ?

– Oui Illustrissime, confirma le Mulet avec chaleur.

– C'est bon, vous pouvez venir avec nous, dit ser Lorenzo. Vous êtes armé ?

– Illustrissime, rit l'autre, montrant une petite arquebuse pendue à l'arçon, qui pourrait bien faire ce voyage sans armes ?

– Parfait, alors gardez, vous aussi, les yeux ouverts ! » conclut ser Lorenzo.

En fin de compte, on ne vit pas de brigands ; et, lorsque les voyageurs sortirent du bois, après plusieurs heures, tous poussèrent un soupir de soulagement. Après avoir traversé un torrent sur un pont en bois, la caravane remonta une colline jusqu'à un bourg sordide, surmonté par les ruines d'un château. Le caravansérail était à moitié abandonné et se trouvait à la lisière d'une dépression marécageuse, et le Turc qui le tenait avait une mine peu recommandable.

« À mon avis le meurtrier du malheureux, là-bas, c'est lui », plaisanta Vianello.

Plutôt que sous le portique plein de toiles d'araignées et d'immondices, ils préférèrent faire halte en plein air, mais l'humidité les contraignit bientôt à rentrer.

« Cet endroit s'appelle Vodena, les informa Pitcovich. Vous avez vu qu'il y a beaucoup d'eau ? Eh bien, en slave l'eau se dit *voda*. On peut donc penser que c'est de là que ce lieu tire son nom.

– Ce qui me fait craindre encore plus que nous n'ayons pas de vin », prédit ser Lorenzo.

Mais le Turc les surprit.

« Pas de vin, pourquoi ? » dit-il à Spinelli, qui l'avait interrogé dans sa langue. « Bien sûr qu'il y a du vin » ; et il sortit un petit baril ainsi que plusieurs gros pains noirs.

« Bon, dans ces conditions, on peut s'adapter », conclut ser Lorenzo avec philosophie.

Comme le Turc leur assurait que, de là, on pouvait arriver à Salonique en deux jours, ser Lorenzo, le lendemain matin, décida d'envoyer au galop en avant-garde deux hommes de sa suite, accompagnés d'un Turc recruté sur place, pour commencer à chercher des chevaux. À Monastir, le consul des juifs lui avait donné des lettres pour son frère, rabbi Abraham, en insistant pour que, lorsqu'ils arriveraient à Salonique, ils s'adressent à lui.

« Allez chez le juif et voyez ce qu'il peut faire. Comme ça nous n'aurons peut-être pas besoin de perdre trois jours de plus ! » ordonna ser Lorenzo.

L'homme de la banque Dolfin vint aussi prendre congé. À présent que la route était sûre, dit-il, il continuerait de son côté, car, seul et à cheval, il pouvait aller bien plus vite que la caravane, ralentie comme elle était par la litière, un si grand nombre de bagages et tant d'hommes à pied. Ser Lorenzo le salua avec indifférence, monta dans la litière et ne pensa plus à lui.

La route, heureusement, était de nouveau plate, et traversait de fertiles champs de blé et des villages avec des maisons aux toits de tuiles, et non plus de paille, comme celles qu'ils avaient rencontrées jusqu'alors. Le climat était sec et la poussière blanche et fine de la route donnait soif. À un moment donné, un nuage de poussière apparut à l'horizon et mit en alerte les voyageurs ; tous préparèrent leurs armes et attendirent de voir qui ils allaient rencontrer, mais presque aussitôt les deux janissaires, qui étaient partis en éclaireurs, revinrent en riant.

« Ce ne sont que de pacifiques marchands », expliquèrent-ils.

« C'est possible, mais ils m'ont l'air de gens très bizarres », dit Vianello, aiguisant son regard.

Et, en effet, les silhouettes que l'on commençait à apercevoir au loin étaient vraiment inquiétantes et les Vénitiens se regardaient entre eux, sur le qui-vive, jusqu'à ce que Spinelli ne se mette à rire lui aussi.

« Ce sont des chameaux ! »

Ser Lorenzo se réjouit : comme tous les autres, exception faite du *dragomanno*, il n'avait jamais vu ces bêtes fabuleuses.

« On pourra dire que l'on a vu ça aussi ! répétait Casalini, abasourdi.

– L'Orient commence plus près que je ne le pensais », commenta ser Lorenzo, pensif.

La caravane les rejoignit et les dépassa. Les Vénitiens restèrent les yeux écarquillés pour voir passer ces étranges bêtes qui marchaient en tanguant et en parlèrent encore longtemps. Mais peu après, au détour d'un chemin, apparurent, non loin, d'autres chameaux : tout un petit troupeau, cette fois, qu'un marchand allait vendre à Monastir. Ser Lorenzo voulut les voir à nouveau de près, mais les autres Vénitiens, en particulier les domestiques, avaient déjà perdu beaucoup de leur enthousiasme.

« Nous les avons déjà vus, ils sont tous pareils », grommelaient-ils.

30

Le convoi avançait à grand-peine, gravissant le flanc d'une montagne, quand, tout à coup, à l'horizon, apparut la mer.

« C'est le golfe de Salonique, annonça Spinelli.

– *Thalassa ! Thalassa !* s'écria ser Lorenzo ; mais personne ne le comprit.

– Vous sentez ce bon air ! » s'exclama le secrétaire, ouvrant ses bras.

Et c'était vrai : le vent marin arrivait jusque-là depuis le golfe. Ser Lorenzo décida de faire un bout de chemin à pied, et descendit de sa litière. Les porteurs firent quelques commentaires dans leur langue, et ser Lorenzo fut heureux de ne pas avoir compris.

Ils firent halte pour la nuit dans une petite ville fortifiée qui s'appelait, d'après ce qu'ils avaient compris, Genizzé. Un Grec les conduisit au caravansérail ; il était construit à un endroit difficile d'accès, loin de la porte, mais au lieu d'avoir à s'installer dans l'étable avec les chevaux ou sous la colonnade qui entourait la cour, comme dans tous les autres caravansérails où ils avaient fait halte, celui-ci avait des chambres au premier étage.

« Restez ici cette nuit et enfermez-vous à l'intérieur, dit le Grec, dans un italien laborieux.

– Que dites-vous ? lui demanda ser Lorenzo, qui n'avait pas compris.

– Je vous dis de ne pas sortir la nuit tombée, et tout ira bien », reprit l'homme.

Les voyageurs voulurent en connaître la raison. Le Grec leur expliqua que, à cet endroit, vivaient à la fois des Grecs et des Turcs.

« Les nôtres sont des gens calmes, mais les Turcs d'ici sont des gens violents. Ils s'entre-tuent. Mieux vaut ne pas sortir la nuit », répéta-t-il.

Les Vénitiens se regardèrent. Spinelli haussa les épaules.

« C'est sans doute vrai, dit-il. Mais ne craignez rien, d'habitude les Turcs sont les gens les plus pacifiques du monde. »

Vianello se mit à rire.

« Ça doit être pour ça qu'ils l'ont presque tout conquis !

– Allez donc le dire à Bragadin », dit ser Lorenzo, la mine sombre, se souvenant de celui qui défendit Famagosta, et fut écorché vif après sa reddition.

« Mais ce fut un accident, s'enflamma Spinelli. Bragadin était une tête brûlée, tout le monde le sait. On l'appelait le Beau. Et le pacha Mustafa était quelqu'un qui prenait facilement la mouche. Bragadin l'avait provoqué, il était allé lui jeter à la face qu'avant de se rendre il avait fait tuer tous les prisonniers et qu'il ne le regrettait pas le moins du monde, et ça c'est terminé comme on sait. À Constantinople, tout le monde était navré de cette boucherie, je peux vous le garantir. Et Mustafa lui-même s'en est repenti par la suite. Je le sais bien, j'étais le *dragomanno* de messer Andrea Badoer lorsqu'il est allé négocier la paix avec la Porte ; nous sommes même allés chez Mustafa, qui nous a très bien accueillis : il disait qu'il était désolé d'avoir exagéré.

– Pour de l'exagération, c'en est ! commenta ser Lorenzo. Quoi qu'il en soit, même si les Turcs sont des gens pacifiques, ceux d'ici ne semblent pas avoir le même caractère, ordonnez donc à tout le monde de rester à l'intérieur cette nuit, je ne veux pas d'ennuis. »

La nuit, toutefois, s'écoula sans incident, et, à l'aube, la caravane se remit en route, à travers une longue étendue de collines verdoyantes.

« Que de terre ! » commenta ser Lorenzo, pensant à ses campagnes de Padoue et de Trévise, où il n'y avait pas un mouchoir de terre qui ne fût couvert de blé, de vignes ou de ce tout nouveau blé, arrivé des Amériques, que les paysans appelaient *meliga*, même si, pour une raison inconnue, certains avaient commencé à l'appeler blé turc.

Ce n'est qu'après midi qu'ils trouvèrent un hameau, où ils s'arrêtèrent pour déjeuner près du puits, à l'ombre de platanes centenaires. À l'approche des premiers chevaux, un grand nombre de corneilles prit son envol avec des cris assourdissants. Vianello se signa, et ser Lorenzo, observant ses gens, s'aperçut que plus d'un avait pris cet envol pour un mauvais présage.

« Courage ! s'écria-t-il. Nous sommes arrivés jusqu'ici, que voulez-vous qu'il nous arrive encore ? »

Les hommes se mirent de mauvais gré à décharger les chevaux. À cet instant précis, des jeunes filles pieds nus sortirent des bâtisses, des paniers sur leurs têtes blondes ; elles les déposèrent sur l'herbe et en tirèrent d'appétissantes fougasses cuites sous la cendre.

« Le voilà, le mauvais présage », dit, dans un éclat de rire, ser Lorenzo, tandis que le secrétaire sortait sa bourse et que les hommes, ragaillardis, s'attroupaient autour des jeunes filles, plaisantant et essayant d'entamer la conversation.

Les fougasses étaient excellentes, et tous mangèrent à leur faim. De temps à autre, on entendait un cri, lorsqu'un homme allongeait trop la main, mais l'on voyait que les jeunes filles avaient l'habitude des voyageurs de passage et qu'elles savaient se tirer d'affaire. Tout à coup, l'une d'elles, qui était assise dans l'herbe et parlait avec animation avec l'un des janissaires, se frappa le front comme si elle avait oublié quelque chose, poussa une exclamation dans sa langue, se leva précipitamment, et courut vers le hameau. Ser Lorenzo regarda avec un certain plaisir et aussi, sans pour autant se l'avouer, avec un certain trouble la silhouette qui courait pieds nus, ses blonds cheveux au vent ; quelques minutes plus tard, la jeune fille revint, avec une autre fougasse qu'elle vint lui offrir en faisant la révérence.

« Pour le Maître », traduisit Pitcovich.

Ser Lorenzo prit la fougasse : elle était toute dorée et fourrée avec des raisins secs.

« Dommage, dit-il, je n'ai plus faim. Dites-lui qu'elle la mange, elle ! » conclut-il, en la lui rendant avec un sourire.

La jeune fille fit une nouvelle révérence, courut s'asseoir dans l'herbe et mordit à pleines dents la fougasse. Le janissaire voulut en prendre un morceau, mais la jeune fille, tout de rires secouée, l'en empêcha et continua de manger, donnant des coups de pied en tous sens pour l'éloigner.

« Il est l'heure de repartir, dit ser Lorenzo. Faites lever les hommes.

– Ce ne sera pas facile, observa Vianello. On est si bien ici !

– On y est bien. Reste qu'il faut partir », reprit ser Lorenzo, d'un ton sévère.

Au même instant, on entendit un hurlement, qui fit se retourner tout le monde. La jeune fille, qui, d'un seul coup, était devenue toute pâle, se tenait le ventre à deux mains.

Puis elle hurla de nouveau, et tenta de se mettre debout, sans y parvenir. Son visage était devenu verdâtre, elle avait des yeux exorbités et se tordait de douleur en hurlant. Le janissaire s'était levé d'un bond et regardait autour de lui, l'air désorienté. Les autres jeunes filles accoururent et se mirent à genoux près d'elle, lui parlant avec empressement. La jeune fille répondit à grand-peine quelque chose, puis elle cria à nouveau et se raidit. Les hommes étaient tous là, formant un cercle autour d'elle, tandis que les jeunes filles hurlaient et s'arrachaient les cheveux. Du hameau sortirent un vieil homme et une vieille femme. Mais, le temps qu'ils arrivent, la fille était morte en poussant un ultime hurlement déchirant.

« Du poison, aucun doute », dit Casalini, l'air de s'y connaître, après s'être penché un instant sur elle.

« La fougasse », constata ser Lorenzo, le visage terreux.

Pitcovich interrogea les jeunes filles, puis les deux vieillards. On apprit que, la veille, un homme, un étranger, s'était arrêté au hameau pour la nuit.

« Il a dormi avec cette pauvre fille », traduisit l'interprète.

La vieille ajouta quelque chose, d'un ton dur.

« Elle dit qu'elle était du genre à céder facilement.

– Un étranger, répéta ser Lorenzo. Et alors ?

– Alors, il a prévenu qu'une caravane arriverait aujourd'hui, et qu'il fallait préparer de quoi manger, parce que les voyageurs payaient bien. Puis, il a fait cuire une fougasse sucrée pour le maître, en disant qu'il ne fallait l'offrir qu'au maître et à personne d'autre, et que comme ça, il paierait encore plus.

– C'est lui qui l'a préparée ?

– Il a voulu voir comment nous la faisions », répondirent les jeunes filles, en pleurs.

Ser Lorenzo et les autres échangèrent un regard, en silence.

« C'est à vous qu'il en voulait, c'est certain, constata enfin Spinelli.

– Il faudra garder les yeux ouverts, dit ser Lorenzo, sèchement. Donnez un peu d'argent à ces pauvres gens, pour qu'ils puissent la faire enterrer comme Dieu commande », ajouta-t-il.

Il voulut jeter un dernier coup d'œil à la jeune fille, mais il détourna aussitôt le regard de son visage boursouflé et verdâtre.

« Un étranger ! » répéta-t-il à voix basse, songeur.

À partir de ce moment-là, le voyage se poursuivit dans une atmosphère sinistre. Savoir qu'il avait été pris pour cible par un assassin, devoir se garder des embuscades même dans des pays sans brigands, et être obligé de se méfier à chaque repas de ce qu'il mangeait, ôta à ser Lorenzo ce plaisir que lui avait procuré jusqu'à présent la découverte d'un monde nouveau. Les arquebuses à la main, ils traversèrent le pont en bois qui enjambait les eaux vaseuses du Vardar, grossies par les pluies récentes. Peu après, ils rencontrèrent un grand rassemblement d'hommes et de chevaux. La plupart des hommes avaient mis pied à terre, mais certains étaient restés en selle ; ils portaient à l'épaule de longues lances en bambou, et deux d'entre eux portaient des étendards faits de queues de cheval. En voyant s'approcher la caravane, un petit groupe de ces cavaliers se détacha pour aller à sa rencontre ; ser Lorenzo envoya vers eux le *dragomanno* et les janissaires. Après un bref entretien, les cavaliers s'éloignèrent et Spinelli rapporta qu'il s'agissait du bey de Salonique qui allait mener une enquête, accompagné de deux escadrons de cavalerie.

« Cela pourrait-il être lié à notre affaire ? se demanda Vianello.

– Comment pourraient-ils en être informés ? objecta judicieusement Casalini.

– C'est vrai ! admit le secrétaire. Ne pourrait-il pas s'agir, alors, de cet autre homicide ? se hasarda-t-il à dire.

– Impossible, expliqua patiemment Spinelli. Le fleuve que nous avons traversé est la frontière entre la Bulgarie et la Thessalie. Le bey n'irait jamais mener une enquête hors de son sandjak.

– Et puis, réfléchis, le bey ne va tout de même pas se déranger pour si peu », ajouta ser Lorenzo, mais Spinelli secoua la tête.

« Ce n'est pas dit. Ici, tout peut arriver. Un vol est commis, et tout se retrouve en vente, mais face à ce genre d'affaire, qui, chez nous, serait oubliée aussitôt, il peut aussi arriver qu'ils s'entêtent à trouver les coupables et à les punir. On ne sait jamais avec les Turcs ; et c'est la raison pour laquelle tous les peuples leur obéissent. »

Ser Lorenzo se tut. Ce voyage à travers le pays du Grand Turc faisait naître en lui des réflexions qui le surprenaient lui-même : comme si maintenant que Venise était si éloignée, tout ce qu'on lui avait enseigné et qu'il avait toujours donné pour acquis lui semblait soudain beaucoup moins certain. Spinelli, en revanche, au fur et à mesure qu'ils avançaient dans le pays du Turc, se transformait peu à peu : la chaleur l'avait guéri de ses maux, et, à l'évidence, la nourriture et l'air d'ici lui réussissaient mieux que ceux de là-bas.

Quelques jours plus tard, alors que Salonique était elle aussi derrière eux, les voyageurs eurent bientôt un nouvel exemple du renforcement de la surveillance à travers tout le pays, au fur et à mesure qu'ils approchaient de Constantinople. Ils dormaient, comme à leur habitude, sous la colonnade d'un caravansérail, lorsque l'on entendit le bruit de sabots d'un grand nombre de chevaux, et, brusquement réveillés, les voyageurs virent entrer dans la cour une escouade de lanciers. Il était manifeste qu'il ne s'agissait que d'une avant-garde, car, à l'extérieur, le bruit des sabots, les hennissements et les vociférations en turc ne cessaient de croître.

« Ils vont finir par nous jeter dehors, dit Spinelli, qui était allé voir. C'est un personnage important qui arrive. »

Les gérants du caravansérail eurent une longue discussion avec le commandant de cavalerie ; puis ce dernier fit un signe et partit.

« On a eu de la chance ! rapporta le *dragomanno*. Là, dehors, il y a un envoyé du sultan qui mène une enquête, avec cent trente chevaux, et ils voulaient loger ici ! Ils ont ordonné de mettre tout le monde dehors, mais, par bonheur, ils en ont abandonné l'idée : ils ont leurs pavillons et ils les dresseront en rase campagne.

– Une autre enquête ! Mais on passe son temps à faire des enquêtes dans ce pays ! s'étonna ser Lorenzo.

– C'est ainsi que gouverne le Grand Seigneur », déclara respectueusement Spinelli.

Le secrétaire se mit à rire.

« Ce doit être encore à cause de ce pauvre homme qui a été tué là-haut ! »

La plaisanterie était déplacée, mais tout le monde se prit à rire.

« Encore un peu et le Grand Turc en personne viendra enquêter avec tous ses janissaires », renchérit Vianello.

À présent, tout le monde riait, tant et si bien que quelqu'un se pencha à la fenêtre de l'étage supérieur.

« Ça suffit maintenant ! Messer Francesco, laissez-nous dormir ! » lui intima ser Lorenzo, se retenant à grand-peine de rire.

Mais le destin avait décidé que, cette nuit, ils ne dormiraient pas. À peine s'étaient-ils endormis qu'un coup de feu isolé et très proche les réveilla, suivi d'une fusillade confuse, de hurlements et de hennissements. Un instant plus tard, ils étaient tous debout, les armes à la main. On frappait à la porte close du caravansérail et l'on appelait de l'extérieur avec insistance. Finalement, quelqu'un ouvrit, et un groupe de cavaliers fit irruption dans la cour. À grand renfort de cris, ils firent comprendre qu'ils voulaient parler au chef des Vénitiens. Ser Lorenzo, accompagné de Spinelli, s'avança ; leurs domestiques les entouraient, armés d'épées et d'arquebuses.

« C'est vous les Vénitiens qui êtes arrivés hier soir ? » hurla le commandant de cavalerie.

Spinelli répondit que oui, en effet, c'étaient eux.

« Et combien êtes-vous ? »

Ser Lorenzo et l'interprète firent rapidement le compte. Entre les porteurs et les palefreniers qu'ils avaient embauchés en chemin, les guides et les accompagnateurs qui s'étaient joints à leur groupe, il n'était pas facile d'être certain du nombre. Finalement, ils donnèrent un chiffre.

« Et celui-ci, il est des vôtres ? » hurla le Turc. Un groupe de soldats à pied passa le portail, tirant derrière eux un corps. Ils le traînèrent dans la poussière jusqu'au portique et le jetèrent aux pieds de ser Lorenzo. À la lumière de la lune, on vit tout de suite qu'il s'agissait d'un mort, la casaque trouée par deux coups d'arquebuse et trempée de sang. Ser Lorenzo se pencha pour regarder son visage et se releva brusquement.

« C'est l'homme de la banque Dolfin », dit-il à voix basse.

Il l'avait reconnu à son oreille coupée plus qu'à ses traits contractés par les spasmes de la mort.

« Ce n'est pas l'un des nôtres », répondit Spinelli.

Le Turc se lissa les moustaches.

« Mais il est Vénitien ou pas ? répliqua-t-il.

– Il est Vénitien, mais nous ne le connaissons pas. Ce n'est pas l'un des nôtres », répéta le *dragomanno*, après s'être entretenu brièvement avec ser Lorenzo.

Le Turc ricana, puis sauta de cheval et s'approcha, traînant son cimeterre dans la poussière. Arrivé près du cadavre, il le frappa d'un coup de pied méprisant et se mit à parler d'un ton irrité.

« Il dit que cet homme a été surpris, là, dehors, il traînait de nuit autour du caravansérail et il était armé. La patrouille a voulu l'arrêter, mais il a tiré et s'est enfui ; ils lui ont tiré dessus et l'ont abattu. »

Tandis que Spinelli traduisait, le Turc observait attentivement les visages des deux Vénitiens.

« Dites-lui que, parmi les nôtres, il ne manque personne, qu'il peut vérifier par lui-même, et qu'il peut faire ce qu'il veut du cadavre », dit sèchement ser Lorenzo.

Le Turc écouta la réponse, puis, de la pointe de son fourreau, il se mit à retourner les habits du mort. De l'une des poches de la casaque, un paquet de lettres tachées de sang glissa dans la poussière. Ser Lorenzo, instinctivement, se baissa pour les ramasser, mais le Turc l'arrêta en le repoussant de son fourreau. Puis, il l'écarta courtoisement, ramassa les lettres, les observa et les glissa dans son turban, disant quelque chose d'un ton légèrement moqueur.

« Il dit que puisque nous ne le connaissons pas, ses lettres ne peuvent pas nous intéresser », traduisit Spinelli.

Les Turcs s'en allèrent, emportant le cadavre. Il faisait nuit noire, et tous retournèrent se jeter sur la paille, mais personne n'avait plus envie de dormir.

« Vous savez ce que je pense ? demanda Casalini.

– Bien sûr que je le sais, monsieur Filippo, dit ser Lorenzo en anticipant la réponse de Casalini : que cet homme était ici pour nous, et qu'il se peut que ce soit lui l'étranger qui a empoisonné la fougasse.

– Très exactement, dit le capitaine, déçu.

– Si nous pouvions avoir ces lettres ! fit observer Vianello.

– On peut toujours essayer de les acheter, dit ser Lorenzo. Vous, ajouta-t-il, en s'adressant à Spinelli, demain, vous irez voir ce capitaine et vous verrez si, en lui offrant une somme suffisante, il serait prêt à nous les laisser. Vous lui direz qu'étant donné que l'homme était habillé à la vénitienne nous craignons que ce ne soit un traître et que nous voudrions pouvoir en référer à la Seigneurie. »

Mais le lendemain matin, lorsque les portes du caravansérail s'ouvrirent, les Turcs avaient démonté leur campement et avaient disparu.

Ce jour-là, la chaleur leur concéda une trêve. Partis aux premières lueurs de l'aube, ils longèrent un énième lac, puis s'engouffrèrent dans une gorge encaissée dans les montagnes.

« Quelle fraîcheur, quelle merveille, quel beau pays ! » n'arrêtait pas de s'extasier Spinelli.

Au milieu de la matinée, ils firent halte à l'abri d'un promontoire que dominaient les ruines d'un château.

« Qui sait à qui il a bien pu appartenir ! Si ça se trouve il aura été construit par Constantin et, nous, nous n'en savons rien, hein, monsieur Filippo ? » dit ser Lorenzo.

Le capitaine écarta les bras en signe d'ignorance.

« Pour moi, que ce soient des ruines antiques ou celles du père du Grand Turc qui règne actuellement, ce ne sont jamais que des pierres. »

Spinelli secouait la tête ; des propos si irrévérencieux le révulsaient. Ils n'en mangèrent pas moins tous d'un fort bon appétit : la mort de l'homme de la banque Dolfin, comme ils continuaient de l'appeler entre eux, même si elle avait confirmé que quelqu'un en voulait vraiment à ser Lorenzo, leur laissait malgré tout penser que, pour l'heure, la menace était écartée.

Dans l'après-midi, ils découvrirent le golfe de Kavala sur leur droite et ils le longèrent pendant des heures, à l'ombre des pins maritimes, assourdis par le chant des cigales. Malgré l'air marin, la chaleur devenait à nouveau accablante, et les jours suivants la situation empira. Sous un soleil de plomb, ils traversèrent une étendue éblouissante de marais salants ; puis, la route recommença à serpenter à travers une vallée aride et caillouteuse. Les chariots avaient tant de difficulté pour avancer qu'ils restèrent en arrière, au point qu'à un moment donné ser Lorenzo, le secrétaire et le *dragomanno* se retrouvèrent seuls avec les porteurs de la litière.

« S'il leur venait à l'idée de nous assassiner ce serait l'affaire d'un instant, fit observer Spinelli.

– Mais nous sommes tous armés, et pas eux, fit remarquer ser Lorenzo.

– Je pense qu'il vaut tout de même mieux attendre les autres », s'obstina le *dragomanno*.

Ce n'est que le deuxième jour qu'ils arrivèrent en vue de Kavala. La ville se dressait sur un éperon qui se prolongeait dans le bleu du golfe, entourée de remparts hérissés de tours et dominée par un château tout de calcaire blanc. Spinelli s'approcha de ser Lorenzo et lui indiqua une montagne que l'on entrevoyait au loin, comme suspendue entre ciel et mer.

« Ça, là-bas, dit-il, c'est le mont Athos. On dit qu'on y trouve plus de vingt monastères de moines grecs et que c'est le lieu le plus sacré du pays. »

Mais cela n'intéressait pas ser Lorenzo.

« Monsieur Marchetto, dit-il, nous irons en pèlerinage une autre fois, pour l'instant, tenons-nous en à notre voyage, j'ai l'impression que l'on n'avance pas.

– C'est à cause de la chaleur, fit remarquer le secrétaire. Les hommes et les animaux n'en peuvent plus. »

Et, il faut dire que, en effet, malgré la proximité de la mer, la chaleur était vraiment épouvantable ; lorsque l'on trouvait un cours d'eau les chevaux n'en finissaient plus de s'abreuver.

« Et si on voyageait de nuit plutôt ? » proposa ser Lorenzo.

Ils consultèrent les janissaires et les gens du lieu et il en ressortit que, désormais, le pays était assez sûr pour pouvoir voyager même la nuit.

« Nous ferons donc comme ça », décida ser Lorenzo, feignant de ne pas entendre les soupirs de Spinelli.

Cet après-midi-là, après avoir mangé quelque chose, tous s'empressèrent d'aller dormir. Il n'y avait, dans la ville, âme qui vive ; même les chiens errants dormaient, recroquevillés, partout où ils trouvaient de l'ombre. Ser Lorenzo, lui, n'arrivait pas à fermer l'œil. Il avait bu un peu plus qu'à son habitude et des images confuses lui trottaient dans la tête : celle de son premier fils, dont il avait à peine pu profiter avant d'être obligé de partir ; les champs de blé qui s'étendaient à perte de vue dans le pays du Turc, et Lippomano qui, depuis le palais du *bailo* à Pera, négociait avec les marchands et les escroquait sur les prix ; l'homme à l'oreille mutilée, qui avait tenté de le tuer ; Clarice, avec qui il n'avait recommencé à dormir que depuis quelques jours, trois mois après l'accouchement, ses tout petits seins, qui n'étaient pas déformés par l'allaitement, puisqu'elle n'avait pas allaité, pas même un seul jour, ses jambes sveltes, l'éclat de ses yeux. À cette heure, il devait certainement y avoir des lettres d'elle qui le suivaient et qui lui parviendraient peut-être à Constantinople ; qui sait si elles ne lui annonceraient pas qu'elle attendait un autre enfant ! Puis, il se rendit compte que ce n'était pas possible, que les dates ne correspondaient pas : les premières lettres qui pouvaient lui parvenir auraient dû être envoyées peu de jours après son départ. Comme celles que l'assassin avait dans sa poche, pensa-t-il. Il alla se rincer le visage, puis décida de chercher un peu de fraîcheur au bord de la mer, ici on suffoquait. Il réveilla deux domestiques et se mit en chemin ; l'un d'eux le précédait, l'autre le suivait, en tenant un parasol ouvert au-dessus de sa tête.

En descendant vers la plage, il vit, dans un hangar improvisé, le squelette d'un vaisseau en construction, et il s'approcha, intrigué. Du bois et des outils de travail traînaient çà et là en désordre et une douzaine d'ouvriers dormaient à poings fermés à l'ombre du hangar. À l'arrivée des trois hommes, l'un des ouvriers se réveilla et se leva, et ser Lorenzo reconnut à son habit sombre et à sa barbe qu'il s'agissait d'un prêtre grec.

« Bonjour », lui dit ser Lorenzo, en italien.

L'autre lui répondit dans la même langue, avec un accent comique nonobstant et en écorchant les mots. Voyant qu'ils pouvaient se comprendre, ser Lorenzo lui demanda ce qu'ils construisaient. L'autre lui expliqua que c'était une galiote de vingt-trois bancs, qu'ils construisaient pour le bey de Kavala.

« Mais le bey n'est pas là en ce moment », dit le prêtre, et il rit en montrant les ouvriers endormis.

Ser Lorenzo était étonné qu'un prêtre travaillât sur un chantier et, qui plus est, pour des Turcs. L'autre écarta les bras en signe de résignation.

« Qu'y faire ? Il faut bien vivre. Et je ne suis pas le seul », ajouta-t-il, accompagnant ses paroles d'un geste ; et ser Lorenzo s'aperçut que plusieurs dormeurs portaient la tunique et la barbe des popes. « Comment on dit chez vous ? *Teniamo famiglia* ! »

C'est vrai, pensa ser Lorenzo, les prêtres grecs se marient et voilà même que maintenant ils travaillent sur des chantiers. C'est le monde à l'envers !

« Et la paie ? Elle est bonne ? » s'informa-t-il.

L'autre écarquilla les yeux.

« Bonne, et comment ! Le bey paie sept aspres par jour. »

Ser Lorenzo calcula rapidement. Sept *aspres* font dix *marchetti* et demi ; plus ou moins ce que gagne un manœuvre à Venise. Comme c'est étrange ! se dit-il. Les lois sont différentes, les croyances aussi, mais l'argent, lui, a la même valeur partout.

« Et la paie, elle court aussi aujourd'hui ? demanda-t-il, en indiquant, avec un sourire, les travailleurs qui ronflaient.

– Évidemment ! confirma le prêtre, très sérieux. Et vous, d'où venez-vous ? demanda-t-il ensuite.

– De Venise », répondit avec orgueil ser Lorenzo.

Le pope découvrit ses gencives édentées en un large sourire.

« Vénitiens et Grecs, amis ! Une face, une race ! » déclara-t-il.

Ser Lorenzo craignit que, sous peu, il ne lui demandât l'aumône ; aussi ébaucha-t-il une révérence, car il parlait tout de même à un prêtre, bien que grec, et il partit. Le prêtre le regarda quelques minutes encore, puis retourna se coucher sur le sable à l'abri du hangar.

Au crépuscule, ils dînèrent, et, quand retentit l'*Ave Maria*, ils se mirent en marche, pour voyager de nuit comme prévu. C'était presque l'aube et ils étaient en train de traverser un fleuve lorsqu'ils virent s'approcher un groupe de cavaliers, armés de lances et d'arquebuses.

« Et ceux-là, qui sont-ils ? »

Spinelli aiguisa son regard.

« Un *ciaus* ! » s'exclama-t-il alors, en indiquant le turban blanc si caractéristique du commandant du détachement.

Lorsque le bateau atteignit la rive, le cavalier éperonna son cheval et vint à leur rencontre. C'était un homme encore jeune, musclé et bronzé, avec de longues moustaches et un éclair métallique dans les yeux. Sans descendre de selle, il échangea quelques mots en turc avec Spinelli, puis, il mit pied à terre, fit une révérence à l'adresse de ser Lorenzo et lui tint un long discours dans la même langue ; après quoi il se tut en le regardant tranquillement dans les yeux. Spinelli eut l'air embarrassé.

« Eh bien ? » le sollicita ser Lorenzo.

Le *dragomanno* s'éclaircit la voix.

« Le Magnifique Kubat *ciaus*, dit-il, demande si Son Excellence est bien le Magnifique messer Lorenzo Bernardo. Je lui ai répondu que, en effet, c'était bien vous.

– Et donc ? insista ser Lorenzo.

– Il dit, poursuivit l'interprète, qu'il a été envoyé à votre rencontre par la Porte et que le Grand Vizir lui a intimé l'ordre d'exhorter Votre Illustrissime Seigneurie à hâter son voyage tant est grand son désir de vous recevoir, informé qu'il a été de votre arrivée. »

Ser Lorenzo resta sans voix.

« Informé ! Et par qui a-t-il été informé ?

– Qui sait. Le Turc sait toujours tout, affirma Spinelli.

– Essayez de le lui demander ! ordonna ser Lorenzo.

– Mais vous n'y pensez pas ! protesta le *dragomanno*.

– Demandez-le lui, vous dis-je !

– C'est un manque de courtoisie », s'obstina l'autre.

Mais, finalement, il posa la question ; comme on pouvait s'y attendre il en ressortit que le *ciaus* ne savait rien. Une fois que Spinelli eut traduit, le Turc ajouta quelque chose et le *dragomanno* eut une expression étrange.

« Eh bien ? demanda ser Lorenzo.

– Je ne comprends pas, dit l'interprète. Il dit que Sa Seigneurie peut être tranquille, que l'on n'a rien dit à monsieur Lippomano. Je ne comprends pas ce que cela signifie. »

Mais moi je comprends, se dit en aparté ser Lorenzo, consterné. De tous ceux qui l'accompagnaient il n'y avait que lui qui sût pourquoi ils allaient à Constantinople, mais manifestement le Grand Vizir, lui aussi, le savait fort bien. Quel pays ! pensa-t-il.

Lorsque le domestique entra et ouvrit les rideaux, Girolamo Lippomano était déjà réveillé. À vrai dire, il n'avait pas dormi du tout ; et cela faisait plusieurs jours déjà qu'il dormait peu et mal, le sommeil agité de rêves confus et menaçants, se réveillant plus fatigué encore que lorsqu'il s'était couché. Cela faisait dix ou douze jours au moins que le bruit courait à Constantinople qu'un ambassadeur vénitien devait arriver ; le Grand Vizir, qui, sans aucun doute, avait été le premier à en être informé, s'était bien gardé de le lui faire savoir, mais ser Girolamo, comme tous les *baili* vénitiens, avait ses propres informateurs. Tout un réseau de confidents, du médecin juif qui soignait les jeunes du sérail à l'esclave vénitien qui avait ouvert une boutique au bazar, était sur son livre de comptes et il était bien difficile qu'une information circulât dans cette ville immense sans qu'elle ne parvienne tôt ou tard aux oreilles du *bailo*, dans son palais, parmi les vignes, dans le faubourg de Pera, qui donnait sur la Corne d'Or.

En apprenant qu'un envoyé vénitien était sur le point d'arriver, perplexité et inquiétude s'étaient emparées de ser Girolamo : dans ce genre de circonstances le protocole prévoyait toujours que la Seigneurie informât à l'avance l'ambassadeur en résidence, or, cette fois-ci, contre toute attente, personne ne lui avait rien dit. Ce silence menaçant ne promettait rien de bon. En temps de guerre, il se pouvait qu'un courrier fût pris et qu'un paquet de lettres fût intercepté, même si tous se souvenaient que, durant la guerre de Lepanto, le *bailo* Marc'Antonio Barbaro, reclus dans son palais dont toutes les fenêtres et tous les balcons avaient été barricadés avec des planches en bois, avait tout de même réussi à maintenir pendant trois ans une abondante correspondance avec Venise. Mais, maintenant, on était en temps de paix et, pis encore, Lippomano avait reçu ces derniers jours des lettres du Sénat et des Dix qui ne contenaient pas la moindre allusion à cette arrivée.

Pendant près d'une semaine, il avait fait comme si de rien n'était, tâchant de chasser ses soupçons de son esprit ; puis cinq jours avant, un coursier extraordinaire lui avait apporté un nouveau paquet. Il était parti de Venise début mai, il avait fait tout le voyage par mer avec des vents favorables et il apportait des lettres extrêmement secrètes, avec ordre, disait-il, de les remettre en mains propres à l'Excellentissime *bailo*. Ser Girolamo se les était fait donner et avait congédié le coursier ; au premier coup d'œil, il s'aperçut qu'elles provenaient de Messieurs les Inquisiteurs contre la propagation des secrets d'État, et il commença à avoir des sueurs froides. Il était sur le point de les ouvrir, lorsqu'il s'aperçut qu'elles ne lui étaient pas adressées ; l'adresse gribouillée et à moitié recouverte par le cachet de cire indiquait : « Au Magnifique messer Lorenzo Bernardo, notre *bailo* à Constantinople ».

Ser Girolamo chancela sous le coup et dut s'asseoir tant son cœur s'était emballé. Si la Seigneurie avait nommé un nouvel ambassadeur et qu'elle l'envoyait ici sans l'en avertir, cela ne pouvait signifier qu'une seule chose. Tâchant de raisonner froidement malgré la panique qui l'envahissait, il réfléchit à ce qu'il pouvait faire. Fuir et faire perdre sa trace dans l'immense empire n'était pas même imaginable ; entre autres raisons parce qu'il n'avait pas de liquidités ni le temps de s'en procurer, et, de toute façon, la Porte retrouvait toujours quelqu'un si elle décidait de le trouver. Il ne lui restait qu'une seule issue : tout nier, tenter de comprendre de quelles pièces ils disposaient et se défendre jusqu'au bout ; il était sûr de n'avoir jamais laissé beaucoup de traces concernant ses affaires et si son frère, le prieur, que personne ne pouvait soupçonner de complicité, parvenait à bien jouer, même ces quelques rares traces pouvaient être effacées.

S'efforçant de contenir le tremblement de ses mains, Lippomano alla jusqu'à son bureau et commença à passer en revue tous ses papiers. Il mit d'un côté toutes les lettres des marchands avec lesquels il avait entretenu une correspondance et les relut attentivement : il n'y en avait pas une qui permît de laisser deviner le dessous des affaires traitées, il avait toujours fait très attention. Dans un autre tas il mit toutes les lettres de son frère le prieur et, lorsqu'il les relut, il fronça les sourcils : pour qui n'avait pas de soupçons, elles pouvaient sembler innocentes, mais pas pour ceux qui nourrissaient déjà quelques doutes à son sujet. C'était l'été, la chaleur était insupportable et on avait rangé les *braseros* : ils ne serviraient désormais qu'à partir d'octobre. Il se fit apporter une chandelle allumée et un plat en étain, s'enferma à clef dans son bureau et brûla toutes les lettres dans le plat. Puis, il se rendit compte qu'il pourrait sembler étrange qu'il ait gardé les lettres de son autre frère, évêque de Vérone, et pas celles du frère prieur, il décida donc de brûler aussi celles-ci, quoiqu'elles fussent toutes innocentes, car l'évêque n'était pas au courant de ses affaires. Ce travail achevé, il remit les lettres restantes dans le tiroir de son bureau et se leva pour aller ouvrir la porte ; mais les forces lui manquèrent et il dut retourner s'asseoir. Il regarda ses mains : elles tremblaient terriblement. Lorenzo Bernardo ! pensa-t-il. Maudit sois-tu…

Le jour même, Lippomano se mit au lit et ne se leva plus. Tous les matins, le domestique qui entrait ouvrir les fenêtres pour renouveler l'air le trouvait plus livide que la veille, des cernes sous ses yeux injectés de sang. Vint enfin le matin que ser Girolamo craignait : le domestique, en entrant, lui dit qu'il y avait en bas un secrétaire venant de Venise, qui attendait qu'il le reçoive pour lui annoncer des choses de la plus haute importance.

« Vous lui direz que je ne peux pas me lever, dit Lippomano, blême.

– Je le lui ai déjà dit, Illustrissime. Il dit que Votre Seigneurie doit absolument le recevoir. »

Ser Girolamo se traîna jusqu'à la fenêtre, plongea ses mains dans la bassine que le serviteur avait remplie d'eau et se lava le visage.

« Le barbier ! » ordonna-t-il.

Une heure plus tard, le secrétaire Vianello fut introduit dans la chambre. Lippomano n'était pas parvenu à se lever et était dans son lit, en chemise de nuit, mais rasé de près. Le secrétaire, qui, auparavant, l'avait vu souvent, le trouva terriblement vieilli.

« Illustrissime, dit-il, après avoir fait une révérence. Je suis venu vous annoncer que mon maître, le Magnifique Sieur Lorenzo Bernardo, est arrivé ce matin, une heure après l'aube, à Constantinople ; il a été mandaté par le Conseil des Dix et Messieurs les Inquisiteurs contre la propagation des secrets d'État pour s'entretenir avec Votre Seigneurie et il sera ici sous peu. »

31

Après la rencontre avec le *ciaus*, la caravane de ser Lorenzo avait encore voyagé pendant quatorze jours avant d'arriver à la capitale de l'empire. La fatigue du trajet, la chaleur suffocante, la crainte de nouveaux attentats, qui forçait à rester toujours sur le qui-vive, avaient mis à rude épreuve la résistance des voyageurs, et les porteurs étaient même au bord de la révolte. Mais la mauvaise humeur et la fatigue dues à l'épuisement du voyage se dissipèrent lorsque le cortège arriva en vue de Constantinople. Tous se rassemblèrent avec des exclamations de surprise en découvrant l'immense cité faite de petites maisons de bois qui s'entassaient autour des corps de bâtiments colossaux et des minarets effilés des grandes mosquées, et l'eau de la Corne d'Or qui scintillait au loin. Le *dragomanno*, qui y était déjà venu, souriait comme si l'admiration des voyageurs était en quelque sorte un compliment qui lui était adressé.

« Et ça, là-bas ? » demanda ser Lorenzo, indiquant une flèche qui se profilait sur le disque rouge du soleil, au-delà du bras de mer.

« C'est la tour de Galata, expliqua Spinelli. Le palais du *bailo* est juste en dessous, là-bas. »

À ces mots, ser Lorenzo aiguisa son regard, comme s'il avait pu voir Lippomano penché à la fenêtre.

« Mais avec cette chaleur, continua le *dragomanno*, nous le trouverons sûrement dans sa villa d'été, aux Vignes de Pera. C'est un très bel endroit, où le jardin n'est que rangs de vignes. »

Ser Lorenzo s'éclaircit la gorge et ordonna de se dépêcher. Arrivés aux murs, ils s'attendaient à subir une longue perquisition de leurs bagages, mais l'officier des janissaires qui commandait la porte s'inclina obséquieusement dès qu'il apprit que le cortège accompagnait un ambassadeur vénitien.

« Il dit, traduisit Spinelli, qu'il est sûr que vous ne transportez pas de marchandises qui puissent être soumises aux droits de transit, et que, à supposer qu'il y en eût, il en ferait grâce à Votre Seigneurie ; il enverra plus tard un de ses hommes au palais pour vous présenter ses respects. Il faudra l'en remercier par un cadeau », ajouta-t-il inutilement.

Une fois entrés dans la ville, ils descendirent à l'embarcadère pour se faire conduire à Pera. S'étant accordés avec les bateliers, ser Lorenzo, Vianello, Spinelli et Casalini montèrent sur le bac sans attendre l'embarquement des domestiques et des bagages. C'était le matin, l'air froid piquait encore, mais une nouvelle journée de canicule s'annonçait. Ser Lorenzo s'étonna de ce que les bateliers l'appelassent « signor padron ».

« Ici, tout le monde parle la *lingua franca* avec les étrangers, dit Spinelli. Il en vient tellement ! Pour nous, qui sommes Italiens, c'est fort commode. »

La nacelle les laissa à la halte de Tophane, à l'endroit où l'on coulait les canons et où l'on conservait l'artillerie et la poudre du sultan. Le lieu grouillait de monde, et ser

Marchetto vit, au beau milieu de la foule, quelqu'un qu'il connaissait.

« Regardez, dit-il, là-bas, c'est messer Pasqual, le *dragomanno* du *signor bailo*. Oh là, messer Pasqual, que faites-vous ici à une heure si matinale ? »

L'homme qu'il apostrophait de la sorte était de petite taille, habillé à la vénitienne, avec un visage rond et souriant sur lequel se peignit une expression de stupéfaction.

« Signor Marchetto ! Alors, c'est vrai ! »

Quand on le présenta à ser Lorenzo, devant lequel il s'inclina jusqu'à terre, le *dragomanno* raconta que cela faisait déjà assez longtemps que, à Constantinople, on était au courant de leur arrivée.

« Et ser Girolamo le sait-il lui aussi ? s'enquit ser Lorenzo, mécontent.

– Bien sûr ! confirma l'autre. Mais il ignore la raison de la venue de votre Illustrissime Seigneurie, d'ailleurs personne ne la connaît.

– Et comment donc la nouvelle vous est-elle parvenue ? »

Le *dragomanno* rit.

« Oh, elle est arrivée par tant de biais ! Par les Ragusains, commença-t-il à énumérer ; et par un propriétaire de caravanes qui a prévenu depuis Cattaro ; et par le sandjak d'Elbasan, qui fit prévenir immédiatement le Grand Vizir ; et puis des corsaires sont venus, qui ont dit avoir croisé Votre Seigneurie sur leur route, avant d'embarquer à Salonique, et, manifestement, ils ont été plus rapides que vous. »

« Et nous qui espérions pouvoir arriver incognito ! » pensa ser Lorenzo ; mais il ne dit rien.

« Ser Francesco, ordonna-t-il en revanche à son secrétaire, allez immédiatement au palais pour annoncer mon arrivée à l'Illustrissime *bailo* ; nous, nous allons nous rafraîchir un peu, puis nous vous suivrons. »

À l'arrivée de ser Lorenzo, Lippomano était encore couché, et en chemise ; et il avait l'air encore plus défait et souffrant qu'à son réveil. Ser Lorenzo entra seul dans la chambre, mais, par prudence, il laissa dans l'antichambre le capitaine Casalini, Vianello et deux de ses domestiques qui, entre-temps, les avaient rejoints.

« La main à l'épée, monsieur Filippo », lui murmura-t-il tandis qu'il entrait ; l'autre acquiesça d'un signe imperceptible.

Être reçu de la sorte, par un homme qui jouait au malade, ne lui plaisait guère ; il ne s'en inclina pas moins et se présenta.

« Je savais que c'était vous qui deviez venir », dit Lippomano, d'un air de reproche.

Ser Lorenzo en fut étonné, mais parvint à ne pas le montrer, du moins l'espérait-il.

« Et comment donc ? » demanda-t-il, impassible.

Lippomano, avec un faible sourire, indiqua un paquet posé sur le rebord de la fenêtre. C'étaient les lettres des Inquisiteurs, adressées à ser Lorenzo, et encore cachetées.

« Elles sont arrivées il y a quatre jours. Force est de constater que vous n'avez pas été aussi rapide », ajouta-t-il, fielleux.

Ser Lorenzo n'appréciait pas la tournure que prenait la conversation, mais il n'en laissa rien paraître. Les instructions qu'il avait reçues à son départ au nom du doge étaient sans équivoque ; il devait informer Lippomano que Sa Sérénité ne voulait plus de lui comme *bailo*, qu'elle le destituait avec effet immédiat, et nommait à titre provisoire ser Lorenzo lui-même pour le remplacer, enfin, qu'il le rappelait de toute urgence à Venise ; tout cela, ordonnait le Conseil des Dix, devait être fait avec habileté et prudence, sans lui donner l'impression qu'il était déjà condamné, pour lui ôter toute idée de résistance ou de désobéissance.

« Cela n'est pas sans me surprendre », dit ser Girolamo, d'une voix rauque, barricadé derrière ses oreillers et ses draps.

« Moi aussi, j'en ai été le premier surpris », confia ser Lorenzo.

Ce n'était là que pure vérité ; il avait reçu l'ordre de dissimuler, et il comptait bien le faire, mais il n'aimait pas mentir, et, tant qu'il pouvait l'éviter, il se sentait plus tranquille.

« Moi, je n'ai rien sur la conscience, reprit Lippomano. Je ne parviens pas à imaginer ce qui peut me valoir un tel malheur. Non seulement je ne suis pas en bonne santé, mais, maintenant, voilà ce qui m'arrive ! Moi, je n'ai rien sur la conscience, répéta-t-il d'une voix tremblante.

– Je n'en doute pas, concéda courtoisement ser Lorenzo. Mais ne vous laissez pas abattre, je vous en prie. Je suis certain que, à Venise, vous aurez la possibilité de dissiper les quelques soupçons qui ont pu naître, je ne sais à quel sujet d'ailleurs. »

Arrivé à ce point, ser Lorenzo se tut, embarrassé, et l'autre reprit :

« Il faut donc que je parte pour Venise ?

– Sur-le-champ », dit ser Lorenzo, d'une voix calme mais qui n'admettait pas de réplique.

« Et comment ?

– On y pourvoira. Monsieur Filippo Casalini, capitaine des Excellentissimes Signori Capi dei Dieci, vous accompagnera. »

Entendant cela, Lippomano pâlit encore davantage.

« J'ai la conscience tranquille », balbutia-t-il à nouveau.

Ser Lorenzo prit son courage à deux mains.

« Mais *signor* Girolamo, dit-il, en essayant de se montrer enjoué, allons, dites-vous que, là-bas, précisément, vous pourrez le démontrer, et que tout rentrera dans l'ordre. Un homme comme vous, un pilier de la République, ne peut certainement pas être coupable de quoi que ce soit. Ce doit être une erreur », ajouta-t-il, et il se tut à nouveau.

Lippomano, aussi circonspect qu'un animal contraint de sortir de son terrier, essayait de comprendre. Ce jeunot qu'on lui avait envoyé avait l'air bien ingénu ; était-il possible qu'il ne sût véritablement rien ? Il eut beau le sonder, ser Lorenzo ne laissa rien échapper : pour autant qu'il sût, lui, une accusation avait dû être portée à l'encontre du *bailo*.

« Peut-être même s'agit-il d'une manœuvre des Turcs, pour vous perdre, suggéra-t-il. Vous serez disculpé, à coup sûr », conclut-il sèchement.

Lippomano le pria de prendre possession du palais et de l'excuser de ne pas se lever : le coup, dit-il, était trop fort.

« Vous verrai-je ce soir à table ? demanda ser Lorenzo.

– Si Dieu m'en donne la force », répondit Lippomano, s'abandonnant à la renverse sur ses oreillers.

Ser Lorenzo s'inclina et sortit.

« Quel vaurien ! » pensa-t-il ; et il donna l'ordre à Casalini de placer des hommes devant les portes et de rester lui-même dans l'antichambre, pour éviter que Lippomano ne pût communiquer avec quiconque à son insu.

La journée se passa à perquisitionner tout le mobilier du palais, à confisquer tous les papiers et à les examiner minutieusement un par un. Lippomano, à la demande expresse qui lui avait été adressée, avait remis les clefs de son bureau, où se trouvaient tous les documents relatifs aux achats de blé qu'il avait faits pour le compte de la Seigneurie, les comptes de toutes les dépenses courantes et extraordinaires, ainsi que sa correspondance ; mais Vianello, après avoir lu avec la plus extrême attention chacun de ces papiers, ne trouva rien de compromettant.

« La seule chose étrange est qu'ici il n'y a aucune lettre privée.

– Pas même de ses frères ? »

Vianello écarta les bras en signe de dénégation.

« Nous verrons bien ! » dit ser Lorenzo, impassible.

Le soir, ser Girolamo se présenta à table, légèrement voûté et en boitillant, mais remis sur pied et tout de noir vêtu.

« Messer Lorenzo, dit-il, en s'efforçant de paraître gai, je ne peux qu'obéir à la volonté de Dieu notre Seigneur. Je sais que je suis innocent, et je suis même content de partir tout de suite pour Venise afin de m'y justifier le plus vite possible.

– J'en suis heureux ! » dit ser Lorenzo ; et, se faisant violence lui aussi, il dit qu'il n'était pas juste que monsieur le *bailo* s'habillât de noir.

« Mais je suis prisonnier ! rétorqua ser Girolamo, amer.

– Oh ! Prisonnier dans votre propre maison ! Vous avez été rappelé à Venise, mais je n'ai aucunement pour ordre de vous traiter en prisonnier », dit ser Lorenzo.

Bien que tenaillé par des remords de conscience, il s'aperçut qu'il éprouvait une certaine satisfaction à jouer si bien son rôle.

« De grâce, insista-t-il, allez donc revêtir la pourpre. »

Après un échange de politesses, ser Girolamo accepta, remonta dans sa chambre, et revint peu après vêtu de l'ample robe de pourpre des magistrats.

« Voilà qui est mieux ! » dit ser Lorenzo, affichant une mine réjouie.

Le dîner, toutefois, ne fut pas très gai. Lippomano tenta à plusieurs reprises de savoir si ser Lorenzo avait une idée des accusations qui pesaient sur lui, et ce dernier, pour ne pas se trahir, préféra parler peu. Puis, comme Lippomano insistait, il décida de contre-attaquer.

« *Signor bailo*, dit-il, nous avons examiné tous vos papiers et je vous remercie de nous avoir donné les clefs ; évidemment nous n'avons rien trouvé qui ne fût en règle. »

Ser Girolamo fit un signe hautain de la tête.

« Toutefois, poursuivit ser Lorenzo, je m'attendais à trouver des lettres de messieurs vos frères, ou d'autres personnes de votre famille, or, il n'y en a aucune. »

Lippomano resta de marbre.

« Je ne les tiens pas pour très importantes, répondit-il sèchement. J'ai pour habitude de les déchirer, si elles ne contiennent rien d'important pour mes intérêts.

– C'est bien normal », répondit ser Lorenzo avec courtoisie ; après quoi chacun ne s'occupa plus que de ce qu'il y avait dans son assiette.

« Ah, c'est donc ainsi ! » dit le Grand Vizir.

Et il le répéta plusieurs fois, caressant sa longue barbe ; puis il appela un secrétaire et lui dit quelque chose. Comme il n'avait pas pris la précaution de faire sortir ses deux hôtes chrétiens, Spinelli considéra qu'il n'était pas de mauvais aloi de traduire ses propos à ser Lorenzo.

« Sa Magnificence a donné l'ordre d'aller sur-le-champ auprès du Grand Seigneur, de lui faire savoir que l'ambassadeur vénitien est arrivé et qu'il n'y a rien d'important. »

Ser Lorenzo, malgré lui, se sentit un peu offensé ; mais voyant le regard joyeux dans les yeux rusés du Grand Vizir, il se dit que c'était mieux ainsi. Le jour précédent, messer Pasqual, le *dragomanno* du *bailo*, avait raconté que, à Constantinople, sa venue avait suscité un grand espoir, car on pensait qu'il venait discuter de la situation européenne et présenter une proposition d'importance ; maintenant, la réaction du Grand Vizir dénotait manifestement un grand soulagement, et c'était là la meilleure chose qui pût arriver, car, sans son consentement, ser Lorenzo ne pourrait jamais accomplir sa mission.

Après avoir congédié le secrétaire, le Grand Vizir s'agita un peu sur les coussins où il était assis, à tel point que son turban glissa et qu'il dut le redresser. Ser Lorenzo l'observa attentivement. Sinan pacha était un vieil Albanais, rabougri et ridé, avec un regard désagréablement pénétrant, souvent traversé par un éclair d'ironie.

« L'Illustrissime *bailo*, dit-il, après avoir remis son turban en place, est très bien vu par la Sublime Porte. Il s'est toujours très bien comporté et a servi les intérêts de Sa Sérénité. Il nous est désagréable d'apprendre que nos très chers amis – que Dieu puisse les illuminer ! –, les messieurs de Venise, n'en soient pas satisfaits. »

Nous y voilà, pensa ser Lorenzo. Il s'éclaircit la voix et répondit en assurant Sa Magnificence que le *bailo* pourrait très certainement se justifier des accusations qui étaient portées contre lui, et que c'était justement pour lui permettre de faire la pleine lumière sur cette affaire qu'on l'appelait de toute urgence à Venise. Après tout, se dit ser Lorenzo en son for intérieur, mentir à un mécréant, et, de surcroît, pour rendre un service si nécessaire à la République, ce n'était pas à proprement parler un péché.

Après avoir écouté la traduction, le pacha reprit la parole, et parla brièvement sur un ton courtois mais ferme :

« Sa Majesté – que Dieu la rende toujours victorieuse ! – désire qu'à sa Porte chacun puisse se sentir en sécurité ; c'est pourquoi elle ne permettra pas que l'Illustrissime *bailo* soit envoyé à Venise par la force, traduisit Spinelli.

– Il n'est pas envoyé par la force, c'est lui-même qui désire partir, pour dissiper tout soupçon et reprendre sa place parmi les Seigneurs de Venise », garantit ser Lorenzo.

Le Grand Vizir l'écouta, un éclair amusé dans le regard.

« S'il en va ainsi, dit-il, nous le laisserons partir. »

Ser Lorenzo fit une profonde révérence.

Sinan pacha regarda ses ongles, puis reprit la parole. Cette fois il parla un peu plus longuement, toujours souriant.

« Il dit que Venise ne doit pas craindre le Grand Seigneur, même si les autres chrétiens doivent le craindre, et à juste titre, traduisit le *dragomanno*. Il dit qu'il y aura bientôt de grandes choses, des opérations en mer ; que Sa Majesté est restée trop longtemps en paix avec les chrétiens, et que, maintenant, elle veut faire sortir sa flotte et entreprendre quelque chose. Il dit que lui, personnellement, est un grand ennemi des chrétiens, et que, malgré son grand âge, comme nous pouvons le voir, il désire participer à cette entreprise et que, à cette fin, il embarquera sur une galère. »

Le Grand Vizir continuait de sourire, et acquiesçait avec des hochements de tête, tant et si bien que son turban bougea encore, et qu'il dut de nouveau l'ajuster d'un geste agacé.

« Mais il rit, fit observer ser Lorenzo, perplexe.

– Je crois, dit Spinelli, en expert, qu'il est tenu de nous dire ces choses-là, car la superbe de leur nation l'impose, mais il veut nous faire comprendre que derrière ces paroles ne se cache pas une mauvaise disposition d'âme. »

Ser Lorenzo fit une nouvelle révérence et remercia le Grand Vizir de l'avoir reçu en audience, l'assurant de l'amitié indéfectible que la Sérénissime vouait à la Porte ; après quoi les deux Vénitiens furent congédiés.

« Qu'il est épuisant de traiter avec ces gens ! observa ser Lorenzo, à peine furent-ils dehors. Et quelle langue ! Ils parlent et on dirait qu'ils sont toujours en train de crier.

– La langue ne fait que refléter le caractère du peuple, qui est arrogant et insolent », confirma Spinelli.

Pendant ce temps, Sinan pacha avait rappelé son secrétaire, et un esclave pour qu'il lui refasse son turban. Tâtant avec prudence son crâne chauve et maculé il grommela avec mépris :

« Qu'il est épuisant de traiter avec ces gens ! À les voir comme ça, vêtus de pourpre, on dirait des empereurs ; alors que leur chef, le doge, parmi les chrétiens, n'a pas même le rang de roi.

– Ils sont insolents par nature, confirma le secrétaire. Et même parmi les infidèles on les surnomme les “pêcheurs”. »

Les deux Turcs se mirent à rire.

« Laisserez-vous vraiment partir leur *bailo* ? » demanda le secrétaire.

Le Grand Vizir le regarda avec ironie.

« Si tel est vraiment son désir, nous le laisserons aller », répondit-il.

Alors que le bateau passait devant les jardins du Sérail, Spinelli attira l'attention de ser Lorenzo.

« Regardez ce kiosque juste devant nous, celui qui est couvert par une pergola de vignes rouges. Mais ne vous faites pas remarquer.

– Eh bien ?

– Eh bien, celui qui s'y trouve assis – vous voyez la fenêtre en marbre à claires-voies –, celui qui regarde vers nous, c'est le Grand Turc en personne. »

Ser Lorenzo distingua à grand-peine un homme aux habits fastueux, avec un énorme turban blanc, assis sur une montagne de coussins, et entouré d'un grand nombre de serviteurs, immobiles comme des statues.

« Eux, expliqua Spinelli, ce sont ses muets. Le Grand Seigneur est toujours entouré de gens de ce type, et il parle avec eux par signes, car il aime vivre dans le silence et veut que rien ne vienne troubler sa tranquillité. À cette heure, il a dû descendre dans le kiosque pour voir passer Votre Seigneurie, puisqu'on lui a probablement dit que vous ameniez je ne sais quelles propositions ! »

Sachant qu'il était, à ce moment précis, sous le regard impénétrable du Grand Turc, ser Lorenzo eut un léger frisson dans le dos ; et il fut content lorsque l'embarcation, qui ramait vers Tophane, laissa derrière eux le kiosque, le sultan et ses muets.

Les jours suivants, il fallut aller rendre visite aux autres pachas, leur apportant à tous, comme c'était l'usage, de somptueux cadeaux, habits et étoffes. Vint enfin, selon l'ordre immuable des priorités fixé par le protocole, la visite que ser Lorenzo attendait avec le plus de curiosité, celle au *kapudan pacha*, comme les Turcs nommaient le commandant de la flotte. Hassan pacha était un Vénitien, capturé au temps de la guerre de Chypre sur un navire marchand où il était écrivain de bord ; et, quoiqu'il eût peu de sympathie pour les renégats, ser Lorenzo ne pouvait s'empêcher d'être curieux de le voir. Le pacha, que ses hommes eux-mêmes appelaient Hassan Venezian, était en villégiature dans son *yali* sur le Bosphore : c'était une demeure en bois à un seul étage, avec un quai pour les embarcations et un vaste jardin parsemé de kiosques qui donnaient sur la mer. Au frais, buvant du sirop de rose, Hassan parla longuement et d'un ton soutenu, se délectant d'avoir devant lui un patricien vénitien paré de pourpre contraint de l'écouter respectueusement. Au début, il parla en turc, et Spinelli traduisait à voix basse, directement à l'oreille de ser Lorenzo, de sorte qu'entre une phrase et l'autre il pouvait introduire des commentaires sans que le pacha s'en aperçût.

« On m'avait dit qu'il ne parlait pas bien le turc et c'est vrai, il ne trouve pas ses mots ! murmura-t-il.

– Et pourquoi diantre me parle-t-il en turc alors ? demanda ser Lorenzo tout aussi bas.

– Parbleu, pour vous impressionner », répondit Spinelli avec un rictus sarcastique.

Au bout d'un moment, toutefois, le *kapudan pacha* en eut assez, et abandonna le turc ; il n'en passa pas pour autant au Vénitien, mais à la *lingua franca*. Toutefois, dans la bouche d'Hassan pacha, le parler en *lingua franca* était plus vénitien qu'il ne l'était à l'accoutumée, et bien qu'il s'y mêlât beaucoup d'espagnol, ser Lorenzo parvenait à le comprendre sans avoir besoin d'interprète.

« J'ai toujours entendu dire que la République se gouverne avec la plus grande prudence, dit le pacha, fixant son interlocuteur de ses yeux très noirs et pénétrants, mais c'est courir un grand risque, monsieur Bernardo, que de vous envoyer ici pour arrêter monsieur Lippomano, et de l'emmener prisonnier en le soustrayant à la cour du plus grand prince du monde sans rien dire à Sa Majesté ni à ceux qui gouvernent cet empire. Si cela ne dépendait que de moi, je trouverais cette façon de procéder très insultante pour l'autorité et la dignité de notre empereur. »

Ser Lorenzo avait des sueurs froides. Spinelli avait raison, pensa-t-il, lorsqu'il m'a conseillé d'augmenter le nombre habituel des cadeaux au *kapudan pacha*, en m'expliquant qu'il était très avare, et que c'était l'homme le plus dangereux pour nous dans ce gouvernement, précisément parce qu'il est Vénitien et qu'il nous connaît bien ; heureusement que j'ai suivi son conseil !

« Pourquoi dites-vous que je viens l'arrêter ? dit-il, lorsque l'autre se tut et lui fit signe qu'il avait la parole. Je ne suis pas venu pour arrêter le *bailo*, mais simplement pour lui notifier qu'il y a certaines accusations qui pèsent contre lui, et lui permettre de retourner tout de suite à Venise pour s'en expliquer ! »

Le *kapudan pacha* se mit à rire.

« Monsieur Bernardo, rétorqua-t-il, avec votre manière prudente et habile de négocier, vous avez charmé tout le monde à cette cour ; nos pachas se sont tous montrés aveugles, sourds et désarmés, et vous les avez mis dans votre poche. Mais, moi, qui suis Vénitien, je sais ce que veut dire la présence de ce capitaine du Conseil des Dix que vous avez amené avec vous. »

Ser Lorenzo voulut protester, mais le pacha l'arrêta d'un geste impérieux.

« Ne craignez pas que je veuille vous mettre des bâtons dans les roues ! D'autres ont déjà décidé au nom du Seigneur, et ce n'est pas à moi de les critiquer. À mon avis, le coup est rude, et, à cette Porte, ils auront l'occasion de s'en repentir ; mais tant mieux pour vous. Je vous dis cela seulement pour que vous sachiez que, auprès de ce Seigneur, il en est qui comprennent les choses de ce monde. Il y a eu dans le passé des affaires bien plus graves à traiter, et jamais la Seigneurie n'a décidé d'envoyer ici un de ses représentants en cachette, comme elle l'a fait avec vous. Vous vous en êtes bien tiré et je vous en félicite ! »

Et l'écrivain de bord vénitien, devenu d'abord esclave sur les galères turques, puis commandant de la flotte du sultan, leva son verre de sirop de rose et but à la santé de ser Lorenzo.

Ce soir-là, lorsque ser Lorenzo rentra au palais, son secrétaire lui dit qu'il y avait un homme qui l'attendait. Il était arrivé peu après le repas et était resté dans l'antichambre jusqu'à ce moment-là.

« Un homme ? Et qui est-ce ? »

– Un Vénitien. Un homme du peuple, jeune. Mal en point. Mais il dit qu'il doit communiquer à Sa Seigneurie des choses de la plus haute importance et qu'il ne peut parler à personne d'autre qu'à vous. »

Ser Lorenzo était habitué à la manière de procéder du Conseil des Dix et il savait que n'importe qui, fût-ce un pauvre pêcheur, un vendeur ambulant, un soldat sans emploi, pouvait être porteur d'un message secret ; aussi ordonna-t-il que l'on fasse entrer cet homme.

Le jeune homme entra et resta respectueusement debout, son béret à la main. Il était vêtu de haillons, ses chaussures étaient éculées, et son béret n'était qu'un pauvre petit béret en laine de pêcheur ; mais l'homme était robuste, musclé et bronzé.

« Dis-moi, dit Bernardo, en l'invitant à parler, après l'avoir évalué d'un coup d'œil.

– Êtes-vous l'Illustrissime *signor bailo* ? demanda le jeune homme.

– C'est moi. Tu as des lettres pour moi ? »

Le visiteur secoua la tête.

« Non, Votre Seigneurie, mais j'ai une histoire à raconter. »

Ser Lorenzo était surpris, mais il lui fit signe de continuer. Le jeune homme triturait son béret entre ses mains et ne se décidait pas à commencer.

« Eh bien ? » lui dit ser Lorenzo, qui commençait à perdre patience.

Le jeune homme hésita encore un moment et finalement se lança.

« Voilà, Illustrissime, j'ai été banni de Venise, mais je n'ai rien fait, et tout un chacun peut en témoigner, mais, lorsque j'ai embarqué sur la galère *Loredana*, qui allait à Candia pour porter un sac de sequins, j'ai vu comment le *comito* de la galère a volé l'argent, ou plutôt, s'emmêla-t-il, comment deux autres l'ont volé, mais que lui les a tués et a enterré le sac, et moi je sais où il est. Et puis monsieur le *sopracomito* s'est emparé d'une felouque, et, là, ils ont pris d'autres sous et ils les ont mis à la place, et comme ça personne n'a rien su, mais les sequins sont encore ensevelis, là, sur l'île », conclut le jeune homme, s'embrouillant chaque fois davantage.

Ser Lorenzo le regarda attentivement. Il n'avait jamais entendu souffler mot de cette histoire, et, en général, il avait très peu de sympathie pour les bannis qui cherchaient à se faire pardonner en inventant on ne sait quelles révélations ; mais ce garçon avait l'air sincère, nullement effronté, et la manière même dont il s'était embrouillé laissait penser qu'il racontait la vérité et non une histoire inventée et apprise par cœur.

« Attends donc un peu, dit-il, levant une main. Procédons par ordre. Quand dis-tu que ça s'est passé ? »

Le jeune homme réfléchit.

« Il y a deux ans.

– Et pourquoi donc viens-tu en parler seulement maintenant ?

– Illustrissime, moi, j'étais sur la *Loredana*, et j'y suis resté jusqu'à Candia. Là, j'ai appris que j'avais été banni, ce que je ne savais pas auparavant, parce que j'avais fui les sbires, mais je ne savais pas que j'avais été condamné au bannissement, alors j'ai eu peur de rester là, et pour partir de Candia je me suis embarqué sur une galère corsaire, et j'y suis resté jusqu'à l'an dernier, et puis, à Chypre, je me suis enfui et, de là, j'ai réussi à venir jusqu'ici, à Constantinople, parce qu'on m'avait dit qu'il y avait un *bailo* vénitien et que je pouvais tout lui raconter et qu'il pourrait m'obtenir la grâce.

– Et toi, tu saurais la retrouver cette île, et le lieu où ont été cachés les sequins ? »

Le jeune homme fit signe que oui.

« Le soir précédent nous étions à Zara. L'île est à une journée de route en direction de Cattaro, et quand je la verrai, je la reconnaîtrai.

– Écoute-moi bien, dit lentement ser Lorenzo. Si cette histoire est vraie, il n'y a qu'une enquête qui puisse l'établir. Si tu veux retourner à Venise, je peux te procurer un sauf-conduit, qui te garantira de ne pas être arrêté à ton arrivée ; après, ce sera à toi de prouver que tu dis vrai. Mais d'abord raconte-moi pourquoi on t'a banni. »

Le jeune homme se balançait d'une jambe sur l'autre, les yeux baissés. Puis, après un moment d'hésitation, il releva la tête et regarda Bernardo droit dans les yeux.

« Les sbires voulaient arrêter mon père, au Rialto. Je ne sais pas ce qu'il avait fait. Ils l'ont frappé avec une hallebarde et il a fini dans le *Canal Grande*, et il s'est noyé. Moi, je me suis enfui, et eux, ils m'ont couru après. Je suis arrivé aux Schiavoni ; là, il y avait une galère qui levait l'ancre, et la veille, moi, j'avais déjà parlé avec un des hommes de la galère qui m'avait dit qu'ils avaient besoin d'hommes. Alors je suis monté à bord. »

Ser Lorenzo s'aperçut avec stupeur qu'il avait déjà entendu cette histoire.

« Et après, dis-tu, tu as été condamné et banni ? Comment le sais-tu ?

– Illustrissime, à Candia, le *parone* m'a dit qu'il avait vu la liste des bannis et que mon nom s'y trouvait. »

Ce n'est pas possible que ce soit lui, pensa ser Lorenzo, amusé. Si Clarice le savait ! Il dut réfléchir un instant pour se souvenir du nom de l'homme pour lequel il avait obtenu la grâce auprès du Conseil des Dix, le mari de la petite chambrière favorite de sa femme. Matteo ? Non, Michele.

« Dis voir, comment tu t'appelles ?

– Michele, fils de Matteo, le maçon, de la paroisse de Sant'Agnese », dit Michele d'un trait.

Ser Lorenzo se mit à rire.

« Écoute bien, ser Michele, j'ai de bonnes nouvelles pour toi. »

32

Michele vécut ces jours-là comme en songe. Il ne parvenait pas à croire que tout cela était vrai : la grâce accordée avant même d'avoir eu à la demander, le sauf-conduit de Bernardo, et, qui plus est, des nouvelles de Bianca : elle était en vie, se portait bien et avait un bon emploi. À peine avait-il commencé à y croire qu'arriva une nouvelle surprise : les domestiques de ser Lorenzo lui racontèrent ce qu'ils savaient de la mission de leur maître, et du *bailo* qu'il fallait ramener à Venise escorté sous bonne garde par un capitaine du Conseil des Dix. À l'instant même où il l'aperçut, Michele reconnut ce Lippomano qu'il avait vu pour la dernière fois le jour de l'accident sur le chantier de son père et de la mort de Zorze. Il ne s'en souvenait que trop : son père le maudissait toujours, disant que c'était lui qui était la cause de leurs malheurs. Lorsqu'il lui arriva de le croiser dans l'une des salles du palais, il se détourna presque instinctivement, partagé entre peur et dégoût : mais ser Girolamo, qui ne regardait jamais les domestiques en face, ne le remarqua même pas.

Sur ordre de ser Lorenzo, Michele passa de longues heures avec le secrétaire Vianello, à raconter son histoire dans les moindres détails ; ce dernier la transcrivit, la lui relut, lui fit mettre une croix au bas de la page, puis la scella et la joignit aux autres lettres adressées au Conseil des Dix.

« Prends garde, là-bas, de la répéter exactement de la même manière, lui intima-t-il. Monsieur notre maître, ajouta-t-il, en baissant la voix, a écrit aux Signori Capi que tu es ce même homme auquel ils ont accordé une grâce, à sa demande, avant qu'il ne parte. Il dit qu'à son avis ton histoire mérite d'être vérifiée ; mais, désormais, tout dépend de toi. »

Le jour de l'embarquement, Michele alla faire ses adieux à Mami, avec qui il était arrivé à Constantinople peu de temps auparavant. Leur arrivée avait été bien peu festive : Mami, qui était absent depuis dix-neuf ans, était certain de ne retrouver ni sa femme ni ses filles, et effectivement il en fut ainsi. Le quartier où ils avaient habité était toujours là, avec ses ruelles tortueuses et pleines d'immondices, ses chiens errants et ses enfants qui jouaient dans la poussière, ses maisons en bois pourri qui penchaient un peu plus chaque année, presque jusqu'à se toucher, mais, chez lui, vivait un inconnu. Voyant le turban jaune de Mami, qui le désignait comme juif, l'homme le chassa avec une certaine rudesse, et lui et Michele s'en allèrent bien vite avant que ne se formât un rassemblement hostile.

« Maintenant, que vas-tu faire ? demanda Michele, après qu'ils eurent rejoint le bord de mer et qu'ils se furent assis à l'ombre d'un mur pour se reposer.

– Je ne sais pas, avoua Mami, découragé. Il faudra que j'aille chez les juifs pour chercher du travail », ajouta-t-il.

Mais, Michele, qui le connaissait bien à présent, s'aperçut qu'il n'était pas très convaincu. Mami regardait autour de lui d'un air inquiet, comme s'il était en train de méditer et qu'il ne parvenait pas à prendre une décision.

« C'est la Ville qui me fait cet effet-là, dit-il. Je ne pensais pas la revoir un jour. »

Au même moment, un homme sortit d'une cour. Il était habillé pauvrement, sans chaussures, et portait de gros anneaux aux lobes des oreilles. Derrière lui grondait une meute de chiens errants, et d'autres chiens, attirés par leurs aboiements, arrivaient ventre à terre des rues avoisinantes. L'homme avait à la main une petite bassine, et la vida au milieu de la rue : elle était pleine de tripes et de foie rôti, et les chiens se jetèrent dessus avec avidité. L'homme resta là un instant, à les regarder, puis il rentra, ressortit avec sa bassine pleine, et répéta le même geste.

Michele, étonné, s'adressa à Mami.

« Mais il fait quoi celui-là, il a perdu la raison ? »

Mami le regarda sans comprendre.

« Pourquoi ? Il fait l'aumône aux chiens. Eux aussi sont des créatures de Dieu.

– On a coutume de faire ça chez les Turcs ? rit Michele.

– Tous ne le font pas, mais il y a des hommes bons qui croient que cela aussi c'est une forme d'aumône », dit Mami, très sérieusement ; et, lorsque l'homme sortit pour la troisième fois, il se leva et alla vers lui.

Ils parlèrent longtemps en turc, et Michele, qui ne comprenait pas un mot, vit que tous deux souriaient ; puis Mami se pencha pour caresser un des chiens, qui se frotta contre ses jambes, et s'en revint les yeux humides.

« Des hommes saints ! dit-il. Je crois que je resterai un peu avec eux. »

Lorsqu'il vint prendre congé de Mami, Michele le trouva au fond de la cour, où vivait, en plein air, sans aucune protection contre les intempéries, une petite communauté de derviches. À le voir, il était déjà devenu l'un des leurs, et personne n'aurait pu penser que peu de temps auparavant il était juif. Il allait pieds nus comme si cela avait été pour lui la chose la plus naturelle du monde, et de lourds anneaux pendaient aux lobes de ses oreilles.

« Dieu est grand ! lui dit-il, en le prenant dans ses bras. Si telle est Sa volonté, tu arriveras sain et sauf chez toi, et tu reverras ta femme. »

Michele l'étreignit, ému, se disant une fois de plus que le monde était plus compliqué que ce qu'on lui avait enseigné.

Le premier navire vénitien au départ de Constantinople levait l'ancre une dizaine de jours plus tard, jours que ser Girolamo employa à préparer ses bagages, à faire ses visites d'adieu, et à vérifier les comptes avec le secrétaire Vianello. Il vendit presque toutes ses affaires, habits, fourrures, argenterie, chevaux, vins, bois ; ser Lorenzo, qui devait rester en place jusqu'à ce que le Sénat eût désigné un nouveau *bailo*, acquit une grande partie du mobilier de la maison, et le reste fut racheté par des marchands juifs et apporté au bazar. Le dernier dimanche avant de partir, Lippomano alla écouter la messe au couvent de San Francesco, se confessa et communia ostensiblement ; ce même soir, ser Lorenzo convoqua le frère auquel il s'était confessé et s'entretint avec lui plusieurs heures, sans parvenir à lui faire révéler quoi que ce soit de ce qu'il avait entendu. Ser Girolamo, vêtu de pourpre, allait et venait la tête haute, proclamait son innocence, et faisait de larges aumônes avec l'argent qui lui restait après avoir soldé ses comptes. Un soir, enfin, le navire *Manolessa*, dont le patron était ser Demetrio della Canea, finit d'embarquer son chargement de cuir, de poisson séché, de porcelaine et d'alun, et Lippomano embarqua avec ses domestiques. Ser Lorenzo l'accompagna jusqu'au bateau, puis s'enferma dans la cabine avec le patron et le capitaine Casalini.

« Messer Filippo, commença-t-il, vous avez compris quels sont vos ordres. Vous devez ramener monsieur Lippomano à Venise ; avec ce navire, vous irez jusqu'à La Canea et là vous attendrez que l'on envoie une galère depuis Venise. Vous ne devez jamais le laisser seul un instant, ne vous éloignez de lui sous aucun prétexte, ne permettez pas qu'il descende à terre ni qu'il monte sur un autre vaisseau, est-ce clair ? Et vous, continua-t-il en s'adressant au patron, faites de même, il y va de votre tête. Vous irez tout droit à La Canea, en faisant le moins d'escales possibles et en aucun cas dans des lieux habités. »

Le patron, un petit Grec barbu, fit oui de la tête, résigné. Il était manifeste qu'il se serait volontiers passé de ce tracas.

« Arrivé à Venise, poursuivit ser Lorenzo en s'adressant à Casalini, vous l'emmènerez dans les prisons des Signori Capi, et alors votre mission sera terminée. Voici, ajouta-t-il, en lui remettant un paquet de lettres, les lettres scellées pour les autorités de Candia et pour le Conseil des Dix, que vous remettrez à qui de droit. Tout est clair ? »

Le capitaine acquiesça nerveusement.

« Ah, messer Filippo ! J'allais oublier » ajouta ser Lorenzo, qui s'était déjà levé pour retourner à quai. « Je vous confie aussi ce jeune homme que je vous ai déjà montré. On lui donnera la même ration qu'à mes domestiques. Ne le perdez pas de vue, mais souvenez-vous qu'il n'est pas en état d'arrestation. J'ai signé pour lui un sauf-conduit et, à Venise, vous l'accompagnerez auprès des Signori Capi. Et puis, si je peux vous demander une faveur personnelle, allez saluer Madame donna Clarice, et donnez-lui ces lettres », conclut-il en lui tendant un paquet. Le capitaine le prit dans ses mains et s'inclina.

« Et maintenant, messieurs, partez, que Dieu soit avec vous et vous accorde un voyage prospère. »

Le bateau leva l'ancre aux premières lueurs de l'aube et s'avança dans la Mer de Marmara. Michele resta à la poupe pour regarder les minarets de Constantinople jusqu'à ce qu'ils disparaissent dans la brume matinale. Au cours de l'après-midi, ils firent escale à Silivria, où le consul vénitien monta à bord, examina attentivement tous les passagers, puis signa un permis dans lequel il attestait que, à première vue, tous à bord étaient en bonne santé ; dans le pays du Turc, il y avait des soupçons de peste et aucun vaisseau ne pouvait amarrer dans un port vénitien sans un permis de ce type. Le lendemain, le navire accosta sous les tours fortifiées du château d'Anadolou Hisari, qui contrôlait le passage le plus étroit des Dardanelles, et les douaniers turcs montèrent à bord pour inspecter le chargement et les acquits. L'inspection fut très brève car le patron, Demetrio, avait préparé un petit sac d'aspres qu'il distribua sous les yeux de tous ; les douaniers les empochèrent, descendirent dans la cale et remontèrent quelques minutes plus tard, autorisant le passage. Le navire leva les voiles et une heure plus tard il s'éloignait en direction de la haute mer. Michele, qui était sur le pont, vit Lippomano monter de la cabine, de noir vêtu, et, à ses côtés, le capitaine Casalini. Les deux hommes s'accoudèrent à la rambarde et restèrent, là, un moment, silencieux.

« Vous voyez ces restes de murs, là-bas ? » dit Lippomano au bout d'un moment.

Casalini plissa les yeux.

« Quand je suis arrivé ici, l'an dernier, on m'a raconté que l'antique Troie se trouvait juste là, et que ces murs sont les siens. Qui sait si c'est vrai ! »

Le capitaine se taisait.

« Depuis qu'il m'est arrivé ce malheur, reprit Lippomano, qui paraissait particulièrement pâle dans son habit noir, j'ai l'impression qu'il est difficile de distinguer avec certitude le faux du vrai. »

C'est cela, oui, bien sûr, pensa Casalini.

« Pour moi, rétorqua-t-il, la seule chose vraie ce sont les ordres des Signori Capi, et ça, c'est la vérité révélée. »

Lippomano soupira, et se mordit les lèvres. À dire vrai, il ne l'avait pas vraiment espéré, parce que le Conseil des Dix savait choisir ses serviteurs, mais, maintenant, il avait la confirmation que ce n'était pas en se rendant sympathique qu'il pourrait soutirer au capitaine quelque information utile que ce fût.

Le voyage jusqu'à La Canea dura deux semaines, avec un vent favorable et sans mauvaises rencontres. En arrivant en Crète, Michele revit avec émotion le profil rude des montagnes de la grande île. Une fois dans le port, le navire débarqua sa cargaison humaine, à la grande satisfaction du patron Demetrio, qui pouvait dès lors retourner s'occuper de ses combines sans être désormais impliqué dans de dangereuses affaires d'État ; Casalini, Lippomano et leur suite, y compris Michele, furent logés dans le palais du recteur de La Canea, en attendant qu'une galère fût prête pour les conduire à Venise. L'escale dura plus de dix jours, au cours desquels Michele tenta de se tenir le plus à l'écart possible de Lippomano ; il avait une peur irrationnelle que cet homme pût le reconnaître et, d'une manière ou d'une autre, lui faire du mal. Il ne lui arriva qu'une seule fois de se trouver assez près de lui pour entendre une conversation entre le prisonnier et le maître de maison, et alors Michele ne put s'empêcher de tendre l'oreille.

« Comment est-il possible que mon frère n'ait rien su, qu'il ne m'ait pas écrit ? Je comprends que ses lettres n'aient pas pu arriver jusqu'à Constantinople à temps avant mon départ, mais j'étais sûr d'en trouver ici, disait Lippomano.

– Pourtant, il n'y en a pas, et il n'en est pas arrivé », rétorquait froidement l'autre homme.

À son grand étonnement, Michele s'aperçut que Lippomano, d'habitude si hautain, prenait presque un air suppliant.

« Dites-moi la vérité, insistait-il.

– Mais c'est la vérité ! s'impatienta le recteur. Ici, il n'est pas même arrivé l'ombre d'une lettre de votre frère, le prieur, ni la moindre nouvelle, depuis des mois. »

Lippomano haussa les épaules.

« Je ne peux pas le croire », conclut-il.

Le prisonnier était libre d'aller et venir dans le palais du recteur, mais pas de sortir, et le capitaine Casalini dormait dans la même chambre que lui. On ne le laissait jamais seul ; mais les longues années de dissimulation diplomatique l'avaient habitué à s'isoler et à réfléchir en son for intérieur même parmi des inconnus. Il faisait froidement ses calculs, évaluant les chances qu'il avait de s'en tirer. Il avait espéré trouver en Crète des lettres codées de son frère, susceptibles de le renseigner sur la situation, l'aidant à comprendre si, outre les suspicions qui pesaient sur lui, il y avait aussi des preuves concrètes, puisque, en fin de compte, c'était de cela dont tout dépendait, ou presque. Ne trouvant pas de message du prieur, il s'était décomposé ; mais il s'était aussitôt dit que ce n'était probablement pas là un signe préoccupant, bien au contraire. Si son frère ne lui avait pas écrit, ce devait être parce qu'à Venise personne n'était au courant de rien ; aucun scandale n'avait éclaté, et lui, le prieur, n'avait pas été dérangé. Hormis eux deux, personne ne savait la vérité sur ses combines ; et parmi ceux qui dépendaient d'eux, rares étaient ceux qui pouvaient avoir ne fût-ce que l'ombre d'un soupçon. Il faudra se battre contre les Dix, pensait Lippomano, mais j'y arriverai, je suis plus rusé qu'eux. Et puis, de toute façon, je découvrirai qui a parlé et je me vengerai ; et je me vengerai même de ce Lorenzo Bernardo. Ô pour sûr que je me vengerai de lui ! Lorsqu'il ruminait ces pensées, Lippomano oubliait parfois qu'il n'était pas seul et un ricanement féroce découvrait ses canines ; le capitaine Casalini qui, un jour qu'il le regardait à la dérobée, l'avait surpris à rire de la sorte, avait senti son sang se glacer.

Finalement, le jour vint où ils embarquèrent tous sur la galère du *sopracomito* Benetto Gritti, qui devait les conduire à Venise. En montant à bord, Michele fut contrarié en s'apercevant qu'il ne s'agissait pas d'une galère commune, mais d'une de celles que les Vénitiens nommaient galères des condamnés, avec une chiourme composée exclusivement de forçats enchaînés. Les souvenirs les plus désagréables des mois qu'il avait passés sur l'*Aquila* lui revinrent à l'esprit, et avec eux une certaine peur, à l'idée qu'il retournait volontairement à Venise pour se mettre dans les mains du Conseil des Dix, avec pour unique protection la parole de ser Lorenzo Bernardo. Espérons que tout ira bien, se dit-il, tandis que, avec les autres domestiques et hommes de peine de Bernardo et de Lippomano, il posait son sac et cherchait un endroit où dormir.

Le temps continuait d'être favorable au voyage ; la galère passa au large de Cythère, poussée par le vent, remonta la Morea en cabotant, dépassa Zante et Céphalonie, faisant escale tous les deux ou trois jours pour embarquer de l'eau et du bois, et, après quelques semaines, elle arriva en vue de Corfou. Là, le temps changea, et il ne fut plus possible de sortir du port durant cinq jours ; le recteur de Corfou monta à bord pour s'entretenir avec le *sopracomito* et avec Casalini et, quand il sortit de la cabine et se dirigea vers l'échelle de coupée, il se trouva face à Lippomano qui le salua en s'inclinant. Le recteur répondit courtoisement à son salut, mais son embarras était perceptible.

« *Signore*, dit ser Girolamo, accordez-moi une grâce.

– Dites-moi, grommela le recteur, en plissant le front.

– Il n'est pas possible qu'il n'y ait pas ici de nouvelles de mon frère, le prieur. Je ne sais plus rien de lui et je suis terriblement angoissé. »

Le recteur ouvrit la bouche pour parler, puis se retint, et se tut.

« Eh bien ? » dit Lippomano en se penchant avidement vers l'avant.

Le recteur détourna le regard.

« Dites-moi, puisque vous le savez ! insista Girolamo.

– Monsieur Lippomano, puisque vous tenez tant à le savoir, votre frère a été accusé de complicité dans vos crimes ; il a été banni de Venise et de toutes les terres de Saint Marc, sous peine de mort s'il y revenait, déclara le recteur.

– Banni ! rugit Lippomano, vacillant sous le coup. Complicité dans mes crimes ! Mais, donc, je suis moi aussi d'ores et déjà condamné !

– Ce n'est pas ce que j'ai dit », rétorqua le recteur, embarrassé, en apercevant le regard réprobateur que lui jetait le capitaine Casalini, qui était sorti de la cabine lui aussi.

« Rentrez à l'intérieur monsieur Lippomano », dit le capitaine ; et, le prenant courtoisement mais fermement par le bras, il l'emmena.

À partir de ce jour, tous s'aperçurent que le prisonnier était en proie à une agitation mortelle. Il mangeait peu ou pas, quoiqu'il fût toujours invité, avec Casalini, à la table du *sopracomito* Gritti, où l'on servait chaque jour des mets exquis : macaroni le midi et le soir, caviar et poutargue, tandis que les officiers, les marins et les domestiques se contentaient de soupe de riz et de viande salée, et les forçats aux rames de biscuit trempé dans de l'eau. Les domestiques de Lippomano se disputaient le tour pour le servir à table parce que son assiette restait toujours pleine, et que celui qui débarrassait avait le droit de la vider. Messer Filippo et Gritti, un homme sec et osseux, avec une courte barbiche grise et un regard d'acier, ne le perdaient jamais de vue et remarquaient, de plus en plus tracassés, qu'il ne mangeait pas, qu'il maigrissait, et qu'il avait dans les yeux une lueur fébrile.

« Je serai content lorsque je l'aurai remis aux Signori Capi », dit un soir Casalini à Gritti, tandis qu'ils buvaient une coupe de vin ; le temps était lourd et la mer une bonace, le vent était tombé, et les forçats enchaînés aux bancs transpiraient pour faire avancer la galère sur la mer lisse comme de l'huile, surveillés par l'argousin, armé d'un bâton.

« Je serai content, moi aussi, confirma le *sopracomito*. Je ne veux plus faire d'escales, même s'il faut arriver là-bas avec la chiourme en morceaux. Je n'aime pas cet homme », ajouta-t-il.

Finalement, arriva le moment où la galère fut en vue du Lido. Presque tous les passagers se pressèrent à la proue pour être les premiers à apercevoir, dans le brouillard matinal, les campaniles de San Giorgio et de San Marco. Les marins se préparèrent à carguer les voiles car la difficile manœuvre d'entrée dans la Lagune, qui nécessitait de passer entre les deux châteaux du Lido, ne pouvait se faire qu'à la force des rames. Casalini et le *sopracomito* sortirent en s'étirant de sous la tente de la cabine de poupe ; depuis quelques jours, la chaleur était devenue si insupportable qu'au lieu de descendre sous le pont, dans la chambre du commandant, Lippomano et eux dormaient là.

« Je n'ai jamais été si heureux de revoir Venise ! » dit Casalini en riant.

Derrière eux sortit Lippomano, en bras de chemise, les yeux rouges de qui n'a pas dormi et une ombre de barbe blanche. Plissant les yeux, il reconnut les bastions des châteaux, hérissés de canons, et poussa un long soupir. Puis, d'un geste brusque, il se dirigea vers le portillon de la petite échelle de coupée.

« Où allez-vous ? demanda rudement Casalini.

– Pisser », répondit ser Girolamo, d'un ton distant.

Arrivé au portillon, il l'ouvrit et descendit la première marche ; puis en un éclair il se jeta à la mer.

33

« Arrête ! Arrête ! se mit à crier Casalini, les yeux exorbités.

– Amène les voiles ! hurla le *sopracomito*. Revenons en arrière ! Vous, sur les bancs, scie-vogue, vogue inversée ! »

Les officiers se précipitèrent sur la coursie, répétant l'ordre pour les forçats de ramer en sens contraire, pour faire virer de bord la galère qui, poussée par le vent, s'éloignait à vue d'œil de l'homme à la mer. Tandis que les marins couraient amener les voiles, tous ceux qui n'avaient rien à faire se précipitèrent à la poupe, pour voir ce qui se passait.

« Il est tombé ! Un homme à la mer ! » s'égosillait Casalini.

Le *sopracomito* ordonna de jeter à l'eau des tonneaux vides et d'autres objets en bois, afin que ser Girolamo puisse s'agripper à quelque chose et se maintenir à flot jusqu'à ce qu'il soit secouru. Mais Lippomano, au lieu de nager dans leur direction, nageait vers le large.

« Mais êtes-vous sûr qu'il soit tombé ? » dit tout bas Gritti. Casalini, apeuré, écarta les bras en signe d'ignorance, et se tut.

« Moi, je n'ai pas l'impression qu'il a envie d'être sauvé », observa le *sopracomito*.

La galère mit un certain temps à s'arrêter et à tourner sur elle-même ; Lippomano n'était désormais qu'un petit point à l'horizon.

« Il nage très bien », constata Gritti, suscitant un geste d'impatience de Casalini.

Finalement, la galère prit de la vitesse, et commença à se rapprocher du fuyard.

« Ceux qui savent nager, à l'eau, et un sequin pour celui qui le rattrape », cria le *sopracomito.* De nombreux marins se déshabillèrent à la hâte et se jetèrent à l'eau. La mer, entre-temps, était devenue plus agitée et la galère roulait dangereusement.

« Quelle histoire ! » se dit Casalini.

Des dizaines de personnes, qui s'étaient à nouveau entassées à la proue, suivaient avec inquiétude la poursuite. On vit d'abord un premier marin, puis un second, s'approcher à grandes brassées de Lippomano ; mais, alors qu'ils étaient sur le point de le rattraper, il plongea. À bord de la galère, on entendit s'élever un hurlement collectif, aussitôt suivi par un autre, lorsque le fugitif refit surface derrière les deux nageurs et se remit à nager vigoureusement dans une autre direction. Mais, là-bas, d'autres nageurs étaient en train d'arriver. Lippomano leur échappa encore une fois, fit quelques brassées, puis, on le vit s'agiter convulsivement et disparaître sous l'eau. À nouveau, un hurlement s'échappa de la foule. Deux des marins plongèrent à leur tour et réapparurent peu après, soutenant à grand-peine un corps inerte.

Le fuyard fut ramené à bord inconscient. Il était livide, les yeux exorbités, et gonflé à cause de l'eau qu'il avait avalée.

« Il est vivant ? » demanda Casalini avec anxiété au chirurgien de bord, qui s'était penché en premier sur le corps.

L'homme regarda vers le haut et secoua la tête.

« Plus mort que vivant.

– Mais il respire ? » insista le capitaine.

Le chirurgien colla son oreille à la bouche du noyé, tandis que d'autres lui tâtaient le cœur et lui prenaient le pouls.

« Il respire encore un peu, lui répondit-on.

– Essayez de le ranimer ! cria Casalini. Messer Benetto, portons-le à terre, ici, au Lido, qu'on en finisse ! »

Dans le coma, Lippomano fut transporté au monastère de San Nicolò del Lido, où l'on appela en toute hâte des médecins et des chirurgiens ; on lui fit des saignées, des frictions avec du vinaigre et des substances urticantes, mais aucun de ces remèdes ne permit de le maintenir en vie. À minuit, ser Girolamo Lippomano cessa de respirer, sans avoir rouvert les yeux ni récupéré la parole.

« Et donc il ne fait aucun doute qu'il ne s'est pas agi d'un accident ?

– Non, il n'y a pas le moindre doute. Il a fait tout son possible pour ne pas être sauvé. »

Messer Zuanne Morosini se tut, et il tambourina sur la table avec ses doigts. Les bancs qui lui faisaient face étaient pleins, il ne manquait aucun membre du Conseil des Dix, le doge Pasquale Cicogna, qui présidait la séance, passait ses doigts couverts de bagues dans sa longue barbe touffue, et le capitaine Casalini, debout, son chapeau à la main, attendait, tout en sueur, de comprendre s'il allait être réprimandé ou non pour ce qui s'était passé.

« Ainsi, il a lui-même avoué sa propre faute », observa finalement le doge.

Casalini poussa un soupir de soulagement : malgré le silence par lequel ils avaient accueilli son rapport et les mines impénétrables que tous ces vieux renards savaient prendre lorsqu'il y avait un étranger dans la salle secrète, il ne lui semblait pas que les Dix fussent si mécontents de la manière dont s'était terminée la chose.

« C'est bon, vous pouvez disposer, mais restez dehors et attendez », ordonna Morosini après avoir échangé quelques mots à voix basse avec le doge.

Une fois le capitaine congédié, la discussion reprit et devint aussitôt plus animée.

« Il est mort, d'accord ; mais cela ne veut pas dire qu'il ne doive pas recevoir la punition qu'il mérite », dit ser Giambattista Soranzo.

C'était un petit homme chauve, avec une barbe noire clairsemée, qui avait tôt fait de s'agiter.

« Et comment ? demanda quelqu'un.

– Lui n'est plus là, mais il y a son corps, déclara ser Giambattista. Moi je propose qu'on le traîne à travers la ville, qu'on le décapite et qu'on l'expose à la risée publique.

– En somme, il s'agirait de faire au corps du défunt ce qu'il méritait qu'on lui fît de son vivant », résuma le doge.

Messer Zuanne Morosini s'éclaircit la voix.

« Je pense, commença-t-il prudemment, que nous en prendre à un cadavre n'est pas à la mesure de la dignité et de la clémence de la République.

– On a souvent vu en ce bas monde des exemples de traîtres écartelés ou pendus après leur mort, et les princes qui ont traité leurs ennemis de la sorte n'ont pas pour autant été moins redoutés, l'interrompit Soranzo.

– C'est vrai, mais, dans ces cas-là, la trahison était de notoriété publique et connue de tous, rétorqua Morosini.

La question est de savoir si nous avons intérêt ou non à ce que l'on sache que le *bailo* que Sa Sérénité », et il fit un signe en direction du doge, qui, pour l'heure, restait silencieux et pensif, « a envoyé à Constantinople, et qui, avant cela, avait représenté la République dans nombre de lieux importants, un homme issu d'une des familles les plus nobles, nous a escroqués d'une manière si indigne, et ce, pour du vil argent !

– Des bruits courent, objecta quelqu'un.

– Mais tant qu'ils ne sont pas confirmés, et que le secret reste ici entre nous, les bruits ne font pas de dégâts. Au contraire, le simple fait qu'ils courent sans être confirmés accroît la peur et le respect de la populace.

– Pour ma part, je reste convaincu que cet homme méritait d'être supplicié et mis au pilori, et si l'on ne peut pas le faire de son vivant, il faut le faire après sa mort », répéta férocement Soranzo.

Le doge soupira et prit la parole.

« Même les bêtes sauvages ne s'acharnent pas sur les cadavres, commença-t-il.

– À l'exception des chacals, dit une voix.

– Justement ! insista le doge. Je crois qu'il vaut mieux faire preuve de clémence, et permettre aux siens de l'enterrer. Où sont les tombes des Lippomano ?

– À l'église des Frati dei Servi, intervint le secrétaire qui dressait le procès-verbal.

– Voilà ! Alors, je demande que l'on mette aux voix la proposition qui suit : que l'on rende le corps mort à la famille, sans autre forme de procès, et qu'on leur permette de l'ensevelir dans les tombeaux qu'ils possèdent à l'église des Servi. »

Le secrétaire prépara l'urne et distribua les boules d'étoffe. Les Dix votèrent en silence. Lorsqu'on ouvrit l'urne, l'on constata que la majorité avait approuvé la proposition. Le secrétaire en prit note pour le procès-verbal, précisant le nombre de voix pour et contre.

« Je veux croire que vous approuverez au moins la confiscation de ses biens et la démolition de la maison où il vivait », intervint à nouveau Soranzo, mécontent.

Les autres se regardèrent, perplexes : il était en effet de coutume de prendre ce genre de mesures contre les traîtres. Mais cette fois-ci ?

« Vous n'avez pas compris, s'impatienta Morosini. Cette affaire doit être étouffée, et c'est tout. Que voulez-vous que les gens disent s'ils voient confisquer le patrimoine et démanteler la maison ?

– Donc, la justice, on s'en fiche. Soit, il suffit de le savoir, dit ser Giambattista, avec morgue.

– La justice est une des premières préoccupations de cette République, mais il faut être cohérents avec le but poursuivi, intervint le doge. Nous avons voté de n'engager aucune procédure contre le cadavre, et nous n'en engagerons aucune contre la maison non plus. »

Ser Lunardo Michiel, qui, jusqu'à présent, était resté silencieux, se leva tout à coup.

« Il faut dire aussi, commença-t-il, doucement, que cet homme nous a rendu un grand service en se tuant lui-même. Parce que si l'on avait dû intenter un procès contre lui, je ne sais pas ce qui aurait pu en sortir. Pire encore : imaginez si, là-bas, à Constantinople, il lui était venu à l'esprit d'opposer quelque résistance. Il aurait pu se mettre sous la protection du Grand Turc, et refuser de partir ; nous nous serions trouvés dans un grand embarras, et nous aurions fait bien piètre figure aux yeux du monde.

– C'est pourquoi, intervint Morosini, tout le mérite en revient à Bernardo qui a su prendre en charge cette affaire de main de maître.

– C'est vrai, confirmèrent certains d'entre eux.

– Je peux vous le dire, moi, poursuivit messer Zuanne, qu'il était bel et bien venu à l'esprit de Lippomano de résister et de refuser de partir. Mais Bernardo, avec de belles paroles, a su l'en dissuader.

– Voyez-vous donc ! intervint, agité, Soranzo. Et vous allez finir par me dire que nous devons lui être reconnaissants de s'être laissé emmener si docilement ! Et pourtant vous vous souvenez tous de ce que nous écrit Bernardo dans son rapport, qu'un jour, en discutant, il a dit à Lippomano, pour qu'il reste tranquille, qu'il était très content de son obéissance, et que, de cette manière, il donnait une grande preuve de son innocence ; et Lippomano lui a répondu : cher monsieur, qu'aurais-je pu faire d'autre ? Ici, avec de l'or, on obtient ce que l'on veut, et vous, vous pouvez en débourser plus que moi ! »

Des rires fusèrent.

« Il n'en reste pas moins, reprit ser Lunardo, que Lippomano nous a évité de graves tracas, d'abord parce qu'il s'est puni tout seul, et ensuite parce que, au moment de son arrestation, il a obéi à nos ordres. Je crois donc que, quoiqu'il ait grandement démérité, nous pouvons lui reconnaître au moins ce peu de mérite-là ; et c'est pourquoi je voudrais mettre aux voix la proposition qu'aucune autre mesure punitive ne sera prise à son encontre. »

Le vote donna raison à ser Lunardo, avec une seule voix contraire, celle de Soranzo, évidemment. Ce dernier retourna s'asseoir en secouant ostensiblement la tête.

« Donc l'affaire est close, déclara Morosini. Maintenant, messieurs, il nous reste une autre affaire que notre bon capitaine Casalini nous a ramenée de Constantinople.

– Notre bon capitaine Casalini mériterait d'être emprisonné pour avoir laissé s'échapper son prisonnier de la sorte ! Encore un peu et nous lui ferons un panégyrique ! éclata ser Giambattista.

– Soyez certain que nous lui ferons savoir ce que nous pensons de cette affaire, et ce ne sera pas un panégyrique, dit sinistrement messer Zuanne. Mais c'est d'un autre homme dont nous devons discuter, de ce banni que Bernardo nous a renvoyé en lui procurant un sauf-conduit, et qui, à ce qu'il paraît, a une histoire très étrange à nous raconter. Il est encore tôt et nous avons du temps : je propose de l'envoyer chercher et de l'écouter. »

Un quart d'heure plus tard, Michele fut amené par deux sbires. Il était encore vêtu des habits qu'il portait à son départ de Constantinople, presque deux mois auparavant, et avait l'air abattu. En arrivant à Venise il pensait qu'on le laisserait libre de partir, mais le capitaine Casalini avait pour ordre de le conduire aussitôt dans les prisons des Dix, dans l'attente d'un interrogatoire. Ces vingt-quatre heures passées dans un cachot, sans pouvoir prévenir Bianca qu'il était rentré et dans l'incertitude de ce qui allait lui arriver, l'avaient accablé bien plus que tout le long voyage en mer.

Messer Zuanne Morosini le regarda avec curiosité. C'était donc lui, cet homme pour lequel ser Lorenzo Bernardo était venu lui demander une faveur : au fond, c'était grâce à lui qu'il avait eu l'idée d'envoyer justement Bernardo à Constantinople, et cela avait été une bonne idée. Que c'était étrange, pourtant, que ce jeune homme surgisse précisément à Constantinople, et avec une folle histoire à raconter ! Morosini avait l'habitude de ne faire confiance à personne, et de ne pas croire aux coïncidences. Aussi est-ce suspicieux et prudent qu'il commença à interroger Michele.

« Le Magnifique ser Lorenzo Bernardo, dit-il, en dévisageant le jeune homme qui se tenait devant lui, son béret à la main, écrit que vous lui avez raconté une longue histoire. Maintenant, racontez-la aussi à ces messieurs. »

Michele commença, balbutiant d'émotion, à raconter ce qui lui était arrivé. Il raconta comment il avait embarqué sur la *Loredana*, à l'improviste, parce qu'il tentait de fuir les sbires.

« Ce n'est qu'après que j'ai su que j'avais été banni. Mais monsieur le *bailo* m'a dit que le ban avait été levé, et que la grâce est signée, n'est-ce pas ? demanda-t-il en regardant autour de lui, apeuré.

– C'est vrai, confirma Morosini, et vous pouvez être tranquille à ce sujet. Mais ce qui nous intéresse c'est ce qui s'est produit sur la galère. Vous confirmez qu'il s'agit bien de la galère du *sopracomito* messer Andrea Loredan, qui a levé l'ancre de Venise le 27 juillet 1588 ? demanda-t-il, après avoir jeté un coup d'œil au dossier qu'il avait ouvert tout grand sur la table.

– Je ne sais pas quel jour c'était, déglutit Michele, mais pour ce qui est de la galère, c'est bien celle-là.

– Poursuivez.

– Voilà, dit Michele, parmi nous autres galériens, le bruit a tout de suite commencé à courir selon lequel le *sopracomito* transportait un sac de sequins. »

Le doge regarda Morosini, qui confirma d'un signe éloquent.

« Un sac de sequins à transporter à Candia, poursuivit Michele. Et un jour, tandis que nous faisions escale sur une île dalmate, deux garçons ont volé le sac.

– Deux garçons ? intervint Soranzo.

– Je voulais dire deux galériens. Les deux qui étaient au même banc que moi, deux garçons de Chioggia.

– Et puis ?

– Et puis des soldats sont descendus à terre pour les chercher, et moi j'étais déjà à terre avec l'équipe que l'on avait envoyée chercher du bois et de l'eau, et je les ai vus qui fuyaient dans les broussailles, et les soldats les ont rejoints et les ont tués. Et le *comito* de la *Loredana* était à leur tête. Moi, j'étais caché là, tout près, et j'ai tout entendu : le *comito* a dit : pourquoi on ne les garderait pas, les sequins ? Et il a ajouté : il suffit que l'on dise qu'on ne les a pas trouvés, on les enterre là, et personne ne le saura.

– Et vous savez comment s'appelait le *comito* ? demanda quelqu'un.

– Non, Illustrissime, je ne le sais pas, je n'étais qu'un simple galérien », dit Michele.

Messer Zuanne s'éclaircit la voix.

« Ce n'est pas vraiment un problème, nous, nous savons comment il s'appelait, j'ai déjà envoyé chercher le livre de bord de la galère. Poursuivez.

– Ben, les soldats on dit que ça leur allait, et comme ça, ils ont enterré les deux garçons, et l'or aussi, et puis ils sont rentrés dire qu'ils n'avaient rien trouvé. Et moi j'ai vu où ils ont creusé les fosses, et j'ai retenu l'endroit, et je suis sûr que je saurai le retrouver.

– Et comment s'appelait l'île ?

– Je ne sais pas, mais je la retrouverai, en naviguant à partir de Zara. J'ai bien vu le profil des montagnes, et je l'ai gravé dans ma mémoire. C'est à une journée de Zara », répéta Michele.

Giambattista Soranzo s'agita sur son banc.

« Et vous, pourquoi n'avez-vous pas signalé aussitôt ce que vous aviez vu ?

– Je sais que j'ai commis une erreur, dit Michele, sérieusement. J'ai eu peur, Illustrissime. Comment un galérien peut-il dénoncer un *comito* ?

– Vous deviez le dénoncer, et le *sopracomito* aurait fait justice, rétorqua Soranzo, glacial.

– Ser Giambattista, pardon, mais l'histoire n'est pas encore terminée, intervint Morosini. On n'a donc plus parlé du sac de sequins à bord ?

– Et comment qu'on en a parlé ! reprit Michele, rassuré. Tout le monde disait qu'on ne l'avait plus retrouvé, on a fait tout le tour de l'île pour retrouver les voleurs.

– Et vous étiez le seul à savoir que c'était inutile et vous n'avez rien dit, fit remarquer ser Lunardo Michiel.

– *Sissignore*, reconnut Michele, mortifié. J'avais peur. Je ne l'ai pas dit tout de suite, et après je ne pouvais plus.

– Et puisque les voleurs n'ont pas été retrouvés, que s'est-il passé ensuite ?

– Eh bien, dit Michele, avant d'arriver en Crète, nous avons abordé une felouque turque. Il y avait à son bord des juifs avec des marchandises et de l'or. Monsieur le *sopracomito* a tout fait séquestrer, et puis ils nous ont dit que c'étaient eux les voleurs, et qu'ils avaient récupéré l'or volé. Mais je sais que ce n'est pas vrai.

– Et de cette felouque, comment se fait-il que personne n'en a jamais entendu parler ? intervint encore Michiel.

– Je n'ai rien vu, moi, parce que j'étais à mon banc. Mais on dit qu'ils ont tué tous ceux qui étaient à son bord pour que la chose ne se sache pas. »

Michele se tut, tout en sueur et apeuré, tâchant de comprendre ce que pensaient de son histoire tous ces messieurs vêtus de pourpre.

« Très bien ! tonna le doge, après un instant de silence. Qu'on l'emmène. »

Les gardes vinrent prendre Michele et le conduisirent dehors. Dès qu'il fut sorti, les Dix commencèrent à parler tous en même temps, et ce n'est qu'à grand-peine que les Signori Capi parvinrent à maintenir l'ordre.

« Je n'ai jamais vu un menteur pareil ! protestait ser Lunardo Michiel. Le *sopracomito* Loredan est arrivé à Candia et a remis l'or régulièrement, tout est inscrit sur le procès-verbal, et le reste ce ne sont que des fadaises !

– Messer Lunardo, dit ser Zuanne, en le regardant fixement, je me trompe ou ce *sopracomito* est le mari de l'une de vos nièces ? »

Michiel admit que c'était vrai, mais ne se démonta pas pour autant.

« Et alors ? rétorqua-t-il d'un air de défi. Ici on accuse un patricien vénitien de s'être fait voler l'argent que la République lui avait confié, et d'avoir pris d'assaut un navire turc, trucidé son équipage, volé à son tour de l'argent et l'avoir remis en lieu et place de l'autre sans dire un seul mot de ce qui s'est passé, et toute cette histoire, qui ne tient pas debout, c'est un banni qui la raconte, sans l'ombre d'une preuve, et nous devrions le croire ?

– Je propose, intervint Soranzo, de le soumettre à la torture et de lui faire avouer qu'il a tout inventé. »

Le doge, qui écoutait en se lissant la barbe, intervint.

« Messieurs, l'accusation est trop grave pour ne pas enquêter avec tous les moyens dont nous disposons. Je propose que nous fassions arrêter le *comito*, et que l'on prie monsieur le *sopracomito* Loredan, et, là, il changea volontairement de ton, en fixant ser Lunardo, de venir nous rapporter ce qu'il sait, et, après les avoir interrogés, si cela se révèle nécessaire, alors nous renverrons ce jeune homme à Zara et nous verrons s'il peut nous fournir les preuves de son récit.

– Pardonnez-moi, intervint l'un d'entre eux, mais, même si l'histoire est vraie, à cette heure, le *comito* doit déjà être retourné là-bas pour récupérer l'argent, non ? »

Cela était vrai aussi. Les Dix se turent, perplexes.

« C'est possible, concéda le doge, sèchement. Mais il est de notre devoir de vérifier. Je demande que l'on mette aux voix ma proposition. »

Sorti de la salle, le capitaine Casalini prit en charge Michele et l'emmena avec lui.

« Où m'emmenez-vous ? » demanda Michele, lorsqu'il s'aperçut qu'au lieu de sortir ils s'enfonçaient de plus en plus dans le labyrinthe d'escaliers et de couloirs du Palais Ducal.

« Aux prisons des Signori Capi », dit le capitaine, comme si cela avait été évident.

Michele pâlit.

« Comment ça, aux prisons ? Mais j'ai un sauf-conduit de monsieur Bernardo, on m'a dit que j'ai été gracié !

– Et qui vous a dit le contraire ? rétorqua Casalini. Absolument, vous avez été gracié, et de cette condamnation-là on n'en parle plus. Mais maintenant vous êtes sous enquête à cause de vos révélations, et vous resterez ici tant qu'il plaira à ces Signori du Conseil. »

Michele chancela sous le coup.

« Mais je croyais qu'on me laisserait aller voir ma femme ! balbutia-t-il.

– Beaucoup de gens sont passés par ici qui croyaient des choses et qui s'étaient trompés », coupa court le capitaine.

34

Ser Lunardo Michiel observa avec attention son neveu qui se tenait debout devant lui et évitait de le regarder dans les yeux. Depuis l'époque du voyage à bord de la *Loredana*, le *sopracomito* était devenu légèrement plus robuste, et un duvet recouvrait les boutons de son adolescence. Ser Lunardo n'avait jamais attendu grand-chose de lui, et il ne s'était guère étonné lorsque, au retour de sa première expédition, son neveu avait refusé d'en accepter une autre ; mais, à présent, il le considérait d'un point de vue nouveau. S'il a vraiment fait ce que raconte ce rameur, pensa-t-il avec admiration, il a été habile à se tirer d'affaire, et ensuite à feindre pendant tout ce temps ; on en tirera bien quelque chose.

« Donc, commença-t-il en s'éclaircissant la voix, vous savez pourquoi je vous ai fait appeler.

– Oui monsieur », répondit Loredan, fuyant toujours son regard.

« Demain, vous allez comparaître devant les Dix pour rendre compte de votre voyage d'il y a deux ans. Je ne veux pas de surprises, est-ce clair ? »

Loredan ouvrit la bouche pour parler, puis la referma.

« Lorsque je dis que je ne veux pas de surprises, j'espère que vous me comprenez, insista ser Lunardo.

– Monsieur mon oncle, il faut que je vous dise la vérité. Il est vrai que », commença Loredan ; mais ser Lunardo l'arrêta d'un geste brusque.

« Monsieur mon neveu, continua-t-il ensuite, se levant de son siège et allant se planter devant lui, je ne veux pas entendre parler de vérité ; je ne veux entendre parler de rien. Au cours de ce voyage il ne s'est rien passé, je me trompe ? »

Pour la première fois, Loredan esquissa un demi-sourire.

« Si c'est Monsieur mon oncle qui le dit... »

Michiel le regarda de nouveau très attentivement.

« Je le dis, et votre *comito* le dira aussi, j'espère. Il a été arrêté ce matin même, avant que je ne parvienne à le trouver et à lui parler. C'est pourquoi tout dépend de lui.

– Cette charogne ! s'écria Loredan, aveuglé par la rancœur. S'il a vraiment retrouvé l'argent, et qu'il a tout gardé pour lui...

– Silence, ordonna Michiel. Je ne veux rien savoir, vous avez compris ? Pour autant que vous le sachiez, le *comito* n'a absolument rien fait, tout n'est qu'une invention de ce malheureux. Et espérons qu'il ne laisse rien échapper. Et puis, ajouta-t-il en baissant la voix, lorsque cette affaire sera terminée, nous réglerons nos comptes avec lui aussi.

– S'ils le pendent à la corde, il parlera », objecta Loredan, sombrement.

Michiel secoua la tête.

« Avant de commencer avec la torture, ils enverront l'autre sur l'île, pour vérifier son histoire. Je veux espérer que votre *comito* n'a pas perdu son temps et que là-bas... Il suffit, je n'en dis pas plus. Si, comme je le crois, ce malheureux revient sans avoir rien trouvé, alors ce sera lui que l'on pendra à la corde en premier. Et vous verrez qu'il avouera avoir tout inventé. Il avouera, et comment ! » répéta-t-il, satisfait.

Loredan sourit.

« Mais ce n'est pas tout, reprit Michiel, retournant s'asseoir. Demain vous serez interrogé et il faudra savoir répondre à tout. Voyons un peu, les deux rameurs qui, selon ce malheureux, ont été tués après avoir volé l'or, comment ont-ils fini en réalité ?

– Je ne peux pas me souvenir de tous les galériens, rétorqua avec arrogance Loredan. Ils ont probablement déserté à Candia. »

Ser Lunardo soupira.

« Mais, dans ce cas précis, vous feriez mieux de vous en souvenir, parce qu'on peut faire examiner les livres de votre galère. Moi, je l'ai fait, continua-t-il, et il en ressort que vous avez payé leur salaire jusqu'au désarmement de la galère. Donc, vous ne pouvez pas soutenir qu'ils ont déserté à Candia. Selon vos livres, ils sont rentrés à Venise, et ce n'est qu'après qu'ils ont fait perdre toute trace d'eux. Dommage que, à Venise, il ne soit pas si aisé de disparaître. Il eût mieux valu qu'ils eussent déserté à Candia. Il aurait suffi que vous fussiez un peu moins avide : il est facile de se perdre, là-bas, mais vous, vous avez voulu empocher leur salaire jusqu'à la fin ! »

Loredan haussa les épaules, mal à l'aise.

« Quant à ce malheureux, comment s'appelle-t-il ? Michele di Matteo, eh bien, comment cela se fait-il qu'il lui soit venu à l'esprit d'inventer une histoire pareille ? Les Dix vous le demanderont. Lui auriez-vous causé quelque tort ?

– Jamais de la vie. Je ne savais même pas qui c'était », soupira le jeune homme.

Son oncle le regarda avec désapprobation.

« Eh bien, il vaudrait bien mieux que vous le sussiez, le réprimanda-t-il. Moi, je dirais qu'il y a au moins eu une occasion pour que ce... misérable se mette en tête d'avoir du ressentiment à votre encontre. Que sais-je ? Vous l'avez sans doute giflé une fois pour le punir de quelque insolence, et peut-être même l'avez-vous mis aux fers, et ce scélérat, pour se venger, a inventé toute cette histoire. »

Cette fois-ci, Loredan comprit.

« Oui, maintenant que j'y pense, je m'en souviens, ça s'est passé exactement comme ça, confirma-t-il d'un air rusé.

– C'est bien, approuva son oncle. Souvenez-vous que c'est votre tête contre la sienne. »

Loredan fit une grimace méprisante.

« Ce sera la sienne qui roulera, que Monsieur mon oncle ne s'inquiète pas. »

Lorsqu'il comparut devant le Conseil des Dix, le *comito* de la *Loredana* avait déjà passé deux nuits dans les geôles, et il n'avait pas bonne mine. Pâle, la barbe longue et les yeux injectés de sang, il resta debout devant le doge et les Signori Capi, tandis que, depuis leurs bancs, les autres membres le scrutaient avec curiosité. Ser Lunardo s'était assis de façon à ce que le détenu puisse le voir en face, et il le fixait droit dans les yeux, délibérément. Ce matin-là, il avait réussi à lui faire parvenir un billet anonyme, caché dans son pain :

« Niez tout, et ne craignez rien. »

Le *comito* regardait autour de lui, incertain ; mais lorsqu'il croisa le regard de ser Lunardo, ce dernier lui fit un signe imperceptible, et le *comito* sentit renaître en lui son courage.

« Savez-vous pourquoi vous êtes ici ? l'interpella ser Zuanne Morosini.

– Non, Illustrissime, répondit le *comito*, ébauchant une révérence.

– En 88, continua Morosini, vous étiez *comito* sur la galère de monsieur le *sopracomito* Andrea Loredan, n'est-ce pas ?

– Oui, Illustrissime, confirma le *comito*.

– Racontez-nous donc un peu ce voyage. »

Michiel fit un minuscule signe d'assentiment, qui n'échappa pas à l'interpellé.

« Voilà, Votre Sérénité, commença ce dernier, s'adressant au doge en s'inclinant encore davantage, nous sommes allés en Crète mais il ne s'est rien passé de particulier.

– Saviez-vous quelle était la mission de monsieur Loredan ? »

Le *comito* continuait de ne pas perdre de vue Michiel, et il le vit approuver de la tête.

« Tout le monde le savait sur la galère, il transportait un sac de sequins à livrer au recteur de Candia.

– Et, pour autant que vous sachiez, les sequins ont-ils été livrés sans encombre ?

– Oui, Illustrissime », confirma le *comito*, en prenant un air étonné.

Quel filou, pensa Michiel. Dommage que l'on doive se débarrasser de lui, on pourrait bien tirer quelque chose d'un homme pareil. Qui sait, peut-être ne sera-t-il tout de même pas nécessaire de l'éliminer. Nous fermerons un œil, et nous l'aurons à notre merci pour toujours. Dix mille sequins ! Quel culot !

Rassuré par la communication muette qu'il entretenait avec Michiel, le *comito* prenait de plus en plus d'assurance. Je n'ai rien d'autre à faire que de tout nier, et je m'en sortirai lavé de tout soupçon, se persuada-t-il. Bien sûr, si je savais pourquoi ils m'ont arrêté et qui m'a dénoncé, ce serait plus simple. Mais je m'en sortirai, et à ce moment-là je découvrirai aussi qui a parlé, et je le lui ferai payer. Il finira comme les trois autres, pensa-t-il avec un frisson de plaisir. Il songeait aux trois arquebusiers qui l'avaient aidé à tuer les deux jeunes et à cacher l'or. L'été suivant, lorsqu'ils étaient retournés en bateau sur l'île pour déterrer l'or, il les avait empoisonnés tous les trois durant le voyage de retour, et les avait jetés en haute mer. Maintenant il était un homme riche, même s'il ne pouvait pas le faire savoir autour de lui, et qu'il devait se contenter de déposer l'or un peu à la fois, auprès de divers banquiers. Attends seulement que je sorte d'ici, pensait-il à nouveau, et tu verras comme je me vengerai.

L'interrogatoire traîna encore un peu, sans aucun résultat. Lorsque le *comito* fut congédié, et que les sbires le ramenèrent dans les geôles, les Dix se regardèrent les uns les autres.

« Voilà qui est on ne peut plus clair ! éclata ser Lunardo Michiel. Vous avez entendu hier monsieur le *sopracomito* Loredan, et aujourd'hui cet honnête homme. L'autre malheureux a tout inventé, il n'y a rien d'autre à dire. Et, si cela ne tenait qu'à moi, je le mettrais tout de suite à la corde pour le faire avouer.

– Je suis d'accord », intervint ser Giambattista Soranzo ; puis, il s'interrompit, car il s'était aperçu qu'il avait une puce, et il se mit à fouiller dans sa barbe pour la retrouver.

Ser Zuanne Morosini regarda le doge, qui soupira.

« Avant tout, nous enverrons quelqu'un vérifier que l'argent n'est pas vraiment caché là où le rameur le dit. Nous ne pouvons pas ne pas faire cette vérification. Ensuite, nous verrons bien », conclut Cicogna, en se levant pour signifier que la séance était levée.

« Voilà, c'est ici », s'exclama Michele ; et, en lui-même, il poussa un grand soupir de soulagement. Vierge Marie, pensa-t-il, tu m'as accordé ta grâce.

Il faisait presque nuit, et la fuste, partie de Zara avant l'aube, avait longé les côtes toute la journée au milieu de l'archipel dalmate, tâchant d'exploiter le vent du Ponant pour ne pas trop éreinter la chiourme. Michele s'était aperçu que les îles étaient bien plus nombreuses que dans son souvenir et, au bout d'un moment, il avait commencé à désespérer, craignant de ne pas réussir à retrouver la bonne. Il avait pour repères la forme insolite des montagnes sur la terre ferme, un clocher isolé sur un promontoire, un bosquet de pins maritimes à la pointe de l'île ; tous ces signes étaient bien gravés dans son esprit, mais, malgré tout, la peur de ne pas les retrouver le tenaillait. Dès le départ, le pilote de la fuste, sur les instructions du capitaine Casalini qui les accompagnait, l'avait interrogé à fond, mais à la fin il avait secoué la tête : il ne comprenait rien à ce récit, des clochers et des promontoires il n'y en avait que trop. Casalini, mécontent, avait pris à part le pilote :

« N'oubliez pas que ces messieurs du Conseil des Dix aimeraient beaucoup que l'on trouve cette île », avait-il dit, à voix basse.

Le pilote, un vieil Istrien hirsute, le menton couvert de poils blancs, s'était incliné avec respect.

« Cela va de soi ! Mais c'est le jeune homme qui doit la trouver, je ne peux qu'amener la fuste là où il me dit d'aller, et espérer qu'il se souvienne, et qu'il ne nous conduise pas dans les fonds sablonneux.

– Comment ça, dans les fonds sablonneux ? C'est à vous de les éviter, s'exclama Casalini.

– On ne peut tout de même pas prétendre connaître tous les fonds marins », rétorqua le pilote, vexé ; et le capitaine, perdant patience, laissa tomber.

Lorsqu'il vit le clocher, Michele avait presque perdu espoir ; la nuit tombait rapidement, et la brume voilait déjà la crête des montagnes.

« Arrêtez, arrêtez », cria-t-il, et, courant vers la poupe, il aiguisa son regard en direction des îles voisines.

Sur la pointe de l'une d'entre elles, un bosquet de pins était rapidement en train de se confondre avec le ciel presque noir.

« C'est cette île, celle-ci », répéta-t-il, avec soulagement, tandis que Casalini, qui était accouru, ordonnait au patron de virer de bord.

« À présent, il fait noir, nous attendrons demain pour descendre à terre », décida le capitaine ; mais Michele, impatient, secoua la tête.

« Lorsque ça s'est passé, il faisait déjà noir. J'ai vu l'endroit dans le noir, à la lumière de la lune, et je suis sûr que je le retrouverai encore mieux que de jour. Allons à terre maintenant, je vous en prie. »

Une demi-heure plus tard, la chaloupe de la fuste était à l'eau, mue par six rameurs, avec, à son bord, Michele, le capitaine, deux arquebusiers et deux marins avec des pelles et des pioches.

« Pas ici, dit Michele. Plus loin il y a une plage, c'est là-bas que nous nous étions arrêtés. »

Après avoir doublé un promontoire, il reconnut l'anse où la *Loredana* avait jeté l'ancre en ce soir mémorable. La barque alla s'arrêter à quelques pas de la laisse. Les rameurs sautèrent dans l'eau qui leur arrivait aux cuisses et tirèrent la barque à terre.

« N'essaie pas de faire le malin, ou je fais tirer, prévint le capitaine. Et vous, allumez vos mèches », ordonna-t-il aux arquebusiers.

Michele regardait autour de lui. Il cherchait le petit ruisseau où ils avaient rempli les premiers barils d'eau, mais il ne le trouvait pas. Anxieux, il se mit à courir de-ci de-là, s'enfonçant dans le sable jusqu'aux chevilles.

« Alors ? demanda le capitaine, menaçant.

– Un instant ! implora Michele. Ah ! Il est à sec ! » s'exclama-t-il ensuite. Pieds nus, il avait trébuché sur les pierres qui marquaient le lit de ce qui avait été alors un petit ruisseau boueux. « On y est, c'est par là ! » dit-il, reprenant courage.

Soufflant, le capitaine, les soldats et les marins le suivirent sur les dunes et dans le bosquet. Michele était terrorisé à l'idée de ce qui pouvait lui arriver s'il ne retrouvait pas la trace, mais les événements de cette nuit-là s'étaient si bien gravés dans sa mémoire qu'il n'eut aucun mal à s'orienter. En quelques minutes ils arrivèrent à la clairière où les deux jeunes avaient été tués.

« C'est ici, murmura Michele ; qui sait pourquoi, il ne lui semblait plus convenable de parler à voix haute. C'est-à-dire, se reprit-il, l'or n'est pas ici, ils l'ont enterré un peu plus loin. Je vous montre. »

Les assassins avaient enterré le sac au pied d'un arbre mort, avec des branches pleines de nœuds qui se détachaient sur le ciel : eux aussi avaient besoin d'un endroit facile à retrouver. Les marins donnèrent une de leurs pelles à Michele, et tous trois se mirent à creuser.

Pendant un bon moment personne ne dit rien. Le silence n'était rompu que par les pelletées de sable qui s'accumulaient dans leur dos. Mais lorsque le trou atteignit une certaine profondeur, les marins commencèrent à se plaindre.

« Tu es sûr que c'est ici ? demanda enfin l'un d'eux, s'arrêtant.

– Et comment que j'en suis sûr ! » rétorqua Michel.

Lui aussi, cependant, commençait à être inquiet. Pour la première fois, il se rendit compte que le *comito* et ses complices avaient eu tout le temps de venir récupérer le trésor, après que la *Loredana* fut rentrée pour désarmer, presque deux ans auparavant. Le trou était désormais très profond : les assassins, cette nuit-là, n'avaient pas creusé aussi longtemps.

« Ici, il n'y a rien, dit un autre marin, et lui aussi s'arrêta de creuser.

– Ils ont dû venir le chercher, reconnut Michele, essuyant la sueur sur son front.

– Ce doit être ça », confirma Casalini.

Michele le regarda pour essayer de comprendre ce qu'il pensait, mais le visage du capitaine était impénétrable.

« Nous sommes venus pour rien », ajouta sèchement le capitaine ; et il fit volte-face pour partir.

À cet instant, Michele eut une idée.

« Un moment ! Je sais où ils ont enterré les deux jeunes ! Et, eux, ils ne les ont certainement pas déterrés ! Allons les chercher, c'est juste à côté !

– Moi, on m'a chargé de venir chercher l'or, répliqua le capitaine, en secouant la tête.

– Mais moi, je dois prouver que j'ai dit la vérité ! Et la preuve est là ! » insista Michele.

Le capitaine Casalini réfléchit. C'était un tracas supplémentaire et une perte de temps, mais si la chose venait à se savoir, plus tard, il se ferait réprimander pour n'avoir pas effectué toutes les recherches.

« Ça va, accepta-t-il. Fais voir l'endroit où il faut chercher. »

Michele, la pelle à l'épaule, s'avança parmi les arbustes, suivi par les marins qui maugréaient. Par chance, il retrouva la clairière assez vite, et il commença aussitôt à creuser.

« Allez, mettez-vous au travail », ordonna le capitaine, lorsqu'il les eut rejoints.

Les marins creusaient de mauvais gré, mais Michele savait que cette fois-ci il en allait de sa tête. Il creusa avec tant d'énergie qu'au bout de quelques minutes à peine sa pelle rencontra un obstacle.

« Je crois que je les ai trouvés », annonça-t-il.

Le capitaine et les arquebusiers s'approchèrent pour regarder et les marins se mirent à creuser avec plus de zèle. Un instant plus tard émergea du sable une main ratatinée. Un des soldats fit un bond en arrière, et tous firent un signe de croix.

« Ils sont vraiment là », dit Michele, soulagé et attristé à la fois.

Quelques minutes plus tard, les deux corps étaient à découvert. Le sable, en les momifiant, avait empêché qu'ils ne se décomposassent. Ce n'était pas un beau spectacle, en particulier les visages avec leurs bouches encore grandes ouvertes dans leur dernier cri, les orbites vides et les rares cheveux qui restaient, collés aux tempes. Le capitaine mit un mouchoir devant sa bouche, se pencha et les fouilla rapidement ; mais sous leurs haillons il n'y avait rien, et ils n'avaient même pas leurs petites bourses au cou.

« C'est bon, on les a trouvés, dit-il en se redressant. Maintenant on les ensevelit de nouveau, il n'y a rien d'autre à faire. Et je rapporterai aux Signori Capi que, en ce qui concerne les corps, tu as dit la vérité. »

Le capitaine dit une prière à la hâte, tandis que les hommes se découvraient ; puis les corps furent jetés à nouveau dans la fosse et recouverts de sable. Michele, ému, se souvint de Marco et de Giulio tels qu'il les avait connus de leur vivant, naïfs et pleins d'espoir. Je crois bien que vous m'avez sauvé la vie, les gars, pensa-t-il.

« C'est bien ça, hein ? dit le doge Pasquale Cicogna, s'agitant sur sa chaise.

– Oui, Votre Sérénité, confirma Casalini, debout devant lui.

– Bon. Eh bien, vous avez bien fait de les faire creuser, capitaine. Vous pouvez disposer, nous vous rappellerons si cela se révèle nécessaire. »

Casalini sortit en faisant une très profonde révérence, et le doge posa ses coudes sur la table, croisa les mains, y posa son menton et commença à réfléchir. Sur un plateau d'argent devant lui il y avait une petite carafe, en argent elle aussi, pleine de vin, avec un calice en cristal et une petite assiette en porcelaine contenant des fruits confits, mais cela n'intéressait pas Sa Sérénité.

« Donc, voyons, commença-t-il à réfléchir à voix basse. L'or n'était pas là, c'est un fait. Et si on s'arrêtait là, l'affaire serait bel et bien close. La parole du Magnifique Loredan et de son *comito* contre celle d'un rameur condamné. Fin de partie. »

Mécontent, il tambourina des doigts sur le dessus de la table.

« D'autre part, il y a deux cadavres, qui pourraient confirmer son histoire. Mais qui a intérêt à ce qu'elle soit confirmée ? Ne vaut-il pas mieux ne plus en parler ? Loredan a remis l'argent et il n'a pas fait de tort à la République. Quant au *comito*, on peut s'en occuper sans faire trop de tapage… »

Il était encore plongé dans ces méditations lorsqu'un huissier frappa à la porte et annonça l'arrivée de ser Lunardo Michiel.

« Fais-le entrer », ordonna Cicogna.

Ser Lunardo entra, fit une profonde révérence, et s'assit sur le grand siège que le doge lui avait indiqué, sous le grand portrait qui représentait Cicogna agenouillé à l'église, sur un banc couvert d'un somptueux tapis turc, tandis qu'une foule de femmes, mains jointes, se préparait à recevoir la communion des mains du prêtre. Il y avait eu des doges amis de l'Église, d'autres indifférents, d'autres encore hostiles, mais ser Lunardo savait que Cicogna était au nombre des amis de celle-ci ; au reste, c'est en grande partie à lui qu'il devait son élection, survenue par surprise au terme de quelque cinquante-trois tours de scrutin, au cours desquels on en était même venu aux mains. Les Cicogna n'étaient pas une grande famille, et Pasquale avait grandement besoin d'alliés.

« Écoute, dit le doge en se lissant la barbe. Tu sais, pour cette affaire avec ton neveu ? Eh bien, le capitaine Casalini est rentré, et ils n'ont pas trouvé l'or.

– J'en étais sûr, s'exclama Michiel, triomphant.

– Mais il y a une complication, continua le doge. Ils ont retrouvé deux cadavres, exactement comme l'avait dit le rameur. »

Ser Lunardo réfléchit un instant.

« Ça ne prouve rien ! répliqua-t-il ensuite, avec assurance. Pour ce que nous en savons, il peut très bien les avoir tués lui-même. Et même, c'est sûrement le cas. Nous le lui ferons avouer, ajouta-t-il, avec une lueur de cruauté dans les yeux.

– C'est possible, admit le doge. Bien sûr, selon les livres de la galère de ton neveu, ces deux rameurs sont restés à son service jusqu'à ce qu'on la désarme. »

Ser Lunardo Michiel prit une mine contrite.

« Mon neveu a été idiot, je sais. Mais ce n'est pas le premier *sopracomito* qui oublie de signaler la disparition d'un rameur, et qui continue à percevoir son salaire. Cela ne se reproduira pas. Et, au reste, ajouta-t-il, retrouvant son calme, qui te dit que ce sont bien ces deux gars-là ? Ce vaurien a très bien pu tuer deux habitants de l'île pour les voler, et puis avoir inventé tout le reste.

– En effet, je n'y avais pas pensé, c'est une explication, approuva le doge, soulagé. Ce doit certainement être ça. À coup sûr les Dix, demain, seront d'accord. Un fruit confit ? »

Ser Lunardo piocha une tranche d'orange et commença à la mâcher.

« Naturellement, reprit Cicogna, tu feras comprendre à ton neveu que dorénavant…

– Tu n'as pas besoin de me le dire, l'interrompit Michiel. Et pour ce qui est du *comito* ?

– Nous en parlerons au Conseil des Dix », dit le doge, en le regardant d'un air lourd de sous-entendus.

L'autre hocha de la tête.

« Je te suis très reconnaissant, et je m'en souviendrai, dit-il brièvement.

– Je sais. Maintenant, vas-y. »

Le doge, resté seul, se versa un verre de vin, but, puis prit dans sa bouche un fruit confit et commença à le sucer.

L'huissier frappa de nouveau à la porte et introduisit messer Zuanne Morosini.

« Soyez le bienvenu, ser Zuanne », dit Cicogna avec courtoisie.

En peu de mots, il l'informa lui aussi du résultat de l'enquête, et de la manière dont il entendait orienter le débat à la réunion des Dix.

« J'imagine que vous serez d'accord vous aussi, conclut-il. En ce moment, la République n'a pas besoin de scandales, et vous-même vous avez toujours été le premier à le dire. »

Ser Zuanne se tut un certain temps. Le résultat de l'enquête conduite sur l'île, pensa-t-il, était le pire qu'il fût possible d'imaginer. Si l'on avait trouvé l'or, il aurait été évident que Loredan avait menti, les Dix auraient fait leur devoir, démontrant par là que personne n'était à l'abri de leur justice. Si l'on n'avait rien trouvé, on aurait pu pendre ce rameur pour le punir de ses mensonges et clore l'affaire. Mais en l'état, une marge de doute persistait.

« Bien sûr, si le Magnifique Loredan pouvait dissiper complètement tout soupçon, ce serait mieux, maugréa-t-il.

– Le Magnifique Loredan, dit le doge, sèchement, devra dorénavant se contenter de penser à ses affaires privées. Et je crois même que son oncle lui conseillera de s'en aller pendant un certain temps outre-mer.

– Et le rameur ?

– Il sera pendu, naturellement, répondit le doge. Une fois qu'on l'aura éliminé, plus personne ne trouvera plus rien à redire. »

Morosini réfléchit. L'homme était un protégé des Bernardo, et lui-même l'avait déjà sauvé une fois. Mais cela s'était produit avant que toute cette histoire incroyable de vol et d'assassinat ne vienne au grand jour. Il ne pouvait tout de même pas continuer à se préoccuper de ce malheureux qui aurait bien mieux fait de disparaître au lieu de lui tomber de nouveau dans les pattes.

« Nous ferons ce qui plaira à Votre Sérénité, déclara-t-il à la fin.

– Bravo, ser Zuanne, je m'en souviendrai, s'exclama le doge, tout joyeux. Et vous verrez que ser Lunardo Michiel s'en souviendra lui aussi. Vous autres, vous êtes tous deux des piliers de la République, je suis vraiment content de vous voir réconciliés. »

En revanche, Morosini, après être sorti, ne réussissait pas à se réjouir. Le rameur, malgré tout, lui avait fait bonne impression, et il était presque enclin à penser qu'il avait dit la vérité. Mais, après tout, qu'est-ce donc que la vérité, lorsque de tels intérêts sont en jeu ? Le doge et Michiel lui demandaient une faveur, et ils s'acquitteraient de leur dette. Le jeune homme, bien sûr, finirait mal. Ah, bon, pensa ser Zuanne avec un haussement d'épaules. Tant pis pour lui. Pas de chance. Il n'avait qu'à trouver l'or.

35

Morosini venait tout juste de rentrer chez lui lorsqu'on lui annonça la visite de donna Clarice. Il était fatigué et aurait préféré se reposer, mais il ne voulut pas lui faire l'affront de ne pas la recevoir. Clarice entra dans la pièce, resplendissante de bijoux et de jeunesse, ses cheveux blonds entrelacés d'un rang de perles, et avec elle entrèrent des effluves de parfum que le nez sensible du patricien respira avec un plaisir involontaire.

« Je suis venue parler à visage découvert à l'ami de mon mari », déclara donna Clarice, lorsqu'ils eurent épuisé les préambules d'usage.

Messer Zuanne eut un geste courtois et attendit.

« Je sais qu'avec la galère qui ramenait Lippomano est rentré à Venise l'homme pour lequel mon mari naguère vous a demandé la grâce. Et je sais que cet homme avait une histoire extraordinaire à raconter. »

Morosini s'assombrit.

« Et comment le savez-vous ? demanda-t-il, un peu trop brusquement.

– Monsieur ! s'étonna donna Clarice. Le capitaine Casalini m'a rapporté un paquet de lettres de mon mari. Lorsqu'il s'est aperçu que l'homme qui s'était présenté à lui était le même que celui pour lequel nous nous étions donné tant de peine, ser Lorenzo m'a évidemment écrit, pour m'avertir qu'il le renvoyait à Venise.

– Il n'a que trop bien fait, acquiesça Morosini.

– D'autant plus, continua donna Clarice en le regardant droit dans les yeux, que cet homme courait un risque en venant ici pour révéler ce qu'il savait, et mon mari, même s'il lui avait délivré un sauf-conduit, préférait que j'en fusse informée. »

Cette fois Morosini ne dit rien.

« Et apparemment il avait raison, puisque le jeune homme a été arrêté dès son arrivée à Venise en dépit du sauf-conduit signé par mon mari. »

Morosini s'agita.

« Madame, il n'a pas été arrêté pour sa condamnation : pour cette dernière, il avait déjà été gracié, et le sauf-conduit de ser Lorenzo servait justement à lui garantir que le ban avait été levé. Il a simplement été retenu pour nous permettre de vérifier son histoire. »

Clarice ne le laissa pas terminer.

« Il me semble, s'exclama-t-elle en secouant ses boucles blondes, que, si le ban avait été annulé, aucun sauf-conduit n'était nécessaire, et que si mon mari lui en a délivré un c'est précisément pour éviter ce qui s'est produit et pour lui permettre de venir chez moi me remercier de ce que j'ai fait pour lui, ainsi que pour revoir sa femme qu'il ne voit pas depuis deux ans. »

C'est bien une manière de raisonner de femme, pensa Morosini, irrité. Mais il n'avait certainement pas envie de se brouiller avec Clarice, qui était assise auprès de lui, superbe, la courbe de ses seins à peine ébauchée émergeant de son décolleté.

« Ce n'est pas exactement cela, madame », se contenta-t-il de dire, avec courtoisie.

« Ah non ? Eh bien, répliqua donna Clarice, fermement, je vois quel cas nos Seigneurs font de la signature de mon mari, *bailo* à Constantinople, et ne doutez pas que je le lui ferai savoir. »

Messer Zuanne s'alarma. L'alliance avec les Bernardo, née à l'instant où ser Lorenzo était venu lui demander cette fameuse grâce, et consolidée par sa nomination à Constantinople, était un élément important dans la stratégie avec laquelle il était en train de construire patiemment son parti, en vue de la prochaine élection au dogat.

« Madame, tenta-t-il d'expliquer, nous ne pouvions pas faire autrement, c'est la procédure que l'on suit toujours dans ces cas-là. Il est trop important de protéger les parties en cause lorsque l'on mène une enquête aussi délicate. »

Donna Clarice le regarda malicieusement.

« Le Magnifique Loredan, toutefois, n'a pas été arrêté, lui. »

Elle sait aussi qu'il s'agit de lui, pensa messer Zuanne. Son maudit mari lui a vraiment tout raconté !

Avant que Morosini ne reprît ses esprits, donna Clarice se pencha en avant, et lui mit familièrement une main sur le genou.

« Mais messer Zuanne, dit-elle en le regardant avec les yeux qui brillaient, maintenant l'enquête est close. Le capitaine Casalini est rentré. Qu'est-ce que vous attendez pour libérer mon homme ?

– Comme vous allez vite en besogne, Madame, bougonna Morosini, détournant son regard. Il faut voir ce qu'il a trouvé, le capitaine Casalini.

– Pourquoi ? Qu'est-ce qu'il a trouvé ? le pressa Clarice ; puis elle se mit à rire. Quelle mine vous avez fait, messer Zuanne ! N'ayez pas peur, je ne veux pas vous extorquer un secret d'État, et puis, pourquoi pas, aller vous dénoncer à Messieurs les Inquisiteurs ! Les soldats et les marins qui étaient avec le capitaine ont tout vu, et il n'est pas difficile de les faire parler. Je sais bien que l'or n'a pas été retrouvé, en revanche, les cadavres, oui, et ils sont la preuve que mon homme a dit la vérité ! » dit-elle en guise de conclusion, triomphante.

Morosini secoua la tête.

« Ne nous hâtons pas de parler de preuves. Il peut y avoir une explication bien différente. »

Donna Clarice le fixa, soudain sérieuse.

« Messer Zuanne, jouons cartes sur table, voulez-vous ? J'ai parlé de cette affaire avec mon beau-père ; nous en avons longuement discuté. »

C'était un mensonge : messer Alvise n'aurait jamais songé à parler d'affaires d'État avec sa belle-fille, mais Clarice lança cette allégation d'un air si convaincant que, malgré sa longue expérience, il ne vint pas à l'esprit de messer Zuanne que cette femme était en train de le mener par le bout du nez.

« Monsieur mon beau-père dit qu'il n'y aurait pas lieu de s'étonner si, dans la mesure où il n'y a aucune preuve certaine, les Dix décidaient d'étouffer l'affaire. Il dit que les Loredan ont beaucoup d'amis, y compris parmi les Dix. Pour ma part, messer Zuanne, je ne me soucie guère du Magnifique Loredan, mais je ne veux pas que mon homme y laisse des plumes. Parce qu'il y laissera certainement des plumes, si vous autres décidez de ne pas croire à son histoire. »

Morosini se mordit les lèvres, et continua de se taire.

« Je vois bien qu'il en est ainsi, soupira donna Clarice. Vous ne voulez pas le croire. Mais comment allez-vous expliquer ces deux morts ?

– Il peut les avoir tués lui-même », laissa échapper Morosini.

Donna Clarice devint rouge de colère.

« Ah bon ? Cela m'étonne de vous, messer Zuanne, je ne pensais pas qu'il fût si aisé de vous mener par le bout du nez.

– Madame ! s'exclama le gentilhomme, en serrant de ses mains les accoudoirs de son fauteuil.

– Oui, vous mener par le bout du nez ! Qui vous a fait croire ces fadaises ? Selon vous, si ce jeune homme avait vraiment tué deux personnes sur cette île et qu'il avait inventé tout le reste de l'histoire, pourquoi donc serait-il venu vous raconter tout et aurait-il emmené les sbires précisément là où il savait très bien que l'or n'y était pas ? Dites-le moi si vous en êtes capable ! »

Morosini était sur le point de répondre, mais il resta sans voix. En effet, pourquoi donc ? Jusqu'à présent cette objection ne lui avait pas traversé l'esprit et il ne savait pas comment rétorquer. Clarice vit qu'il demeurait interdit et le harcela.

« Vous voyez vous-même que ce n'est pas possible ! Non, messer Zuanne, il n'y a qu'une seule explication, et c'est que ce jeune homme dit la vérité et que monsieur le *sopracomito* Loredan s'est laissé dérober l'argent que la République lui avait confié, et que, pour ne pas devoir le rendre à ses frais, il a abordé la felouque, prenant le risque de provoquer un incident avec le Grand Turc, et maintenant les Dix sont prêts à étouffer l'affaire et à mettre à mort un innocent ! »

« Il suffit, Madame, rétorqua Morosini, jetant des regards alarmés autour de lui. Ce sont là des secrets d'État, et ils ne doivent pas sortir de la salle du conseil des Dix. »

Clarice lui rit au nez.

« Messer Zuanne ! Des secrets d'État ! Quels secrets d'État ? Je le sais ; mon mari, à qui j'ai déjà tout écrit, le sait ; Monsieur mon beau-père le sait ; toute la maison Bernardo le sait ; et, moi, je vous le dis, demain, Venise tout entière le saura ! »

Messer Zuanne frissonna.

« Madame, vous ne pensez tout de même pas… » balbutia-t-il, livide.

Mais, d'un seul coup, le visage de Clarice s'illumina d'un sourire chaleureux et elle s'approcha encore plus de lui, prenant sa main poilue entre ses mains délicates.

« Messer Zuanne, dit-elle tout bas, je ne suis pas venue pour me quereller avec vous. Toute la maison Bernardo se félicite de l'amitié qu'il y a entre vous et mon mari, et elle est prête à la maintenir. Et mes frères aussi, vous le savez, jouissent d'un certain crédit à Venise, et, eux aussi, sont de bons amis de la maison Morosini, et il ne tient qu'à vous qu'ils le soient encore plus. »

Messer Zuanne se leva brusquement, et alla à la fenêtre. Tandis qu'il regardait l'eau scintillante du *Canal Grande*, il sentit que Clarice déplaçait sa chaise. Bien qu'il lui tournât le dos, son parfum lui dit que la femme était derrière lui.

« Ce que vous me demandez n'est pas si simple », fit-il d'une voix sourde.

Clarice, qu'il ne pouvait voir, s'accorda un sourire de triomphe.

« Je sais, lui murmura-t-elle à l'oreille. Mais vous, vous y parviendrez. »

Morosini se taisait, obstinément.

« Je prends cela pour un engagement, messer Zuanne, le pressa Clarice. Vous voyez ma gondole en bas ? »

À l'embarcadère du palais Morosini, une gondole, parée du blason rouge et argent des Bernardo, se balançait sur l'eau.

« J'ai pris la gondole de Monsieur mon beau-père, dit innocemment Clarice. Tout le monde a vu que je suis venue ici. Et maintenant, avec votre permission, je vais aller à Ca' Pesaro pour raconter à mes frères qu'à la réunion du conseil des Dix de demain, messer Zuanne Morosini ne permettra pas que l'on condamne un innocent pour sauver la tête du sieur Loredan. »

Messer Zuanne, dont la tête bourdonnait, tâchait de réfléchir. Une chose était malheureusement très claire pour lui : il devait choisir. Avant l'arrivée de donna Clarice, il y avait, sur l'un des plateaux de la balance, un grand service rendu à messer Lunardo Michiel et au doge, et, sur l'autre, il n'y avait rien. Mais maintenant, sur l'autre plateau, il y avait les Bernardo et les Pesaro, et la balance était presque en équilibre. Mais il y avait surtout la peur qu'inspirait donna Clarice. Cette femme était vraiment capable d'aller raconter partout que les Dix avaient étouffé un gravissime scandale pour éviter au neveu de l'un d'eux d'être condamné. C'était là le point crucial, et Messer Zuanne ne le comprenait que trop bien. Le pouvoir des Dix était remis en question depuis un certain temps, et à peine deux ans plus tôt il avait été sévèrement restreint : tout un domaine de décisions politiques que le Conseil avait l'habitude de prendre depuis un certain temps déjà en lieu et place du Sénat lui avait été retiré. Parmi les patriciens, Morosini le savait bien, nombreux étaient ceux qui auraient vu d'un bon œil un accroissement de ces restrictions, au demeurant peut-être justifié en raison de la partialité et par la corruption privée dont faisaient preuve les Dix. Messer Zuanne trembla à nouveau. L'un des plateaux de la balance toucha bruyamment le sol, tandis que l'autre s'évanouissait dans les airs. Il n'y a rien à faire, décida-t-il. Il faut retourner tout de suite au Palais et expliquer à Cicogna que nous étions en train de nous tromper sur toute la ligne, et que, si, demain, ser Lunardo tente de défendre son neveu, c'est tant pis pour lui.

« Vous avez gagné, madame, déclara-t-il, en se retournant. Messer Alvise peut être fier de son élève. »

La porte s'ouvrit en grinçant sur ses gonds, et Michele, qui était assis sur la paille, se leva d'un bond. Dans la lumière de l'embrasure se découpa la silhouette du capitaine Casalini, et, derrière lui, celle du geôlier.

« Sors de là », dit le capitaine, bourru.

Michele s'approcha.

« Ils te laissent sortir », lui annonça Casalini, lorsqu'il l'eut devant lui.

« C'est-à-dire, comment ? balbutia Michele.

– Ils te mettent dehors ! Ils ont cru à ton histoire, même si l'or n'est pas réapparu. Allez, prends tes affaires.

– Je n'ai rien », répliqua Michele, indiquant la cellule vide.

Le capitaine haussa les épaules.

« Tu t'en es tiré à bon compte, va », ajouta-t-il tandis qu'il l'accompagnait le long du couloir souterrain qui menait à la sortie. « Il y a eu un moment où je n'aurais pas donné cher de ta peau. »

Il arriva à la porte, et le geôlier l'ouvrit avec un gros trousseau de clefs. Dehors, il y avait du soleil, et Michele plissa les yeux car il n'avait plus l'habitude de la lumière aveuglante.

« Mais, je peux aller où je veux ? » demanda-t-il.

Le capitaine sortit à ses côtés.

« Toi, apparemment, tu as des protections, dit-il d'un ton énigmatique.

– Moi ? dit Michele en écarquillant les yeux. J'avais un sauf-conduit de monsieur Lorenzo Bernardo », se souvint-il ensuite.

Le capitaine eut un regard entendu.

« Exactement, voilà ! On m'a donné l'ordre de t'accompagner au palais Bernardo, et de te remettre à la femme de monsieur Lorenzo. Je ne sais rien d'autre et ne veux rien savoir de plus, conclut-il.

– Mais… et ici ? » demanda Michele, incapable de trouver ses mots.

Le capitaine, habitué à son métier, comprit au vol.

« Ne t'inquiète pas, ils te convoqueront encore, ils inscriront tout sur le procès-verbal, et peut-être même qu'ils te donneront une récompense. Quel métier faisais-tu ?

– J'étais maçon.

– Compagnon ou apprenti ?

– Mon père était compagnon, répondit Michele avec orgueil.

– Voilà, constata Casalini. À mon avis, ils donneront l'ordre à la corporation de te faire compagnon. Bien, maintenant allons-y, le palais Bernardo, ce n'est pas tout près. »

Au moment même où Michele sortait par la petite porte des prisons, ser Lunardo Michiel, livide, quittait le palais par une entrée secondaire. La réunion des Dix s'était déroulée d'une manière si différente de ses attentes qu'il ne parvenait pas encore à réaliser. Lorsque le doge avait présenté l'affaire en des termes en tous points opposés à ceux dont ils étaient convenus la veille, ser Lunardo avait commencé à paniquer et à chercher son regard, mais Cicogna, perdu dans sa barbe, avait toujours réussi à l'éviter. Il avait dû se lever et intervenir, pour rappeler à tous que c'était la parole d'un vaurien contre celle d'un Loredan que l'on était en train de mettre en balance, mais, désormais, le mal était fait. Nombre d'entre eux avaient saisi cette aubaine pour pouvoir lui infliger cet affront et le vote s'était déroulé de la pire des façons. Tandis qu'il montait sur sa gondole et qu'il ordonnait sèchement qu'on le ramenât à la maison, ser Lunardo était à ce point bouleversé qu'il n'aperçut pas la gondole qui accostait à quelques encablures de là, ni les quatre Orientaux qui en descendirent, accompagnés par un secrétaire cérémonieux. Tandis que la gondole de Michiel avançait sur le *Canal Grande*, les quatre hommes regardèrent autour d'eux avec curiosité, puis ils se dirigèrent d'un pas lent et solennel vers l'entrée principale du Palais.

« C'est vraiment incroyable », balbutia le doge, reposant sur la table les papiers qu'il venait d'examiner.

Les Signori Capi du Conseil des Dix, qui se trouvaient avec lui dans son cabinet privé, acquiescèrent, le visage soucieux. Cicogna se tourna vers messer Zuanne.

« On dirait que tout a été orchestré par la Providence », dit-il en s'efforçant d'esquisser un sourire.

Oui, pensa Morosini, maintenant cela t'arrange de présenter les choses comme cela. Mais moi je sais bien les efforts que j'ai dû déployer cette nuit pour te convaincre. Quoi qu'il en soit, que ce soit la Providence ou Sa Majesté le Hasard, il est vraiment étrange que cette délégation soit arrivée à cet instant précis.

« Au point où en sont les choses, reprit le doge, il me paraît clair qu'il n'y a pas d'autre choix. Ces deux misérables ont mis en péril la République et nous ne pouvons pas ne pas donner un exemple. »

Tous acquiescèrent d'un air grave.

« La paix est trop importante pour qu'il soit possible de pardonner à ceux qui la mettent en danger, même si devoir prendre certaines mesures est toujours douloureux », insista le doge.

Les présents acquiescèrent à nouveau, en se lançant des regards en coin.

« Nous sommes tous d'accord ? Alors, allons-y », soupira Cicogna en se levant.

Un peu plus tard, le *sopracomito* Loredan entrait dans la salle du Conseil des Dix. Un capitaine des sbires le suivait de près. Cette convocation imprévue l'inquiétait un peu ; le soir précédent, son oncle lui avait assuré que l'affaire se terminerait bien, d'autant que maintenant le galérien était rentré de l'île sans avoir trouvé les sequins ; aussi ne s'attendait-il absolument pas à ce qu'on l'envoie chercher, lui, dans son palais, ainsi, au débotté. En entrant dans la salle, il tressaillit : debout, dans un coin, menotté, il y avait son *comito*. Il avait la mine défaite et tenait à peine debout. Le *sopracomito* jeta un regard circulaire à la recherche de Michiel, mais ser Lunardo n'était pas là. Un mauvais pressentiment le fit frissonner.

« Que messer Andrea Loredan s'avance », dit à haute voix quelqu'un.

Le *sopracomito* alla se planter devant la table. Le doge le regardait en se caressant la barbe.

« Andrea Loredan, dit Morosini, vous avez menti à cet Excellentissime Conseil. Vous vous êtes fait voler l'argent que la République vous avait confié, et puis vous avez nié.

– Mais ce n'est pas vrai ! hurla Loredan.

– Il est inutile de continuer à nier, votre *comito* a tout avoué », l'interrompit Morosini en indiquant l'homme debout dans l'angle de la pièce.

Le *sopracomito*, bouleversé, se tourna pour le regarder, mais l'autre évita son regard.

« Il ment ! cria Loredan. J'ai remis l'argent ! »

Ser Zuanne le fixa froidement.

« C'est vrai. Et pour le remettre vous avez abordé une felouque, vous avez dérobé les marchandises qu'elle transportait, et pour cacher votre délit vous avez fait jeter l'équipage à la mer.

– Ce n'est pas vrai ! » répéta Loredan, désespéré.

Ser Zuanne échangea un regard avec le doge, puis il fit un signe aux gardes. Une petite porte dérobée s'ouvrit et le petit groupe d'Orientaux qui était descendu du bateau quelques heures auparavant entra. À leur tête, il y avait un Turc vêtu de brocart, avec d'imposantes moustaches, une masse d'armes dans la main et un énorme turban blanc ; il s'avançait, la tête haute, l'air impassible et sans regarder personne. Deux ordonnances le suivaient, eux aussi vêtus somptueusement, mais avec un turban plus petit, et sans masse. Enfin, en dernier, entra un levantin modestement vêtu, avec un petit turban jaune. Ce dernier regarda anxieusement autour de lui, et, voyant Loredan, il sursauta ; puis, il vit le *comito* dans l'angle et dit rapidement quelque chose à l'oreille du premier. Un *dragomanno* s'approcha des deux hommes, échangea quelques mots avec eux, puis traduisit au profit des Dix.

« Ce sont eux. Il les reconnaît. »

Ser Zuanne regarda Loredan.

« Vous avez cru que tous les témoins s'étaient noyés, mais il n'en est pas ainsi. Un des marchands que vous avez volé est parvenu à se défaire de ses liens, s'est agrippé à l'épave de la felouque et est resté dans l'eau jusqu'au jour suivant, quand un brigantin est passé et l'a recueilli. Il a fallu beaucoup de temps avant que son histoire n'arrive à Constantinople et que le Grand Seigneur n'ordonne d'ouvrir une enquête. Mais désormais tout a éclaté au grand jour, et le Magnifique Mustafa *ciaus* est ici pour demander réparation. Par une étrange coïncidence, ou peut-être, et il s'interrompit en levant les yeux au ciel, par volonté de la Divine Providence, il est précisément arrivé ce matin, juste à temps pour nous permettre de rendre justice. »

Loredan, hagard, transpirait.

« La République ne peut tolérer que son amitié avec le Grand Seigneur soit mise en danger par des comportements criminels et irresponsables, continua Morosini, inexorable. Dites au Magnifique Mustafa, ajouta-t-il, en s'adressant au *dragomanno*, que ces misérables lui seront livrés, et qu'il pourra les emmener à Constantinople, pour qu'ils reçoivent la punition qu'ils ont méritée. »

Le *ciaus* s'inclina légèrement, puis commença avec condescendance un long discours à haute voix en turc, que le *dragomanno* écoutait attentivement, en attendant de le traduire. Loredan avait les jambes qui tremblaient, et le capitaine, qui était à ses côtés, dut le soutenir. Ce faisant, il se pencha vers lui. Ce n'était pas un homme bon, et ces occasions le divertissaient.

« Le pal », lui murmura-t-il méchamment à l'oreille.

« Ce n'est pas vrai, je ne peux pas y croire ! s'exclama Bianca, tout à sa joie.

– Et pourtant, ça l'est. Il sera ici sous peu, il te reste tout juste le temps de t'habiller », dit donna Clarice.

Bianca, étonnée, regarda son tablier.

« Tu ne voudrais tout de même pas accueillir ton mari après deux ans d'absence habillée comme ça !

– Que fais-je ? Je mets mon habit de fête ? demanda timidement Bianca.

– Ce n'est tout de même pas à moi de te le dire ! Allez, dépêche-toi ! » s'exclama Clarice en riant.

Lorsque Bianca reparut devant elle, Clarice l'examina des pieds à la tête.

« Ça va », décréta-t-elle. « Mais pourquoi n'as-tu pas mis la chaînette ? »

Bianca hésita, embarrassée.

« C'est Giacomo qui me l'a offerte », balbutia-t-elle.

Clarice se mit à rire.

« Et ces boucles d'oreilles, ce n'est pas lui qui te les a offertes ? »

Bianca, orgueilleuse, fit signe que non.

« Celles-là, je les ai vendues ! Et j'ai racheté celles de mon mariage, celles-ci, ce sont celles que m'a offertes mon mari », dit-elle, effleurant du bout des doigts les petits anneaux en or qui pendaient à ses lobes.

« Tu as bien fait, reconnut Clarice. Mais, écoute-moi, Bianca, la chaînette, si tu ne la mets pas aujourd'hui, tu ne la mettras plus jamais. Ou bien tu l'as vendue aussi ? »

Bianca rougit.

« À vrai dire, non, admit-elle. Elle est si belle ! »

Clarice sourit.

« Mets-la, alors. Tu diras à ton mari que c'est ta patronne qui te l'a offerte.

– Un cadeau pareil ! objecta Bianca. Il n'y croira pas. »

Clarice redevint sérieuse.

« Un cadeau pareil tu le méritais vraiment, ne serait-ce que pour la façon dont tu m'as aidée à accoucher. Et même, je veux te l'offrir maintenant. »

Bianca secoua la tête, elle aussi sérieuse, à présent.

« Vous m'en avez déjà fait un de cadeau, madame. Vous me ramenez Michele.

– Ah oui ? Eh bien, ce n'est pas suffisant, rétorqua Clarice. Va chercher la chaînette. »

Bianca partit en courant, sans avoir compris ce que voulait faire sa patronne. Lorsqu'elle revint avec la chaînette à la main, Clarice avait ouvert un coffret et était en train de fouiller parmi les bijoux.

« Voilà », décida-t-elle, en extirpant une autre chaîne et en la regardant à la lumière de la fenêtre.

Ce n'était évidemment pas le lourd collier orné de gemmes que lui avait offert ser Lorenzo après l'accouchement, mais elle était tout de même plus grosse et plus coûteuse que celle de Bianca.

« Maintenant, Bianca, il faut faire un petit sacrifice, pour ne plus jamais avoir de remords. Ta petite chaîne est vraiment belle, mais c'est moi qui la prends. Et toi tu prends celle-ci, et tu pourras raconter à ton mari d'où elle vient, sans avoir peur de t'embrouiller. »

Bianca, les yeux brillants, passa le bijou autour de son cou.

« Regarde-toi ! » ordonna sa patronne, en lui indiquant le miroir.

Bianca obéit, puis s'agenouilla à ses pieds, rayonnante, et lui baisa les mains.

« Maintenant, va, descends l'attendre dans le jardin, car je sais qu'il est sur le point d'arriver » dit Clarice.

Bianca releva les pans de sa jupe pour ne pas trébucher et s'empressa d'y aller. Clarice resta un instant perdue dans ses pensées, puis sortit de la pièce, traversa plusieurs salles, et s'arrêta à une fenêtre qui donnait sur le jardin. Elle vit Bianca sortir en toute hâte et s'arrêter d'un coup, car il n'y avait encore personne. Mais un instant plus tard, le portier sortit à son tour de la maison, traversa le jardin en traînant des pieds, et disparut dans le potager. Clarice vit Bianca qui se tordait les mains, puis elle sourit en voyant qu'elle s'approchait de la fontaine, se rinçait la bouche et crachait. Il fallut un peu de temps pour que le portier réapparaisse au fond du jardin ; il était suivi de Michele, qui regardait autour de lui, émerveillé. Bianca fit quelques pas dans sa direction, d'abord hésitante, puis en courant, lorsqu'elle vit qu'il l'avait reconnue et qu'il lui ouvrait tout grand ses bras.

Glossaire

aga (ou *agha*) : en turc, chef, commandant.

apostis : l'apostis est un renfort en bois sur le plat-bord qui sert d'appui aux rames pendant la vogue ; voir aussi *postizzo.*

argousin : bas-officier, chef de la chiourme chargé de la garde des galériens et du soin de la chiourme.

aspre : monnaie d'argent en usage dans l'Empire ottoman.

bailo : ambassadeur de la République de Venise près la cour de Constantinople.

bâtard : voile latine, la plus grosse et la plus lourde de celles des galères, généralement en drap de futaine.

bey : en turc, seigneur, chef, parfois titre honorifique accordé par le sultan.

beylerbeyi : gouverneur d'une province de l'Empire ottoman.

bordé : ensemble des pièces constituant le bordage de la coque et le revêtement des montures d'un bateau.

bottega (pluriel *botteghe*) : boutique, commerce, magasin.

brigantin : bâtiment de bas-bord, léger et véloce, généralement à deux mâts, gréé en voiles majeures carrées et en voiles latines.

buonavoglia (de l'italien *buona*, « bonne », et *voglia*, « volonté ») : bonne-voglie, rameur qui s'est engagé volontairement sur une galère, sans avoir fait l'objet d'une condamnation.

cadi : juge de l'Empire ottoman se prononçant en matière d'affaires religieuses et pénales.

caler : en parlant d'un navire, manière dont la carène de la coque s'enfonce dans l'eau.

calfat : dans les constructions navales, ouvrier spécialisé dans le calfatage des navires. Le calfatage consiste à rendre étanche l'extérieur du bordé des navires au moyen d'étoupes goudronnées introduites à coups de maillet dans les interstices des planches de la coque que l'on recouvre ensuite d'une couche de goudron et de poix.

calle : rue en vénitien.

campiello : square ou petite place ; jouxtant parfois l'extrémité d'un *campo* ou simple élargissement d'une *calle*, ces placettes groupant quelques habitations étaient souvent, à la différence des *campi*, dépourvues de puits.

campo : à Venise, place, à l'origine en terre battue et souvent cultivée, d'où le nom de *campo*, « champ » ; à la différence des *campielli*, les *campi* possédaient généralement en leur centre un puits.

caramussale : vaisseau de charge, à trois mâts, de haut-bord, utilisé dans l'empire ottoman.

caravanbascì : convoyeur turc qui louait les chevaux pour les convois et les caravanes.

cavallotto : monnaie septentrionale italienne à l'effigie d'un saint à cheval, d'où le nom de *cavallotto*, dérivé de l'italien *cavallo*, « cheval ».

chébec ou *schebeck* : petit bâtiment de guerre ou de transport à trois mâts.

chiourme : ensemble des rameurs d'une galère.

ciaus : envoyé personnel du sultan, émissaire particulièrement craint, reconnaissable à son turban blanc caractéristique et à sa masse d'armes, symbole de son rang.

comito : comite ; dans les galères, premier sous-officier. Il dirigeait toutes les manœuvres relatives aux voiles et s'occupait de toutes les servitudes liées aux travaux des marins.

coniglieri : conilliers. À la rame, les bancs des conilliers (*coniglieri*) sont les derniers bancs de proue. Ce sont eux qui donnent le mouvement de *scie* à la vogue.

contrada : circonscription, lieu-dit, regroupement de quartiers.

coursie : passage étroit qui traverse la galère sur toute sa longueur, entre les bancs des rameurs, de la poupe à la proue.

dame de nage : pièce du plat-bord où l'on fixe l'aviron et qui sert de pivot lors des coups de pale de la rame ; voir *tolet*, *scaume*.

derviche (du persan *darvish*, « pauvre ») : le derviche est un adepte d'une confrérie soufie visant l'union avec Dieu par la contemplation et l'extase mystique.

dragomanno : drogman (ou dragoman ou drogoman), interprète au service des Européens dans leurs relations avec les peuples du Proche-Orient ; ils exerçaient des charges officielles différentes en fonction de leur grade.

écrivain : à bord d'une galère, l'écrivain tient le compte de tout ce qui entre dans la galère et de tout ce qui s'y dépense ; il enregistre dans un rôle les hommes de l'équipage ; il fait la liste des rations, inscrit le détail des marchandises embarquées et leur prix, note les noms des marchands et des négociants auxquels appartiennent les marchandises.

Esclavon : slave originaire de la côte Adriatique et des régions environnantes (principalement de l'ancienne Esclavonie ou Slavonie). À Venise, la Riva degli Schiavoni tire son nom des marins slaves de l'Adriatique oriental qui y amarraient leurs embarcations et y exerçaient leurs activités commerciales.

felouque : petit bâtiment de bas-bord, dont le nom dérive peut-être du turc *fulk* ou *fulouga*, qui se manœuvre à voiles et à rames, long et étroit, équipé d'un ou de deux mâts portant une voile latine.

felze : dans les gondoles vénitiennes, cabine richement décorée, posée au centre de l'embarcation pour abriter les passagers.

ferler : action de replier une voile autour d'une vergue à l'aide de bosses de ris, de garcettes ou de rabans.

fogone : fougon, foyer ou emplacement de la cuisine d'un vaisseau.

frégate : petit bâtiment, parfois armé d'une batterie de canons, taillé pour la vitesse, plus petit que le brigantin mais lui ressemblant par la construction, il est plus rapide que les brigantins et autres bâtiments de petites dimensions.

fuste : petit bâtiment militaire, long et de bas-bord qui se manœuvre à voiles et à rames, d'une jauge inférieure à celle d'une galiote, équipé d'un seul mât à voile latine, fort de quatorze à vingt-deux rames de chaque côté, souvent utilisé pour la guerre de course.

gabare (ou *gabarre*) : bâtiment de charge ou de transport.

galère : vaisseau qui se manœuvre à voiles et à rames, servant aussi bien pour la guerre que pour le transport marchand. La *galère subtile*, destinée à la guerre, a une coque de cinq mètres de large et de quarante de long environ, trois mâts, et compte de vingt-quatre à vingt-six bancs de rameurs de chaque côté. Elle peut être armée de plusieurs pièces d'artillerie et charge près de trois cents hommes entre rameurs, marins et soldats. On appelle aussi *galériens* les forçats condamnés à la peine des galères et envoyés comme rameurs sur les galères.

galérien : rameur sur une galère. Les galériens peuvent être des hommes libres engagés volontaires, des forçats condamnés aux galères ou des esclaves.

galion : navire espagnol de grande taille, utilisé notamment pour le transport de métaux précieux en provenance des Amériques. À la fin du XVIe siècle, les galions étaient présents de la Mer Noire à la Méditerranée, où ils sont parfois appelés *galéasses* ou *galéace*s ; d'un fort tonnage, ils servaient aussi bien pour le commerce qu'à des usages militaires.

galiote (ou *galiotte*) : bâtiment militaire, rapide, vif et facile à manœuvrer, plus petit que la galère, équipé d'un mât à voile latine, d'un seul canon, il comporte jusqu'à vingt-trois rames de chaque côté.

guerre de course : opération guerrière conduite par des personnes privées, qui, par *lettre de course* (dite aussi *lettre de marque* ou *patente*), reçoivent l'autorisation de l'État d'armer des vaisseaux civils indépendants (*corsaires*) pour courir les mers et s'emparer des navires marchands battant pavillon d'États ennemis.

hadj : pèlerinage rituel à La Mecque.

hadji : titre attribué à ceux qui ont accompli le pèlerinage rituel à La Mecque.

interzare : mettre un troisième rameur sur le même banc, pour atteindre la vitesse normale d'une galère (voir *tiercerol*).

janissaire : soldat d'élite de l'infanterie turque.

kapudan pacha : chef des forces navales de l'Empire ottoman, Grand Amiral.

ladino : judéo-espagnol, langue dérivée du vieux castillan de la fin du XVe siècle et de l'hébreu parlée principalement par les juifs expulsés d'Espagne en 1492.

lingua franca : langue franque, langue de communication utilisée dans le bassin méditerranéen par les marins et les marchands, composée principalement de mots empruntés aux langues romanes mais également à d'autres langues du bassin méditerranéen.

marabout : voile latine de dimensions inférieures à celles du bâtard, que l'on hisse généralement par mauvais temps ou lors des tempêtes.

marchetto (tire son nom de saint Marc, patron de Venise) : nom populaire du *sou*, qui vaut le vingtième d'une lire vénitienne, et est frappé de l'effigie de saint Marc.

Mariègola : vénitien pour *Matricola*, matricule, livre sur lequel s'inscrivaient, s'immatriculaient les sociétaires d'une confrérie ou d'une corporation.

nager : voir *voguer*.

parone : officier, chef de la chiourme sur les galères vénitiennes ; voir *argousin*.

passe-vogue : nage forcée ; nager en faisant sur les rames le plus de force possible pour permettre à la galère d'avancer aussi vite que possible ; *passer-vogue* signifie voguer de toute la force de la chiourme.

pianiero (ou *vogavanti*) : vogue-avant. Sur le banc d'une galère, le vogue-avant est le rameur le plus proche de la *coursie* intérieure, il empoigne l'extrémité de la rame. Le *postizzo*, l'*apostis* ou *postis*, quant à lui, occupe la position centrale, et le *terzicchio*, le *tiercerol* ou *tercerot*, la position la plus extérieure, du côté de la mer.

Porte (ou *Sublime Porte*) : gouvernement de l'Empire ottoman.

postis : voir *pianiero.*

postizzo : apostis, postis, voir *pianiero.*

rais : capitaine d'un bâtiment de l'Empire ottoman.

ramer : voir *voguer.*

real : monnaie d'argent espagnole.

rio : petit canal de Venise. À Venise, seuls trois canaux ont droit à ce titre : le *Grand Canal*, le *Canal de Cannaregio* et le *Canal de la Giudecca*, les autres canaux portent au mieux le nom de *rii*, pluriel de *rio.*

rione (du latin *regio*, « région », « contrée », « territoire ») : quartier ou subdivision territoriale ou administrative.

sandjak : subdivision administrative de l'Empire ottoman.

sandjak-bey : dans l'Empire ottoman, gouverneur d'un district (*sandjak*).

Savio Grande : Sage-Grand, nom donné aux six membres de La Seigneurie issus du Sénat qui délibéraient et conseillaient sur les affaires dont elle avait à traiter.

scapolo (en italien, « célibataire ») : volontaire embarqué sur une galère comme marin et, le cas échéant, comme soldat.

scaume (ou *escaume* ou *échome*) : voir *tolet*, *apostis*, *dame de nage.*

sciavoga : scie-vogue (ou vogue inversée), manœuvre effectuée pour faire virer de bord un navire à la force des rames, consistant à « scier » (arrêter la marche avant ou faire culer [faire rétrograder] le bâtiment en ramant à rebours) d'un côté et à voguer (ramer) de l'autre.

Seigneurie (La) : la Seigneurie désigne le gouvernement de Venise dans son ensemble.

Serenissima : la *Sérénissime*, abréviation courante pour la Sérénissime République de Venise.

Sérénité (Sa) : Sa Sérénité désigne le doge de Venise en personne.

sestiere : quartier, arrondissement de Venise ; le mot dérive du chiffre six, Venise ayant été découpée en six *sestieri*, qui correspondaient à l'origine à des regroupements de paroisses.

sopracomito : sopracomite, commandant d'une galère. Dans la République de Venise la charge n'est dévolue qu'à la noblesse.

Sopramasser all'Abbondanza : le *Surintendant à l'Approvisionnement* était chargé d'assurer l'approvisionnement de la cité en blés et en grains, de gérer les entrepôts et les stocks des magasins publics et de combattre la spéculation.

sottoportico : porche.

spahi : dans l'Empire ottoman, soldat appartenant à un corps de cavalerie de l'armée permanente ottomane dont le service est récompensé par l'attribution d'un fief (*timar*).

spallieri : espaliers (ou espalliers), rameurs de l'espale, appelés en castillan *espalleres* ou *espalderes* et en espagnol *spalderos* ou *espalderos*. À la rame, les bancs des *spallieri* étaient les premiers bancs de poupe, et conduisaient la vogue.

tartane : bâtiment de charge, à un mât, gréé en voile latine, parfois avec une voile carrée dite voile de fortune, fréquemment en usage en Méditerranée.

taverne : dans une galère, la *chambre de la taverne* dite la *taverne* est le réduit qui sert à ranger les tonneaux de vin qu'embarque la galère. Située généralement près du *fougon* ou de la cuisine, les galériens peuvent y acheter du vin.

terzicchio : tiercerol, voir *pianiero*.

tiercerol (ou tercerol ou tercerot) : voir *pianiero.*

tolet : pièce de bois servant à appuyer la rame pendant la nage ; voir *apostis*, *scaume.*

traghetto : bac ou transbordeur, embarcation qui permet de franchir un obstacle maritime, notamment la traversée d'une rive à une autre.

vogavanti : vogue-avant, voir *pianiero.*

vogue : impulsion donnée à un bateau par le mouvement coordonné des rames.

vogue-avant : voir *pianiero.*

vogue à l'arrachée : voir *passe-vogue.*

vogue à nage forcée : voir *passe-vogue.*

vogue ensemble : action pour les rameurs de nager (ramer) tous ensemble d'un même mouvement réglé.

vogue inversée : voir *sciavoga.*

voguer : action de faire avancer sur l'eau un bâtiment par le moyen des rames.

voile latine : voile triangulaire d'origine arabe.

yali : constructions en bois à fleur d'eau, demeures comportant de grands balcons et des fenêtres décorées avec des bois finement ciselés. Elles parsèment les eaux du Bosphore, dans une alternance de quais, passerelles, jardins et vergers.

zara (de l'arabe *az-Zahr*, « dé », d'où vient, entre autres, le mot *hasard*) : jeu qui consiste à lancer trois dés sur un tapis. Gagne celui qui annonce au préalable, à haute voix, le total des points qu'il réalisera avec les trois dés.

zecchino : sequin.

Remerciements

La publication de cette traduction eût été difficile sans l'accueil chaleureux des éditions Tallandier, dont le directeur, Xavier de Bartillat, et l'éditeur, Alexandre Maujean, ont apporté leur appui constant et généreux à ce projet, malgré les conditions de sa réalisation.

Qu'il nous soit permis de mentionner particulièrement l'aide précieuse et prodigue de Michèle Fourment-Berni Canani, qui, avec une amitié indéfectible, a généreusement accepté de revoir la traduction. Sans sa collaboration sans faille celle-ci n'aurait probablement pas pu voir le jour. Qu'elle trouve dans ces mots l'expression de nos remerciements reconnaissants.

Que nous soit enfin permis de remercier l'auteur, qui a accepté de relire l'ensemble du texte français. Sa collaboration constamment bienveillante a permis de corriger un certain nombre de bévues et d'erreurs et d'apporter certaines précisions. Qu'il trouve ici l'expression de notre gratitude et de notre reconnaissance.

Pérette-Cécile Buffaria et Aristeo Tordesillas

Pérette-Cécile Buffaria (1961-2015), professeur de littérature et de civilisation italiennes, a enseigné à l'Università degli Studi di Bari, à la Scuola Superiore di Lingue Moderne per Interpreti e Traduttori de l'Università degli Studi di Trieste, et aux universités de Montpellier, de Poitiers et de Lorraine (Nancy). Spécialiste de la littérature des XVIIIe, XIXe et XXe siècles italiens, elle a, entre autres, traduit du même auteur chez le même éditeur : *Barbares. Immigrés, réfugiés et déportés dans l'empire romain* (« Texto », 2011).